Lucy Diamond

RENDEZ-VOUS AU CAFÉ DU BONHEUR

Roman

Traduit de l'anglais
par Amélie de Maupeou

CHARLESTON
POCHE

À Maman, Papa, Phil, Ellie et Fiona,
pour tous ces heureux souvenirs d'enfance
dans les Cornouailles.

Remerciements

Un grand merci à Jenny Geras pour ses compétences éditoriales et au reste de l'extraordinaire équipe des éditions Pan – Thalia, Chloe, Ellen, Michelle et Jeremy.

Merci à Simon Trewin, chez United Agents, qui m'a aidée à développer l'idée originale de ce roman, et à Imogen Taylor qui a prononcé le « oui » décisif pour son existence.

Pour terminer et comme d'habitude, merci à Martin pour ses encouragements et son soutien, pour sa disponibilité à élaborer avec moi les personnages du roman comme s'il s'agissait de personnes réelles, et pour la manière admirable avec laquelle il a tenu la boutique pendant que j'arpentais les Cornouailles pour dénicher et décrire la plage idéale. T'ai-je déjà dit que je projetais de situer l'intrigue de mon prochain roman aux Seychelles ?

Chapitre 1

Une légende familiale entoure ma naissance. Le jour où mes sœurs, Ruth et Louise, sont venues me voir pour la première fois, main dans la main et sur la pointe des pieds, ma mère leur a demandé :

— Voici votre petite sœur. Quel prénom vous aimeriez lui donner ?

Ruth, l'aînée des jumelles, a longuement réfléchi, du haut de ses trois ans.

— On devrait l'appeler… Petit Jésus, a-t-elle fini par zozoter.

Soit Ruth a endossé son rôle de sainte-nitouche à un âge très précoce, soit elle espérait ainsi obtenir davantage de cadeaux de Noël.

— Mmh, a répondu ma mère, probablement sur le même ton dont elle a usé toute mon enfance.

Celui qui semblait dire : « Je ne crois pas, *non.* » Comme la fois où j'ai affirmé avoir surpris la petite souris de mes propres yeux et celle où j'ai décrété ignorer la raison de la disparition de la moitié des biscuits au chocolat.

— Et toi, Louise ? Qu'en penses-tu ?

Bien entendu, je n'ai rien retenu de cette scène touchante – je n'étais âgée que de quelques heures. Pourtant, j'aime à croire que Louise affichait le petit visage sérieux qu'elle arbore encore aujourd'hui, quand ses sourcils se rejoignent et que le haut de son nez se fronce. D'après Maman, elle a fini par annoncer, d'un ton extrêmement solennel :

— On devrait l'appeler… Petit Mouton Noir.

Qu'elle fasse référence à une comptine ou à ma chevelure d'un noir de jais et déjà exceptionnellement touffue, ma sœur avait été bien inspirée. Sa remarque étonnamment visionnaire avait de quoi forcer l'admiration. Car – qui l'aurait cru ? –, à l'âge avancé de trente-deux ans, c'est précisément ce que j'étais. Pas d'emprunt immobilier, pas d'emploi à plein temps, pas d'époux et encore moins de rejeton à mon actif – le mouton noir de la famille. Bien vu, Louise. Troublante prémonition. J'étais la tare, l'échec, celle qu'on évoque à mi-voix, d'un ton condescendant, en s'efforçant de ne pas énoncer mes défauts d'un ton trop jubilatoire. *Mon Dieu. Qu'est-ce qu'on va faire d'Evie ? Je m'inquiète pour elle, tu sais. Elle ne rajeunit pas, après tout.*

Leur avis me faisait une belle jambe. Après tout, mieux vaut avoir une personnalité, des rêves, et se démarquer des autres, plutôt que de suivre le schéma ordinaire… comme un *mouton*. Pas vrai ?

Bien entendu, il reste des photos de cette journée. Des clichés à gros grain, légèrement brunis et aux angles arrondis, comme le voulait la mode de l'époque. Me voilà, lovée entre les bras de ma mère, vêtue d'une minuscule grenouillère rose. Affublées de salopettes identiques en velours côtelé bordeaux, (je vous parle des années 70, après tout), Ruth et Louise sont penchées sur moi dans ce que j'aime à identifier comme une posture d'émerveillement. (Je ne doute pas un instant, cependant, que Ruth fomentait déjà son racket d'argent de poche qui allait perdurer pendant de longues années.)

Je ne peux pas m'empêcher de voir dans cette image quelque chose de *La Belle au bois dormant.* Le moment où les fées viennent doter le marmot de présents plus merveilleux les uns que les autres, présageant déjà de son intelligence, de son talent et de sa beauté – jusqu'à ce que la méchante vieille sorcière vienne saccager l'œuvre de ses comparses en annonçant : « Elle se piquera le doigt à la pointe d'une quenouille et MOURRA ! »

Cette image me revient fréquemment devant le miroir, chez le coiffeur. J'ai même commencé à me demander si la remarque de Louise concernant le « petit mouton noir » n'était pas un mauvais sort, tout droit tiré d'une sorcellerie vaudou. Car tout au long de ma vie, j'ai été affublée d'une crinière de mouton, légèrement crépue et formant des ondulations indomptables et excentriques : l'image type du mouton noir, dont la fourrure serait imperméable aux effets miraculeux des après-shampoings et autres produits lissants.

C'est ainsi qu'un certain samedi matin du début du mois de mai, je me suis retrouvée enfoncée dans le fauteuil légèrement spongieux d'un salon de coiffure de Cowley Road, l'odeur de laque et de lotion pour permanente me chatouillant les narines, à me demander si j'aurais le cran de tondre ma toison pour adopter un style radicalement nouveau.

— Si tu veux mon avis, ton visage irait parfaitement avec une coupe courte, s'enthousiasmait la coiffeuse. Tes pommettes te le permettent, un look d'elfe t'irait trop bien. Peut-être même qu'on pourrait l'associer avec une frange asymétrique – ouais, c'est ça. Ce serait canon.

— Tu ne crois pas que ça ferait un peu trop... garçon ?

J'ai contemplé mon reflet, incapable de sauter le pas. J'étais allée chez le coiffeur avec la courageuse intention de demander une coupe à la Mia Farrow que tout le monde m'envierait dans la rue, mais une fois au pied du mur, je me demandais si une telle coiffure ne me rapprocherait pas davantage de Pete Doherty. Pour la énième fois, j'ai repensé avec jalousie à la chevelure de Ruth et Louise – longue, fauve et mouvante, digne d'une pub pour Pantene. Par un curieux caprice de la nature, ce gène capillaire avait décidé de faire l'impasse sur moi, tout comme celui de la vie parfaite.

La coiffeuse – je crois que son nom était Angela – me souriait, encourageante :

— Tu sais bien ce qu'on dit : un changement de coupe, ça requinque autant que des vacances.

L'aspect permanenté et humide de sa propre chevelure aubergine aurait dû me mettre en garde.

— Je te prépare un café pendant que tu réfléchis, d'accord ?

Elle s'est éloignée dans un claquement de sabots, dandinant son derrière moulé dans une jupe en jean délavé. À la seconde où elle s'était détournée, le courage m'avait quittée et j'avais serré les lèvres. Elle me proposait probablement ce look d'elfe parce qu'elle en avait sa claque d'égaliser des pointes et de faire des mises en plis, et se fichait totalement de la tête que j'aurais en sortant d'ici. Quant à ses promesses de changement de tête qui équivaudrait à des vacances, j'étais plus que dubitative. L'année précédente, j'avais passé deux semaines à camper dans la région des lacs et franchement, ce n'était pas le genre d'expérience que j'avais envie de revivre à travers une coupe de cheveux.

Mon téléphone a sonné en plein milieu de mes réflexions. J'ai fouillé dans mon sac et j'ai vu « Maman » s'afficher sur l'écran. J'étais sur le point de la laisser s'exprimer sur mon répondeur quand un drôle de sentiment m'a soufflé que je ferais mieux de décrocher.

— Salut Maman, ça va ?

— Evie, assieds-toi, a-t-elle répondu d'une voix tremblante. J'ai une mauvaise nouvelle, ma chérie.

— Je suis assise, ai-je répondu en examinant mes pointes fourchues. Qu'est-ce qui se passe ?

Pour ma mère, le concept de mauvaise nouvelle s'étendait, par exemple, à l'éviction de son personnage préféré du feuilleton télévisé *The Archers* ou au fait qu'elle ait brisé ses lunettes de vue en s'asseyant dessus par mégarde. Depuis le temps, j'étais devenue imperméable à ses sinistres annonces.

— C'est Jo, a-t-elle commencé d'une voix entrecoupée de sanglots. Oh, Evie…

— Elle va bien ?

J'ai adressé un petit signe de remerciement à Angela qui venait de déposer un café devant moi.

Jo était la sœur cadette de ma mère et la tante la plus cool, la plus adorable, la plus drôle dont on puisse rêver. *Il faut que je l'appelle*, me suis-je dit, me promettant mentalement de le faire dès que possible. J'avais été assez nulle, dernièrement, pour entretenir le contact avec mon entourage.

— Non, a répondu Maman dans un affreux gémissement. Elle a eu un accident de voiture. Elle… Elle est morte, Evie. Jo est morte.

Sur le coup, je n'ai pas compris ce qu'elle voulait dire. Assise dans ce fauteuil du salon de coiffure, j'étais comme anesthésiée. Des souvenirs de Jo ont commencé à défiler dans mon cerveau. Tout en vivant dans des mondes radicalement différents, les deux sœurs avaient toujours été proches. Maman, l'aînée et la plus sérieuse, avait fréquenté les bancs de l'université avant d'embrasser une carrière de professeur et d'épouser mon père. Elle avait élevé trois filles et résidait depuis des années dans un beau quartier d'Oxford. Jo, plus frivole, plus libre d'esprit, avait quitté l'école à seize ans pour vivre toutes sortes d'aventures aux quatre coins du globe avant de s'installer à Carrawen Bay, un petit village de bord de mer au nord des Cornouailles, où elle tenait son propre café. Si ma mère avait été une couleur, cela aurait été un taupe élégant, tandis que Jo était un rose vif.

J'avais adoré les vacances de mon enfance à Carrawen. L'appartement de Jo se trouvait juste au-dessus du café, un peu en retrait de la baie, un endroit merveilleux. Il y avait quelque chose d'extrêmement excitant à se réveiller avec ces levers de soleil frais et lumineux, avec, dans les oreilles, le bruissement de la mer et les cris des mouettes – je ne m'en étais jamais lassée. Avec mes sœurs, on passait nos journées à courir comme des sauvageonnes sur la plage, infatigables, tantôt sirènes, tantôt pirates, contrebandiers ou explorateurs ; à ramasser des coquillages, à se baigner dans les piscines qui se formaient entre les rochers et à construire d'énormes châteaux forts, dans l'espoir aussi stimulant qu'illusoire d'empêcher la marée de monter. Le soir, une fois récurées à grande eau dans la petite salle de bains de Jo, nos parents nous laissaient veiller, surexcitées, jusqu'à des heures tardives. Dans la lueur chancelante de lampes-tempête, le rugissement de la mer en bruit de fond, nous nous munissions de longues cuillers d'argent pour [redacted] d'immenses coupes de glaces, spécialité de Jo, sur la terrasse du café.

À cette époque, Jo semblait à peine plus âgée que nous – avec ses cheveux blonds retenus en queue-de-cheval, ses taches de rousseur qui recouvraient son visage comme des grains de sable et ses tenues à la mode que je convoitais secrètement : jupes courtes, baskets rigolotes de couleurs vives, shorts coupés dans des jeans, et marinières épaisses quand le temps se faisait plus frais.

Devenue adulte, j'adorais tout autant passer du temps chez elle, quelle que soit la saison. Curieusement, la baie semblait encore plus extraordinaire en hiver, avec cette interminable plage vidée de tous ses vacanciers. J'y avais notamment passé un noël mémorable, où l'intégralité des habitants du village – des mamies appuyées sur leur canne jusqu'aux nourrissons collés contre la poitrine de leur mère – s'était réunie sur la plage, en milieu d'après-midi, pour entonner des chants de Noël. Jo avait apporté du vin chaud et des cakes aux fruits secs encore tièdes, et tout le monde s'était souhaité une bonne santé avant d'allumer un grand feu de bois. Les enfants avaient fait la ronde tout autour de ce dernier, des reflets roux et dorés dansant dans leurs cheveux. J'avais eu l'impression de faire partie de la plus formidable communauté secrète du monde, à mille lieues des foules frénétiques et ambitieuses de High Street, à Oxford, et de ses consommateurs stressés se disputant des cadeaux de dernière minute.

Et voilà que Jo n'était plus. Effacée en un clin d'œil, fauchée par un camion roulant trop vite sur la ruelle sinueuse qui débouchait sur la baie. Jamais plus je ne me laisserais tenter par ses cafés au lait et ses *shortbreads* parsemés de sucre, au comptoir de son café ; jamais plus nous ne papoterions sans fin, tandis que le soleil parcourait lentement la voûte céleste des Cornouailles ; jamais plus elle ne me traînerait de bon matin jusque dans la mer vivifiante, pour hurler à qui mieux mieux en s'éclaboussant d'eau glaciale…

Non. Il devait y avoir une erreur. C'était impossible. Maman avait dû mal comprendre, ou alors c'est mon imagination qui me jouait des tours. Elle ne pouvait pas mourir comme ça, sans prévenir. Pas Jo.

— Alors, tu t'es décidée ? Armée de sa paire de ciseaux et d'un peigne, Angela l'Aubergine guettait dans mon dos.

J'ai cligné des yeux. Je m'étais si profondément immergée dans mes souvenirs que cela m'a fait un choc de me retrouver dans ce salon de coiffure, avec la voix de Leona Lewis qui modulait dans les haut-parleurs, au-dessus de ma tête, et le doux cliquetis des ciseaux qui s'agitaient autour de moi.

— Euh… Je te fais confiance, ai-je fini par dire, faute d'idée. Tu n'as qu'à faire… comme tu veux.

Tout d'un coup, cette question de cheveux me semblait complètement triviale. Sans importance.

Matthew m'a déposée chez ma mère un peu plus tard, dans la journée, car j'étais trop secouée par la mort de Jo pour prendre le volant.

— Je n'entre pas, m'a-t-il annoncé en déposant un baiser sur ma joue. Je ne sais jamais comment me comporter devant une femme qui pleure.

— Ah ? Mais… ai-je répondu, prise de court, même pas un instant ?

Il a secoué la tête.

— Je ne préfère pas. Tu sais bien que je dois aller chercher Saul, tout à l'heure.

Le fils de Matthew passait généralement le week-end avec nous. C'était un garçonnet de sept ans, adorable, mais en cet instant, je ne pouvais penser à rien d'autre qu'à ma déception. J'avais compté sur la présence de Matthew à mes côtés. Si j'avais réussi à garder une certaine contenance chez le coiffeur – toujours en état de choc total et de déni, je crois – j'avais littéralement éclaté en sanglots dès mon retour à la maison.

— Ouh là ! avait lâché Matthew, les yeux exorbités, en me voyant hoqueter dans l'entrée de l'appartement.

Puis il s'était mis à argumenter sans conviction :

— Pas de panique, ça va repousser. Et puis, ce n'est pas si terrible que ça.

— Je ne pleure pas à cause de mes cheveux, avais-je gémi. Jo est morte. Matthew, Jo est *morte* !

Après cinq ans à fréquenter Matthew, je le connaissais suffisamment pour savoir qu'il trouvait toute manifestation d'émotion gênante et désagréable. Cette fois, cependant, il s'était montré adorable. Il m'avait serrée dans ses bras et m'avait laissée pleurer tout mon saoul sur sa chemise avant de me préparer une tasse de thé avec deux sucres. Voyant que je n'arrêtais pas de renifler, il avait même fini par me servir un grand verre de brandy. Malgré tout, j'avais l'impression que quelque chose en moi était mort avec Jo, comme si une part immense et très importante de ma vie avait été éteinte comme la flamme d'une bougie.

La culpabilité n'a pas tardé à me tarauder – ça a d'abord été un léger tiraillement, qui s'est rapidement transformé en véritable déluge autoflagellatoire. Cela faisait des siècles que je n'avais pas rendu visite à Jo, et je ne me rappelais plus la dernière fois que j'avais pris peine de lui passer un coup de fil. Pourquoi avais-je laissé passer toutes ces semaines ? Pourquoi n'avais-je pas trouvé le temps de prendre des nouvelles ? J'étais une égoïste, une mauvaise nièce. Je n'avais aucun souvenir de notre dernière conversation, sans même parler des derniers mots que nous ayons échangés. Pourquoi n'avais-je pas été plus attentive ? Pourquoi avais-je laissé l'éloignement s'installer ? Maintenant, elle était partie pour toujours, il était trop tard pour lui parler. Tout cela avait quelque chose d'horriblement définitif.

Une fois que le brandy s'était frayé un chemin dans mes veines, j'avais ressenti le besoin impérieux de voir ma mère. Matthew avait insisté pour me conduire chez mes parents, une situation totalement inédite, vu que leur maison se trouve à deux kilomètres de chez nous. Un jour normal, si j'avais eu le culot de saisir les clés de la voiture plutôt que mon casque de vélo, il se serait lancé dans une énième leçon sur les multiples méfaits occasionnés par des conducteurs paresseux et négligents sur des trajets courts.

Cette fois, pourtant, je suis restée plantée sur le trottoir à le regarder s'éloigner prudemment, le regard rivé sur la route, les mains calées à dix heures dix sur le volant, exactement comme son instructeur le lui avait enseigné quelques années plus tôt. J'aurais préféré qu'il ne parte pas. J'ai attendu un moment dans l'espoir idiot qu'il ferait demi-tour pour me retrouver – « Où avais-je la tête ! Je ne peux tout de même pas te laisser seule un jour comme celui-ci ! » –, mais le vrombissement de son moteur s'est fait de plus en plus faible avant de s'éteindre complètement. J'ai frotté mes yeux gonflés et j'ai remonté l'allée jusqu'à la maison.

Ma mère a ouvert la porte. D'habitude, elle correspond à l'image qu'on se fait d'une femme « soignée » : elle porte des souliers élégants, assortis à son sac à main. Sa garde-robe regorge de vêtements de bon goût déclinant toutes les nuances d'écru, de crème et de café, ainsi qu'un trésor d'accessoires divers. Elle sait comment se draper d'un châle et faire bouffer ses cheveux. L'odeur de son parfum est onéreuse, sophistiquée. Elle se maquille même pour faire du jardinage.

Ce n'était pas le cas aujourd'hui. À vrai dire, je ne l'avais encore jamais vue dans cet état. Son visage était gonflé d'avoir pleuré et ses yeux, cernés de rouge et soulignés par une coulée de mascara, semblaient douloureux. Quant à ses cheveux, mille fois ébouriffés par des doigts nerveux, ils lui donnaient des airs de folle. Elle a ouvert ses bras comme pour m'enlacer, puis elle s'est immobilisée et a lâché un cri d'horreur :

— Tes cheveux ! Qu'est-ce que tu as fait ?

— Ah, oui, c'est vrai, ai-je répondu en portant ma main à ma tête, soudain embarrassée. Quand tu as appelé, j'étais chez le coiffeur et après, je lui ai dit…

Ma voix s'est étouffée. Malgré la terrible nouvelle que nous venions d'avoir, je me sentais idiote. Qui d'autre, dans la famille, serait suffisamment débile pour dire « Tu n'as qu'à faire comme tu veux » à une coiffeuse hyper-zélée ? Hormis une longue frange asymétrique, Angela n'avait laissé que trois centimètres de cheveux sur l'ensemble de mon crâne, et… si, je ressemblais vraiment à un garçon. Un crétin pleurnichard et émotif.

— Ma pauvre, a dit ma mère. Quelle journée. Jo meurt, et voilà que tu ressembles à oursin de mer…

— Arrête, Maman ! l'ai-je interrompue sèchement.

L'idée qu'elle puisse traiter ces deux événements de manière égale me faisait grincer des dents. En quoi ma chevelure la regardait-elle, d'ailleurs ? C'était sur ma tête qu'elle poussait, pas la sienne ! Et puis, sa sœur adorée venait de perdre la vie dans un accident tragique. N'était-ce pas légèrement plus important ?

Papa, qui se tenait derrière elle, m'a gratifiée d'un regard de mise en garde doublé d'une grimace et j'ai ravalé le coup de gueule qui menaçait d'éclater.

— Bonjour, chérie, a-t-il dit en me serrant contre lui.

Ensuite, il s'est écarté de moi pour contempler ma nouvelle coupe.

— Seigneur, a-t-il commenté, l'air troublé, avant de se reprendre : Ruth et Louise sont déjà là. Viens donc prendre une tasse de thé.

Je l'ai suivi dans la cuisine et mes sœurs m'ont dévisagée, bouche bée.

— Bordel de merde ! s'est exclamée Louise en se levant précipitamment, une main devant la bouche.

— Surveille ton langage, a sifflé Ruth en recouvrant immédiatement les oreilles de sa fille Thea.

En tant que professeur de langues modernes dans l'une des écoles secondaires huppées de la ville, Ruth ne jurait jamais qu'en langue étrangère devant ses enfants. La petite Thea, deux ans et tête bouclée, était la cadette des trois enfants de Ruth et montrait déjà des signes de précocité.

— Del-*mer*, a-t-elle d'ailleurs répété, espiègle, en surveillant la réaction de sa mère du coin de l'œil.

— Merci, Lou, a lâché Ruth avant de me jeter un regard noir, comme si tout était ma faute.

À ses yeux, évidemment, c'était le cas, puisque j'osais me présenter chez les Flynn avec une coupe de cheveux aussi grotesque. Qu'est-ce que j'espérais d'autre ?

Ruth et Louise n'étaient pas identiques, mais leurs visages se ressemblaient avec des pommettes hautes et des grands yeux noisette, un long nez droit et une peau de porcelaine. Mais on les distinguait facilement l'une de l'autre. Ruth semblait tout droit sortie d'un catalogue – ses cheveux brillants étaient parfaitement coiffés, ses vêtements étaient d'un classique ennuyeux, toujours impeccables. Aujourd'hui, par exemple, elle portait un pantalon beige infroissable, une marinière, un foulard de soie bleu marine autour du cou et des mocassins Tod's marron.

Louise, quant à elle, coiffait ses cheveux en une queue-de-cheval qu'elle ne semblait jamais serrer suffisamment car des mèches s'en libéraient toujours pour retomber, filandreuses, autour de son visage et de son cou. Contrairement à Ruth, qu'on ne voyait jamais sans une couche intégrale de peinture hors de prix, Louise se maquillait rarement et affichait un air perpétuellement confus et débraillé. Ses vêtements semblaient avoir été choisis au hasard – elle était capable, par exemple, d'associer une jupe crayon Chanel avec un polo marron de chez Primark. Étant le génie de la famille, cela dit, elle s'en tirait toujours bien. Trop intello pour penser à son style, voilà comment était Louise.

— Bonsoir, ai-je articulé en insistant sur chaque syllabe puisque ni l'une ni l'autre n'avait pris la peine de m'accueillir en bonne et due forme.

Louise s'est ressaisie et est venue déposer un baiser sur ma joue.

— Sacrée allure, a-t-elle commenté avec un sourire grimaçant. À quoi doit-on ce changement ? La crise de la quarantaine ? Un hommage à Samson ?

J'ai lâché un soupir. Je me sentais irritable, à fleur de peau.

— C'est vraiment tout ce qui vous intéresse, mes cheveux ? C'est quoi votre problème ?

Un silence s'est installé. Maman, Ruth et Louise ont échangé des regards et j'ai croisé mes bras sur ma poitrine.

— Je vais faire bouillir de l'eau, a suggéré mon père, toujours diplomate, pendant que Ruth me fusillait du regard par-dessus les boucles blondes de sa fille.

Nous avons bu notre thé en parlant de Jo et Maman nous a distribué des parts de cake aux fruits.

— Oh, je ne devrais pas, a soupiré Louise.

Ce qui ne l'a pas empêchée d'en engloutir deux parts énormes.

Un peu plus tard, Papa a sorti une bouteille de merlot à laquelle nous avons fait un sort tandis que les souvenirs de Jo ne cessaient de remonter. À un moment – quelque part dans la soirée, après la seconde bouteille de vin – le mari de Ruth, Tim, est passé avec leurs deux autres enfants (Isabelle la parfaite et Hugo l'angélique) pour récupérer Thea et nous laisser entre nous, tous les cinq autour de la table, comme dans une bulle.

— Vous vous souvenez ce Noël chez Jo, et des empreintes de renne sur la plage, le matin du réveillon ? a lancé Louise, l'air rêveur et les joues rougies par le vin. Et aussi des marques qu'elle faisait passer pour les patins du traîneau ?

Maman a souri.

— Elle s'est levée à l'aube pour dessiner ces empreintes dans le sable humide. Du Jo tout craché. Elle aurait tout fait pour rendre cette journée inoubliable.

— J'ai adoré l'anniversaire qu'on a fêté chez elle. Elle avait organisé une chasse au trésor sur la plage pour trouver mon cadeau, ai-je renchéri.

Je me suis rappelé la délicieuse excitation de courir dans le sable en quête d'indices, puis de tomber sur un mystérieux paquet caché derrière un amoncellement de rochers noirs. Après avoir déchiré le papier, j'avais découvert une nouvelle poupée ainsi que de nombreux vêtements confectionnés par Jo. Je l'avais appelée Bella. Bella la Poupée de la Plage. Tout d'un coup, j'ai regretté de ne plus la posséder.

— Elle était formidable, a dit Maman d'une voix tremblante. Une personne exceptionnelle. Beaucoup trop jeune, et trop adorable pour mourir. C'est tellement injuste. Elle va tant me manquer.

Une larme a coulé sur sa joue.

Papa a levé son verre.

— À la mémoire de Jo.

— À Jo, avons-nous répondu en chœur.

Chapitre 2

L'enterrement avait lieu le vendredi suivant à Carrawen Bay, et j'ai pris conscience de la durée de mon absence quand j'ai peiné à me souvenir de la route à prendre pour gagner le village.

— Hmm, ai-je murmuré, hésitante, ralentissant au maximum pour scruter les environs à travers le pare-brise.

— Je peux regarder sur la carte, a suggéré Matthew.

Le trajet depuis Oxford durait quatre heures et il avait tenu le volant pendant la première partie du voyage, jusqu'à la station de Taunton Deane, où nous avions échangé nos places. J'avais déclaré, très confiante, que je me chargerais de nous mener à destination, mais maintenant, les routes se mélangeaient curieusement dans ma mémoire et les champs parsemés de moutons me semblaient tous identiques.

— Non, je crois que c'est juste un peu plus loin, ai-je bluffé, honteuse d'avoir oublié.

Il n'y a pas si longtemps, je connaissais ces routes comme ma poche. Quand j'habitais Plymouth, où je suivais des cours d'art dramatique, je passais mon temps à faire des allers-retours à Carrawen Bay, surtout après être tombée amoureuse du beau Ryan, le surfeur sexy qui avait capturé mon cœur (avant de le briser).

J'ai serré les lèvres en repensant à lui. Il m'avait bien secouée, ce Ryan. Ryan Alexander, pour être exacte. L'été de mes dix-neuf ans s'était déroulé comme dans un rêve, avec lui à Carrawen Bay. J'étais censée travailler pour Jo, histoire de gagner un peu d'argent, mais j'avais passé une bonne partie de mon temps à m'échapper avec mon amoureux pour de brûlantes retrouvailles secrètes dans des recoins déserts du chemin côtier et dans les dunes profondes. Oh, il n'y avait rien de tel que la sensation râpeuse des grains de sable sur les parties inférieures de son corps pour se sentir désirée… et rêver d'un bon bain. Quels jours heureux ! Enfin, jusqu'à ce qu'il parte en voyage avec ses amis et que je n'entende plus jamais parler de lui. À chaque fois que je repensais à Ryan – ce qui, honnêtement, n'arrivait pas souvent –, il restait un jeune dieu dans mon souvenir, bronzé et musclé, âgé de dix-neuf ans pour l'éternité. Une fille lui avait probablement mis le grappin dessus en Australie ou à Hawaï – je l'imaginais toujours surfeur, en quête de la vague parfaite.

J'ai freiné juste à temps pour prendre le virage.

— Putain, fais gaffe, a crié Matthew qui s'est retrouvé propulsé en avant.

— Désolée. Regarde : Carrawen Bay, deux kilomètres. On y est presque.

L'envie de parler m'est passée quand je me suis lentement engagée dans la ruelle et que j'ai réalisé que l'accident de Jo avait dû avoir lieu ici, précisément sur cette route. Les larmes ont commencé à rouler sur mes joues pour ce qui me semblait être la centième fois depuis que j'avais reçu la nouvelle. Il me semblait impossible qu'elle ne soit pas là quand nous arriverions, pour me serrer contre elle comme elle avait coutume de le faire, avec son sourire encourageant et cette étincelle joyeuse dans le regard.

— C'est très joli, a poliment constaté Matthew alors que nous tournions au coin de la rue pour découvrir pour la première fois la mer, d'un bleu clair et lumineux, qui s'étendait jusqu'à l'horizon.

D'ici, on voyait toute l'étendue familière et dorée de la baie, les dunes, les empilements de rochers et leurs flaques bordées d'algues, pleines de trésors à découvrir. Le café de Jo était une maison à colombages percée de grandes baies vitrées et agrémentée d'une terrasse. On l'apercevait à peine, tout à gauche de la baie.

— Hmm, ai-je répondu d'une voix tremblante.

Il me semblait absurde, tout d'un coup, que Matthew ne m'ait jamais accompagnée ici. Il avait toujours préféré les vacances sportives aux séjours en bord de mer et n'était jamais aussi heureux qu'en gravissant les flancs d'une gigantesque et sinistre montagne, fouetté par de violentes bourrasques. Moi, c'était les pieds dans l'eau que j'étais dans mon élément, le visage tourné vers le soleil, les cris et les battements d'ailes de mouettes dans mes oreilles.

— Je dirais beau, plutôt que joli, ai-je répondu au bout d'un moment.

Nous atteignions le premier groupement de maisonnettes blanchies à la chaux et les vieux corps de ferme en pierres du village, leurs toits en ardoises mouchetées de lichen jaune. Le Devon et le Dorset sont jolis. Les Cornouailles sont trop sauvages, trop brutes pour être qualifiées de quoi que ce soit d'autre que *belles*.

Je cherchais la petite bête et j'ai vu Matthew lever les sourcils, sans moufter.

Matthew et moi nous sommes rencontrés il y a cinq ans. J'étais serveuse dans un bar à cocktails… enfin, pas vraiment. Je travaillais derrière le comptoir du Plough, un gastro-pub dans le centre d'Oxford. Le terme de pub à gastro aurait été plus approprié, étant donné l'hygiène déplorable dont faisait preuve Jimmy, notre maboul de cuistot. Ce n'était pas un bar à cocktails. (Le propriétaire, Len Macintosh, un type originaire de Doncaster au visage rougeaud que nous appelions Big Mac, à cause de son physique de lanceur de fléchettes, trouvait que les cocktails étaient pour les lopettes – pour reprendre sa charmante formulation.)

Big Mac avait un penchant quasi fétichiste pour les femmes en tenue ridicule, raison pour laquelle il avait décidé que le personnel féminin du bar porterait un costume d'elfe grotesque durant tout le mois de décembre. Manifestement, les déguisements avaient été choisis pour nous apporter un minimum de confort et un maximum d'embarras. Remarquez, nous n'étions pas les seules à souffrir. Les garçons de l'équipe étaient affublés de serre-tête en fourrure en forme de bois de rennes, agrémentés de clochettes. Pas l'accoutrement le plus viril qui soit, comme ne cessait de le remarquer mon collègue Lee en râlant.

Ce fameux soir, j'arborais donc ma tenue d'elfe constituée d'une robe en nylon d'un vert criard, d'une large ceinture rouge et, cerise sur le gâteau, d'un chapeau pointu, rouge et vert. Je n'aurais pas pu me sentir plus idiote et je me consolais en me disant que ce n'était, heureusement, pas Noël tous les jours, ni même tous les mois, quand Matthew était arrivé avec seize collègues pour célébrer la fête annuelle de son entreprise.

Mon cœur de romantique aurait aimé prétendre que nous nous étions repérés dès son entrée, à travers les tireuses à bière. Que j'avais fondu comme neige au soleil en croisant son regard d'un brun profond, légèrement interrogateur. En réalité, j'étais tellement affairée par la grosse commande, sans compter que ma robe d'elfe me donnait des poussées de sueur et des démangeaisons, que je ne lui avais pas accordé un seul regard. Il avait fallu pour ça qu'il se démarque par un acte d'une bravoure héroïque.

Un acte héroïque, oui ! Vous avez bien lu. Ça, c'est vraiment romantique, non ? Quand ils étaient arrivés, Matthew et ses collègues informaticiens étaient passablement énervés. (Vous voyez le tableau : la plupart étaient des geeks insortables aux personnalités difficiles, qui pontifiaient avec le plus grand sérieux sur des questions techniques complexes en s'empiffrant de risotto à la dinde immangeable.

Je ne vous vends pas vraiment Matthew, jusque-là, si ? Soyez patients.)

Une fois leur repas terminé, j'étais allée débarrasser la table. Pour attraper l'assiette d'un garçon qui ne faisait pas le moindre effort pour m'aider (je le soupçonnais d'avoir misé sur le fait que mes seins finiraient par s'échapper de mon décolleté), j'avais dû tendre le bras au point de me retrouver quasiment allongée sur la table. Le bras gauche encombré d'une pile d'assiettes qui me cachait la vue, je m'étais, par mégarde, penchée juste au-dessus d'une de ces bougies de Noël, que Big Mac avait déposées sur les tables pour donner au pub local une atmosphère festive et accueillante.

Voum ! avait fait la flamme vive et lumineuse en remontant d'un bond ma robe en nylon. Patatras ! avaient fait les assiettes que j'avais lâchées sur la table. Je m'étais mise à hurler, et d'autres cris avaient aussitôt fait écho. Tout semblait se dérouler au ralenti : Matthew s'était levé, puis il avait jeté son manteau sur mes épaules, étouffant le feu d'un seul coup. (Héroïque, j'avais prévenu.)

— Oh mon Dieu ! Mon *Dieu* ! avais-je croassé, paniquée et hystérique à la fois.

Tout d'un coup, j'avais l'impression d'être Jeanne d'Arc.

— Tout va bien ? Tu t'es brûlée ? avait demandé Matthew, ses bras retenant encore le manteau noir serré autour de moi.

Un peu plus, et je m'évanouissais dans ses bras comme une héroïne de Jane Austen.

— Je… je crois que ça va, avais-je répondu d'une voix faible.

J'avais entrouvert le manteau pour constater l'état de ma robe, qui pendait en lambeaux noirs et carbonisés, et l'avais refermé aussi vite de peur que le groupe de geeks survoltés ne remarque que mon soutien-gorge et ma culotte n'étaient pas assortis. Mes mains tremblaient.

— Je n'arrive pas à croire ce qui vient de se passer. Merci.

J'avais cligné des yeux et enfin pris le temps de le regarder. Il avait un visage lisse et rose, des cheveux châtain clair, et ses yeux gris et inquiets étaient fixés sur moi. Mon sauveur.

— Merci, avais-je répété, encore choquée.

À cet instant, Big Mac était arrivé, chargé d'un énorme seau d'eau, prêt à le vider sur l'elfe-torche.

— Bon sang, ma belle ! s'est-il écrié. Ça va ? Tu es blessée ? Son visage, habituellement rougeaud, avait perdu toute coloration.

— Bien sûr que non, ça ne va pas ! avait hurlé Matthew, furieux. Personne ne devrait porter ce genre de robe à proximité d'une flamme, c'est un danger public ! Vous avez de la chance qu'elle n'ait pas été brûlée plus gravement.

Wouah ! Attention, héros. Je n'avais jamais vu Big Mac afficher un air aussi penaud, aussi… intimidé. Matthew avait osé lui faire la leçon, montant encore plus haut dans mon estime.

Pour voir le bon côté des choses, nous n'avons plus porté de tenues d'elfes à partir de ce jour. Certes, nous nous sommes tous retrouvés affublés de ces stupides bois de rennes à clochettes. Mais franchement, malgré la légère sensation d'acouphènes au bout de quatre heures de service, c'était un progrès. Et puis surtout, j'étais tombée amoureuse de l'homme qui m'avait évité d'horribles brûlures au troisième degré. Je lui en étais éternellement reconnaissante ! C'était incroyable que je m'en sois sortie indemne. Il avait agi si vite, si instinctivement, qu'il avait étouffé le feu avant même qu'il ne s'attaque à ma peau.

Cinq ans plus tard… Eh bien oui, les choses avaient changé. Cela arrive à tous les couples, non ? On ne peut pas tomber en pâmoison vingt-quatre heures sur vingt-quatre, sept jours sur sept, tout comme on ne peut pas être à plein temps un héros sauvant des damoiselles en détresse. Ainsi Matthew avait-il découvert (assez rapidement, je dois dire) qu'à l'inverse de lui, j'étais une rêveuse qui se laissait vivre sans autre projet particulier que la retraite (euh… quelle retraite, d'ailleurs ?) et j'avais réalisé qu'il était… peut-être pas complètement *radin*, mais disons, très prudent avec son argent. Et aussi, qu'il prenait les questions de retraite, de Plan d'épargne en Actions et de perspectives de carrière très au sérieux, au point d'être agacé par mon désintérêt en la matière. Dans notre ordinateur, à la maison, il y avait des feuilles de calcul consacrées à ses finances, qu'il mettait à jour pendant des heures entières de travail minutieux.

Bien entendu, nous avions aussi des points communs. Nous aimions tous deux les grandes balades à vélo autour d'Oxford, les pubs et le cinéma, nous aimions les amis et la famille de l'autre (enfin, la plupart du temps) et malgré toutes nos différences, nous nous entendions plutôt bien. Je n'avais pas été surprise de constater que mes parents l'adoraient.

Quand elle l'a rencontré pour la première fois, j'ai cru que Maman allait défaillir de soulagement.

— Nous sommes tellement heureux que tu aies fini par trouver quelqu'un comme Matthew ! Il est tellement plus raisonnable et *gentil* que les autres garçons que tu nous as ramenés. C'est exactement le genre d'homme qu'il te faut, Evie.

Parfois – assez rarement –, je me demandais si elle avait raison sur ce dernier point. Parfois (très rarement), je me demandais secrètement si nous étions aussi parfaitement assortis que tout le monde voulait bien le croire. Mes parents n'avaient peut-être pas été particulièrement enthousiasmés par mes anciens petits copains – l'artiste conceptuel qui vivait sur une péniche, près d'Iffley Lock, et abusait de substances hallucinogènes ; le batteur tatoué et motard, ouvert à toute nouvelle expérience sexuelle ; l'auteur dramatique si timide qu'il se cachait derrière sa propre chevelure –, mais à bien des égards, je les comprenais. Ils étaient des moutons noirs, comme moi. D'une certaine manière, j'étais plus proche d'eux que de ma propre famille.

De temps en temps, je me demandais, perfidement, ce que je serais en train de faire si Matthew et moi ne nous étions jamais rencontrés. À l'époque de la périlleuse rencontre entre l'elfe et le chevalier, j'économisais pour m'offrir un voyage en Inde et au Népal avec des amis. Partis (sans moi) six mois plus tard, mes copains étaient revenus avec de magnifiques saris, des bijoux en argent, des tresses colorées, des récits de fumette sur des plages de rêve dans le soleil couchant, de randonnées en montagne, d'aventures citadines trépidantes, de Taj Mahal et de diarrhées inoubliables. Pendant ce temps, j'avais fréquenté les bancs d'une école de secrétariat où j'avais appris le maniement du clavier et de Powerpoint.

— Cela te donnera accès à tellement plus d'emplois, avait plaidé Matthew.

Aujourd'hui, il m'arrivait de regretter ce voyage manqué, et cela n'avait rien à voir avec le fait que je déteste taper sur un clavier. Enfin, bon. Matthew m'avait littéralement sauvé la vie. Et puis, nous étions heureux. Nous étions ensemble. Je vivais dans sa maison, il s'apprêtait à mettre mon nom sur l'emprunt immobilier.

Concentre-toi sur la route, Evie, ai-je pensé en réalisant, presque étonnée, que nous étions dans le village de Carrawen. *Ah, oui. L'enterrement, bien sûr.* Je me suis arrachée à mes errances nostalgiques pour ralentir drastiquement.

L'ancienne école est apparue, puis la ferme où Jo achetait son lait et ses légumes, le magasin de surf – *Chercheurs de vagues* – avec sa rangée de combinaisons qui séchaient sur la véranda et ses planches bariolées en devanture, l'épicerie de style Tardis et les jolis cottages en vieille pierre. J'avais tant de souvenirs dans cet endroit ! Je n'arrivais pas à croire à quel point tout ceci m'était familier alors même que tout avait changé.

J'ai repéré la Golf grise de mes parents, devant le pub, non loin de l'église à la silhouette trapue où les funérailles allaient être célébrées. Un emplacement était libre, devant eux, et j'ai manœuvré pour y garer ma voiture, manquant d'égratigner leur capot en mésestimant l'angle, puis j'ai coupé le contact et j'ai respiré un bon coup. Prochaine étape, la cérémonie. Cela n'allait pas être facile.

Je suis sortie du véhicule et j'ai profité des quelques mètres qui nous séparaient de l'église pour remettre un peu d'ordre dans ma coiffure et lisser ma jupe noire. Après être restée enfermée aussi longtemps, j'avais l'impression d'être hirsute et débraillée. Au moment de passer le seuil de l'ancienne bâtisse de pierre, j'ai glissé ma main dans celle de Matthew, en quête de réconfort. Je n'arrivais toujours pas à croire que tout ceci arrivait réellement.

L'église était bondée. Une foule de silhouettes sombres, têtes baissées, tamponnant leurs yeux rougis. Maman a fait une lecture, tout comme le pasteur au visage buriné et à la chevelure blanche, qui a exprimé d'une manière émouvante ce que Jo avait représenté pour la communauté de Carrawen.

Nous avons chanté « Toute chose brillante et belle » et pour une fois, je n'ai pas ricané quand nous avons entonné « La montagne au sommet pourpre ». Ensuite, la meilleure amie de Jo, Annie, s'est levée pour prononcer un discours poignant sur la personne merveilleuse qu'avait été ma tante, et à quel point elle manquerait à chacun, « pour son grand cœur, son sens de l'humour espiègle et sa maîtrise sans faille des potins locaux », a-t-elle ajouté pour conclure, avant de reprendre « … et ne me parlez même pas de son célèbre *carrot cake* ».

Ce n'est que plus tard, alors que nous regardions le cercueil descendre dans la terre tandis qu'une brise légère courbait les branches des vieux ifs, que j'ai vraiment réalisé qu'elle était partie, pour toujours. Elle n'avait que cinquante-sept ans : c'était beaucoup trop jeune pour mourir. Je ne me souvenais pas avoir été aussi triste par le passé.

Pour l'occasion, le pub du village, le Golden Fleece, avait prévu un buffet et des boissons à volonté durant l'après-midi. L'atmosphère y était sombre et douillette, avec ces plafonds bas et ces petites fenêtres typiques des cottages. Les murs étaient recouverts de vieux filets de pêche, de médaillons de harnais en cuivre rutilants et de peintures représentant des bateaux.

Papa et Maman sont partis chez le notaire pour prendre connaissance du testament, nous laissant avec Ruth, Tim, Louise et Chris. Les enfants avaient été répartis entre leurs amis et beaux-parents pour la nuit, si bien que notre conversation était entrecoupée d'appels des uns et des autres pour vérifier que tout allait bien. « Tu peux rappeler à Hugo de faire ses exercices de violon, ce soir ? Il a ses examens pour le second niveau la semaine prochaine », claironnait Ruth dans son téléphone, comme pour impressionner les clients du pub avec son jeune prodige. Pendant ce temps, Louise fredonnait « Brille, brille petite étoile » dans l'écouteur pour sa plus jeune fille, Matilda. Les deux premières fois, Louise avait chanté à voix basse, collée à son téléphone comme si la situation la gênait horriblement. Quand Matilda a manifesté son mécontentement, elle a soupiré : « Encore plus fort ? Mais c'était déjà très fort ! Bon, très bien, puisqu'il le faut », a-t-elle fini par marmonner en levant les yeux au ciel. Elle a vidé son verre de vin cul sec, puis elle a entonné la berceuse à tue-tête, sous les regards amusés de certains clients. « Franchement, faites des enfants ! », a-t-elle lancé d'un ton comique une fois l'appel terminé.

En l'espace d'une heure, Louise était complètement pompette : joues écarlates, cheveux s'échappant par mèches entières de l'élastique de sa queue-de-cheval et gesticulations de plus en plus désordonnées. Elle était en colère contre Maman, qui n'avait rien trouvé de mieux que d'inscrire Josh avec Monty au concours « Sosies de chiens » d'*Un foyer pour mon chien.*

— Non, mais franchement, s'indignait-elle, vous vous rendez compte à quel point c'est méchant ? Son propre petit-fils – si je comprends bien, cela veut dire qu'elle trouve qu'il ressemble à un yorkshire roux !

J'ai éclaté de rire malgré les circonstances. À bien y réfléchir, Josh, sept ans, avait une chevelure de la même teinte châtain et des yeux au même air espiègle que le cabot grincheux de mes parents, Monty.

— Je n'en aurais pas fait une maladie si elle m'avait demandé mon avis, crachotait Louise, mais elle a envoyé leurs photos sans rien dire à personne. Quel toupet !

— Quel est le prix à gagner ? a demandé Matthew. Est-ce que Josh va pouvoir manger de la pâtée pour chien gratuitement pendant un an ?

Louise l'a tapé avec un sous-bock.

— Même pas. La récompense, c'est vingt-cinq livres à dépenser dans la boutique d'*Un foyer pour mon chien.* Une aubaine, pour nous qui n'avons ni chien ni chat, tu ne trouves pas ? Je me demande bien à qui profitera ce prix !

Ruth – la seule du groupe à ne pas boire et à ne pas bafouiller à cette heure de la journée – a tapoté la main de Louise.

— Si ça peut te réconforter… pour Maman, ressembler à Monty est un compliment. Sérieusement ! a-t-elle ajouté en nous voyant rire de plus belle – tous, à l'exception de Louise. Vous savez à quel point elle adore ce pauvre clébard. Elle doit vraiment aimer Josh pour l'avoir choisi, *lui*, pour ce concours.

Il y avait une pointe de jalousie dans la voix de Ruth et je me suis retenue de râler ouvertement. Depuis toujours, elle se sentait farouchement concurrencée par Louise. À force de vouloir obtenir d'aussi bonnes notes que Louise, pendant l'adolescence, Ruth avait frôlé la dépression nerveuse. Louise, quant à elle, faisait partie de ces personnes naturellement douées, qui traversent la vie comme en flottant et réussissent tous les examens haut la main en feuilletant à peine leurs notes. Pire, elle ne semblait pas même consciente de la manière dont Ruth s'échinait à la talonner. Aujourd'hui encore, on voyait clairement à quel point cela irritait Ruth.

J'étais sur le point d'orienter notre conversation vers un terrain plus neutre quand Papa et Maman sont arrivés au pub. La raison de notre présence ici nous est revenue à l'esprit et nous avons brusquement cessé de rire, vaguement honteux. Maman m'a jeté un coup d'œil, puis elle s'est assise, le visage pâle. Elle était plus silencieuse que de coutume.

— Ça va, Maman ? ai-je demandé en lui prenant la main.

C'était elle, bien sûr, qui souffrait le plus du décès de Jo. Elle semblait n'avoir pas trouvé le sommeil depuis que la nouvelle était tombée, et j'étais sûre que cette journée représentait une terrible épreuve.

— Hmm… oui, a-t-elle lâché au bout d'un moment, en me gratifiant du même coup d'œil rapide, comme si elle hésitait à me dire quelque chose.

— Qu'est-ce qu'il y a ? Qu'est-ce qui s'est passé ?

— Eh bien… a-t-elle commencé en tournicotant ses bagues autour de ses doigts, tout en évitant soigneusement de croiser nos regards. Elle s'est tournée vers Papa avant de reprendre : Dis-leur, toi. Il faut que je digère la nouvelle.

Papa s'est éclairci la voix.

— Nous venons de parler des dernières volontés de votre tante avec le notaire, et il se trouve que la situation est… un peu particulière.

Il a marqué une pause et j'ai senti mon cœur battre un peu plus vite. Ce n'était pas le genre de Papa, toujours drôle et affable, d'afficher une mine aussi grave. Est-ce que Jo était terriblement endettée ? Son testament révélait-il quelque sombre secret, peut-être un enfant illégitime ?

Son regard s'est posé sur moi.

— Elle t'a laissé le café, Evie, a-t-il lâché brusquement, tout en me tendant une enveloppe sur laquelle mon nom était inscrit. Tiens, c'est pour toi.

— Pardon ?

J'ai d'abord scruté le visage de mon père, incrédule, puis celui de ma mère. J'étais certaine que l'un ou l'autre allait éclater de rire en m'annonçant que c'était une bonne plaisanterie. Ils n'en ont rien fait.

— Qu'est-ce que tu veux dire par « Elle m'a laissé le café » ? Tu es sérieux ?

Maman a hoché la tête.

— C'est ce qu'il y a écrit dans ses dernières volontés, ma chérie. Elle a pointé le menton vers la lettre que je tenais entre les mains. Pourquoi tu ne l'ouvres pas ?

— Non, a lâché Ruth d'une voix tendue, il doit y avoir une erreur. Elle n'a quand même pas légué son café à Evie ?

J'ai baissé les yeux sur l'enveloppe, puis je l'ai ouverte sans dire un mot. Mes doigts s'emmêlaient dans le papier, ma bouche était sèche, tout d'un coup. J'ai jeté un coup d'œil à Matthew qui semblait aussi abasourdi que moi. Mon cerveau me soufflait que Ruth avait raison, que c'était forcément une erreur – le contraire était impensable. Une confusion idiote, une bourde ou…

Voir l'écriture sinueuse de Jo, sur le papier, m'a porté un coup au cœur. J'ai lâché un petit cri étouffé : la lettre avait quatre ans.

— Elle l'a écrite il y a une éternité, ce n'est sûrement pas…

Je me suis tue et j'ai commencé à lire.

Ma très chère Evie,

Je viens de passer un week-end merveilleux avec toi ici, dans la baie. Tu me rappelles tant la jeune femme que j'étais à ton âge – pleine de vie, pleine de rêves, pétillante d'énergie et d'enthousiasme. J'adore te voir ici – tu ne sembles jamais être aussi détendue et heureuse que quand tu es ici, près de la mer. Pourtant, je sens que tu n'es pas complètement épanouie, que tu n'as pas encore trouvé ce que désire ton cœur, l'apaisement qui accompagne le contentement pur et profond. Peut-être que tu ne liras jamais cette lettre – peut-être que nos vies connaîtront des tournants et des revirements imprévus et que mes mots perdront leur sens. J'aimerais cependant déclarer, ici et maintenant, qu'en cas de décès prématuré, je te lègue mon café.

J'ai cessé de lire, incapable de comprendre les mots. Les phrases dansaient devant mes yeux, je me sentais comme anesthésiée par l'alcool et le choc. Ce n'était pas possible. Cela ne pouvait pas être vrai. À moins que ?

— Qu'est-ce qu'elle dit ? Evie ?

— Attends, ai-je marmonné en reportant mon regard sur la lettre.

Oui, ma nièce chérie, tu as bien lu. Tu sais que tu as toujours été ma préférée, la fille que je n'ai jamais eue. Tu es la seule à qui je voudrais confier mon précieux café, parce que je sais que tu lui consacreras l'amour et le soin qu'il mérite. J'ai toujours eu l'impression que tu avais un lien particulier avec cet endroit et je sais que tu en es capable.
Excuse les fantaisies d'une vieille femme. Comme je te le disais, peut-être que tu ne liras jamais ces lignes, mais peut-être – qui sait – qu'un jour tu tiendras cette lettre entre tes mains. Dans ce cas, j'espère que tu comprendras et que tu respecteras mon souhait.

Je t'embrasse très affectueusement,
Jo

J'ai dégluti. Le sang m'était monté à la tête et j'avais les joues brûlantes. J'ai replié la lettre pour éviter que mes sœurs ne voient le passage sur « ma préférée » et Matthew celui sur mon cœur qui n'avait pas encore trouvé l'objet de son désir. Si Jo avait écrit cette lettre quatre ans plus tôt, je fréquentais déjà Matthew et ce genre de choses l'atteignait, le rendait amer.

— Je n'en reviens pas, ai-je fini par dire en jetant un regard à la ronde.

L'espace d'un instant, un fantasme fou m'a traversé l'esprit : je me tenais de nouveau derrière le comptoir du café, à servir des plats délicieux repérés par le guide Michelin. Ma cuisine était louée par tous les critiques gastronomiques et fréquentée par une clientèle si abondante qu'elle faisait la queue devant la porte d'entrée…

Louise arborait un large sourire.

— J'hallucine, a-t-elle lâché, c'était vraiment une folle, pas vrai ? Complètement dingue !

— Elle n'était pas folle, ai-je répliqué, piquée au vif.

— Ce n'est pas très joli de parler des défunts de cette manière, a lâché Maman d'un ton sec. J'admets que je ne comprends pas ce qui lui est passé par la tête en laissant une telle responsabilité à Evie, mais…

— Evie peut le revendre, non ? C'est très simple. Et puis, cela lui rapportera un peu d'argent pour s'acheter un appartement sympa à Oxford, a suggéré Ruth avec hauteur.

Une note faussement aiguë, dans sa voix, trahissait sa rage.

— C'est de moi que vous êtes en train de parler, merci beaucoup, ai-je répliqué. J'ai déjà un appartement sympa à Oxford, au cas où vous l'auriez oublié.

— Oui, enfin…, a commencé Matthew.

J'ai senti qu'il était sur le point de me reprendre et j'ai rectifié, agacée, avant qu'il ne puisse terminer sa phrase.

— Très bien, *nous* avons un appart sympa. Oh, et puis merde ! *Matthew* a un appart sympa dans lequel je vis, voilà.

Un silence gêné a suivi. J'avais touché un point sensible.

— Je ne voulais pas…, a-t-il commencé, sur la défensive, mais Ruth l'a interrompu.

— Bref, ça n'a pas vraiment d'importance, si ? Personnellement, je trouve injuste que Jo t'ait donné le café. Nous sommes trois, après tout.

— Ruth, a explosé Papa. Cela fait à peine cinq minutes que cette pauvre Jo est sous terre. Comment oses-tu te plaindre de ses dernières volontés ? Tu n'as pas été oubliée, ne t'inquiète pas, il y a aussi quelque chose pour toi. Quelle honte, franchement !

Je l'avais rarement vu aussi en colère.

Ruth a baissé les yeux et Tim a passé un bras autour de ses épaules.

— Désolée, a-t-elle marmonné à la ronde.

Maman me regardait avec inquiétude.

— Evie, c'est évidemment une surprise pour nous tous, mais il ne faut pas agir dans l'urgence. Papa et moi pouvons t'aider à régler les formalités légales pour mettre le café en vente, et…

— Qui a dit que j'allais le vendre ? ai-je lâché.

Tout allait trop vite. Depuis que la nouvelle m'était tombée dessus comme une bombe, chacun y allait de son hypothèse et semblait vouloir décider à ma place. Je n'avais même pas eu le temps de me faire ma propre opinion !

Matthew m'a dévisagée, l'air abasourdi :

— Qu'est-ce que tu veux dire ? Tu ne veux pas le vendre ?

— Je…

Je me suis tue. Les mots de Jo résonnaient encore dans ma tête : j'entendais presque le timbre de sa voix. Mon rêve est réapparu dans ma tête – la caisse du café faisant « cling ! », Matthew et moi, tabliers assortis serrés autour des hanches, échangeant un sourire pendant que je faisais mousser le lait pour les cappuccinos et qu'il dessinait des cœurs en cacao sur la surface blanche. Nous en étions capables, non ? Nous pouvions nous retirer dans les Cornouailles, y vivre et…

— Ce ne serait pas très pratique, il me semble, non ? a enchaîné Matthew comme s'il lisait dans mes pensées. On travaille tous les deux à Oxford.

Il avait raison, bien sûr. Complètement raison. C'était ridicule d'échafauder ces rêves d'escapade. Ridicule, et même puéril. Aussitôt, ma vie imaginaire s'est dissoute dans mon esprit comme de la fumée dans le vent.

— J'ai besoin d'un peu de temps, voilà tout.

J'ai frotté mes yeux. Je me sentais vidée, tout d'un coup. *Tu es la seule personne à qui je voudrais confier mon précieux café*, avait écrit Jo, *je sais que tu en es capable.* Et voilà que tout le monde était en train de s'en débarrasser sans me laisser une minute pour y réfléchir. Il fallait se farcir ma famille, franchement. C'était tellement typique. Incapables de prendre le mouton noir au sérieux, même quand une entreprise florissante lui tombait entre les mains.

— Il faut que je réfléchisse à tout ça. J'ai du mal à réaliser ce qui m'arrive.

— Je ne suis pas surprise, a répondu Maman gentiment. Nous avons eu une journée éprouvante. Il n'y a pas d'urgence – surtout pas ce soir. Nous avons tout le temps de régler cette histoire.

Elle a adressé un sourire épuisé à la ronde avant de reprendre :

— Passons à la suite de ses dernières volontés.

Avec Papa, elle a énuméré les biens légués aux autres, mais je n'écoutais pas. Mon esprit ne cessait de revenir à la grande nouvelle. Jo m'avait légué son café. Il m'appartenait. Je possédais une entreprise et une maison, ici, à Carrawen !

La seule chose que je me sentais capable de faire, c'était de finir mon verre et de me lever :

— C'est ma tournée. Qui en veut un autre ?

Chapitre 3

— Evie, est-ce que tu as terminé cette lettre ? J'en ai besoin dès que possible.

— Evie ! M. Davis aimerait un café.

— Evie, j'ai déposé une pile de documents à traiter sur ton bureau. Et n'oublie pas que la commande de matériel de bureau doit être passée aujourd'hui.

Le lundi était arrivé et Carrawen Bay me semblait être à des milliers de kilomètres de l'endroit où je me trouvais. Le village n'était plus qu'une oasis étincelante et inaccessible dans mon esprit, un rêve tombé dans l'oubli. J'étais de retour à Oxford, dans un immeuble de bureaux miteux à deux pas du Clarendon Centre. J'arrivais à mi-parcours d'un contrat de deux mois chez l'employeur et son équipe les plus détestables du monde. À en juger d'après la pile de paperasse qui m'attendait, ils me croyaient dotée de capacités de super-héroïne.

Il faut dire que je ne peux pas me vanter d'une carrière exemplaire. Après l'école d'art dramatique, j'avais eu des velléités de monter sur les planches (voire d'être propulsée au rang de star hollywoodienne, soyons honnêtes), mais après cinq ans et quelques rôles mineurs dans des pièces de théâtre, ainsi qu'une unique apparition en tant qu'extra (victime d'une overdose) dans la série télévisée *Casualty*, j'avais fini par concevoir qu'il était plus probable que je reste confinée aux séries B britanniques que de m'envoler vers Hollywood. La mort dans l'âme, j'avais donc renoncé à ce rêve. J'avais ensuite tenté une carrière de photographe, puis je m'étais essayée au chant dans un groupe de rock, mais aucune de ces voies ne s'étant révélée plus prometteuse. C'est à ce moment de ma vie que j'avais rencontré Matthew, qui m'avait encouragée à quitter mon boulot de serveuse pour m'inscrire dans une école de secrétariat. Depuis lors, j'enchaînais les jobs temporaires et je m'ennuyais à mourir. Récemment, j'avais fini par me résigner à écouter mes parents et mes sœurs, qui me bassinaient les oreilles avec les avantages de l'enseignement.

Personnellement, je n'étais pas certaine d'avoir vocation à m'illustrer en tant que maîtresse d'école. Même dans mes bons jours, je n'étais pas des plus patientes et les enfants qui geignaient m'agaçaient rapidement. Surtout, je ne supportais pas le son de la craie sur un tableau noir. Mes sœurs, cependant, m'avaient rassurée sur ce point : de nos jours, les tableaux étaient blancs, sans compter les incroyables possibilités offertes par l'informatique. Malgré tout, je n'arrivais pas à me faire à l'idée de retourner en classe (sans parler de ma terreur des toilettes d'école). À mon corps défendant, j'en étais cependant venue à la conclusion que suivre une formation d'enseignante pouvait se révéler un poil plus intéressant et plus utile que de rester dans l'Enfer du Travail Temporaire pour le restant de mes jours. Sans compter que, franchement, j'étais à cours d'alternatives. Ma famille, en tout cas, s'était montrée pour le moins soulagée de ma décision.

— Tu fais le bon choix, avait déclaré Ruth en hochant la tête dans un geste de sage approbation. Non seulement l'enseignement est gratifiant, mais tu as aussi la sécurité de l'emploi. Sans compter, bien sûr, la retraite – il n'est jamais trop tôt pour y penser !

Je n'étais pas d'accord du tout. À mon avis, prendre un boulot pour s'assurer une retraite quand on n'a qu'une trentaine d'années est tellement rabat-joie que cela devrait être interdit par la loi. Je n'étais pas non plus certaine de rechercher cette « sécurité de l'emploi » – l'expression à elle seule m'emplissait de terreur. Est-ce que suivre ses rêves et tenter sa chance était compatible avec une « sécurité de l'emploi » ? *Quid* du plaisir, de la spontanéité ?

Seulement voilà : discuter avec Ruth, c'était comme tenter de retenir un bulldozer en marche ; on finissait toujours par se faire écraser, qu'on le veuille ou non. On pouvait protester autant qu'on le voulait, avancer des arguments aussi vitaux que le plaisir, les rêves et le goût du risque, si on avait le malheur de s'aventurer sur le terrain des prêts et des responsabilités familiales, elle était imbattable.

C'est ainsi que, écrasée par la défaite, j'avais agi avec sagesse et raison et j'avais posé ma candidature pour une formation à Oxford Brookes. À ma grande surprise, j'avais été admise. Je m'y attendais si peu que j'avais failli éclater de rire quand la lettre était arrivée.

Croyaient-ils vraiment que j'étais une candidate acceptable pour un poste de professeur ? Manifestement, mes talents d'actrice s'étaient révélés pendant l'entretien. Je les avais bien eus !

La formation débutait dans quatre mois, en septembre. Sachant à quel point la préparation au diplôme d'enseignant était intense et épuisante, j'avais d'abord ébauché de vagues projets de vacances pour savourer mes derniers mois de liberté. J'aurais pu décorer la maison, sortir mon appareil photo et faire quelques belles prises, faire un peu de jardinage et peut-être, même, passer quelques semaines de véritables vacances – hourra ! – dans un endroit exotique. Et si je rattrapais ce voyage en Inde, après tout…

— Tu ferais bien de travailler un maximum avant septembre, avait cependant suggéré Matthew. Si je mets ton nom sur l'emprunt immobilier, il va vraiment falloir que tu contribues financièrement. Qui paie sa part, jamais ne part.

Je n'avais jamais entendu ce dicton, mais il avait sans doute raison. Je ne pouvais tout de même pas lui demander de couvrir toutes nos dépenses alors que je cessais de travailler pendant un an pour valider ma formation. Et puis j'étais une jeune femme libérée du XXIe siècle, heureuse de participer aux frais du ménage, et tout le tintouin. Alors non, je n'étais pas en train de marchander un bracelet en argent dans la poussière chaude de l'Inde, avec mes longues tresses et mon tatouage au henné. Je n'étais pas, non plus, allongée sur une plage bordée de palmiers à dévorer un gros roman à succès pendant que ma peau s'abreuvait des derniers rayons de soleil. Au lieu de cela, je passais mes journées à taper sur un clavier, à archiver des documents et à préparer des cafés dans le donjon de la torture – je parle des bureaux – de l'entreprise Crossland Finance Solutions. Et : oui, c'était aussi ennuyeux, humiliant et minable que ça en avait l'air.

Il y avait un type, dans la boîte, Colin Davis – M. Davis pour moi –, qui me débectait tout particulièrement. Un gros mollusque engoncé dans un costume marron, le cheveu gras, l'œil globuleux et la peau d'un rose vif qui semblait toujours recouverte d'une fine pellicule de sueur. Il devait approcher de la cinquantaine, mais se comportait comme un gamin de vingt ans, multipliant les remarques désobligeantes à l'égard des femmes de l'équipe, quand il ne partait pas dans de grands discours machistes sur celles qu'il se « taperait » bien (Katie Price, Alesha Dixon et Cheryl Cole, en général, mais il y avait beaucoup de variantes) et, surtout, sur la manière dont il prévoyait de se les taper. Plus récemment, il semblait avoir développé une attirance pour mes fesses et ne manquait pas une occasion – je faisais en sorte qu'elles soient les plus rares possibles – de les attraper, de les pincer ou de les tapoter. Croyez-moi, j'ai vite maîtrisé l'habile pas de côté pour esquiver Colin Davis. (Je sais ce que vous pensez : pourquoi ne pas signaler le comportement de ce vicelard à la direction, et le faire licencier fissa ? C'était bien le problème. La direction, c'était lui. Et il n'avait pas l'intention de mettre un terme à sa traque à la jupe.)

Je n'arrêtais pas de supplier l'agence de me trouver un autre poste, mais ils ne faisaient preuve d'aucune compréhension.

— Nous n'avons rien de mieux à vous proposer, répondaient-ils à chacun de mes appels désespérés.

Ils n'allaient pas dire autre chose, bien sûr. Après tout, ils touchaient une copieuse commission pour chaque heure que je passais à travailler dans ce trou. Pourquoi renoncer à ce filon particulièrement juteux ?

— J'ai dit qu'il me fallait cette lettre le plus vite possible ! Combien de temps vous faut-il pour taper trois pages ?

Voilà qu'il se manifestait de nouveau à travers l'interphone qui reliait son bureau au mien. Hideux crapaud. J'aurais tellement aimé qu'il disparaisse d'un bond.

— Désolée, monsieur Davis, ai-je répondu d'un ton aussi mielleux qu'hypocrite, je m'en occupe tout de suite.

J'ai vite coupé la ligne pour échapper à la bonne blague qui suivrait inévitablement et ne manquerait pas de tourner autour de la manière dont il « s'occuperait » de moi si je me montrais bonne fille. Beurk.

J'ai expédié la lettre – un communiqué particulièrement ennuyeux sur les taux d'imposition – tandis que des images de Carrawen Bay traversaient mes pensées. Le réveil dans une chambre de *bed and breakfast* surchauffée, avec une gueule de bois atroce, n'avait pas été une partie de plaisir, mais il n'y avait pas de meilleur endroit qu'une plage pour soigner une cuite. Je savais qu'il me suffirait de sentir une bonne bourrasque d'air tonique et iodé sur ma peau, de laisser la brise marine ébouriffer mes cheveux et nettoyer mes poumons pour me remettre sur pied.

Malgré le crachin, Matthew et moi avions enfilé nos manteaux pour aller marcher le long de la baie et digérer les œufs au plat un peu gras du petit déjeuner de l'hôtel. Comme prévu, je m'étais sentie revivre quelques minutes à peine après avoir senti le contact du vent qui me fouettait les joues.

Une fois les dunes gravies pour rejoindre le sentier raide et sinueux qui menait à la baie, la vue du café m'avait fait un choc. Les événements de la veille m'étaient revenus à l'esprit (les dernières volontés, la lettre de Jo, ma stupéfaction en apprenant que j'avais hérité du café) et je m'étais surprise à regarder l'établissement – mon café – comme si je le découvrais pour la première fois. Mon café. Cela semblait irréel, comme si je confondais mes rêves avec la réalité.

Nous étions arrivés sur la plage, tout en bas du sentier. La marée était basse et les vagues avaient tracé des motifs ondulants comme des écailles sur le sable mouillé. Des mottes de fucus vésiculeux gisaient, noires et brillantes, au gré de l'emplacement où les flots les avaient déposées. Le vent jouait avec ce qui me restait de cheveux et me chatouillait la nuque. La plage était déserte, à l'exception de nous et d'un homme, accompagné d'un labrador noir au pas lourd, et de deux petites filles blondes vêtues de bottes en caoutchouc à pois. Les deux fillettes bondissaient autour de l'animal en criant à tue-tête.

Comme attirée par une force irrésistible, je n'avais pas pu m'empêcher de me diriger vers le café. Mes parents avaient passé la nuit dans l'appartement de Jo, au premier étage, parce que Maman voulait s'assurer de ce qu'aucun détail pratique n'ait été oublié : vider le réfrigérateur, éteindre le chauffage, fermer les fenêtres, ce genre de choses.

— Viens, avais-je dit à Matthew, allons prendre une tasse de thé et papoter avec l'équipe du personnel.

Il avait froncé le nez, méfiant.

— Evie, tu ne crois pas qu'il vaudrait mieux éviter de t'impliquer émotionnellement dans l'avenir de ce café ? Qu'est-ce que tu vas leur dire ? Je pense…

Je savais ce qu'il pensait. Il voulait que je me débarrasse de toute cette histoire aussi vite qu'elle m'était tombée dessus. Pourquoi s'entretenir avec qui que ce soit ? Pourquoi s'investir ? Peut-être qu'il aurait été plus facile pour *lui* de s'en tirer de cette manière, en évitant toute sentimentalité. Moi, je n'avais pas le même caractère.

J'avais aboyé :

— Matthew, ce café appartenait à Jo. Comment veux-tu que je ne sois pas émue ?

J'aurais aimé qu'il ne soit pas aussi terre à terre. J'aurais aimé…

Une voix sèche et nasale a interrompu mes pensées.

— Evie, c'est la deuxième fois que M. Davis te demande un café. Tu as l'intention d'attendre encore longtemps ?

J'ai levé les yeux de mon ordinateur et j'ai croisé le regard de Jacqueline, l'assistante de M. Davis, qui me dévisageait entre ses faux cils chargés de mascara. Une fraction de seconde, j'ai eu l'impression d'avoir été prise en flagrant délit de rêverie par Bambi.

— Deux minutes, ai-je répondu d'un ton volontairement impassible.

C'était tellement ridicule. S'il avait tant besoin de ce café, pourquoi M. Davis ne déplaçait-il pas son gros cul jusqu'à la cuisine pour se le préparer lui-même ? Je pouvais partir du principe que Jacqueline, qui n'était rien d'autre qu'une secrétaire auto-améliorée, considérait la tâche indigne d'elle. Qu'y avait-il, pour l'amour de Dieu, de si humiliant à manipuler une cafetière ou même à marcher jusqu'au Starbucks de High Street ? J'ai lâché un soupir.

Jo n'avait jamais traité ses équipes comme des moins que rien, elle n'avait jamais essayé d'intimider qui que ce soit, ne leur avait jamais donné l'impression qu'ils ne valaient rien. C'était d'autant plus évident qu'ils étaient tous venus à l'enterrement, tête baissée, les yeux pleins de larmes. D'après Maman, le café était resté fermé pendant quelques jours après le décès de Jo, par respect.

Quand nous sommes arrivés, le personnel semblait encore en état de choc. Mon regard s'était automatiquement tourné vers le comptoir où Jo avait l'habitude de préparer les cafés en partageant quelques plaisanteries avec les clients. Bien entendu, elle n'y était pas.

Le café n'était pas grand, mais il était spacieux, avec son haut plafond de bois, ses grandes fenêtres et les baies vitrées qui donnaient sur la terrasse. Huit tables trônaient librement dans la salle tandis que quelques recoins plus intimes avaient été aménagés près des fenêtres. Dehors, le mobilier était composé de tables et de chaises en bois surmontées de parasols de plage colorés, qui apportaient un peu d'ombre quand le soleil tapait trop fort. Par grandes chaleurs, les portes en verre pouvaient être repliées pour laisser la brise pénétrer à l'intérieur, mais dès qu'il faisait frais, on les refermait pour créer une atmosphère douillette et chaleureuse, surtout par contraste avec les vagues, impétueuses et ourlées d'écume blanche, qui venaient s'écraser sur le rivage.

Jo avait toujours confectionné elle-même les gâteaux et pâtisseries à la carte, et cela m'avait fait un nouveau coup au cœur de voir le comptoir vide. Manifestement, personne n'avait eu le courage de la supplanter pour réaliser les brownies au chocolat les plus délicieusement indécents des Cornouailles ou les meilleurs *flapjacks* aux fruits. Oh, Jo… Il semblait impensable qu'elle n'émerge plus jamais de cette cuisine, les bras chargés de pâtisseries à peine sorties du four.

— Tu veux bien me débarrasser d'une de ces petites choses ? avait-elle coutume de dire pour m'inviter à y goûter.

Je me demandais quel sentiment ce devait être, pour l'équipe, de continuer à travailler sans elle.

Les Cornouailles ne se distinguaient pas par un taux d'emploi très élevé, et les perspectives de carrière avaient de quoi inquiéter. À en juger d'après son petit visage frais et sa queue-de-cheval colorée au henné, l'une des filles qui se tenaient derrière le comptoir semblait à peine âgée de seize ans. Que ferait-elle si le café fermait ses portes ? Qu'allait-il advenir de cette équipe ? Je n'avais pas seulement hérité d'une affaire, mais aussi de la vie de ces gens.

J'ai essayé de chasser le visage de la jeune fille aux cheveux roux de mon esprit pour revenir à la réalité de mon bureau d'Oxford et j'ai attendu que la lettre de M. Davis soit imprimée. J'ai vaguement remarqué que l'impression prenait un temps fou, mais il m'a fallu un moment avait de jeter un coup d'œil à la machine. Un voyant rouge clignotait de façon inquiétante : ERREUR D'IMPRESSION, pouvait-on lire sur le voyant. Au même instant, mon téléphone s'est mis à sonner et des courriels sont arrivés dans ma messagerie avec un petit « ding ! ». Jacqueline regardait ostensiblement l'horloge et M. Davis avait fini par soulever péniblement son gros corps de sa chaise pour se diriger vers moi, rêvant sans aucun doute de mes fesses. J'ai eu toutes les peines du monde à retenir le hurlement de frustration qui sourdait dans ma gorge.

— Je déteste tellement mon boulot !

J'avais donné rendez-vous après le travail à ma meilleure amie Amber au *The Bear*, un pub resté dans son jus et chaleureux du centre-ville, et après un grand gin-tonic et un paquet de cacahuètes, je commençais à peine à me détendre.

— Je le déteste, je le déteste, je le déteste.

Amber a fait une moue compatissante.

— Tu en as pour combien de temps ?

— Encore un mois. Quatre fichues semaines. Vingt journées entières. Je ne vais pas y arriver, Amber, vraiment pas. J'ai pris tellement de retard que j'ai commencé à cacher les dossiers à classer dans un tiroir, et je rêve tous les jours d'une armure pour protéger mes fesses des mains baladeuses de l'insupportable Colin. C'est pas bon signe, si ?

— Nan, c'est pas bon, ma chérie. On ne t'a rien proposé d'autre, à l'agence ?

— Rien, ai-je répondu, déprimée. Ils s'en foutent. Tant qu'ils empochent leur commission, ils me laissent me débrouiller.

— Bon. Tu sais ce que je vais te dire, a commencé Amber, et ses longues boucles d'oreilles ont tinté alors qu'elle se penchait vers moi. La vie est trop courte pour être gaspillée dans ce bureau pourri. Pense à toutes les choses dont tu pourrais profiter pendant ce temps. Des trucs marrants ! Des trucs qui te font plaisir ! Des trucs qui te rendent heureuse !

— Je sais.

Quand Amber montait sur ses grands chevaux, il n'y avait rien de mieux à faire que de finir tranquillement son verre en attendant qu'elle ait vidé son sac.

— Parce que tu vois, ce n'est pas comme s'il n'y avait pas d'autres boulots, à Oxford, m'a-t-elle rappelé en tapant la table du plat de la main avec emportement. Des jobs, il y en a des tas. Ce n'est pas comme si tu étais obligée de travailler là parce qu'il n'y a nulle part d'autre où aller…

Encore un coup sur la table. Cette fois, nos verres ont tressauté.

— ... dis-leur d'aller se faire voir et claque la porte. Voilà ce que je ferais, à ta place.

Elle en était capable. Amber avait eu encore plus de carrières que moi. Nous nous étions rencontrées au cours d'art dramatique, et elle avait connu la torture que partageaient tous les aspirants comédiens. Sauf qu'à l'inverse de moi, elle n'avait jamais abandonné son rêve. Elle pouvait se vanter d'avoir obtenu des rôles mineurs dans *EastEnders* et *Emmerdale*, et elle avait joué plusieurs hivers d'affilée dans un feuilleton de Noël tout comme dans plusieurs productions de théâtre. Elle avait aussi été caissière dans la boutique de souvenirs d'un musée et avait tenté sa chance en tant que commis de cuisine au Randolph avant de se mettre à son compte en tant que responsable événementiel (l'expérience avait duré six bons mois). Ces derniers temps, elle travaillait chez un fleuriste, du côté de Jericho, mais elle continuait les auditions, révisait ses textes, et se mettait dans la peau de divers personnages sans perdre espoir. Je ne savais pas si elle y croyait vraiment ou si elle se berçait d'illusions, mais elle pouvait tout au moins se targuer d'avoir de l'ambition, ce que je n'aurais certainement pas pu dire de moi.

— Je sais bien, mais...

— Mais rien du tout, Evie ! m'a-t-elle interrompue en levant les mains, et ses larges bagues en argent ont scintillé dans la lumière du pub – une, deux, trois. Où est passée ta niaque, bon sang ? Dès le mois de septembre prochain, tu seras devenue l'esclave de ta formation et tu regretteras de n'avoir pas fait quelque chose de plus excitant pendant l'été.

— Matthew trouve que je ferais mieux d'économiser…, ai-je commencé, mais elle a haussé un sourcil et je me suis tue.

— Tu te souviens de l'Inde ? Là aussi, il a jugé que ce serait une meilleure idée que tu fasses quelque chose d'ennuyeux, a-t-elle repris de plus belle, en tapotant la table de son ongle coupé court. Et tu as raté une occasion en or !

— Je sais, ai-je répondu d'un ton pitoyable. J'entends bien ce que tu me dis, mais…

— Attends. Je vais nous chercher un autre verre et ensuite, on échafaudera un plan. J'arrive.

Je l'ai regardée se diriger vers le zinc. Amber était grande et mince, avec une longue chevelure rousse qui retombait en vagues sur son dos, des yeux bleus et une grande bouche aux lèvres pleines. Son rire était gras et guttural. Ce n'était pas une beauté classique, mais elle avait quelque chose – une énergie invisible, une effervescence – qui attirait le regard. Où qu'elle soit, les gens se retournaient sur son passage, la remarquaient. Comme d'habitude, elle portait un jean moulant qui révélait ses fesses minuscules (un cul de « poulet », avais-je l'habitude de dire pour la taquiner), un top noir à col rond et un assortiment de foulards et de bijoux autour du cou. Ses Converse argentées ont reflété la lumière quand elle est revenue vers moi, un verre plein dans chaque main.

— Et ce café, alors ? a-t-elle lancé une fois assise, en poussant le gin dans ma direction avant de boire une gorgée de son vin rouge. Qu'est-ce qui s'est passé quand tu es allée là-bas ?

— Eh bien, j'ai échangé trois mots avec l'équipe. Ils ne sont que trois, en ce moment, parce que la saison n'a pas commencé. Il y a le chef, Carl, qui m'a tout l'air d'être un imbécile, et deux adolescents, Seb et Saffron, qui ne travaillent que le samedi. Je leur ai dit qu'en tant que nouveau propriétaire du café, je ne les laisserais pas tomber, que je veillerais à ce qu'il ne se passe rien sans qu'ils soient prévenus en avance, mais… J'étais un peu vague, à vrai dire. Matthew m'a dit que je n'aurais pas dû leur parler avant d'avoir des projets plus précis, mais je me sentais *obligée* de leur dire quelque chose.

La situation avait été plutôt gênante, en réalité. La rousse, Saffron, m'avait toisée avec méfiance quand je lui avais dit que j'avais hérité de l'établissement.

— OK. Si je comprends bien, vous allez gérer le café à distance ? Comment vous voulez que ça fonctionne ?

Je m'étais efforcée de sourire, mais je n'avais pas aimé son attitude agressive.

— Eh bien, pour le moment, je n'en sais rien, avais-je avoué. J'imagine qu'il me faudra embaucher un gérant, quelqu'un qui puisse être là pendant la semaine. À moins que, Carl, tu ne puisses servir les clients en plus de ton travail en cuisine… ?

Carl, un gars maigre au teint mat et aux cheveux noirs et huileux, retenus en queue-de-cheval, m'avait regardée avec mépris.

— Bien sûr, avait-il lâché d'une voix traînante. Si je comprends bien, vous voulez que j'accueille les clients, que je fasse la cuisine, la plonge, et la caisse

– tout ça tout seul, et pour le même salaire ? Vous rêvez, ma belle.

Mes joues avaient rougi devant tant d'arrogance. J'avais au moins dix ans de plus que ce petit frimeur de mes deux.

— Très bien. Ce n'était qu'une idée, avais-je répondu froidement. Dans ce cas, je chercherai quelqu'un d'autre. D'ici-là, je pense qu'il vaudra mieux fermer le café pendant la semaine.

— Super, avait répondu Carl sur le même ton. Je perds donc quatre jours de travail juste comme ça, parce que ça vous arrange. Génial.

— Vous avez une meilleure suggestion, peut-être ? avais-je sifflé entre mes dents serrées.

— Oh, bon, très bien, avait grogné Carl. Mais si je dois faire plus que la cuisine, je veux une augmentation.

Seb, le troisième membre de l'équipe, ne s'était pas encore exprimé. Il ne devait pas avoir plus de dix-sept ans, et sous sa tignasse couleur de blé, son visage aux traits agréables était couvert de boutons. Il était vêtu d'un tee-shirt violet vif affichant le slogan « JE NE SUIS PAS UN GEEK. J'AI ATTEINT LE NIVEAU 9 DE WARLORD ».

— J'espérais faire plus d'heures pendant les vacances, m'avait-il répondu quand je m'étais tournée vers lui pour connaître son opinion. En général, le café est très fréquenté sur cette période, et Jo a besoin de renforts. Peut-être que Saff et moi, on pourrait donner un coup de main pendant la semaine, et…

— Parle pour toi, avait méchamment interrompu Saffron.

J'avais soupiré. Cette conversation ne menait à rien.

— Écoutez, je sais que la situation n'est idéale pour personne, mais essayons de faire un effort, d'accord ? Par respect pour Jo ? Seb, ce serait super si tu pouvais venir pendant les vacances, merci beaucoup. C'est à la fin du mois, n'est-ce pas ? Génial. Carl, je te parlerai de la paie dès que j'aurai jeté un coup d'œil à la compta.

C'était ce que je pouvais faire de mieux. J'avais emporté des piles entières de paperasse à déchiffrer et j'étais plongée dans les comptes depuis mon retour. Il fallait payer les factures et les salaires, donner suite aux divers courriers. L'aspect concret de mon héritage m'avait soudain semblé très décourageant.

— Wouah, s'est exclamée Amber une fois que je lui ai relaté le tout, tu as du pain sur la planche, ma belle.

— Je sais. Cela représente beaucoup de travail. Tout le monde me dit de m'en débarrasser au plus vite, mais je ne suis pas sûre que ce soit la bonne décision. Jo adorait cet endroit – c'était toute sa vie. Pour moi, l'idée de planter un panneau « à vendre » et de…

Amber a fait la grimace.

— D'accord, mais soyons réalistes. Qu'est-ce que tu peux faire d'autre ? Tu veux gérer le café depuis Oxford ? Ça ne marchera jamais, a-t-elle conclu sans ménagement.

— Ça pourrait fonctionner, ai-je répliqué, si je trouve un bon gérant, quelqu'un comme Jo, qui s'en occupe à ma place…

Je n'arrivais même pas à me convaincre moi-même. Jo était unique en son genre, irremplaçable.

— Mais si jamais tu te décides à vendre, tu n'aurais plus besoin de faire des boulots temporaires, n'est-ce pas ? a poursuivi Amber. Tu serais pleine aux as ! Tu pourrais dire à ce Colin d'aller se faire voir et te faire la malle. Prendre des vacances. Emmener ta meilleure copine avec toi…

Elle s'est enfoncée dans son siège avec l'air triomphant de celle qui a trouvé l'argument imparable. Elle n'avait pas tort. La seule pensée d'envoyer balader Colin était tellement tentante que mes doigts impatients formaient déjà le V de la victoire. La perspective de me retrouver sur une plage avec Amber était encore plus alléchante. Je nous y voyais déjà, toutes les deux : bronzées et ivres, trinquant à l'ouzo sur une île grecque ou à la bière sur la Costa del je-ne-sais-quoi.

Je me suis sentie coupable de rêver de vacances sans Matthew et j'ai aussitôt tenté de le photoshoper dans ma vision, mais il a aussitôt commencé à se plaindre de la chaleur et à s'inquiéter de l'hygiène alimentaire. Je l'ai imaginé en train de me dire : « Tu connais mon petit bidon fragile… » et j'ai grimacé.

Pendant ce temps, Amber s'échauffait encore.

— Ouais, je crois que c'est la meilleure solution. Vendre le café, s'en mettre plein les poches, payer ta formation. Voilà ce que je ferais.

— Vraiment ? Comme ça, sans réfléchir ?

J'étais surprise de la voir aussi professionnelle, tout d'un coup.

— Absolument. Enfin, à condition que tu veuilles vraiment devenir prof, bien sûr.

— Euh, ouais…

C'était sorti d'une voix plus hésitante que je ne le voulais.

— Evie, tu n'es pas très convaincante. Tu sais, tu es libre d'aller en Cornouailles gérer ce café toi-même, au lieu de devenir prof. Qu'est-ce qui t'en empêche ? Ce serait génial de passer l'été à la plage !

J'étais sur le point de lui dire que beaucoup de choses m'empêchaient de le faire, bien sûr – à commencer par Matthew et Saul, et mon boulot, et… Eh bien, tout le reste, bien sûr –, quand mon téléphone s'est mis à sonner. J'ai décroché, étrangement soulagée d'avoir été interrompue. Ce n'était que ma mère qui m'invitait à dîner dimanche, mais son coup de fil me permettait d'échapper à un interrogatoire acharné d'Amber. Sauvée par le gong. Passer l'été à la plage de Carrawen serait effectivement aussi fabuleux qu'inenvisageable. Après avoir raccroché, je me suis dépêchée de la questionner sur la nouvelle production de théâtre pour laquelle elle passait des auditions, et j'ai réussi à éviter de parler de ma carrière pour le reste de la soirée. C'était plus sûr.

Chapitre 4

Cette conversation m'a fait réfléchir, cependant. Amber avait raison sur un point – quel que soit mon attachement au café, il me serait difficile de m'en occuper depuis Oxford. Si je le vendais (pardonne-moi, Jo), je ne serais plus obligée d'endurer plus longuement le poste temporaire que j'occupais actuellement. J'aurais l'argent et la liberté, je pourrais choisir de faire ce que je voulais pendant un moment. Je pourrais même retarder ma formation d'enseignante, qui se profilait comme une épée de Damoclès, quand bien même j'essayais de me convaincre de son utilité.

Une fois de retour à la maison, ce soir-là, j'ai allumé mon ordinateur portable et je me suis connectée au site d'une agence immobilière.

— Qu'est-ce que tu fais ? a demandé Matthew en se postant derrière moi pour me masser les épaules. Tu ne prévois pas de déménager, quand même ?

— Non, bien sûr que non. J'étais curieuse de connaître les prix en Cornouailles, voilà tout… pour le café.

— Ah !

Il a pris un air satisfait. Cette brave Evie entend enfin la voix de la raison – bravo.

— Tu ne pourras pas le vendre tout de suite, bien sûr. Il y a tout un tas de paperasses à régler, et…

— Je sais, l'ai-je interrompu en tapant le code postal dans le moteur de recherche avant de cliquer sur « entrée ». Je veux juste me faire une idée des prix. Je me disais… Eh bien, ce serait l'occasion de quitter mon boulot. Ce serait pas mal.

J'ai lâché un rire bref.

— Ou plutôt, ce serait une sacrée bénédiction.

— Ah. Bien entendu, tu ne peux pas miser sur le fait que tu trouveras tout de suite un acheteur…

— Bien sûr, ai-je répondu en me penchant vers l'écran où s'affichaient les dix premiers résultats.

— Sans compter qu'il y aura une commission à payer à l'agent immobilier, et que…

— C'est bon, c'est bon, je sais !

Sa manière de s'adresser à moi m'agaçait – comme si j'étais une demeurée, comme si je n'avais aucune idée de ce qui m'attendait. Tout ça, parce qu'il avait déjà acheté une maison alors que j'avais été locataire toute ma vie. Cela ne lui donnait pas, pour autant, le droit de me traiter comme une gamine et de ponctuer toutes ses phrases par des « Bien entendu ».

Les massages ont cessé d'un coup.

— C'est pas la peine de me sauter à la gorge, a-t-il lâché, vexé, en s'écartant. J'essayais de te rendre service, voilà tout.

— Je sais, mais... je peux me débrouiller, ai-je terminé dans un murmure.

Il avait déjà quitté la pièce.

J'ai reporté mon attention sur l'écran et j'ai fait défiler les résultats. Rien. Je suis passée aux dix suivants. Puis ceux d'après. Hmm. Il y avait tout un tas de jolis cottages et d'appartements de luxe à vendre, mais aucun ne ressemblait de près ou de loin à la maison de Jo.

J'ai froncé les sourcils. Qu'est-ce que j'espérais ? Le café de Jo était unique en son genre. Rien d'étonnant à ce que je ne trouve rien de similaire sur le marché. Autant contacter directement un agent immobilier pour qu'il me donne une estimation de sa valeur. Non que je me sois décidée à m'en séparer. Je voulais seulement savoir à quoi je pouvais m'attendre avant de prendre une décision.

J'ai noté quelques numéros de téléphone sur un bout de papier et j'ai retrouvé Matthew pour faire la paix.

Le lendemain, au bureau, j'ai attendu que tout le monde soit parti déjeuner pour contacter une agence immobilière installée à Padstow, à quelques kilomètres de Carrawen. Un type très aimable a pris toutes mes coordonnées et a semblé extrêmement intéressé quand je lui ai dit que j'avais hérité du café et que je me demandais ce que j'allais en faire. À vrai dire, c'est tout juste si je ne l'ai pas entendu se frotter les mains. Il m'a dit qu'il connaissait très bien l'établissement dont je parlais, que ce serait un magnifique projet pour un investisseur ou une entreprise – le terrain était tout à fait propice à un réaménagement.

— Pardon ? Êtes-vous en train de me dire que l'acheteur pourrait le… raser, tout simplement, pour y construire autre chose ?

Je détestais l'idée que quelqu'un abîme cette belle bâtisse ancienne, arrache les cadres en bois, démantèle les fenêtres et les portes. Tout d'un coup, j'ai imaginé les tables et les chaises, la machine à café et même les photographies encadrées qui étaient accrochées aux murs, en vrac dans une grande benne, et j'ai fait la grimace. Je ne voulais pas que ce café devienne autre chose que ce qu'il était.

— Absolument ! a répondu l'agent immobilier avec enthousiasme. Bien sûr, il devra d'abord obtenir une autorisation de changement d'usage du bâtiment auprès de la mairie, mais à mon avis, cela ne devrait pas poser de problème. C'est une plage magnifique ; franchement, je n'en reviens pas que cet endroit n'ait pas encore été développé. Quand on voit ce qu'il s'est passé à Padstow et à Rock, c'est une occasion en or, il faut la saisir.

— Oui, mais…

— Un bon nombre de nos clients cherchent aussi une résidence secondaire à Carrawen, a-t-il poursuivi comme s'il ne m'entendait pas. Un *grand* nombre, à vrai dire. Transformer le café en résidence secondaire de luxe serait très facile. Cette vue en fait une propriété d'exception.

J'ai fermé les yeux. J'avais l'impression de trahir Jo rien qu'en écoutant ce qu'il me disait. Je voyais d'ici l'expression d'horreur se peindre sur son visage si elle me surprenait au milieu de cette conversation.

— Très bien, ai-je dit. Seulement voilà… Il y a des gens qui travaillent dans ce café en ce moment, voyez-vous. C'est leur emploi. Je ne veux pas qu'ils se retrouvent à la rue si je vends le café. D'ailleurs, en admettant que je vende, je veux que cela reste un café, alors…

Il a lâché un rire joyeux.

— Je crains que cela ne fonctionne pas comme cela, mademoiselle Flynn. Une fois la vente validée, c'est à l'acheteur de décider ce qu'il veut en faire. Voulez-vous que je passe voir la propriété, pour vous en donner une évaluation plus précise ? Je peux y faire un tour un peu plus tard dans la semaine, si cela vous arrange. Si vous êtes satisfaite du prix, on pourra lancer le processus, prendre des mesures, choisir de belles photos et organiser des visites. Sans même réfléchir, je peux déjà vous citer au moins cinq clients qui seraient très intéressés. Ça vous dit ?

J'ai hésité. Tout cela allait trop vite. Je ne voulais vendre le café qu'à condition que… eh bien, que quelqu'un comme Jo le reprenne et gère l'endroit exactement comme elle l'avait fait pendant toutes ces dernières années.

J'ai lâché un soupir. Les choses ne fonctionnaient pas comme ça, si ? Je me voilais la face.

— Mademoiselle Flynn, je pourrais passer jeudi si…

Je l'ai interrompu :

— Non, non. Euh… Il faut que je réfléchisse encore un peu. Merci pour votre aide, en tout cas.

— Eh bien, si vous changez d'avis, n'hésitez pas à me rappeler. Je m'appelle Greg et je serais ravi d'ajouter cette propriété à mon portfolio.

Tu parles, Greg, me suis-je tristement dit en coupant la conversation. Greg ne se souciait pas de savoir à qui il vendait. Il n'examinerait pas le dossier des personnes intéressées pour s'assurer qu'il avait affaire à d'honnêtes gens qui prendraient le plus grand soin du café, veilleraient au bien-être de l'équipe et à l'entretien de l'édifice. Non. Du moment qu'il touchait une bonne, grosse commission, il serait trop heureux de refourguer ma petite maison au client le plus offrant, qui la transformerait en un complexe thermal ultra-chic réservé aux gens de la haute.

J'ai lâché un nouveau soupir et j'ai posé ma tête sur le bureau. Je ne pouvais pas le laisser faire cela, mais que faire d'autre ?

En rentrant à l'appartement mercredi, j'ai claqué la porte d'entrée derrière moi. Puis j'ai jeté mon sac par terre et je me suis débarrassée de mes chaussures d'un coup de pied. L'une d'elles est allée s'écraser contre le radiateur dans un claquement sourd.

— Quel salopard de crétin d'obsédé sexuel !

Je venais de passer la pire journée qu'on puisse imaginer. Après une panne de réveil, j'avais crevé un pneu sur le chemin du bureau et j'étais arrivée encore plus en retard que prévu, ce qui m'avait valu un savon de Jacqueline et une tonne d'archivage supplémentaire en guise de représailles. Dans le courant de la matinée, des crampes extrêmement douloureuses avaient annoncé l'arrivée de mes règles et pour couronner le tout, j'avais réussi à me tordre la cheville sur les pavés de High Street pendant ma pause déjeuner, non sans casser au passage le talon de ma chaussure. Cerise sur le gâteau, Davis avait

« par mégarde » frôlé ma poitrine dans l'ascenseur, ce qui m'avait soulevé le cœur. Je m'étais écartée de lui, dégoûtée, mais son sourire narquois m'avait confirmé qu'il avait apprécié la sensation.

— Quel porc, quel porc, quel GROS PORC... Oh. Salut, Saul.

J'ai coupé court à ma tirade quand j'ai ouvert la porte de la cuisine et que je suis tombée sur lui, sagement assis à la table, en train de faire un puzzle avec Matthew. Saul était le garçon le plus adorable du monde. D'ordinaire, il dormait chez nous les mercredis et samedis soir, et même quand mes ovaires me faisaient gémir de douleur et que mon patron me faisait hurler de rage, sa seule vue suffisait à me remettre d'aplomb, comme si le monde retrouvait son équilibre.

Il a sauté de sa chaise pour venir se jeter dans mes bras, et je l'ai serré contre moi avant de déposer un baiser sur sa belle touffe de cheveux bruns.

— J'ai oublié qu'on était mercredi. Oooh, je suis tellement contente de te voir ! J'ai l'impression que cela fait des années. Tu vas bien ?

— Ouaip. Tu sais, j'ai fini le dinosaure en Lego... tu veux que je te montre une photo ?

— J'en meurs d'envie, ai-je dit en le serrant une dernière fois contre moi avant de le relâcher.

Matthew avait mis au moins six mois à me dire qu'il avait un fils, au début de notre histoire. Quand enfin il m'en avait parlé, il était dans un état de stress incroyable, s'excusant presque d'avoir cet enfant dans sa vie, d'un premier mariage raté. C'était beaucoup de secret et d'angoisse pour rien : à mes yeux, Saul était un petit garçon merveilleux. Depuis que je le connaissais, les limites de mon existence s'étaient élargies pour embrasser les joies des Lego, de la pâte à modeler et du football, sans compter, plus récemment, celles des Gogo's (de petites créatures en plastique semblables à des extraterrestres), la collection des cartes Match Attax et la série de romans *Beast Quest.* J'en raffolais.

— Evie, tes cheveux sont super courts ! s'est soudain exclamé Saul en écarquillant les yeux, comme s'il venait de s'en rendre compte. C'est cool, on dirait un garçon !

— Merci !

C'était sûrement le plus beau des compliments.

— Salut, a dit Matthew en s'approchant pour déposer un baiser sur ma joue, tout va bien ?

Je l'ai embrassé à mon tour et j'ai lâché un gros soupir.

— J'ai connu des journées plus sympas, ai-je répondu sans m'épancher sur les détails, sachant que les grands yeux intelligents et curieux de Saul étaient encore posés sur moi.

Avec un peu de chance, il ne m'avait pas entendue râler dans l'entrée. Matthew me tuerait si Saul rentrait chez sa mère, demain, et lui demandait : « Dis Maman, c'est quoi un salopard de crétin d'obsédé sexuel ? » de sa petite voix innocente.

Emily, l'ex-femme de Matthew, saisirait son téléphone dans la seconde et je vivrais un enfer pendant au moins une année.

Matthew devait terminer quelque chose pour le boulot pendant que je préparais le dîner. Je ne suis pas ce qu'on appelle une « cuisinière accomplie ».

J'ai déjà détruit plusieurs casseroles – l'épisode le plus mémorable étant celui où j'avais oublié un œuf en train de bouillir sur le feu pendant plusieurs heures. L'eau s'était évaporée, l'œuf avait explosé et la casserole n'avait pas tardé à répandre une odeur de brûlé nauséabonde.

— Comment peut-on oublier qu'on est en train de se faire cuire un œuf ? avait crié Matthew, exaspéré. T'as pas besoin de t'en rappeler plus de trois minutes, bon sang !

— Je sais, avais-je marmonné la tête basse, j'ai… oublié, c'est tout.

La seule et unique fois où j'avais tenté de faire rôtir un poulet, je nous avais provoqué une intoxication alimentaire (« Ce poulet est tellement cru qu'il bouge encore ! » s'était exclamé Matthew après une première bouchée fatale). Quant au gâteau d'anniversaire que j'avais essayé de préparer pour Matthew, il avait mystérieusement disparu dans la poubelle après la première tranche – répugnante, certes (je ne m'expliquais pas du tout cette étrange saveur de curry). Je n'avais jamais été en mesure, non plus, de préparer une sauce au fromage sans avoir à en extraire d'énormes grumeaux.

Je savais, cependant, faire griller du pain et mes fritures n'étaient pas trop mauvaises, non plus. Je me débrouillais pas mal avec tout ce qu'il suffisait de mettre au four. Heureusement, le repas favori de Saul était la pizza – ce qui restait quand même dans mes cordes.

Nous avons préparé la pizza nous-mêmes, à notre manière habituelle : un quart margherita pour Saul, un supplément de jambon et de fromage sur mon quartier, olives et poivron sur celui de Matthew. Saul adorait passer des heures à aligner les tranches d'olives brillantes sur la pâte, selon le dessin de son choix, avant de les saupoudrer soigneusement de cheddar râpé.

— Il neige du fromage, disait-il en laissant les filaments jaune pâle dégringoler de ses doigts.

— Ou alors ça pourrait être du sable, ai-je objecté. Du sable en fromage sur une plage de fromage.

Il a souri.

— Papa dit que vous êtes allés à la plage. Vous vous êtes baignés dans les rochers ?

J'ai précautionneusement soulevé la pizza pour la glisser dans le four.

— Pas cette fois. Tu aimes la mer et les rochers ?

— Ben oui ! s'est-il exclamé comme si c'était la question la plus stupide qu'il ait jamais entendue. Évidemment ! C'est trop bien pendant les vacances. Tata Amanda habite à la mer. Elle a trop trop trop de chance !

— Mmmh, ai-je répondu distraitement en refermant la porte du four. Ma tante aussi habitait près de la plage. Elle adorait avoir la mer en guise de voisine.

— Quand je serai grand, je vivrai carrément sur la plage, a déclaré Saul en essuyant ses mains pleines de fromage sur le pantalon de son uniforme scolaire avant que je n'aie le temps de l'en empêcher.

Oups. Emily n'allait pas me remercier.

— ... je construirai moi-même un vrai château de sable et j'y vivrai. Tu vois ? Un vrai, mais en sable ! Et je me baignerai toute la journée dans les rochers !

— Je trouve ça super, mais seulement si j'ai le droit de te rendre visite.

Il a gravement hoché la tête.

— Je construirai une partie du château rien que pour toi, a-t-il promis. Une aile entière !

Il a ri.

— Eh, tu ne trouves pas ça bizarre que les châteaux aient des ailes, comme les oiseaux ? Comme s'ils pouvaient s'envoler !

J'ai ébouriffé sa tignasse, tellement submergée d'amour que les mots me manquaient.

— Tu es adorable. Bon, on la dresse, cette table, ou quoi ?

Cette nuit-là, j'ai rêvé de la plage de Carrawen. Dans mon rêve, la journée était froide, l'air vif, et il y avait cette lumière matinale bleu pâle, caractéristique de la côte en hiver. La mer était luminescente, lisse et calme. La faible lueur du jour scintillait comme des milliers de sequins sur sa surface ondulée. J'étais seule, exactement au centre de la baie, le regard posé sur la ligne d'horizon bleu indigo, et je me laissais peu à peu pénétrer par la paix et le calme des lieux. J'étais pleinement heureuse. Pleine de joie, de sérénité…

Un bredouillis hystérique de DJ m'a tiré de ma rêverie, détruisant ce moment d'harmonie complète. J'ai lâché un grognement avant de tendre la main pour actionner à tâtons le bouton de répétition d'alarme du réveil. Je voulais glisser à nouveau dans mon rêve, me laisser à nouveau avaler par le calme vide de cette plage hivernale… Malheureusement, ça n'a pas marché.

J'ai roulé jusqu'au côté du lit où dormait Matthew, mais il était déjà levé et j'ai deviné qu'il était déjà en train de prendre le petit déjeuner avec Saul. Le jeudi matin, il l'emmenait à l'école et était terrifié à l'idée d'arriver en retard et de s'attirer les foudres d'Emily. D'après Matthew, cette dernière avait des espionnes au sein de l'établissement : un comité d'expertes-mamans, qui notait l'heure de son arrivée et rapportait chaque détail de son passage.

Emily faisait toujours preuve d'une politesse irréprochable envers moi. Infirmière de métier, c'était une personne vive, hyper-organisée, qui semblait vouloir repasser tout ce qui pouvait se froisser (même les slips de Saul, je vous jure) et dirigeait sa vie et sa maisonnée à la baguette. J'aurais parié que tous les lits étaient faits au carré, chez elle. Il me semblait qu'elle jugeait notre foyer en conséquence (tentatives de repassage extrêmement rares, et bien sûr pas un seul lit correctement fait).

Matthew et Emily étaient séparés depuis cinq ans. Elle s'était envolée avec un fringant jeune secouriste répondant au nom de Dan, que Saul (et probablement Emily) idolâtrait. Matthew, lui, l'avait en horreur et l'appelait avec mépris « Docteur Dan » à chaque fois qu'il était obligé de l'évoquer – ce qu'il évitait la plupart du temps. Le visage de Matthew s'assombrissait quand Saul parlait de Dan et je compatissais – cela devait être dur, pour Matthew, de voir son fils grandir avec un autre homme. Pas seulement un autre homme, d'ailleurs, mais aussi un type qui, à en croire Saul, connaissait les blagues les plus drôles du monde, jouait au foot comme un pro et était capable de consacrer un week-end entier à peindre un Doctor Who « trop cool » sur le mur de sa chambre à coucher, en guise de cadeau d'anniversaire.

Je suis descendue et j'ai trouvé Saul attablé dans la cuisine, en train de mâchonner des corn flakes, tandis que Matthew préparait son déjeuner pour l'école. J'ai observé le soin avec lequel Saul enfournait un peu plus de céréales dans sa bouche, son visage encore rêveur en cette heure matinale, ses mâchoires qui s'activaient machinalement… Il était magnifique. Il était la seule chose que j'enviais à Emily – il était à elle, complètement, et non à moi. L'espace d'un instant, je me suis permis de rêver, comme si souvent, que c'était mon fils, le mien et celui de Matthew. Que nous étions une famille heureuse, qui entamait ensemble une nouvelle journée emplie de joie. Au diable mes parents et mes sœurs, voilà un scénario familial dans lequel je me reconnaissais pleinement.

Ce jour-là, l'Enfer du Travail Temporaire s'est révélé… eh bien, infernal. J'ai commencé à compter combien de fois quelqu'un me demandait d'effectuer une tâche sans prendre la peine d'ajouter un « s'il te plaît », et j'en étais à vingt-sept au moment de la pause déjeuner. À un moment, l'interphone de mon bureau a sonné et le Mollusque m'a interpellée.

— Venez dans mon bureau, une minute.

Vingt-huit.

— Bien sûr, ai-je répondu en m'efforçant de cacher mon dégoût.

Je savais qu'il m'observait depuis le « Centre du Pouvoir » aux parois de verre, dans l'angle de notre espace de travail, et que la moindre grimace, le moindre froncement de sourcil me serait reproché.

— Oh, et apportez votre carnet et un stylo.

Vingt-neuf.

— Bien sûr, ai-je répété comme un robot.

M. Davis possédait le plus beau bureau de tout le bâtiment, entièrement vitré d'un côté, ce qui lui offrait une vue imprenable sur la ville où se côtoyaient le dôme de la Radcliffe Camera, d'innombrables flèches d'églises et des tours de collèges, le tout en belle pierre des Cotswolds. Heureusement qu'il avait la vue, d'ailleurs, car il n'avait pas fait grand-chose pour aménager le reste de la pièce. Il s'était offert l'un de ces bureaux qui signifient clairement qui est le boss – très grand, en imitation acajou, sur lequel reposait un élégant ordinateur portable ouvert, juste à côté d'un portrait encadré d'une femme ressemblant étrangement à sa mère. Derrière lui se dressaient des étagères remplies de dossiers et en dessous des fenêtres, des caissons de rangement d'un gris terne. Sur l'un d'eux reposait un aspidistra maladif aux feuilles desséchées et recouvertes de poussière.

— Alors, mademoiselle Flynn, a-t-il commencé, sa voix ralentissant sur mon nom, comme pour le caresser. Je détestais l'affectation qu'il mettait à refuser de m'appeler par mon prénom. Vous sentez bon, aujourd'hui. Nouveau parfum ? À moins que ce soit ce qu'on appelle les phéromones ?

J'ai senti mes joues chauffer à ces mots. Les phéromones, bien sûr. Dans ses rêves, oui. J'ai commencé à tapoter mon bloc-notes de la pointe de mon crayon, décidée à en finir le plus vite possible. Je n'avais aucune envie de traîner ici plus longtemps que nécessaire, à échanger des banalités entrecoupées d'allusions sordides avec ce malade mental.

— Vous me vouliez pour quelque chose de précis ? ai-je demandé froidement.

Un silence affreusement lourd de sous-entendus a suivi. Bon sang, je n'avais pas fait attention à ma formulation.

— C'est ce que j'ai dit ? a-t-il répondu après un silence suffisamment long pour que mes joues virent à l'écarlate.

Le voilà qui passait sa langue sur ses lèvres.

— … en effet, je vous veux pour quelque chose de précis, mademoiselle Flynn, a-t-il repris. Je vous veux toujours, d'ailleurs, mademoiselle Flynn.

Reculant instinctivement, je me suis cognée dans l'un des caissons de rangement. J'ai refoulé la nausée qui menaçait, j'ai ôté le capuchon de mon stylo et je l'ai tenu en suspens au-dessus du calepin, pour lui signifier clairement que je n'attendais que ses instructions pour repartir. J'avais terriblement besoin d'air frais, tout d'un coup.

— Mademoiselle Flynn, j'aimerais que vous couchiez avec moi…

Il a marqué une pause pour fixer sur moi ses yeux globuleux, l'air concupiscent, avant de reprendre :

— … je veux dire, *pour* moi, quelques mots sur papier.

Le sang pulsait dans mes oreilles. Je n'arrivais pas à en croire mes oreilles. J'aimerais que vous couchiez *avec moi.* Quel vieux porc dégueulasse.

Son sourire laissait entrevoir son affreuse langue rouge dans la caverne humide de sa bouche.

— Je ne crois pas, ai-je articulé après quelques secondes de stupéfaction.

Il a ricané, méprisant.

— Ah, je vois. On a perdu son sens de l'humour, hein ? Vous vous sentez plutôt frigide, aujourd'hui ? Eh bien, puisque c'est ainsi, venons-en aux faits. Cher monsieur Baxter, je vous écris à propos de votre lettre du…

Alors qu'il commençait à dicter à toute allure, j'ai brièvement fermé les yeux et je me suis revue sur cette plage dont j'avais rêvé pendant la nuit. L'eau scintillante, la fraîcheur matinale, le ciel bleu, le calme qui m'avait envahie. Mes doigts se sont crispés sur mon stylo, incapables d'avancer sur le papier. Je ne pourrais pas rester ici une minute de plus. Amber avait raison. La vie était beaucoup trop courte pour cela.

— C'était un grand plaisir, pour nous, de…

Quand il a levé les yeux, il s'est aperçu que je n'avais pas bougé.

— Vous m'écoutez ? a-t-il aboyé. Est-ce que vous avez noté un seul mot de ce que j'ai dit ?

Je l'ai dévisagé, soudain submergée par la haine.

— Non, ai-je répondu d'une voix douce. Rien.

L'adrénaline m'a traversée comme un électrochoc, puis la mélodie de *Working Girl* m'est revenue à l'esprit, avec Carly Simon qui chantait « *Let the river run…* » et les cordes qui allaient en s'amplifiant, me poussant à agir. Je n'en pouvais plus. Si le monde du travail impliquait qu'on supporte des tarés comme Davis, je n'étais pas sûre de vouloir en faire partie. J'ai déposé mon stylo et mon carnet sur son bureau.

— Je démissionne. Vous êtes la personne la plus répugnante, la plus ignoble avec laquelle il m'ait été donné de travailler. Vous me dégoûtez, vous et vos… vos mains moites et vos yeux de crapaud.

Aïe. Je ne savais pas trop d'où m'était venue l'inspiration pour le crapaud, mais en cet instant, ses yeux semblaient en effet à deux doigts de sortir de sa tête. J'ai soutenu son regard. La gardienne de la moralité, ici, c'était moi. Je contrôlais la situation. J'ai repris :

— Voilà pourquoi je démissionne. Vous pouvez vous mettre votre poste de vacataire là où je pense, et j'espère que ce sera douloureux.

— Mademoiselle *Flynn*, a-t-il craché, mais je n'ai pas attendu d'entendre la suite pour quitter la pièce la tête haute.

Je me suis dirigée droit vers mon bureau, où j'ai éteint mon ordinateur sans attendre avant de ramasser mes affaires. Mon téléphone s'est mis à sonner, l'interphone bourdonnait, mais je les ai ignorés. Ce n'était plus mes oignons.

Jacqueline est apparue à mes côtés à vitesse grand V.

— Où croyez-vous aller à cette heure-ci, a-t-elle sifflé, c'est un peu tôt pour la pause déjeuner, vous ne trouvez pas ?

— Allez vous faire voir, Jacqueline. Je m'en vais. Vous allez devoir vous dénicher une autre bonne à tout faire. Oh, et au fait ! Je vous ai laissé une surprise, dans le tiroir.

J'ai désigné l'emplacement où j'avais stocké une énorme pile de dossiers à classer, un peu plus tôt dans la semaine, avant de reprendre :

— Je vous souhaite une belle vie.

— Attendez ! a-t-elle glapi. Vous ne pouvez pas partir comme ça !

— Vraiment ? Attendez, je vais vous montrer comment on fait.

Je l'ai dépassée et je suis sortie sans lui laisser le temps de réagir.

Mon cœur battait à tout rompre, je tremblais de tous mes membres, et mon souffle était saccadé, comme après avoir monté six volées de marches à toute allure. Quand l'air frais du matin m'a accueillie, en bas de l'immeuble, mon cerveau s'est enfin remis en marche. Mais enfin, Evie ? Qu'est-ce qui vient de se passer ? Qu'est-ce que tu viens de faire ?

J'ai pédalé jusqu'au bureau de Matthew, à l'autre bout de la ville, et je l'ai appelé. J'hésitais entre l'euphorie d'avoir démissionné et le choc d'avoir agi si impulsivement et de manière aussi théâtrale. Cela dit, aucun individu sain d'esprit et doté d'un minimum d'amour-propre ne pouvait accepter de travailler plus d'une journée pour le Roi des Mollusques, surtout après la proposition qu'il venait de me faire. Il faut connaître ses limites, comme aurait dit ma mère (inopportunément). Quand les limites sont dépassées, c'est le moment de prendre position.

Je n'avais rien fait d'autre.

— Salut ! me suis-je exclamée quand Matthew a décroché. Ça te dirait de sécher le boulot pendant une demi-heure pour prendre un café avec moi ?

Un silence m'a répondu, pendant lequel je l'ai imaginé en train de cligner des yeux, pris au dépourvu. Quelle idiote j'avais été. Matthew n'était pas vraiment du genre à sécher le boulot, encore moins sur un coup de tête de sa copine flemmarde.

— Tu pourrais prendre ta pause déjeuner en avance, ai-je ajouté pour lui faciliter la tâche, ou…

— Qu'est-ce que tu veux dire ? Où es-tu ?

— Je suis devant ton bureau. J'ai…

J'allais lui annoncer ma démission, mais j'ai aussitôt ravalé mes mots.

Je savais que ce type de révélation ne passerait pas facilement, si je l'annonçais par téléphone, sans préambule. J'ai donc menti :

— J'avais juste envie de prendre un peu l'air.

— Euh… Je suis en plein milieu d'un taf, là. Désolé.

Il travaillait toujours avec les gars de la fête de Noël où nous nous étions rencontrés, et programmait des trucs pour une entreprise de logiciels techniques.

— C'est assez important, ai-je insisté, s'il te plaît.

— Mon boulot aussi est important. Désolé, Evie. Peut-être tout à l'heure.

— Très bien, ai-je répondu en essayant de ne pas me dégonfler. Je peux t'attendre. Je serai chez Marian's, rejoins-moi quand tu peux.

Après tout, j'avais tout mon temps, maintenant que j'étais au chômage.

Le café se trouvait en face du bureau de Matthew. L'intérieur était plutôt sinistre, avec son plafond teinté de marron par des années de cigarette et ses surfaces brillantes de graisse de chips. Mon thé est arrivé dans une de ces théières en acier inoxydable qui semblaient avoir été conçues de manière à verser invariablement la moitié du liquide à côté de la tasse

– un défaut de conception assez basique, m'étais-je toujours dit – et le « lait » UHT était servi dans de petits berlingots littéralement impossibles à ouvrir. En dépit de toute raison, je me suis même offert un paquet de *shortbreads*, mais ils étaient beaucoup trop gros et quand j'ai mordu dedans, ils m'ont donné l'impression d'avoir la bouche remplie de carton.

Je n'ai pas pu m'empêcher de comparer avec le café de Jo : la brise marine face au ronronnement d'un ventilateur de plafond crasseux, les sandwichs préparés à partir de pain frais plutôt que des tranches anémiques de pain de mie industriel, les pâtisseries sorties toutes chaudes du four plutôt que les biscuits pleins d'additifs qui périment tranquillement dans leur emballage depuis on ne sait combien de temps…

Il n'y avait pas de comparaison possible. C'était un autre monde.

Tu es la seule personne à qui je voudrais confier mon précieux café, parce que je sais que tu t'y consacreras avec l'amour et le soin qu'il mérite.

Je me suis rappelé les mots de Jo et j'ai senti quelque chose tirailler au fond de moi. Je savais ce que je devais faire. Non, pas ce que je devais faire. Ce que je voulais faire.

Au même moment la fille, derrière le zinc, a lancé l'album *Mamma Mia !* et j'ai entendu la voix claire et aiguë d'Amanda Seyfried entonner : « *I have a dream…* »

J'ai abandonné le reste de mon thé et je me suis levée. Matthew n'était pas venu me rejoindre, mais je ne pouvais pas l'attendre plus longtemps. J'avais des choses à faire, un sac à préparer. Les Cornouailles m'appelaient et pour la première fois depuis une éternité, j'avais un rêve.

Chapitre 5

Les rêves ont toujours l'air merveilleux dans l'enthousiasme de l'instant. Le lendemain matin, ils apparaissent sous un autre jour. Le mien n'a pas échappé à cette règle. La veille encore, j'étais tout feu, tout flamme à l'idée de faire honneur à la mémoire de Jo : je comptais reprendre le café, en faire quelque chose d'encore mieux. Le réaménager, peut-être même l'agrandir, qui sait ? En faire quelque chose de grand. Embaucher un manager de génie qui s'en occuperait au quotidien. En tant que propriétaire, je m'y rendrais une fois par mois pour motiver et inspirer mon équipe loyale et dévouée. Peut-être que je suggérerais quelques ajouts au menu, ou alors j'organiserais des fêtes pour remercier les villageois de leur fidélité. Ensemble, nous développerions une clientèle d'habitués, certains venant de très loin pour s'asseoir à notre terrasse, admirer la vue et savourer les mets alléchants à la carte. Les clients ne seraient plus des flâneurs échoués au hasard après la plage – oh, non. Grâce à moi, Carrawen Bay s'afficherait sur tous les guides du coin. Les vacanciers choisiraient ce lieu de villégiature parce que j'aurais fait de ce café une véritable success-story.

— Ta tante aurait été fière, diraient les villageois à chaque visite. Je n'arrive pas à croire que tu aies réussi à reprendre ce café sans l'aide de Jo – et depuis Oxford, par-dessus le marché !

À mi-chemin des Cornouailles, le lendemain, j'en étais cependant à me demander si tout cela n'était pas justement possible uniquement dans mes rêves. La réalité morose me rattrapait, étouffant toutes mes grandes idées. J'étais incapable de gérer mon propre compte en banque, alors comment prendre en charge une entreprise tout entière ? Je n'avais aucune idée de la manière dont on dirigeait une équipe, dont on professait des paroles d'encouragement et de motivation. Oxford se trouvait à des kilomètres des Cornouailles, beaucoup trop loin pour des allers-retours réguliers.

Matthew avait exprimé les choses plus franchement pendant le dîner de la veille.

— Tu as déjà vu une personne saine d'esprit lâcher son boulot pour aller s'occuper d'un café à deux cents kilomètres ? Je trouve ça un peu… téméraire, Evie. Je ne suis pas sûr que tu y aies réfléchi sérieusement.

Si c'était téméraire, cela n'en était pas moins étonnamment agréable. Dangereusement agréable, d'ailleurs. Au diable la réalité ennuyeuse, j'étais au volant de ma voiture, mon sac de voyage et la clé du café sur le siège passager, et je savais que plus jamais je n'aurais à répondre « Crossland Solutions Financières, Evie au bout du fil, que puis-je faire pour vous ? » quand mon téléphone sonnerait. Plus jamais je ne devrais me tenir dans la même pièce que Colin Davis le Gros Dégueulasse. À chaque fois que j'imaginais l'expression horrifiée de Jacqueline en découvrant l'énorme tas de dossiers à classer que je lui avais laissé, je ne pouvais m'empêcher de pouffer de rire. C'était vendredi, le soleil brillait, je chantais à tue-tête les airs de la radio et, surtout, je me dirigeais vers la plage. Ma plage. Oui, à bien y réfléchir, j'étais d'humeur bien trop joyeuse pour me laisser gagner par la moindre crise de conscience. J'avais plutôt l'impression d'avoir déverrouillé la porte de ma cage et de me retrouver enfin en liberté. Je dépliais mes ailes, je prenais mon envol et… biiip !

Derrière moi, une camionnette blanche klaxonnait à tout rompre en multipliant les appels de phares, et je me suis aperçue que j'étais tellement absorbée par mes rêveries que j'avais ralenti à quatre-vingts kilomètres heure. Il fallait que je me concentre. J'approchais d'Exeter et j'étais plutôt douée pour me retrouver dans la mauvaise file au moment où il fallait sortir de l'autoroute.

— Qu'est-ce que tu vas faire là-bas, d'ailleurs ? avait demandé Matthew en me voyant déposer des vêtements et des accessoires de toilette dans mon sac.

— Eh bien, vérifier que tout se passe bien, que l'équipe se débrouille, avais-je répliqué avec désinvolture. Donner un coup de main en cuisine, ou…

— Toi ? En cuisine ? avait-il lâché avec un rire bref. D'ailleurs, je croyais que tu voulais vendre le café ? Que tu t'étais enfin décidée ?

Sa voix avait pris un ton méfiant, comme s'il me soupçonnait de fomenter quelque chose dans son dos.

Non, Matthew, avais-je pensé. *C'est toi qui as décidé, pas moi.*

Je m'étais contentée de hausser les épaules et de fourrer dans mon sac quelques romans que je voulais lire depuis des lustres.

— J'ai besoin d'aller là-bas maintenant, voilà tout.

Je savais que Matthew serait agacé par cette réponse qu'il jugerait écervelée, et qu'il n'était pas du genre à accorder le moindre crédit aux envies et autres fantaisies, aussi avais-je ajouté :

— Écoute, fais-moi plaisir, tu veux ? C'est important pour moi. Je serai rentrée dans quelques jours et la vie reprendra son cours.

La lèvre inférieure s'est avancée. Il n'allait tout de même pas bouder à cause de cela ? J'ai tenté de remettre un peu de bonne humeur dans notre conversation.

— Je te rapporterai un *cornish pasty*, qu'est-ce que tu en dis ?

Il a lâché un ricanement. Décidément, il boudait.

— J'aime pas ça, a-t-il marmonné en quittant la pièce.

J'avais un peu mauvaise conscience, mais pas assez pour m'empêcher de partir. Qu'est-ce qui me retenait vraiment ? Cet héritage n'était pas une mince affaire. C'était beaucoup plus important qu'un intérim dans la boîte de l'autre vicelard. Et oui, d'accord, je n'avais pas de plan précis de ce que j'allais faire une fois sur place, et alors ? J'allais juste vérifier que tout se passait bien. Pour le reste, j'improviserais une fois arrivée.

J'ai soupiré en repensant à la manière dont Matthew et moi nous étions séparés, le matin. On ne pouvait pas dire que nous nous étions quittés en bons termes. Aucun de nous deux n'avait passé une bonne nuit. Mue par un espoir de réconciliation, j'avais tenté de me blottir contre lui, mais il m'avait tourné le dos. Dans ces conditions, je pouvais oublier toute velléité de rapprochement sexuel – ce qui n'était pas vraiment une surprise, d'ailleurs. Cela faisait des semaines, déjà, et je commençais à croire que Matthew se désintéressait de moi. On pouvait être « trop fatigué » une ou deux fois, mais au-delà, ça commençait à devenir vexant.

Nous avions pris notre petit déjeuner en silence. Moi, parce que je me sentais vidée et nébuleuse après cette nuit agitée, et lui parce que… eh bien, il m'a semblé qu'il était encore très en colère contre moi. Quand je lui avais demandé s'il voulait un café, il m'avait répondu du bout des lèvres, sans prendre la peine de me regarder. Essayait-il de me culpabiliser pour que je change d'avis et que j'annule mon voyage ? Si c'était le cas, cela ne marchait pas.

— Qu'est-ce qu'il y a ? avais-je fini par demander. C'est parce que je vais à Carrawen ? Tu sais, il va bien falloir que je règle tout ça un jour ou l'autre.

Quoi qu'il arrive – quoi que je décide –, il faut que j'y retourne au moins une fois. Et il me semble que le moment est bien choisi pour cela.

— Tu veux dire que tu n'as rien d'autre à faire, maintenant que tu as lâché ton boulot, a-t-il répliqué d'un ton un peu trop sarcastique à mon goût.

Je l'ai dévisagé, lassée par ses reproches boudeurs.

— Exactement, oui. Depuis que j'ai planté mon boulot. Je ne sais vraiment pas quelle mouche m'a piquée. C'était pourtant un poste génial. J'ai dû perdre la tête.

Il s'est levé sans terminer son assiette.

— Comme tu voudras, a-t-il lancé en quittant la pièce.

J'ai grincé des dents en l'entendant monter les escaliers d'un pas lourd. Il était bien placé pour parler de claquer la porte. Sans compter que…

J'ai interrompu mes réflexions quand j'ai réalisé que je me trouvais sur la mauvaise file, pour l'A30, et que je me dirigeais joyeusement vers le centre-ville d'Exeter. Bon sang ! J'ai braqué le volant en attribuant à Matthew l'entière responsabilité de mon erreur.

Il m'a fallu presque cinq heures pour arriver à Carrawen Bay, pause déjeuner imprévue à Exeter comprise. J'ai passé vingt minutes à pester comme une furie en essayant de retrouver la route des Cornouailles. La pluie s'abattait sans interruption sur le capot, au point que je me suis demandé si mes essuie-glaces, qui s'efforçaient vainement de repousser les traînées d'eau de mon pare-brise, allaient finir par s'envoler. Un peu plus tard, alors que je venais de passer Launceston et que je me croyais enfin sur la bonne route, je me suis retrouvée coincée derrière un épandeur de fumier qui avançait à trente kilomètres heure. Il m'a fallu patienter pendant une éternité jusqu'à ce que ma voiture ait assez de place pour le doubler et je me sentais bouillir d'impatience pendant qu'il se traînait, lâchant çà et là des mottes de terre dans son sillage.

Au bout d'un moment, enfin, le véhicule a bifurqué en direction de Pendoggett, et mon humeur s'est résolument améliorée quand enfin j'ai aperçu l'Atlantique, pourtant sombre et triste. Les silhouettes des arbres étaient plus étranges, ici, courbées par le vent qui soufflait depuis la mer. Le drapeau noir et blanc des Cornouailles battait au-dessus des portes des pubs et des *bed and breakfast*. À peine dix minutes plus tard, j'entrais dans Carrawen et la tempête sembla se dissiper d'elle-même.

En dépassant Betty's Pantry, l'épicerie du village, j'ai réalisé que je n'avais pas emporté de provisions, pas même une brique de lait. Je me suis rangée sur le bord de la route et j'ai réfléchi. Je pouvais sans doute me servir de ce qu'il y avait dans le café, mais cette idée ne me plaisait pas. Après réflexion, j'ai coupé le moteur, j'ai attrapé mon portefeuille et je suis entrée dans la boutique pour faire quelques courses.

Quand je suis entrée, Betty – en admettant qu'il s'agissait de la femme corpulente aux cheveux bleutés qui se tenait derrière le comptoir, tablier autour des hanches – a levé les yeux du *OK ! Magazine* qu'elle était en train de feuilleter et m'a longuement dévisagée, comme si elle essayait de se souvenir qui j'étais. Au bout d'un moment, elle a lâché une sorte de ricanement moqueur et a reporté son attention sur sa lecture.

Légèrement décontenancée – est-ce que ce ricanement m'était destiné ? –, je me suis rassurée en me disant que cela ne pouvait être le cas. Betty ne me connaissait pas, pourquoi m'accueillerait-elle de cette façon ? Elle avait dû voir quelque chose de risible ou de grotesque dans son magazine à potins. Une célébrité qui avait encore dépassé les limites de la décence, ou alors des aristocrates surpris en état d'ébriété. Oui, c'était forcément ça. Je les gratifiais régulièrement d'un ricanement moqueur, moi aussi.

J'ai commencé à remplir mon panier de courses. Des céréales, du pain, du beurre, du fromage, du lait, des sachets de thé, une grande tablette de chocolat – après tout, c'était un peu les vacances, non ? –, quand j'ai entendu un murmure.

— Là-bas. Regarde, c'est la nièce de Jo.

— Quoi, celle qui…

— Ouaip. En personne.

Je me suis retournée, éberluée. Penchée par-dessus le comptoir, Betty s'adressait à une jeune femme à la coupe au bol d'un blond peroxydé et vêtue d'un survêtement en velours rose. Toutes deux me dévisageaient ouvertement, l'air quasi provocateur.

Je les ai regardées à mon tour, le cœur battant.

— J'ai bien l'impression que vous parlez de moi, ai-je fini par dire.

— Ouais, a répondu Betty en repliant ses bras potelés sur sa poitrine. Ses yeux noirs de cochonnet scintillaient littéralement d'aversion.

Merde. Tout d'un coup, j'ai eu l'impression d'être dans un saloon du Far West.

— Cela m'étonne que vous osiez vous montrer dans le coin, a sifflé la femme blonde en baissant son petit nez pointu dans ma direction. Vous avez du culot !

Sur ces mots, elle m'a ostensiblement tourné le dos pour s'adresser à Betty.

— Vingt Lambert & Butler pour moi, chérie.

Je suis restée bouche bée, complètement abasourdie.

— Je ne comprends pas très bien de quoi vous parlez, ai-je répondu, brûlante d'agitation, mais quoi que ce soit, vous vous trompez. Je suis venue ici pour…

— Oh, on n'a pas besoin d'explications, m'a interrompue Betty sans même me regarder.

Elle a tendu un paquet de cigarettes à la femme blonde, en échange de quelques pièces.

— On est au courant. D'ailleurs, laissez-moi vous dire que Jo aurait honte de vous. Honte !

Je suis restée plantée là, incapable de bouger.

— Écoutez, il y a manifestement un malentendu, ai-je tenté misérablement, mais Betty ne m'a pas laissée terminer.

— Économisez votre salive, a-t-elle aboyé, mais sachez une chose : vous n'êtes pas la bienvenue dans ma boutique. Vous pouvez reposer ces articles sur l'étagère, parce que je ne vais pas vous encaisser.

Elle a déposé la monnaie dans la main de la jeune femme blonde :

— Quatre-vingts, quatre-vingt-dix… et voilà cinq livres. Merci, Marilyn.

La jeune femme blonde a quitté l'épicerie et je me suis rapprochée du comptoir.

— Pourriez-vous me dire quel est le problème, s'il vous plaît ?

J'espérais en appeler aux reliquats de bonnes manières qui devaient rester à cette vieille peau, mais elle s'est contentée de pointer un doigt vers la sortie.

— Il faut que je vous le dise en quelle langue ? Dehors ! Et que ça saute !

J'ai laissé tomber. J'ai déposé mon panier de courses par terre – elle pouvait toujours rêver si elle espérait me voir remettre les articles à leur place – et je suis sortie, meurtrie et secouée par cette altercation. Quelle mouche l'avait piquée ?

— Bon, ai-je marmonné dans ma barbe en remontant dans la voiture, puisque c'est comme ça… je vais aller au café directement.

C'était le milieu de l'après-midi et le village était silencieux. Hormis un vieillard qui s'appuyait lourdement sur sa canne et un autre homme, plus jeune, qui promenait un border collie, je n'ai pas vu âme qui vive dans les maisons et sur les trottoirs scintillants de pluie. Le clocher de l'église a sonné la demi-heure. J'étais secouée. Il me semblait presque voir trembler les rideaux au passage de ma voiture, entendre de méchants murmures : « La voilà, c'est elle. Qu'est-ce qu'elle vient faire ici ? Est-ce qu'elle sait qu'elle n'est pas la bienvenue ? »

J'ai tenté de sortir de ma paranoïa. J'étais idiote. Si Betty avait sans doute mal compris quelque chose, cela ne voulait pas dire que le reste du village me détestait aussi. Quelle peau de vache mal élevée !

Elle pouvait être certaine que je ne m'approcherais plus de sa boutique tant que j'étais ici, en tout cas. Je n'avais pas spécialement envie d'en venir aux mains avec cette folle furieuse.

Juste avant le bout du village, j'ai bifurqué et je suis tombée sur la mer qui s'étendait devant moi, sauvage et agitée. Les vagues qui venaient mourir dans la baie étaient d'un gris froid crénelé de blanc. Les mouettes plongeaient et émergeaient des flots en émettant des cris rauques qui ressemblaient à des rires moqueurs. J'ai baissé ma vitre. Après cet échange perturbant dans la boutique de Betty, j'avais besoin de respirer de l'air frais. Une bourrasque s'est engouffrée dans l'habitacle et a enveloppé mon visage brûlant.

Enfin ! Le café se dressait devant moi comme un refuge – Dieu merci. Je n'avais jamais été aussi heureuse de le revoir, d'être de retour. J'ai ressenti un peu d'appréhension, aussi, en me garant dans le petit parking caché derrière la maison. Je n'avais toujours pas complètement réalisé la nouvelle situation – le fait que ce café m'appartenait, que Jo n'était plus là – et puis, comme Betty dans son épicerie, l'équipe n'avait pas été des plus accueillantes, la dernière fois que j'étais passée. À vrai dire, Carl et la fille aux cheveux roux, Saffron, avaient été franchement désagréables. J'étais sûre, cependant, que cela changerait une fois que nous aurions fait connaissance. Nous allions œuvrer ensemble au succès du café, pour qu'il devienne un véri…

Oups. Il y avait tout un tas de détritus accumulés, sur le parking. Le vent faisait tournoyer quelques paquets de chips vides, comme des papillons bleus et verts. Et… Beurk ! L'une des poubelles était renversée et le sac qui se trouvait à l'intérieur avait été en partie traîné dehors – probablement par des mouettes impertinentes – et déchiré, si bien que son contenu gisait, éparpillé, un peu partout.

J'ai froncé les sourcils. Comme première impression, on faisait mieux. Quand je travaillais pour elle, Jo avait toujours été intraitable sur le fait qu'il fallait soigneusement refermer les poubelles. Je m'étais moquée d'elle en la traitant de maniaque, mais elle avait sans doute raison.

Enfin. Peut-être que c'était trop demander que d'espérer que l'équipe continue exactement aussi bien que du vivant de Jo. Cela devait représenter beaucoup de pression, de continuer à faire tourner la boutique sans sa direction. Sans compter qu'elle devait leur manquer. Il fallait que je les ménage.

Je suis sortie de la voiture, je l'ai verrouillée et je me suis dirigée vers le café. Tout d'un coup, un bruissement s'est fait entendre, dans mon dos, et je me suis retournée juste à temps pour apercevoir une longue queue annelée. Oh, mon Dieu, un rat ! J'avais ces mammifères en horreur, et j'étais à peu près certaine que les représentants officiels de la santé et de l'environnement ne se réjouiraient pas particulièrement d'en voir circuler aux alentours du café, non plus. Merde. J'allais devoir jouer au flic avec l'équipe, leur rappeler de veiller à l'état des poubelles. Je n'allais pas me faire des amis.

Un frisson m'a parcouru l'échine, je me suis hâtée de contourner la maison pour atteindre la porte d'entrée. La plage était déserte, après la tempête, et la mer semblait en colère. D'un gris d'acier, elle éclatait sur les rochers en créant d'énormes gerbes d'écume semblables à de la dentelle blanche. Je suis arrivée au pied des marches en bois qui menaient à la terrasse, devant le café. La première chose que j'ai vue en arrivant en haut était une vieille brique vide qui gisait par terre, en plein milieu de la terrasse. Encore des détritus. Ça promettait.

J'ai lâché un sifflement de désapprobation et je l'ai ramassée, puis j'ai remarqué que les chaises étaient restées en place malgré l'averse, et que chaque assise s'était remplie d'une petite flaque d'eau. J'ai secoué la tête, agacée, et je les ai adossées l'une après l'autre contre les tables pour que l'eau puisse s'en écouler. Décidément, la situation se présentait assez mal. J'ai croisé les doigts pour que les choses se passent mieux à l'intérieur.

Après avoir respiré un bon coup, j'ai décidé de laisser à Carl et aux autres le bénéfice du doute. Peut-être que l'emballage avait été oublié là quelques instants plus tôt, par un client qui quittait le café, ou qu'il avait été transporté jusqu'ici par le vent. Les poubelles… eh bien, ce n'était sans doute pas difficile d'oublier de s'en occuper. Avec un peu de chance, il suffirait de les rappeler à l'ordre une fois pour toutes, et cela ne se reproduirait plus. Ce n'était pas la fin du monde.

Je suis entrée, contente de prendre un café revigorant après ce long voyage. Des airs de reggae hurlaient à pleins tubes depuis la cuisine. J'ai grimacé. Du temps de Jo, la radio était toujours allumée – elle avait posé un petit poste au look rétro sur le comptoir, qui n'était plus là. (Quelqu'un l'avait-il piqué ? Tout cela commençait à me déprimer.)

Il n'y avait pas grand monde dans le café – installé à une petite table, un couple de seniors se partageait une théière, tandis qu'une famille avec deux fillettes agitées était installée dans le coin, au fond de la salle. En me voyant arriver, une petite femme aux cheveux blond cendré qui patientait devant le comptoir, a levé les yeux au ciel.

— Ne vous faites pas d'illusions sur le service, m'a-t-elle confié, cela fait cinq bonnes minutes que j'attends. Je ne sais pas ce qu'ils fabriquent, mais j'ai bien l'impression qu'ils sont en train de faire la fête, là-dedans.

Honteuse et furieuse, je suis passée de l'autre côté du comptoir, j'ai posé mon sac par terre, j'ai attrapé un tablier que j'ai enfilé et j'ai lancé :

— Je suis désolée. Qu'est-ce que je peux faire pour vous ?

La fille m'a dévisagée, médusée.

— Oh, vous travaillez ici ?

— Pas vraiment. Enfin, en quelque sorte, si. Qu'est-ce qui vous ferait plaisir ?

— Deux thés blancs, un café noir, un café au lait et un Coca, s'il vous plaît. Est-ce que vous avez des gâteaux ?

À cet instant, seulement, j'ai remarqué qu'à l'exception de quelques miettes rassies, les assiettes sur lesquelles étaient habituellement présentés les magnifiques gâteaux de Jo étaient vides. Sympa.

— Je vais vérifier, ai-je promis en notant la commande. Accordez-moi une minute.

J'avais la tête qui tournait un peu. Je ne m'attendais pas à me retrouver aussi rapidement derrière le comptoir.

Je suis entrée dans la cuisine. Le reggae était tellement assourdissant que les vitres tremblaient au rythme de la basse. Le dos tourné, Carl était en train de préparer un plat à l'odeur épicée qui mijotait sur le feu, sans se soucier du reste.

— Carl ! ai-je lancé, hérissée de rage.

À quoi jouait-il ? Qu'est-ce qu'il cuisinait, d'ailleurs ? Le contenu de la casserole dégageait une odeur de curry, et je savais très bien que Jo n'en proposait pas à la carte.

— Carl ! ai-je répété, un peu plus fort, en réalisant qu'il ne m'avait pas entendue.

J'ai éteint la chaîne stéréo posée contre le mur, le silence s'est fait et Carl s'est retourné d'un coup. Quand il m'a vue, il a cligné des paupières comme s'il n'en croyait pas ses yeux.

— Quoi ? Qu'est-ce qui se passe ? a-t-il demandé.

— Je pourrais te poser la même question.

J'avais pris un ton grave et froid, mais ça m'était égal.

— Carl, il y a une cliente, derrière cette porte, qui attend depuis cinq minutes. Et puis cette musique est trop forte, et il y a un rat dans la cour et des ordures partout !

Je me suis tue quand j'ai vu son visage s'assombrir. Oups. Moi qui avais décidé de ne pas aller à la confrontation, c'était réussi.

— Ça va, du calme, a-t-il répondu en esquissant un geste de la main. Je gère.

— Vraiment, ai-je répondu d'une voix froide. Ce n'est pas l'impression que ça donne, vu d'ici.

J'ai résolument croisé les bras, mais je me sentais rougir. Je ne suis pas douée pour les conflits, c'est le moins qu'on puisse dire.

— Bon, ai-je repris, peut-on préparer ces boissons pour la cliente, s'il te plaît ? Est-ce qu'on a du gâteau, d'ailleurs ?

— Y en a plus, c'est pas mon truc. Qu'est-ce qu'elle veut, comme boissons ?

Je lui ai récité la commande, de plus en plus agacée par son regard narquois, puis j'ai conclu :

— Je m'occupe du Coca.

Il a baissé le feu et s'est essuyé les mains à son tablier.

— Et moi je m'occupe de tout le reste, c'est bien ça ?

Je l'ai regardé droit dans les yeux, horrifiée par son manque de politesse.

— C'est ton travail, il me semble, ai-je répondu d'une voix sourde, folle de rage.

Franchement ! Comment Jo avait-elle pu travailler avec un mufle pareil ? Après deux minutes dans la même pièce que ce type, je crachais déjà des flammes.

J'ai jeté un coup d'œil au placard à provisions, espérant trouver quelque chose à proposer à la cliente en remplacement des gâteaux. Il ne restait vraiment pas grand-chose, ai-je constaté en me grattant la tête. Quand je travaillais ici, ces étagères débordaient littéralement de sachets de chips aux saveurs variées, de boissons non alcoolisées diverses en berlingots et en canettes, de sachets de thé, de filtres à café, de sucre et d'ingrédients à pâtisserie. Aujourd'hui, à l'exception de quelques sachets épars, saveur « cocktail de crevettes », les stocks de chips étaient vides et le sol était recouvert de farine. Où étaient passées les boissons sans alcool ? Je n'en voyais aucune.

Il restait néanmoins quelques canettes de Coca dans le frigo, derrière le comptoir, et j'en ai pris une.

— Je crains que nous n'ayons plus de gâteau, mais nous avons des chips, si vous voulez ? ai-je demandé à la cliente en brandissant un paquet rose dans chaque main.

— Hmm… Son visage s'est assombri et elle a secoué la tête. Non, ce n'est pas grave. Je trouverai bien quelque chose dans la boutique, en haut de la rue. Merci.

— Bien sûr, ai-je répondu avec un sourire douloureux.

— Deux thés, deux cafés – un au lait, l'autre noir, a lancé Carl en déposant les boissons sur le comptoir. Autre chose ?

— Non, merci, a répondu la cliente, et son regard est passé de moi à Carl.

Elle est partie après avoir payé, et Carl s'est retiré dans la cuisine où la musique a repris à plein volume.

Je suis restée plantée là pendant un moment, à me demander ce que je pouvais bien faire. J'avais très envie de monter mes affaires à l'appartement, de déballer ma valise et de prendre une douche rapide pour me débarrasser de ce sentiment crasseux que j'avais toujours après un long trajet en voiture, mais j'entendais d'ici les commentaires sarcastiques de Carl si je m'éclipsais tout de suite. Je n'avais pas envie de lui donner une raison de m'en vouloir. Non, il fallait que je reste ici, que je mette les mains à la pâte et que je lui montre que je prenais les choses au sérieux.

Quand la musique avait repris, j'avais remarqué la grimace de la vieille dame tout comme le regard qu'elle avait échangé avec son compagnon. De toute évidence, aucun des deux n'appréciait le reggae. Je me suis approchée de leur table dans l'espoir de limiter les dégâts.

— Tout va bien ?

— Pas vraiment, a répondu la vieille dame d'un air désolé. Croyez-vous qu'on pourrait baisser un peu la musique ? On ne s'entend pas.

— Bien sûr. Tout de suite. Est-ce que je peux vous apporter autre chose, pendant que je suis là ?

Elle a secoué la tête.

— Nous venions pour l'heure du *cream tea*, mais j'ai l'impression que vous ne le servez plus. Est-ce que vous aurez des scones, demain ? Vous savez, cette collation est notre petit plaisir de tous les ans, depuis que nous séjournons dans la région, et…

— Je viens d'arriver, mais je vais voir ce que je peux faire, l'ai-je rassurée.

S'il le faut, je les préparerai moi-même, me suis-je promis. Si cela faisait des années qu'ils venaient ici pour les vacances et qu'ils se réjouissaient tous les ans de manger leurs scones avec de la *clotted cream* à l'heure du thé, il me semblait crucial qu'ils puissent encore s'offrir ce plaisir. « *The show must go on !* » hurlait Freddy Mercury dans mes oreilles.

Je suis entrée dans la cuisine et j'ai éteint la stéréo.

— C'est trop fort, un couple s'est plaint, ai-je dit à Carl.

Il s'est contenté de hausser les épaules. *M'en fous.*

— Qu'est-ce que tu prépares, d'ailleurs ? C'est un nouveau plat pour le menu ?

Au moins, il prenait des initiatives, me suis-je dit, c'était une bonne chose qu'il s'essaie à de nouveaux plats.

— J'ai des copains qui viennent ce soir. Je leur ai dit que je leur préparerais quelque chose à bouffer.

J'ai d'abord regardé le plat de curry marron-verdâtre, puis Carl.

— Quoi ? Ici, dans le café ? Je croyais qu'il fermait à dix-sept heures ?

Un nouveau haussement d'épaules. *De quoi tu te mêles ?*

— Le vendredi soir, c'est soirée poker. J'ai dit aux garçons qu'ils pouvaient venir ici.

J'ai pincé les lèvres.

— Si je comprends bien, ce curry que tu prépares… n'est même pas pour notre menu, c'est bien ça ? Il n'a rien à voir avec ce café.

Il m'a jeté un regard méprisant.

— Ça te pose un problème ?

J'ai passé une main dans mes cheveux.

— Eh bien, oui. Ça me pose un problème, Carl. Ce boulot, c'est du temps que tu es censé consacrer au café. Je ne veux pas que cet endroit se transforme en… tripot pour toi et tes potes, le soir.

Quelle pimbêche. J'avais l'impression de passer pour une sainte-nitouche, mais je n'avais pas le choix. Est-ce que les boissons non alcoolisées avaient été dilapidées au cours de ces fameuses soirées de potes ? Est-ce que les copains de Carl se servaient régulièrement dans nos stocks ?

— Du calme, chérie, a répliqué Carl d'un ton arrogant. Tu ne peux pas te pointer sans prévenir pour me dire ce que je dois faire et jouer à la patronne. Ça n'a pas été facile, ici, tu sais – avec les stocks vides et les factures. T'étais où, à ce moment-là ?

Il m'a fixée droit dans les yeux, bras écartés et paumes ouvertes.

— Je suis désolée, mais…

Je n'ai pas pu poursuivre, Carl était sur sa lancée et ne semblait pas vouloir se taire.

— Eh bien voilà : tu n'étais pas là. Tu ne sais rien de ce qui s'est passé, alors t'avise pas de me servir ton sermon avant d'avoir entendu toute l'histoire.

— Très bien. Tu as raison, je ne sais pas ce qu'il s'est passé. Cependant, quand j'arrive à l'improviste et que je trouve le café dans cet état, je ne peux pas m'empêcher de tirer des conclusions.

Il a lâché une sorte de sifflement, puis il a respiré un grand coup.

— Écoute, Carl, ai-je proposé. Reprenons depuis le début. On est partis du mauvais pied, d'accord. Mais je suis là, maintenant, alors essayons de régler ce problème une bonne fois pour toutes.

Un silence chargé de tension a suivi et pendant une fraction de seconde, j'ai cru qu'il allait me dire d'aller me faire voir et partir en claquant la porte. Au bout d'un moment, cependant, il a hoché la tête.

— D'accord.

— Bien, ai-je répondu vivement, en m'efforçant de dissimuler mon soulagement. Écoute, c'est calme, en ce moment. Pourquoi ne discuterions-nous pas autour d'un café ?

— Comme tu veux. Du lait et deux sucres, pour moi.

Compris. C'était donc à moi de les préparer. J'étais à deux doigts de lui souffler « S'il te plaît », comme ma mère le faisait quand nous étions petits, mais je me suis retenue. Au lieu de cela, je me suis docilement dirigée vers la machine à café.

— Euh, ai-je commencé en me demandant quel bouton actionner. Ce modèle était beaucoup plus fringant que celui que Jo possédait quand je travaillais là, il y avait déjà un bon bout de temps.

Carl était sorti de derrière le comptoir et me regardait.

— Bon Dieu, tu ne sais même pas te servir d'une machine à café ? a-t-il lâché. Si tu as l'intention de traîner par ici, j'ai intérêt à t'expliquer comment ça marche. Regarde-moi faire, patronne.

J'ai serré les dents et j'ai reculé pour le laisser me montrer comment faire des *cappuccinos*, des *americanos* et des *expressos.*

— D'accord, ai-je conclu d'un ton sec une fois qu'il avait terminé.

En réalité, j'avais déjà oublié la moitié de ses instructions, et je me suis promis de jeter un coup d'œil au mode d'emploi de la machine un peu plus tard. Hors de question que je lui fasse le plaisir de lui demander de l'aide.

Au même moment, le père de famille installé dans le coin de la salle est apparu au comptoir, l'air furieux, une assiette de sandwichs à moitié entamés entre les mains. Il portait des lunettes de vue rectangulaires sans cadre et un polo rose pastel, et était doté d'une pomme d'Adam énorme.

— Excusez-moi, a-t-il dit, et sa pomme d'Adam a tressauté au rythme de ses paroles, le jambon, dans ces sandwichs... je crois qu'il est périmé. Il sent très mauvais.

J'ai soulevé l'une des tranches de pain, remarquant au passage la fine couche de margarine et les feuilles de salade imbibées d'eau, tout comme le jambon rose vif et brillant, de très mauvaise qualité. J'ai porté l'assiette à mon nez avant de m'en écarter, dégoûtée.

— Beurk, me suis-je exclamée, vous avez raison. Je suis désolée. Permettez-moi de vous en apporter un autre.

Ses lèvres se sont serrées au point de ne plus former qu'une ligne vidée de tout son sang.

— Il se trouve que ma fille en a déjà mangé la moitié, a-t-il craché. Si elle fait une intoxication alimentaire, je peux vous dire tout de suite que je ne serai pas content. Croyez-moi, je saurai à qui m'adresser. Je suis consterné de voir la qualité des aliments que vous osez proposer à vos clients.

Sa pomme d'Adam s'agitait tellement que j'en étais hypnotisée.

— Mais enfin, qu'est-ce qui se passe, dans ce café ? a-t-il poursuivi. Cela fait des années que nous venons ici, et tout a toujours été parfait, mais là…

J'avais envie de pleurer. Je ne pouvais pas regarder Carl dans les yeux. N'avait-il vraiment aucune notion d'hygiène alimentaire ? N'importe quel idiot aurait vu que le jambon avait une sale tête.

— Je suis vraiment désolée, ai-je répété. Laissez-moi vous préparer autre chose. Carl, est-ce que nous avons encore du jambon ?

Il a secoué la tête.

— Je t'ai dit qu'on n'avait plus de réserves, t'as pas compris ?

— D'accord, mais… Écoute, on en reparlera tout à l'heure, ai-je sifflé avant de me retourner vers le père de famille.

Malheureusement, ce dernier était déjà parti rejoindre sa femme et ses filles.

— Ne mangez plus rien, l'ai-je entendu dire. Allons prendre un thé ailleurs. Cet endroit n'est plus ce qu'il était.

Rouge de honte, je les ai regardés sortir du café. L'une des petites filles a éclaté en sanglots au moment de passer la porte.

— Mais j'ai faaaaim, a-t-elle hoqueté, les larmes jaillissant de ses yeux bleus.

J'ai voulu les rattraper pour leur donner des chips aux crevettes, « Cadeau de la maison ! », mais le temps que je trouve le paquet, ils avaient disparu.

Seigneur. Je me suis appuyée contre le comptoir, consternée. Cet homme avait raison. Le café n'était plus ce qu'il était – loin s'en fallait. Si cela continuait comme ça, j'aurais du mal à le sauver avant qu'il ne périclite complètement.

Chapitre 6

J'ai vite remarqué que Carl n'aimait pas recevoir d'ordres. J'ai eu beau me montrer aussi encourageante que possible, cet après-midi-là – à lui demander gentiment comment je pourrais améliorer les choses et en faisant preuve d'un intérêt réel pour ses conseils –, il refusait d'endosser la moindre implication dans le déclin du café. Il ne cessait de sous-entendre que c'était ma faute, que les choses se seraient passées autrement si j'avais été là pour m'assurer du bon fonctionnement du service. Bien sûr – on l'aurait parié –, j'ai fini par nettoyer moi-même le parking un peu plus tard, dans l'après-midi, guettant le moindre mouvement au cas où un rongeur s'aventurerait par là. Pendant ce temps, Carl s'en allait, son plat de curry sous le bras, pour retrouver ses copains ailleurs.

— Comment ça se passe, a demandé Matthew quand je l'ai appelé, dans la soirée. Est-ce que Rick Stein craint déjà la concurrence ?

— Ha. Pas vraiment, non. Mon Dieu, j'ai passé une journée épouvantable.

Incapable de retenir mes larmes plus longtemps, je lui ai tout raconté en détail : la réaction de Betty quand j'étais entrée dans sa boutique, les ordures, la musique, la soirée poker, le sandwich au jambon, les sommes astronomiques que je venais de dépenser au supermarché pour renflouer nos stocks. Une fois mon récit terminé, j'ai eu l'impression que mes soucis m'encerclaient comme d'épais nuages noirs. Dans quoi est-ce que je m'étais aventurée ? Quelle idiote j'avais été de croire que je pouvais me présenter ici et prendre les rênes du café, juste comme ça !

— Putain, a dit Matthew, quel cauchemar.

— Je sais. C'était tellement horrible que j'en aurais presque envie de retourner travailler pour ce pervers de Crossland. Tu te rends compte ! Qu'est-ce qu'on va faire, si la petite fille tombe vraiment malade à cause de ce sandwich répugnant ? Cela pourrait représenter la fermeture du café. Rideau, fini. Ils peuvent me poursuivre en justice et dans ce cas, je ferai faillite et…

— Puisqu'on parle de Crossland, m'a interrompue Matthew en ignorant mes scénarios catastrophe, ton agence d'intérim a appelé. Ils voulaient te parler. Je leur ai donné ton numéro de portable, parce qu'ils ne semblaient pas l'avoir.

J'ai fait la grimace. Il y avait une bonne raison pour qu'ils n'aient pas mon numéro de téléphone.

— Ils veulent sans doute m'engueuler parce que j'ai lâché mon poste. Super, ça va me remonter le moral.

J'ai dû lui faire pitié parce que le ton de sa voix s'est adouci.

— Evie, tu n'as pas besoin de t'imposer tout ça, tu sais. Tu peux tout simplement…

— Vendre. Oui, je sais. J'étais sacrément tentée de le faire, aujourd'hui, crois-moi.

J'ai laissé échapper un soupir.

— Bon, je ferais mieux de m'y mettre. Je dois faire des scones, pour demain.

— Toi, faire des scones ? Matthew s'est mis à rire.

— Oui, moi, ai-je répondu, soudain agressive. Ne te moque pas.

— Non, non, je ne rigole pas – et je rigolerais probablement encore moins si j'en mangeais…

J'ai fini par rire à mon tour.

— Très drôle. On se parle demain. Je t'aime.

— Moi aussi.

J'ai reposé mon téléphone et je me suis recroquevillée sur le canapé. Le canapé de Jo. Il sentait encore un peu le parfum d'Issey Miyake qu'elle avait coutume de porter, et cela m'a fait un coup de réaliser une fois de plus qu'elle ne reviendrait plus. Elle avait vécu ici pendant tant d'années – dont une bonne partie avec Andrew. Ils avaient entretenu une relation longue et compliquée, avant qu'il ne succombe à un cancer de la gorge, il y avait quelques années de cela. Ils avaient eu des disputes mémorables à propos du café, d'ailleurs. Andrew voulait le vendre pour qu'ils achètent ensemble un restaurant plus grand et plus chic, à Newquay. Elle n'était pas d'accord. Elle aimait à répéter « Il ne faut jamais mélanger le travail et les amours » et concluait invariablement par un « Je ne partirai pas d'ici ». Elle avait tenu parole.

Andrew n'était pas le seul à lui faire des reproches. J'avais découvert récemment que mes grands-parents – les parents de Jo – avaient toujours désapprouvé sa décision de s'installer dans les Cornouailles, sur une plage. Ils avaient nourri quelques espoirs de mariage avec le jeune vicaire du village de l'Hampshire, où Jo et ma mère avaient grandi, et n'avaient pas compris quand, au lieu de cela, Jo était partie baguenauder à travers le monde. Jo et Andrew ne s'étaient jamais mariés et ne pouvaient pas avoir d'enfants, autant d'échecs aux yeux des parents de Jo. Le fait qu'elle soit heureuse, qu'elle ait monté avec succès sa propre entreprise et qu'elle mène l'existence qu'elle avait choisie n'avait aucune valeur pour eux.

— Eh bien moi, je te trouvais géniale, Jo, ai-je lancé tout haut en me rappelant le visage fermé et l'expression pincée que ma grand-mère affichait, chaque fois qu'il était question de sa fille cadette. Si tu veux mon avis, tu as réussi sur toute la ligne.

C'était étrange, de me retrouver dans son appartement sans elle. Comme une erreur. Le salon, offrait une vue incomparable sur la plage et la mer – le genre de vue dont on ne se lassait jamais. Elle avait peint les murs d'une teinte blanc cassé chaleureuse et s'était contentée d'une décoration simple, sans chichis : une peinture marine au-dessus de la cheminée, quelques vases en verre bleu et… j'ai écarquillé les yeux en découvrant une série de photographies encadrées, en bonne place au-dessus de la petite bibliothèque blanchie à la chaux. Hé ! Je connaissais ces clichés !

Le sourire aux lèvres, je m'en suis approchée. Il y avait trois épreuves, et toutes représentaient la plage sous un éclairage différent. L'une avait été prise au lever du soleil, avec les premiers rayons roses qui se reflétaient sur la surface calme de l'eau. La deuxième illustrait un jour de tempête, un peu comme aujourd'hui, quand la plage était grise et déserte, que les vagues prenaient des airs sauvages, incontrôlables. La troisième représentait un coucher de soleil classique, le ciel strié de bandes alternant l'abricot, le rose et le fuchsia, le sable maculé de longues zones d'ombre.

D'un coup, mes yeux se sont emplis de larmes. J'avais pris toutes ces photos quand j'habitais chez elle, et elle avait été la première à me dire que j'avais un œil pour la photographie.

— Tu cadres parfaitement tes images, disait-elle. Tu es douée.

Elle m'avait encouragée à tenter ma chance, elle avait cru en moi ; elle était la seule de la famille à ne pas me pousser vers l'enseignement. Elle me comprenait.

L'imaginer passant tous les jours devant ces clichés, redressant celui-ci, dépoussiérant leurs cadres à l'occasion, me remplissait de joie et me donnait envie de ressortir mon appareil photo, de redécouvrir le triomphe que l'on ressent quand on avait réussi une image parfaitement évocatrice. J'avais laissé tomber la photo de la même manière que j'avais abandonné tant d'autres choses, mais aujourd'hui je regrettais de n'avoir pas collectionné davantage d'images pour Jo, peut-être d'Oxford et des Cotswolds, que j'aurais compilées dans un album dédié que je lui aurais offert : *Evie Flynn, un regard.* Cela aurait fait un beau cadeau d'anniversaire ou de Noël. Mais c'était trop tard.

Enfin, ce n'était pas le moment de refaire le monde. Je devais confectionner des scones et ils avaient intérêt à être délicieux, si le vieux couple se réjouissait d'en manger depuis l'année dernière. Pas de pression, donc.

*
* *

Je n'avais jamais été bonne cuisinière, mais je me rassurais en me disant que c'était surtout parce que cela m'ennuyait de hacher, râper et fouetter les ingrédients. Tout le monde était capable de cuisiner, non ? N'importe qui pouvait jeter quelques ingrédients dans un bol, les mélanger et glisser le tout dans un four. Si je m'en donnais vraiment la peine, si je me concentrais bien et que je ne me laissais pas distraire par la radio ou le texto d'une copine, j'étais sûrement capable, moi aussi, de préparer de délicieux rôtis, des soupes inoubliables et des gâteaux recouverts d'un glaçage sophistiqué.

Pourtant, quand je me suis retrouvée dans la cuisine de Jo, à essayer de déchiffrer sa recette de scones, sourcils froncés, cela m'a semblé beaucoup plus difficile que je le pensais. Le beurre ne se mêlait pas bien à la farine – la plus grande partie du mélange semblait vouloir se nicher sous mes ongles, de toute manière – et je n'étais pas certaine que le sucre en poudre roux soit la même chose que du sucre en poudre tout court. Quant au babeurre… Qu'est-ce que cela pouvait bien être ? Du beurre battu, peut-être ? Je n'en avais jamais entendu parler auparavant. Les lèvres pincées, je me suis demandé si je pouvais prendre du lait ordinaire ou si ce serait un faux pas inacceptable. Est-ce que la petite dame qui adorait les scones prendrait un air affligé après avoir mordu dans le fruit de mes efforts, parce que le goût du babeurre lui manquerait ? « Je suis navrée, ma chère, dirait-elle, mais ce ne sont pas de véritables scones. Quel dommage. Cet endroit était pourtant merveilleux, avant. »

Aaargh. Pourquoi était-ce si compliqué ? Pourquoi n'avais-je pas fait attention à ces choses quand je travaillais ici, pourquoi Jo ne m'avait-elle pas donné quelques cours de pâtisserie ? Les mains enfoncées dans la pâte, je me suis demandé si ce n'était pas gênant d'appeler ma mère pour lui demander conseil. Remarquez, elle n'était pas la meilleure des cuisinières, elle non plus. À bien y réfléchir, j'étais prête à parier qu'elle me répondrait : « Achète tes scones chez Waitrose, enfin ! »

J'étais sur le point de me dire que c'était probablement la meilleure solution pour tout le monde, en effet, quand mon regard est tombé sur un détail : l'un des coins de la page pâlie par le soleil et tachée de graisse comportait une empreinte de doigt, comme s'il avait été tenu par une main. Il y avait même des traces visibles de farine. Cette recette avait visiblement fait bon usage et devait être appréciée. J'ai imaginé Jo, debout, au même endroit que moi, avec son tablier, à fredonner au son de la radio en mesurant et pesant les ingrédients avant d'étaler la pâte des scones.

Je ne pouvais pas faire comme si elle n'avait jamais existé, et me rendre chez Waitrose. Cette recette faisait partie de l'histoire du café – elle symbolisait tout ce qui était authentique et bon dans cet établissement.

J'ai pris une profonde inspiration et j'ai repris les instructions depuis le début. Je n'allais pas reculer devant la confection de scones, tout de même. J'allais préparer le meilleur appareil qui soit, quand bien même ce serait la dernière chose que j'accomplirais de ma vie.

Je te reconnais bien là, a approuvé Jo dans ma tête.

*

* *

Le samedi matin, je me suis réveillée à six heures, avec les rayons du soleil qui s'engouffraient par la fenêtre. Ah, oui. C'était le grand jour, celui où le café connaissait sa plus forte fréquentation. *Au boulot, Evie !*

J'ai refermé les paupières, épuisée. J'étais restée éveillée tard, la veille au soir, obsédée par le désir de confectionner les meilleurs scones des Cornouailles – ou, tout au moins, quelque chose de vaguement comestible.

La première fournée n'a pas levé du tout, sans que je comprenne pourquoi, et ressemblait à de pâles blinis farineux. Beurk. Hop, poubelle. On recommence. La seconde série de scones a levé, à ma grande satisfaction, mais j'ai réussi à en laisser brûler la plupart. J'en ai sauvé trois d'apparence acceptable, mais cela ne me semblait pas suffisant. Et si tout le monde commandait un menu *cream tea* ? Et si le premier client qui les goûtait disait « Mon Dieu, ils sont délicieux, je vous prends le tout » ? Ma vieille dame risquerait de ne pas en profiter, et je ne pouvais pas la laisser tomber.

La troisième fournée était parfaite. Vraiment. D'accord, ils étaient légèrement difformes, mais ils avaient bien gonflé et avaient pris une jolie teinte brun-doré. En fait, ils avaient l'air tellement bons que j'ai failli aller chercher un pot de confiture de framboises et un peu de crème pour m'empiffrer. La vieille dame allait être contente. Ce serait le clou de ses vacances. En admettant qu'elle reviendrait, bien sûr. *Elle avait intérêt à se pointer, après tous ces efforts*, ai-je soudain pensé avec férocité. Si elle ne venait pas, elle pouvait compter sur moi pour faire le tour du village, armée d'un mégaphone, pour la retrouver. Tout excitée par ce succès, j'ai décidé d'enchaîner avec un *carrot cake*. Celui de Jo faisait sa célébrité dans tout le village. Elle en confectionnait une version à trois étages, séparés par un délicieux glaçage au fromage frais fouetté, qui tenait une place de choix sur le comptoir. Il fallait absolument que ce gâteau revienne au menu, Jo aurait voulu qu'il en soit ainsi. Les clients, aussi, s'en réjouiraient sûrement.

Ce n'est qu'au moment d'enfourner les moules à gâteau (Enfin ! Mes doigts étaient en lambeaux et j'étais résolue à ne plus jamais râper une carotte de ma vie !) que j'ai pensé au glaçage et que j'ai réalisé que je n'avais pas de fromage frais à tartiner. Rien, pas une cuillerée. Bon sang. Allais-je m'en tirer avec un glaçage ordinaire ? Pas question. Est-ce que quelqu'un, dans ce village, vendait ce type de produit à vingt-trois heures ? Non.

J'ai failli hurler de frustration. J'entendais d'ici le ricanement de Carl quand il découvrirait mon gâteau sans glaçage. Il passerait le mot à Betty-la-Déprime qui se montrerait encore plus hostile, après cette preuve supplémentaire de mon incapacité à travailler ici. Je ne pouvais tout de même pas lui demander de me vendre de la crème, si ? Elle me cracherait probablement à la figure. Très bien. Il ne me restait plus qu'à me lever à l'aube, et à me rendre au village pour une expédition « achat de fromage à tartiner ».

C'était le plan. Le lendemain matin, cependant, la seule pensée de la crème me donnait la nausée. Une fois levée, je suis restée sous la douche jusqu'à ce que j'aie l'impression que le sang coulait de nouveau dans mes veines. Courage, Evie. Lance-toi. Une belle journée à partager avec Carl-le-Crétin t'attend. Allez, tu vas y arriver…

À neuf heures, j'étais prête. Le *carrot cake* était glacé (et j'avais découvert, au passage, quelle invention géniale le glaçage était : il recouvrait toutes les irrégularités, tous les morceaux de pâte brûlée), la cuisine et la salle étaient impeccables, je m'étais entraînée avec la machine à café et j'étais d'attaque. Je m'en sortirais bien d'une manière ou d'une autre. J'avais même rempli les placards du comptoir. Oh, et j'avais aussi noté à la craie blanche sur le tableau noir : RECOMMANDATION DU JOUR : CREAM TEA – £2.95. Je ne voyais pas ce que je pouvais faire de plus pour attirer le chaland.

Voilà, Jo. Ça te va ?

Fredonnant dans ma barbe, j'ai déverrouillé la porte d'entrée, j'ai mis le panneau « ouvert », j'ai ouvert les parasols sur la terrasse et je suis restée un moment à regarder la plage. C'était une belle matinée. Le ciel était d'un bleu doux, légèrement brumeux et parsemé de petits nuages blancs – un ciel de maquereau, aurait dit Jo si elle s'était tenue à mes côtés. Un couple de personnes âgées marchait lentement à travers le sable en se soutenant par le bras. Un joggeur en maillot rouge et en short est passé en sautillant, son iPod dans les oreilles, le visage inexpressif, les bras battant un rythme inaudible. Des aboiements joyeux se sont fait entendre et peu après, un chien couleur chocolat a déboulé sur la plage, la queue battant de joie alors qu'il galopait dans le sable.

— Lola ! Viens ici. Un homme est arrivé à la suite du chien, une balle verte à la main.

En entendant son nom, la bête s'est retournée et a repris ses aboiements de plus belle. L'homme a plié le bras en arrière, puis il a propulsé la balle qui a traversé les airs comme une flèche verte. Le chien l'a aussitôt prise en chasse, suivant sa courbe avant de s'appuyer sur ses pattes puissantes pour s'envoler au-dessus du sable humide en y laissant ses empreintes désordonnées.

Quand on se tenait en face de la mer, le café se trouvait sur le côté gauche de la baie, et pour l'atteindre depuis la plage, il fallait gravir une dizaine de marches en bois. Je me tenais sur un promontoire idéal pour savourer plus longuement le spectacle, mais j'ai eu peur que l'homme se retourne et me surprenne en train de l'observer, aussi ai-je tourné les talons pour rentrer dans le café. Bien. C'était parti pour le grand show, le Café de la Plage était officiellement ouvert. J'avais tout juste le temps de me préparer une tasse de thé avant que les premiers clients n'arrivent.

— Bonjour ?

À peine quelques minutes plus tard, j'ai entendu quelqu'un m'interpeller et je me suis raidie. Eh bien ! La foule arrivait déjà. À moins que ce ne soit Betty, escortée d'une armée de furies. J'ai entendu un grondement sourd suivi d'un léger aboiement, et j'ai deviné qu'il s'agissait de l'homme de la plage, avec son chien.

Je suis ressortie de la cuisine pour l'accueillir.

— Bonjour, qu'est-ce que je peux vous servir ?

Il était grand et devait approcher de la quarantaine. Ses cheveux courts étaient bruns, ses yeux marron et il avait une barbe de trois jours. Il portait un tee-shirt bleu délavé par le soleil et un jean qui avait connu de meilleurs jours. À travers la porte-fenêtre, j'ai vu que la chienne avait été attachée à la rambarde de bois, sur la terrasse. Allongée par terre, elle se reposait, la tête posée sur ses pattes avant, comme si ses cabrioles dans le sable l'avaient épuisée.

L'homme a souri. Un large sourire plein de franchise, et qui laissait entrevoir une dentition parfaite, très régulière.

— Un thé serait formidable, s'il vous plaît. Et un peu d'eau pour le chien, si ça ne vous embête pas.

Ouf. Il n'avait pas été mandaté par Betty pour lancer sa bête sur moi, c'était déjà ça. Je nous ai préparé un thé à tous les deux et j'ai versé de l'eau dans un vieux pot à margarine que je suis allée déposer à côté de la chienne.

— Alors, a commencé l'homme d'un ton engageant, quand je me suis retournée vers lui, si j'ai bien compris, vous êtes la vilaine nièce.

Je me suis hérissée. Peut-être que l'horrible Betty l'avait tout de même envoyé ici, en fin de compte.

— La quoi ? ai-je répondu en croisant les bras sur ma poitrine, sur la défensive.

Il a souri.

— La vilaine nièce. C'est ce qu'on dit au pub, en tout cas.

— Au pub ? ai-je répété comme un écho. Je ne comprends pas. Pourquoi les gens diraient-ils une chose pareille ? Qu'est-ce que j'ai fait, d'après eux ?

Il a pris une gorgée de son thé.

— Eh bien, vous vendez le café, n'est-ce pas ? Ils en font toute une histoire. Apparemment, un acheteur potentiel prévoit d'en faire une maison de vacances de luxe. Il y a déjà suffisamment de résidences secondaires, ici, cela détruit la vie du village. Et puis, la mort de votre tante les attriste. Ils espéraient que vous prendriez le relais…

Il était bien renseigné.

— Tout cela m'est égal, bien sûr, a-t-il poursuivi. Ce que vous faites ne me regarde pas. Mais les autres – ils sont dans tous leurs états. Ils ne parlent que de ça.

Je me suis sentie rougir.

— Eh bien, c'est faux. Le café n'est pas à vendre.

J'ai secoué la tête, révoltée par ce qu'il m'avait révélé. Je les voyais d'ici, en train de déblatérer sur moi devant leur bière. J'étais surprise que mes oreilles ne ressemblent pas encore à des choux-fleurs, à force de siffler. Pas étonnant que Betty ait été aussi glaciale.

— Personne ne m'a informée, moi, de ce projet de maison de luxe, ai-je lancé avec indignation. Personne ne m'a proposé de l'acheter. Ce ne sont que des ragots. Des ragots sans intérêt.

Il a haussé les épaules.

— Vous savez bien comment les rumeurs se propagent, dans ce genre d'endroit. C'est le téléphone arabe. D'ailleurs, je vous dois une fière chandelle car pour une fois, ce n'est pas de moi qu'ils parlent !

Il m'a jeté un regard par-dessus son thé avant de reprendre.

— Vous ne vendez pas, alors ?

J'ai pris une profonde inspiration. Je ne savais plus à quel saint me vouer.

— Je… Je n'ai pas encore pris de décision, ai-je confessé au bout d'un moment, en m'adossant au mur de brique.

Mes paumes étaient glaciales.

— Peut-être que je vais devoir le vendre, en effet. Je vis à Oxford, ce qui n'est pas très pratique pour diriger un café dans les Cornouailles. Cette question est la raison de ma venue. Je veux voir ce que je peux faire. Je ne sais pas pourquoi tout le monde a déjà tiré des conclusions !

Ma voix tremblait et l'homme a levé les mains.

— Désolé. J'aurais mieux fait de vous éviter ces commérages. J'aurais dû savoir que c'était des bêtises, après toutes les histoires qu'ils ont inventées à mon sujet.

— C'est quoi, votre histoire, alors ? ai-je demandé pour changer de sujet. Pourquoi on colporte des rumeurs sur vous ?

— Oh, il y a beaucoup de raisons, a-t-il répondu avec désinvolture. Je n'ai pas vécu deux cents ans ici, cela suffit à faire de moi un étranger douteux à leurs yeux, comme vous. Cela les rend dingues de ne rien savoir sur moi, alors ils s'en sont donné à cœur joie – ils n'ont toujours pas fini, d'ailleurs – en spéculations sur mon identité et la raison de ma présence ici.

L'homme a souri avant de poursuivre.

— Ils ont d'abord cru que j'étais une sorte de hors-la-loi qui se cachait de la justice. Quelle autre raison pourrait-il y avoir pour venir s'installer dans le village hors saison ?

J'ai souri à mon tour.

— Je suis surprise que personne ne vous ait arrêté.

— Avec vous, ils pourraient faire d'une pierre deux coups, a-t-il renchéri. Hélas, la vérité est beaucoup moins excitante. Je garde le chien d'un ami qui travaille à l'étranger pendant quelques mois. Je m'offre une petite pause, loin de tout… vous voyez le topo.

— Aaah. Et…

J'étais sur le point de lui demander ce qu'il entendait par « loin de tout » quand un jeune couple est arrivé avec un bébé en écharpe, que j'ai accueilli avec un sourire aimable.

— Bonjour, qu'est-ce que je peux faire pour vous ?

Le temps que je les serve, l'homme s'était relevé.

— Merci, a-t-il dit en déposant sa tasse vide sur le comptoir. Je vous dois combien ?

— Mon Dieu, est-ce que j'ai oublié de vous encaisser ? Ça commence bien ! Une livre cinquante, s'il vous plaît.

Je me suis sentie ridicule. Ce n'est pas en distribuant des boissons gratuitement que j'allais être élue *business woman* de l'année.

— Heureux de vous rencontrer, a répondu l'homme en me remettant la somme. Je m'appelle Ed.

— Moi, c'est Evie. Heureuse de vous rencontrer. Vous pouvez dire aux mauvaises langues du village qu'elles ne sont pas à jour sur mes intentions.

— Comptez sur moi.

Il a tourné les talons et est sorti du café. « Allez, Lola, » l'ai-je entendu dire, « on y va. ».

J'ai servi quelques clients – des thés, des cafés et quelques toasts, mais dix heures ont sonné sans qu'aucun membre de l'équipe ne soit arrivé. Seb, le garçon qui donnait un coup de main pendant les week-ends, est apparu le premier et a semblé horrifié de me voir là.

— Désolé, je suis en retard, a-t-il balbutié, rouge pivoine. Je ne pensais pas que ce serait déjà ouvert. La semaine dernière, Carl a dit…

Il n'a pas terminé sa phrase, mais j'imaginais très bien le reste.

Carl leur avait dit que ce n'était pas la peine de venir à l'heure habituelle, car il n'avait pas l'intention d'ouvrir si tôt. Il avait sûrement anticipé la gueule de bois après sa soirée poker.

— C'est bon, ça va, ai-je répondu avec légèreté.

J'étais trop soulagée de ne plus être seule derrière le comptoir pour lui en vouloir.

Au même moment, un couple de jeunes d'une vingtaine d'années est arrivé et m'a demandé un café et un sandwich au bacon. Seb et moi avons échangé un regard.

— Je m'occupe des cafés, a-t-il dit.

— Très bien.

Je me suis réfugiée dans la cuisine avant qu'on puisse voir mon désarroi. Ce n'est que du bacon, me suis-je rappelé. J'en étais capable ! Tout le monde savait faire cuire un peu de bacon, même moi. Seulement… Où était Carl, bon sang ? Je n'avais vraiment pas prévu de cuisiner pour les clients, ce n'était vraiment pas ma spécialité. Quelle angoisse !

J'ai fini par venir à bout des sandwichs sans engendrer de désastre majeur. Après cela, un flux constant de clients a défilé, certains pour des boissons chaudes et des tartines, d'autres pour des brunchs. À mesure que je traitais les commandes, je m'échauffais de plus en plus, et je commençais sérieusement à suer. L'écriture de Seb était si indéchiffrable que je ne cessais de retourner au comptoir pour vérifier ce qu'il avait inscrit sur ses bons de commande, sans compter qu'il n'arrêtait pas de s'emmêler les pinceaux et d'oublier qui avait demandé quoi. Pour couronner le tout, il a réussi à se brûler avec le mousseur à lait et a commencé à trembler, le visage livide, si bien que j'ai eu peur qu'il s'évanouisse.

Saffron, la rouquine boudeuse, a fini par pointer son nez à onze heures. Si elle était un peu plus efficace que Seb, son approche de la clientèle était désastreuse. J'avais beau être retranchée dans l'enfer des fourneaux, des grésillements de bacon et des odeurs de toast brûlé, la manière brusque et indifférente dont elle s'adressait aux clients ne m'échappait pas.

— Le pain : blanc ou complet ? aboyait-elle. Et du lait, dans votre thé ?

Je l'imaginais en train de braquer une lampe torche sur le visage des pauvres clients, comme pour un interrogatoire, et j'avais peur pour eux. Et devinez quoi ? Personne – pas un seul client – n'a commandé de gâteau ou de *cream tea.* Quelle clientèle ingrate.

J'étais sur le point de m'effondrer devant les quatre-vingt-dix-sept mille sandwichs qu'on m'avait demandé de préparer quand Carl est arrivé, blafard et hagard, vêtu du même tee-shirt que la veille. Est-ce qu'il avait *dormi* avec ? me suis-je demandé en l'examinant, les paupières mi-closes.

— Carl, t'étais où ? ai-je gémi. Pourquoi tu arrives aussi tard ?

Il a haussé les épaules en guise de réponse.

— Je savais que tu serais là. Je me suis dit qu'il n'y avait pas d'urgence.

J'ai eu envie de lui envoyer ma spatule graisseuse dans la figure.

— C'est n'importe quoi et tu le sais très bien, ai-je répliqué. J'aurais très bien pu prévoir d'aller ailleurs, aujourd'hui. Tu n'étais au courant de rien. D'après mon souvenir, nous n'avons pas convenu que tu prennes des vacances quand je suis là. Je ne vais pas rester indéfiniment, tu sais.

— Manquerait plus que ça, a-t-il rétorqué en se lavant les mains.

Il les a essuyées à un torchon avant d'attraper sa propre spatule et de se diriger tranquillement vers la cuisinière, où quatre tranches de bacon rose grésillaient et crachotaient dans une poêle.

— Je prends la relève, a-t-il dit.

J'ai lâché un grognement furieux et j'ai marmonné :

— Trop gentil, vraiment, en tartinant les tranches de pain.

— Je t'en prie, a-t-il répondu d'un ton mielleux.

Cela a été la journée de travail la plus longue, la plus chaude, la plus harassante que j'aie vécue depuis longtemps. Saffron a eu une dispute spectaculaire avec une adolescente venue consommer – son ennemie jurée, apparemment, mais cela m'importait peu – et a traité un vieillard de « sourdingue » parce qu'il tardait à répondre à sa question : « V'voulez du lait ? ». Carl s'est montré grossier et désagréable durant toute la journée. Nous avons manqué de lait, de pain et de fromage et, comble de tous les combles, Seb s'est débrouillé pour faire tomber mon gâteau. Oui, mon *carrot cake,* ma fierté et ma joie, celui sur lequel j'avais trimé jusqu'à minuit. J'ai failli éclater en sanglots quand je l'ai vu s'écraser au sol en une multitude de fragments spongieux.

— Oups, a méchamment lâché Saffron, et ses yeux ont brillé quand elle a tourné son petit visage pointu vers moi, ça va être un sacré calvaire, de laver ce glaçage du lino.

Seb semblait au bord des larmes, lui aussi, et s'est excusé au moins quinze fois. Cela m'aurait moins affecté si le gâteau avait été largement entamé, ou tout au moins si quelqu'un l'avait goûté, mais c'était la première part qu'un client commandait de la journée. Ne me demandez même pas combien de scones ont été vendus.

— Eh bien, cette journée a été un putain de cauchemar, ai-je lâché, amère, quand nous avons commencé à remettre de l'ordre dans le café. Ne me dites pas que c'est tous les jours comme ça.

— C'est toujours comme ça, a lâché Saffron au même moment où Seb répondait :

— Ça se passe mieux, en général.

Je me suis immobilisée, l'éponge en suspens au-dessus d'une table.

— Tu es en train de me dire que ce n'était pas terrible, n'est-ce pas ? On s'en est sortis de justesse, mais je ne crois pas que Jo aurait été très contente, si elle nous avait vus.

Seb, qui passait la serpillière, a levé la tête comme s'il avait reçu une gifle, et Saffron a redressé son nez en trompette.

— Si Jo avait été là, les choses se seraient mieux passées, a-t-elle rétorqué. Elle nous aurait fait rire, elle aurait transformé le boulot en plaisir au lieu de taper du pied et d'avoir l'air énervée toute la journée.

Quelle vache, me suis-je dit. Elle était bien placée pour parler de taper du pied et de s'énerver.

— Ce que je voulais dire, ai-je repris en ignorant volontairement ses sarcasmes, c'est que si nous voulons que ça marche, il va falloir y mettre du nôtre. Travailler en équipe.

Seb a hoché la tête avec docilité, mais Saffron continuait d'afficher un air si boudeur que j'ai été tentée de lui jeter le vaporisateur de détergent au visage.

— Une équipe. Y mettre du nôtre, a-t-elle mimé, provocante. Comment peux-tu dire ça alors que nous savons tous que tu vas vendre le café ?

J'ai soupiré.

— Oh, non. Tu ne vas pas t'y mettre, toi aussi.

Elle a fiché ses mains sur ses hanches, l'air triomphant.

— Eh oui, on n'est pas débiles. Les informations circulent, tu sais. Lindsay, au pub, t'a entendue en parler avec ta famille, après l'enterrement. Et puis, ce crétin de l'agence immobilière est venu fourrer son nez un peu partout. C'est toi qui l'as reconnu, Seb, n'est-ce pas ?

— Il était chargé de la vente de la maison de ma grand-mère, a expliqué le garçon. Je l'ai repéré tout de suite.

— Il est vraiment passé ici, ce filou ? ai-je lancé, oubliant ma table à nettoyer. Vous êtes sûrs qu'il ne passait pas pour consommer quelque chose.

— Non, a timidement répondu Seb. Il était accompagné d'un autre type, et je l'ai entendu lui expliquer à quel point ce serait facile de transformer la maison en une belle villa.

J'ai secoué la tête. Il avait du culot, tout de même !

— Génial, ai-je marmonné. Vous savez, vous auriez pu me poser la question, au lieu de tirer vos conclusions dans votre coin…

— Eh bien on vous le demande maintenant, a interrompu Saffron. Elle était décidément impertinente. Est-ce que vous allez vendre ce café, oui ou non ? On a besoin de savoir.

Un silence s'est installé pendant que tous deux me dévisageaient attentivement. Pas un bruit ne filtrait, non plus, depuis la cuisine. Carl devait tendre l'oreille.

— Eh bien…, ai-je commencé.

Mon cœur battait à tout rompre et j'avais l'impression d'être à un tournant de ma vie. Est-ce que je devais être honnête et leur dire que je n'avais pas la moindre idée de ce que j'allais faire, ou allaient-ils jeter leur tablier et sortir d'ici ?

— Non, ai-je fini par répondre, je ne vends pas. C'est pigé ?

Chapitre 7

Le dimanche était également une journée de grande fréquentation. Je me suis levée avec les poules – ou plutôt les mouettes – pour préparer une soupe susceptible de réchauffer les baigneurs téméraires des flots encore glacés. Ça ne devait pas être bien difficile de faire une soupe, si ?

J'ai coupé et cuit les légumes, j'ai ajouté des herbes et j'ai mixé le tout, mais pour être honnête, le résultat ressemblait à… comment dire… Eh bien, le contenu d'une couche pour bébé. Marron, visqueux et raté, le genre de substance qu'on ne veut surtout pas approcher de trop près.

J'ai posé un couvercle sur la casserole pour aller ouvrir la porte du café, mais quand je suis sortie sur la terrasse, un mouvement m'a fait sursauter. Une fille dormait enroulée dans un sac de couchage, tout contre le mur. J'ai dû lâcher une exclamation involontaire, parce que ses paupières se sont ouvertes d'un coup. À peine m'a-t-elle vue qu'elle a sauté sur ses pieds, coincé son sac de couchage sous son bras et dévalé les marches qui menaient à la plage.

J'ai crié :

— Hé ! Ça va ? Reviens !

Elle a poursuivi son chemin sans me prêter attention, ses cheveux blonds voletant au vent, dans son dos. Elle ne devait pas avoir plus de seize ans, cette pauvre gamine. D'où venait-elle et qu'est-ce qui lui était arrivé, pour se retrouver à passer la nuit sur ma terrasse ? Peut-être qu'elle était en vacances dans le coin et qu'elle avait fait la fête sur la plage, la veille au soir ? J'ai froncé le nez, peu convaincue. Non. S'il y avait eu une fête sur la plage, sous mes fenêtres, je m'en serais certainement aperçue.

J'ai croisé les bras. Une brise fraîche soufflait depuis le grand large et me donnait la chair de poule. La fille avait disparu de ma vue, désormais, évaporée je ne sais où. Pourvu qu'elle ait un chez-soi qui l'attendait quelque part.

Une fois de plus, les premiers clients de la journée ont été Ed et son chien, Lola, qui s'est couchée dans le même coin de la terrasse que la veille.

— Salut ! ai-je lancé, heureuse de le voir arriver.

— Bonjour, a-t-il répondu avec un sourire.

J'ai remarqué la fossette sur sa joue. Tout d'un coup, son sourire a disparu.

— Mon Dieu, qu'est-ce que cette odeur pestilentielle ?

J'ai dû afficher un air dépité car il s'est immédiatement excusé.

— Désolé. Ce n'était pas très poli de ma part.

Les coins de sa bouche ont tremblé comme s'il retenait un sourire.

— Mais si vous me permettez : qu'est-ce que c'est que cette odeur ?

— Il se trouve que cette odeur pestilentielle, ai-je repris, incapable de cacher mon orgueil blessé, est la soupe du jour. Le résultat n'est pas exactement ce que j'espérais, ai-je avoué ensuite. Et d'ailleurs, son apparence est aussi repoussante que son odeur. Si vous voulez un conseil : n'en commandez pas. Nos scones, en revanche, sont encore très bons. Je les ai confectionnés hier – ou plutôt avant-hier, je crois...

Ma voix s'étouffait à mesure que mes joues s'empourpraient.

— Bon, d'accord. C'est un peu tôt pour des scones. Qu'est-ce que je peux vous servir ?

— Un café et un sandwich au bacon, s'il vous plaît. Mais les scones sont vraiment appétissants, a-t-il gentiment ajouté.

Il a posé son bras bronzé sur le comptoir pendant que j'attrapais un mug propre.

— C'est vous qui faites la cuisine, maintenant ? Vous avez mis Carl à la porte ?

— J'aurais bien aimé, ai-je répondu spontanément avant de poser une main sur ma bouche, horrifiée. Aïe. Oubliez ce que je viens de dire. Je n'ai aucune envie de prendre la cuisine en charge... ce n'est pas vraiment mon point fort.

Tout en préparant son café, je lui ai expliqué la situation.

— Alors vous voyez, ai-je conclu en versant la mousse de lait, tout est un peu en suspens. Je n'ai pas la moindre idée de ce qui va se passer.

J'ai poussé le café dans sa direction.

— Et voilà. Le sandwich arrive.

— Est-ce que vous pourriez faire griller le pain pendant trente secondes précisément, s'il vous plaît, et y mettre un soupçon de beurre ? Oh, et pour le bacon : croustillant, ce serait bien. Je m'occuperai moi-même du ketchup.

J'ai écarquillé les yeux et il a ajouté précipitamment :

— Si cela ne vous embête pas. S'il vous plaît.

J'ai cligné des paupières pour reprendre mes esprits.

— Bien sûr. Dites, vous avez des préférences très claires, en termes de sandwich au bacon.

Il a haussé les épaules.

— Je sais ce qui est bon, voilà tout, a-t-il répondu d'une voix douce.

Je suis allée dans la cuisine, j'ai calé un petit pain sous le gril et j'ai balancé quelques tranches de bacon dans une poêle. À ce moment-là, j'ai réalisé qu'il m'observait à travers la porte ouverte.

— Le bacon est meilleur si vous le passez sous le gril, a-t-il dit. Si cela ne vous embête pas trop.

J'ai essayé de cacher mon exaspération. Il me rappelait le type dans *Quand Harry rencontre Sally*. D'ici quelques instants, il allait critiquer la manière dont j'étalais le beurre sur la tartine et je la lui jetterais à la figure dans un élan vengeur. *Respire*, me suis-je dit, *calme-toi et respire profondément.*

J'ai ôté le bacon de la poêle et l'ai déposé sous le gril en répondant d'une voix posée :

— Aucun problème. Si vous voulez vous installer, je vous l'apporte dès qu'il est prêt.

Il a eu l'amabilité de prendre un air coupable.

— En d'autres termes, mêlez-vous de vos oignons et fermez-la, a-t-il traduit avant de rire. Je suis désolé. Je suis un peu perfectionniste, en termes de nourriture.

Tu m'étonnes, ai-je pensé, mais je lui ai adressé un sourire serein. J'ai pris quelques inspirations supplémentaires, lentes et profondes – si profondes, d'ailleurs, que mes narines ont commencé à trembloter. Il avait beau avoir enfin pris place à une table, je me sentais encore tendue. Depuis combien de temps ce petit pain était-il déjà sous le gril ? Zut, un côté était légèrement brûlé. Il allait s'en apercevoir, c'était certain, si je ne coupais pas les parties noires. Bon sang ! C'était pire que d'accueillir Egon Ronay pour le petit déjeuner.

Soudain, je me suis raidie. Et s'il était effectivement critique gastronomique ? S'il était venu se faire une idée du café et prendre quelques notes ? C'était peut-être pour cela qu'il se montrait aussi exigeant ?

J'avais l'impression d'avoir deux mains gauches quand j'ai gratté les parties noircies et que j'ai beurré le petit pain. Il avait demandé un « soupçon » de beurre, comme s'il était une sorte de top model au régime. Enfin, je connaissais la rengaine : le client est roi, *et cetera, et cetera*. Puisqu'il l'avait demandé, il aurait son soupçon de beurre.

Entre-temps, le bacon grésillait et avait pris une apparence bien croustillante, si bien que je l'ai précautionneusement ôté de la grille avant de le déposer religieusement sur le petit pain. Miam – l'odeur était alléchante, en tout cas. J'ai déposé le tout sur une assiette que je suis allée lui apporter.

J'avais l'impression d'être un sous-fifre en train de servir son prince. En approchant, je l'ai vu noter quelque chose sur un morceau de papier qu'il a enfoui dans la poche de sa veste quand il m'a aperçue. Mon Dieu. Il était vraiment critique gastronomique. Tout d'un coup, mon sandwich au bacon m'a semblé être la chose la plus importante du monde.

— Merci, a-t-il dit quand j'ai déposé l'assiette sur sa table.

Il a ouvert son petit pain et a dessiné un cercle de ketchup sur le bacon avant de le refermer, de mordre dedans et de mâcher.

Je me suis aperçue que je retenais ma respiration. J'étais ridicule. Reprends-toi, Evie !

— Rudement bon, a-t-il déclaré en levant un pouce. Parfait.

J'ai lâché un gros soupir de soulagement, puis j'ai essayé de prendre un ton détendu, comme si son appréciation ne me surprenait pas du tout.

— Très bien.

Note ça dans ton journal et fourre-le toi où je pense, me suis-je dit en souriant intérieurement.

La porte s'est ouverte au même moment et une famille japonaise est entrée, intégralement équipée de visières pour le soleil et d'imperméables pour la pluie. Elle s'est lancée dans la commande la plus compliquée que j'aie jamais prise, entrecoupée de changements de décision et d'hésitations. Aussitôt après est arrivé un couple qui émergeait manifestement d'une nuit torride, les cheveux en broussaille, les doigts entrelacés, le regard flou et les sourires rêveurs. Le temps que je les serve, Ed était reparti sans que j'aie l'occasion de lui parler. Intriguée, je l'avais suivi des yeux alors qu'il s'éloignait avec son chien. À la réflexion, il n'était probablement *pas* critique gastronomique, mais je ne pouvais pas m'empêcher de m'interroger sur la raison de sa présence au village, pendant deux longs mois, soi-disant pour garder un chien. N'avait-il pas d'emploi ?

Je n'ai pas eu le temps de m'attarder sur la question car d'autres clients sont arrivés, et avec eux, une multitude de commandes de petit déjeuner qui se succédaient à un rythme effréné.

Surprise, surprise : toute l'équipe était en retard.

Saffron est arrivée la dernière, empestant le patchouli, ses yeux verts rehaussés d'épais traits de khôl noirs. Son téléphone portable, qui dépassait de sa poche arrière, ne cessait de sonner. Aurait-elle pu se dire : « Tiens, je suis au boulot maintenant, je ferais peut-être mieux de ne pas répondre ? » Ou même : « Oh zut, je suis au boulot, je vais l'éteindre complètement ? » Non, bien sûr que non.

— Saffron, ai-je fini par gémir, exaspérée, alors que je revenais de la salle après avoir nettoyé quelques tables et débarrassé de la vaisselle pour la retrouver de nouveau adossée au mur, en pleine conversation téléphonique, complètement indifférente aux clients qui faisaient la queue. Est-ce que tu peux éteindre ton téléphone, s'il te plaît. Tu es ici pour travailler, pas pour bavarder toute la journée.

Ses paupières se sont resserrées, elle a retrouvé l'air dur que je lui connaissais et elle a fourré le téléphone dans sa poche avec une grimace de mécontentement.

— Quoi ? a-t-elle lancé au client malchanceux dont c'était le tour.

En tant que serveuse, elle n'était pas vraiment indispensable, me suis-je dit en la voyant dissimuler habilement un billet de cinq livres dans le creux de sa paume, probablement pour le glisser dans la poche de son jean. Je me suis ouvertement plantée à côté d'elle jusqu'à ce qu'elle range le billet dans la caisse.

Remarquez, elle n'était pas le seul problème. Seb, plus maladroit que jamais, s'est ébouillanté les jambes en renversant un café. Des larmes ont brillé dans ses yeux comme s'il espérait que sa maman viendrait le réconforter. Quant à Carl… Je ne me remettais toujours pas de ses commentaires désagréables concernant ma soupe.

— On ne peut quand même pas servir cette bouse, a-t-il ricané. Evie, franchement. Merci, chérie, je sais que tu fais un effort, mais laisse-moi faire la cuisine.

— Je me suis dit…

— Ouais, eh bien évite, la prochaine fois, m'a-t-il interrompue. Évite, point. C'est moi le chef, d'accord ? C'est moi qui porte la grande toque blanche. Alors tu vas me faire le plaisir de te concentrer sur ce que tu sais faire, et je ferai pareil de mon côté.

J'étais sortie de la cuisine les joues en feu, prétextant un client à servir. L'homme à la toque blanche avait un sacré ego, aussi, avais-je ruminé en serrant les dents. Quel affreux prétentieux ! Comment Jo avait-elle pu supporter de travailler avec lui pendant si longtemps ?

À seize heures, alors que le calme revenait et que j'envisageais de fermer pour la journée, Annie est arrivée. Annie était la meilleure amie de Jo, à Carrawen Bay, et je la connaissais depuis des années. C'était une personne tendre et affectueuse, dotée du sourire le plus gentil qu'on puisse imaginer. J'avais prévu de prendre contact avec elle dès mon arrivée, mais les événements s'étaient succédé sans que je trouve le temps de lui passer un coup de fil.

— Bonjour ! me suis-je exclamée, contournant le comptoir pour aller la serrer dans mes bras.

De grosses boucles teintes au henné, brillantes et sautillantes, encadraient son aimable visage rond.

— Bonjour, l'étrangère, a-t-elle répondu en me serrant fort contre elle. Comment ça se passe ? J'ai entendu dire que tu étais venue t'occuper un peu du café. Tout va bien ?

— Eh bien… ai-je commencé avant de m'interrompre abruptement.

Je ne voulais pas me plaindre de l'état du café devant mon équipe.

— Ça va aller, ai-je lâché au bout d'un moment. L'apprentissage est un peu rude, mais je vais y arriver.

— Très bien, a-t-elle répondu avec chaleur. C'est merveilleux que tu sois ici, surtout depuis que Jo…

Elle s'est interrompue, et j'ai vu des larmes briller dans ses yeux.

— En tout cas, c'est ce qu'elle aurait souhaité, a-t-elle finalement articulé. Enfin, bref. Je passais juste pour te demander si tu voulais venir dîner un de ces soirs. Quand es-tu libre ?

J'ai souri, reconnaissante.

— Ce serait vraiment sympa.

Si j'aimais beaucoup vivre dans l'appartement de Jo, je m'y sentais tout de même assez seule.

— Je suis libre… Eh bien, tous les soirs, en fait. Quand ça t'arrange.

— Que dirais-tu de ce soir, alors ? Nous sommes toujours à la même adresse – Silver Street, numéro dix. Dix-huit heures ? On pourra se raconter nos vies autour d'un bon petit plat.

— Merci, Annie. Ce serait génial. On se voit tout à l'heure.

Annie habitait une petite maison mitoyenne, dans une rue tranquille. De longues tiges de roseau à plumes se balançaient doucement dans un coin de son minuscule jardin et une collection de coquillages d'un blanc immaculé reposait près de la porte d'entrée. J'ai tapé deux fois le heurtoir en laiton et j'ai attendu.

— Bonsoir, entre ! s'est exclamée Annie, rayonnante, en ouvrant grand la porte.

Un merveilleux fumet émanait de la cuisine : poulet rôti, citron, oignon.

— Tu arrives à point, je viens de mettre les petits pois sur le feu.

— Génial.

Je l'ai suivie dans le couloir étroit et blanc. De la musique résonnait à l'étage, une basse enlevée qui vibrait à travers le plafond. Annie m'a emmenée dans la cuisine, une petite pièce sans prétention où quelques casseroles chauffaient joyeusement sur le feu tandis qu'un poulet refroidissait sous du papier d'aluminium, sur le plan de travail.

Je lui ai tendu une bouteille de vin.

— Tiens. C'est vraiment gentil de m'inviter.

— Oh, mais tout le plaisir est pour moi. Je sais à quel point Jo t'adorait. Te voir me donne l'impression d'être en contact avec elle.

Ses yeux se sont mouillés et j'ai serré ses mains entre les miennes.

— Je suis désolée, a-t-elle repris en lâchant un son qui était à mi-chemin entre le sanglot et le rire. Elle me manque tellement. Je n'arrive pas à croire qu'elle soit partie, Evie, je n'y arrive vraiment pas.

— Je comprends. C'est pareil pour moi. Quel choc terrible…

Annie a hoché la tête.

— Elle jouait un rôle important dans cette communauté. Sans elle, ce n'est plus la même chose. Elle nous manque à tous.

Elle a pris une grande inspiration.

— Enfin, c'est merveilleux que tu sois là, que tu reprennes le café. Je crois que ça va en réjouir plus d'un.

J'ai levé les yeux au ciel.

— Pas tout le monde, en tout cas, ai-je répliqué avant de lui raconter ce qui s'était passé avec Betty. Je n'ai pas osé y remettre les pieds, depuis.

Annie a ouvert le vin, puis elle a rempli deux verres.

— Betty est… Betty, a-t-elle commencé, gnomique. Elle n'en fait qu'à sa tête. Mais honnêtement, Evie, elle aboie plus fort qu'elle ne mord. Elle avait peur que tu vendes le café à un promoteur, voilà tout.

Elle m'a tendu un verre de vin.

— Santé ! Je crains qu'on ne soit pas très doué pour le changement, dans le coin.

J'ai cogné mon verre contre le sien.

— Santé ! À Jo. J'aimerais plus que tout au monde qu'elle soit avec nous ce soir. Nous ne l'oublierons jamais.

— Je suis bien d'accord. Quoique…

Elle a jeté un coup d'œil vers le ciel avant de reporter son attention sur sa cuisinière :

— Si elle était avec nous en ce moment, elle serait probablement en train de me rappeler qu'il faut que je sorte les pommes de terre du four, que j'arrête de bavasser et que je m'occupe de couper ce fichu poulet !

J'ai ri. Elle avait raison, et Jo se serait probablement exprimée dans les mêmes termes. Jamais elle n'oublierait quelque chose d'aussi important que la nourriture.

— Je vais te donner un coup de main, ai-je dit.

J'ai passé la meilleure soirée depuis des siècles. La fille d'Annie, Martha, une jeune femme de dix-sept ans à la silhouette élancée, tout en jambes et en cheveux blonds, avec des yeux de colombe, s'est montrée charmante et très joyeuse. Le repas était délicieux, Annie était une hôtesse merveilleuse et nous avons parlé de tout et de rien – le boulot d'Annie (elle travaillait dans un magasin d'alimentation bio à Wadebridge, mais elle souffrait financièrement depuis que ses heures de travail avaient été réduites), les examens imminents de Martha (elle craignait tout particulièrement celui de français) et son petit ami, Jamie, à l'évocation duquel ses yeux se faisaient rêveurs. « C'est un artiste, » disait-elle avec la même révérence que si elle parlait de Picasso, « il est très doué ».

— Wouah, ai-je répondu après avoir échangé un sourire discret avec Annie.

Elle semblait vraiment entichée.

— Il arrive à vivre de son art ?

Le visage de Martha s'est légèrement affaissé.

— Non. Il travaille dans un pub. C'est vraiment difficile de réussir, dans le monde de l'art, vous savez, a-t-elle ajouté, comme pour le défendre.

— Oh oui, je sais. J'ai essayé de me lancer en tant que photographe, pendant un moment, mais… Comme tu le dis, c'est dur. La chance n'est pas toujours au rendez-vous.

— Il va montrer ses œuvres à l'exposition d'été de la région, a repris Martha, on espère qu'il se fera remarquer. On croise les doigts !

— On croise les doigts, ai-je repris en écho, joignant le geste à la parole.

— Il a vraiment du talent, a renchéri Annie. Ses œuvres sont un peu différentes des paysages marins qu'on a l'habitude de voir dans le coin. C'est lui qui a peint celui-ci, a-t-elle signalé en pointant l'index vers une petite toile carrée.

Je me suis levée pour la regarder de plus près. C'était une scène à l'atmosphère onirique, qui représentait un banc de poissons sous l'eau. Déclinant des teintes lumineuses et presque acidulées, leur corps se détachait sur un dégradé de bleus et de verts très doux. L'effet général qui s'en dégageait était saisissant – on se sentait complètement immergé dans l'univers sous-marin, où les créatures prenaient des allures magiques.

— J'aime beaucoup ce tableau. J'adore les couleurs qu'il a choisies.

J'ai cru que Martha allait exploser de fierté.

— Il en a fait toute une série. Pas seulement des poissons, mais aussi des requins, des dauphins et des tortues – tout un tas de créatures de la mer.

— Tiens-moi au courant, pour l'exposition. J'aimerais beaucoup y aller pour voir le reste.

— Sans faute, a répondu Martha. Je vous réserverai un billet dès qu'ils seront en vente.

Nous avons débarrassé la table, puis Annie a apporté le dessert – un énorme gâteau au chocolat recouvert d'un glaçage à la noisette et au chocolat.

— Oh là là, me suis-je exclamée en posant une main sur mon ventre. Je regrette vraiment d'avoir pris une pomme de terre rôtie en plus, maintenant. Pourquoi me suis-je gavée comme ça, alors que le dessert a l'air tout aussi délicieux ?

Martha a éclaté de rire.

— Les gâteaux de Maman sont dingues, a-t-elle confirmé en jetant un regard affectueux à sa mère. Aucune de mes amies n'ose venir me voir quand elle en a préparé un, surtout quand elles font un régime. Elles savent toutes qu'elles ne pourront pas résister.

Annie a saisi la pelle à gâteau.

— Allons, Evie. Tu n'es quand même pas en train de me dire que tu n'as plus de place pour une petite tranche ? a-t-elle demandé, la lame en suspens au-dessus du glaçage.

— Sûrement pas, ai-je répliqué, horrifiée à l'idée de lui faire faux bond. Je n'ai plus faim, mais je trouverai bien une petite place.

J'ai souri.

— Et puis, le trajet de retour n'est pas trop long, s'il le faut je me roulerai jusqu'à mon lit. J'aimerais beaucoup en avoir un morceau, s'il te plaît.

J'ai commencé à saliver en la regardant couper une tranche semblable à un cale-porte de géant.

— Eh bien, je suis contente de ne pas être au régime, en tout cas ! Ce serait fichu, ai-je lancé en prenant une bouchée. Merci, Annie.

La saveur sucrée du chocolat a percuté mes papilles pendant que des noisettes craquaient sous mes dents et que mon cerveau remarquait le moelleux parfait de la génoise.

— Oh waouh, ai-je soupiré en m'enfonçant dans mon siège, paupières closes. C'est délicieux.

J'ai avalé ma bouchée pendant que ma fourchette s'attaquait avec voracité à la prochaine.

— Vraiment, Annie, ce gâteau est exceptionnel.

Je lui ai souri à travers la table.

— J'aimerais être capable d'en faire d'aussi bons. Honnêtement, si tu avais vu les catastrophes que j'ai confectionnées…

Je me suis tue. Je venais d'avoir une idée brillante.

— Annie, tu devrais faire des gâteaux pour le café ! Est-ce que je peux t'embaucher ? Veux-tu être la nouvelle pâtissière de la maison ?

Elle a cligné des yeux, manifestement prise de court.

— Eh bien, je ne voudrais pas empiéter sur le travail de Carl…, a-t-elle avancé, prudente.

— Oh, on s'en fiche. C'est un imbécile, Maman, tout le monde le sait, a objecté Martha.

— Je n'ai pas l'impression que Carl ait touché aux moules à pâtisserie depuis le jour où Jo… enfin… depuis des siècles, ai-je renchéri en trébuchant sur mes mots. Il s'intéresse bien plus aux currys peu ragoûtants qu'il prépare pour ses copains. Nous avons vraiment besoin de quelqu'un qui sache faire des gâteaux, Annie. Et si tu dis que la boutique ne te paie pas suffisamment, eh bien…

Annie n'avait pas l'air convaincue.

— Est-ce que tu le penses vraiment ? Tu ne dis pas cela par politesse, parce que je t'ai préparé à dîner et que tu as bu quelques verres de vin ?

— Je suis sérieuse. Bien sûr, il faut que nous nous mettions d'accord sur les détails : tes tarifs, et combien de gâteaux il nous faut par semaine, ce genre de choses, mais…

Je hochais si fort la tête que j'étais à deux doigts de me faire le coup du lapin.

— En tout cas, si nous arrivons à trouver un accord qui nous convienne à toutes les deux, je suis partante. Pourquoi pas ?

— Oui, pourquoi pas ? a renchéri Martha. Tu devrais le faire, Maman. Tu adores préparer des gâteaux et tout le monde adore les manger. En plus, cela rendrait service à Evie. Jo serait trop contente que tu le fasses.

La jeune fille m'a adressé un clin d'œil complice. Elle avait fait mouche.

— Eh bien, si tu le présentes ainsi, ô ma sage fille, je ne peux que te donner raison. Evie, j'aimerais beaucoup être ta pâtissière maison.

Elle a tendu une main que j'ai serrée.

— Génial, ai-je conclu, souriant de toutes mes dents. Tu ne peux pas savoir à quel point je suis soulagée de ne plus avoir à préparer de scones. Le seul point négatif, ai-je ajouté en m'attaquant à un nouveau morceau de gâteau, c'est que je vais prendre des kilos à chaque fois que je servirai ces merveilles tout au long de la journée.

Je l'ai regardée, rayonnante.

— Enfin, c'est un prix que je suis prête à payer. Quand peux-tu commencer ?

Chapitre 8

Je suis rentrée à l'appartement un peu plus optimiste, ce soir-là. Non seulement j'étais nourrie et abreuvée des meilleurs mets et vins, mais je débordais de projets d'avenir pour le café. Ma nouvelle pâtissière et moi étions tombées d'accord sur le fait que nous commencerions par voir comment les choses évoluaient et que nous accorderions nos commandes en fonction de la demande, mais pour commencer, Annie était partante pour nous confectionner deux grands gâteaux tous les deux jours, en plus d'une fournée de cupcakes, de brownies ou de *flapjacks.* Oh, et des scones – à en croire Martha, elle en confectionnait d'excellents, très légers. À cette nouvelle, j'ai été à deux doigts d'embrasser la mère et la fille.

— Voyons… Mardi matin, je t'apporterai donc un gâteau au chocolat, un autre au citron et quelques *flapjacks* aux flocons d'avoine et aux fruits secs, a proposé Annie en prenant des notes. Pour jeudi, ce sera un *carrot cake* et un *sponge cake*, avec des brownies au chocolat. Ça te va ? Et quelque chose d'autre pour samedi ? Au cours des premières semaines, bien sûr, on verra lesquels ont le plus de succès et on pourra adapter les livraisons en fonction de la demande.

Elle souriait, les joues rougies par le vin et l'excitation.

— Evie, je suis vraiment ravie, tu sais. J'adore faire des pâtisseries, mais comme nous ne sommes que deux, Martha et moi, je dois vraiment me restreindre. Maintenant, j'ai une bonne excuse pour passer mon temps libre devant les fourneaux – et être payée pour par-dessus le marché ! C'est idéal !

— C'est impeccable pour moi aussi, ai-je répondu. Et pour nos clients. Une chose est certaine : ils seront contents de ne plus servir de cobayes pour mes expériences culinaires, crois-moi ! Peut-être que Carl finira même par se secouer, s'il apprend que je t'ai embauchée comme bras droit.

C'était décidément une situation où tout le monde était gagnant. Je me suis mise au lit en pensant au sourire de Jo. Avec l'aide d'Annie, j'allais certainement réussir à relancer le café.

Le lundi suivant, je me suis réveillée dans la même humeur optimiste. Hors jours fériés et vacances scolaires, Jo n'ouvrait pas le lundi et je savais que Carl ne se montrerait pas de la journée, aussi ai-je décidé de m'accorder également un jour de congé. J'en profiterais pour mettre les papiers à jour et vérifier l'état des stocks.

Une fois ma douche prise, je me suis habillée et j'ai préparé un plateau de petit déjeuner que j'ai apporté sur la terrasse. Pour la première fois depuis mon arrivée dans les Cornouailles, j'avais l'impression d'être en vacances. D'après Amber, que j'avais appelée la veille pour échanger les derniers potins, il pleuvait des cordes à Oxford, ce qui n'était pas le cas ici. Le ciel était d'un bleu limpide et le soleil brillait, faisant scintiller la mer. Je me suis enfoncée dans la chaise longue dont le bois avait chauffé au soleil, et j'ai relevé mes jambes pour boire les dernières gorgées de mon café. La brise fraîche m'ébouriffait les cheveux. N'était-ce pas cela, la belle vie : prendre son petit déjeuner devant une vue pareille ! Je comprenais pourquoi Jo avait tenu à rester ici.

Une fois mon petit déjeuner terminé, j'ai eu envie de fermer le café et de descendre vers la plage. J'ai laissé mes tongs par terre, au pied des marches, pour continuer pieds nus.

Le sable était froid et granuleux sous mes orteils, mais c'était agréable. Je me suis dirigée vers la mer, le vent frais soufflant sur ma nuque, mes mains enfoncées dans les poches. J'ai avancé jusqu'aux premiers tourbillons d'écume, retenant mon souffle quand l'eau glacée a léché mes pieds. J'ai continué à marcher dans les remous et les vagues revigorantes qui frappaient mes chevilles et trempaient le bas de mon jean. À cet endroit, le sable mouillé était doux comme de la soie et se faufilait entre mes orteils.

« Rentre à la maison », répétait Matthew au téléphone – mais l'appartement d'Oxford me semblait être à mille lieues d'ici. J'avais du mal à m'imaginer ce que serait mon lundi matin en ville : Cowley Road bondée de cyclistes, de bus et d'automobiles, les files d'enfants qu'on accompagnait à l'école, Matthew et moi en train de prendre notre petit déjeuner dans notre cuisine, petite et assez sombre, avec la radio qui grésillait en bruit de fond. *Peut-être même qu'il pleuvait encore,* me suis-je dit alors que le couinement et le raclement d'essuie-glaces résonnaient dans ma tête et que des flaques d'eau, des parapluies et des capuches de protection se dessinaient devant mes yeux.

Ici, dans la baie, la lumière était si vive qu'elle semblait surnaturelle, et l'eau reflétait en mille éclats les rayons dorés du soleil matinal. Je me sentais extrêmement vivante ; pleinement consciente de mon corps et de mon environnement, tous mes sens en éveil. J'avais envie de courir, de bondir et de pousser des cris de joie à la gloire de tout ce qui m'entourait, comme une gamine. J'ai regretté de ne pas avoir pris mon appareil photo.

Mon téléphone s'est mis à grésiller et à vibrer dans ma poche. Quand je l'ai sorti, j'ai vu un numéro inconnu, précédé de l'indicatif d'Oxford, s'afficher à l'écran.

— Allô ? ai-je répondu, méfiante.

— Bonjour, Evie. C'est Sophie, de l'agence de recrutement Pearson, m'a répondu une voix aiguë et enjouée.

J'ai senti ma joie retomber. Merde.

— Ah, bonjour, ai-je répondu sans parvenir à feindre le moindre enthousiasme.

Mes orteils s'étaient enfoncés dans le sable, soudain crispés, et j'ai relevé le pied pour les libérer.

— J'ai une bonne nouvelle pour vous – nous vous avons déniché un nouveau poste, a-t-elle lancé. C'est un contrat de deux mois en tant qu'administratrice pour une société pharmaceutique, un peu à l'extérieur du périphérique…

J'ai fait la grimace en lâchant un son peu engageant, du type : « Mmm… » Une entreprise pharmaceutique qui se trouvait au-delà du périphérique ? Ce n'était pas précisément la rue du Paradis à Bonheurville.

— C'est un plein-temps, trente-cinq heures par semaine, un peu mieux payé qu'à Crossland. Ils vous attendent mercredi prochain, à neuf heures. Je les appelle pour leur dire que vous êtes partante ?

Mon regard était fasciné par la lumière qui se réfléchissait dans les vagues et j'ai eu un mal fou à me concentrer sur ce qu'elle me disait.

— Pardon ? Ce mercredi ?

Mon regard s'est posé sur le café. Mon Dieu, cela impliquerait un départ dès demain. J'avais encore tant de choses à mettre en place, ici.

— C'est bien cela, mercredi prochain, a confirmé mon interlocutrice. Vous avez vraiment de la chance de retrouver un poste aussi vite, n'est-ce pas ? Je savais que cela vous ferait plaisir.

Plaisir ? Pas vraiment. Je me sentais… tiraillée. Chamboulée. J'étais plantée là, le regard fixé sur la mer, incapable de répondre.

— Bon, alors je leur confirme, d'accord ? a-t-elle repris, brisant le silence. Je vous envoie un e-mail avec leur adresse et le site web de l'entreprise, pour que vous puissiez vous préparer. Ça vous va ?

Mes orteils s'enfonçaient dans le sable comme s'ils essayaient de s'ancrer dans cette plage, mais la vraie vie m'appelait, comme portée par le vent : Matthew, Saul, l'argent concret et froid…

— Très bien, ai-je fini par répondre sans pouvoir réprimer un soupir. Je serai là mercredi.

Il fallait bien remettre les pieds sur terre un jour ou l'autre, n'est-ce pas ? Je ne pouvais pas rester ici éternellement, même si la tentation était grande.

Aussitôt après avoir raccroché, j'ai eu l'impression d'avoir pris la mauvaise décision. J'aurais tellement aimé pouvoir rembobiner le fil des deux dernières minutes, jusqu'au moment où elle disait : « ... je leur confirme, d'accord ? » et répondre : « En fait : non. » Je commençais tout juste à me sentir chez moi, ici, et voilà qu'il fallait repartir.

Je me suis consolée en me disant que j'allais revoir Matthew – et aussi ma mère. C'était son anniversaire, vendredi, et nous étions censés nous réunir pour dîner ensemble dans le quartier de Jericho. Oh, oui. Je reprenais pleinement conscience de la vraie vie, maintenant. Finalement, c'était une bonne chose que je rentre. Surtout qu'à Oxford, j'aurais l'occasion de revoir Saul – ça, c'était encore mieux. La seule pensée de son petit visage rayonnant me consolait suffisamment pour dénouer les derniers nœuds qui s'étaient formés dans mon estomac.

Il n'était plus question de me sentir en vacances, désormais. Je suis rentrée au café tout en composant une affreuse liste de tâches à effectuer avant mon départ.

Mardi matin, peu avant neuf heures, Annie est arrivée avec sa première commande. Les deux grands gâteaux étaient parfaits – celui au chocolat, recouvert d'un glaçage épais et luisant, dégageait un parfum enivrant et celui au citron avait une apparence délicieusement juteuse. J'ai eu toutes les peines du monde à ne pas couper une part épaisse de chacun pour me jeter goulûment dessus.

— Il y a aussi des *flapjacks*, a-t-elle précisé en me remettant une boîte carrée. Vingt nature et vingt aux fruits secs. Dis-moi lesquels partent le mieux, pour les prochaines fournées.

— Annie, tu es géniale, me suis-je exclamée en répartissant les pâtisseries sur des assiettes.

Ils avaient l'air succulents et collants à souhait, loin de ceux que j'avais pu confectionner quand j'étais à l'école, qui s'émiettaient immédiatement.

— Merci. Écoute, je dois rentrer à Oxford aujourd'hui, alors…

Son visage s'est décomposé.

— Oh non, déjà ?

J'ai hoché la tête.

— J'en ai bien peur.

J'ai lâché un soupir. Je regrettais tellement de n'avoir pas refusé ce poste. Je ne me sentais pas prête à quitter les Cornouailles, d'autant plus que nous avions, maintenant, des gâteaux aussi appétissants à proposer. J'avais envie de voir le visage des clients quand ils y goûteraient, de me réjouir de leur plaisir par procuration.

— Malheureusement, je ne sais pas quand je serai de retour. Bien entendu, je reviendrai dès que possible, mais… J'ai haussé les épaules. C'est vraiment difficile de jongler entre deux vies, l'une ici et l'autre à Oxford.

— Je comprends, a-t-elle répondu. Tu veux que je continue à faire des gâteaux, pendant ton absence ?

— Oui, plus que jamais ! Je laisserai des instructions à Carl et m'assurerai que tu sois payée. Voilà – j'ai noté mes numéros de téléphone portable et fixe sur un papier – tiens-moi au courant, tu veux bien ? S'il y a le moindre problème, tu m'appelles. Je demanderai à Carl comment s'écoulent les parts de gâteaux et je te contacterai pour régler les prochaines commandes. Tu crois que ça ira ?

J'espérais *vraiment* que cela lui conviendrait. Gérer le café à distance était tout sauf idéal, mais c'était ce que je pouvais faire de mieux, en ce moment. Heureusement, elle a hoché la tête.

— Bien sûr. Je ne peux pas dire que ton départ ne m'attriste pas un peu – je me réjouissais de travailler avec toi, et cela m'a fait vraiment plaisir de t'accueillir, dimanche soir. Martha et moi avons passé une excellente soirée. Mais je comprends. Fais en sorte de revenir bientôt, d'accord ?

Je l'ai serrée contre moi.

— Je serai de retour très vite.

À midi, j'ai chargé ma valise dans la voiture, un mauvais pressentiment au creux de l'estomac.

— Je reviens d'ici peu, avais-je promis à Carl. Au moins un week-end d'ici le milieu du trimestre, je pense.

J'espérais secrètement pouvoir convaincre Matthew d'emmener Saul ici pour de courtes vacances. On vendrait le projet à Emily en lui suggérant un week-end en amoureux avec Dan et je ferais comme si Saul était mon fils pendant quelques jours, comme n'importe quelle famille heureuse qui passait ses vacances au bord de la mer. Il allait adorer la plage, je le savais déjà. Je le voyais d'ici, avec ses jambes maigrelettes et blanches qui émergeaient de son short de bain, en train de bâtir le plus gigantesque des châteaux de sable pour y installer ses Lego.

— À plus, a répondu Carl, les bras croisés.

J'ai senti son regard dans mon dos alors que je m'installais au volant et que je mettais le moteur en marche, et j'ai prié pour qu'il n'en profite pas pour envoyer un texto à ses copains dans la foulée : « *LES MECS, C'EST REPARTI POUR LES SOIRÉES POKER.* »

Je me suis mise en route en essayant de chasser ces sombres pensées. Je n'avais passé que quelques jours dans la région, mais je m'étais vite habituée à la vie d'ici : la luminosité merveilleuse des matins, l'air divinement pur, les paysages époustouflants, le rythme plus lent de la vie quotidienne. Mon organisme a accusé le coup quand je me suis retrouvée entourée de voitures, sur l'autoroute bondée. J'ai tenté d'oublier les images de ma plage si calme, comparée à cet environnement hostile, le roulement rythmique des vagues, l'immensité du ciel.

En tout cas, la première réaction au nouvel arrivage de gâteaux avait été positive, me suis-je dit pour me réconforter. J'avais entendu de sincères « Oh ! » et « Ah ! » quand les clients les avaient aperçus, et vers onze heures, nous avions déjà vendu quelques *flapjacks.* Je regrettais de ne pas être présente l'après-midi, à ce moment de la journée où toute personne normalement constituée rêve d'une part de gâteau. *Celui qui viendrait dans mon café avec des envies de sucré ne serait pas déçu*, ai-je pensé avec fierté.

Je suis arrivée à Oxford quatre heures plus tard et j'ai commencé à tapoter nerveusement le volant quand je me suis retrouvée sur la rocade complètement engorgée. Les voitures bouchonnaient à tous les ronds-points, pare-chocs contre pare-chocs, et tous les conducteurs affichaient le même air frustré et agacé. La journée étant chaude, j'avais baissé mes vitres, mais je n'ai pas tardé à les remonter quand les effluves de diesel ont empli mes narines. « Allons, » ai-je marmonné dans ma barbe, sentant l'impatience monter, « dépêchez-vous ! ».

Après vingt minutes de conduite pare-chocs contre pare-chocs, je me suis enfin rangée devant la maison. Notre chez-nous. J'ai sorti mes affaires de la voiture et j'ai ouvert la porte, mais je me suis arrêtée net. Tout semblait… différent. L'appartement dégageait une odeur de propreté et l'entrée était exceptionnellement bien rangée. Le portemanteau, qui croulait habituellement sous une montagne de vestes, écharpes, bonnets et parapluies, semblait étrangement allégé. Il ne restait plus que quelques vestes, mon imper fauve et un seul parapluie, soigneusement plié.

Waouh. Si je n'avais pas reconnu les éclaboussures de boue en bas de mon imperméable, j'aurais vérifié si je me trouvais à la bonne adresse. J'ai levé les sourcils et je me suis demandé si le fait que Matthew se soit résolu à ranger pendant mon absence signifiait que je lui avais beaucoup manqué. Je l'espérais. Cette idée m'a fait sourire. J'aimais l'imaginer, très affairé, en train d'arranger notre appartement pour se distraire de son ennui. Cela avait quelque chose de romantique.

À mesure que j'avançais, l'appartement m'a semblé de plus en plus propre – cela en devenait presque effrayant. C'était comme si Marie Kondo nous avait fait une visite-surprise, ou si Matthew était devenu le meilleur ami de Mr. Propre, qu'il aurait invité pour qu'il lui fasse une démonstration de ses produits. J'ai traversé les pièces, les yeux écarquillés, retenant mon souffle. La table basse et trapue du salon, dont la surface en bois était habituellement recouverte de magazines, de livres, de lettres et de tasses vides, était entièrement dégagée et brillait curieusement. Je me suis baissée pour la renifler et j'ai reconnu l'odeur incomparable de la cire d'abeille. De la cire d'abeille ! Il avait vraiment dû s'ennuyer.

Les CD avaient été rangés dans leur boîte et soigneusement alignés sur l'étagère. Le manteau de la cheminée – transformé en présentoir à photos, factures, invitations et autres paperasses importantes – n'accueillait plus que deux chandeliers et l'horloge. Il avait même dépoussiéré, ai-je remarqué, les sourcils levés.

La cuisine avait une apparence tout aussi immaculée – le grille-pain et la bouilloire étincelaient, la grille d'égouttement était vide, la coupe à fruits débordait de Granny Smith brillantes et de bananes parfaites. Nul besoin de vérifier pour savoir que les vieux grains de raisin fripés, qui traînaient là depuis un moment, étaient en train de moisir sur le tas de compost, tout comme les vieilles clémentines ridées que je n'avais pas eu le temps de manger.

— Beau boulot, Matthew, ai-je murmuré en admirant le travail de titan qu'il avait dû fournir.

Cela avait dû lui prendre des heures. Du bout des doigts, j'ai saisi la bouilloire et l'ai remplie d'eau, puis j'ai passé un torchon sur le chrome pour effacer les traces de mes doigts. Pendant que l'eau chauffait, j'ai monté mes affaires à l'étage.

J'ai eu un choc en arrivant dans notre chambre à coucher. Elle n'avait pas été aussi impeccable depuis que j'avais emménagé. Je n'en ai pas cru mes yeux en découvrant le fauteuil couleur crème qui se dressait dans un coin de la pièce. Je ne le connaissais que couvert de mes vêtements – or, il n'y en avait plus un seul. Pour la première fois, quelqu'un les avait enlevés. J'avais quasiment oublié qu'un fauteuil se cachait en dessous.

Les tables de chevet étaient vides, elles aussi. J'ai cligné des yeux quand j'ai inspecté la mienne : quand j'étais partie, quelques jours plus tôt, elle supportait une tour chancelante de livres de poche, un réveil et plusieurs vieux verres d'eau. Aujourd'hui, sa surface était entièrement vide. Debout au milieu de la pièce, bras croisés, j'ai réalisé que la première surprise et l'émerveillement laissaient la place à un étrange malaise. J'avais l'impression de me tenir, non dans notre chambre à coucher, mais dans une chambre d'hôtel, stérile et impersonnelle. Je ne m'y sentais plus chez moi.

Je ne sais pas combien de temps je suis restée plantée là, sans oser m'asseoir sur le lit, de peur de froisser la couette, mais j'ai fini par entendre une clé tourner dans le verrou de la porte d'entrée, et Matthew est entré. Je connaissais bien son pas sûr et lourd – un, deux, trois… puis un silence s'est installé.

Ah. Il avait dû repérer ma veste en jean, sur le portemanteau. La bordélique était de retour. Je n'étais même plus certaine de sa réaction. Il devait être heureux de me revoir, tout de même ? Content de récupérer sa compagne de tant d'années – oui, certainement. Est-ce qu'un soupçon d'agacement ne l'avait pas traversé, pourtant, quand il avait remarqué mon sac à main, abandonné par terre, à côté du panier à chaussures ? Est-ce que ses poings s'étaient serrés quand il avait aperçu le tas de courrier que j'avais déposé n'importe comment, sur la table de l'entrée ?

Je me suis secouée. J'étais ridicule. Complètement ridicule. C'était de Matthew qu'il s'agissait, tout de même – mon allié, l'homme qui m'avait sauvé la vie !

— Coucou ! ai-je lancé en me dépêchant de rejoindre le palier. Ça va ?

Il était debout dans l'entrée et pendant un instant, j'ai cru voir un étranger. Enfin, il a souri.

— Tu es de retour, a-t-il dit, salut.

J'ai dévalé les marches en courant pour aller me jeter dans ses bras.

— C'est tout juste si j'ai reconnu la maison, ai-je dit, mon visage enfoui dans sa chemise légèrement humide de sueur, après son trajet de retour à vélo. Tu as bien bossé !

Il m'a serrée contre lui.

— Il fallait bien que je m'occupe, pendant ton absence, a-t-il répondu avec légèreté. Je suis content que tu sois rentrée.

— Moi aussi.

Je l'ai serré à mon tour, avec un peu plus d'enthousiasme.

— Et si on sortait, ce soir ? ai-je suggéré, soudain inspirée. On pourrait aller dîner dans un endroit chouette et romantique, se raconter ces derniers jours en détail ! J'ai l'impression que nous ne nous sommes pas vus depuis des siècles.

L'idée de m'habiller pour sortir, d'aller dénicher une table dans un bistro ou un restaurant cosy et intime me remontait le moral – sans parler d'avoir quelqu'un qui préparerait le dîner à notre place et l'apporterait à notre table. J'avais connu suffisamment de cauchemars en cuisine, dernièrement, pour justifier une visite de Gordon Ramsay.

Son étreinte s'est relâchée.

— Mmmh, avec ton travail qui commence demain, tu ferais peut-être mieux de te coucher de bonne heure. Et puis, nous sortons déjà vendredi soir, rappelle-toi, pour l'anniversaire de ta maman. Ça va encore nous coûter une petite fortune. Je ne suis pas sûr que ce soit une bonne idée de sortir deux fois dans la même semaine.

J'ai hésité. Il avait sans doute raison. Très probablement, même. Il valait mieux ne pas sentir l'ail et le vin quand je me présenterais aux experts pharmaceutiques de mon nouveau lieu de travail. Faire bonne impression, tout ça. Pourtant… une partie de moi aurait aimé que cette fois, rien que cette fois, il fasse fi de toute prudence. Qu'il s'exclame : « Oui, c'est l'occasion, soyons spontanés ! Trouvons une fête où nous incruster, faisons quelque chose d'enivrant et de scandaleux, toi et moi, tout de suite ! » Mais nous savions tous les deux que cela n'arriverait pas.

— C'est vrai. Heureusement que tu es là pour me garder sur le droit chemin, hein ? J'ai de la chance.

— Beaucoup de chance.

J'ai eu la nette impression que quelque chose d'autre se jouait derrière cette conversation – un sous-entendu, un autre dialogue, un échange tacite –, mais que je n'arrivais pas à le saisir, à l'entendre.

Cette fois encore, je me suis secouée. Je me faisais des films. Nous ne nous étions pas vraiment vus depuis une éternité, voilà tout. D'ici quelques heures, nous aurions retrouvé notre naturel, j'en étais certaine.

Chapitre 9

— Alors, comment se passe ton nouveau boulot ? a demandé Ruth.

C'était vendredi et nous étions attablés à la Brasserie Blanc, sur Walton Street, pour fêter l'anniversaire de Maman. J'ai reconnu dans les yeux de ma sœur cet éclat particulier qu'ils prenaient quand elle attendait, impatiente, le prochain épisode de la série « Evie a encore merdé ». Elle me connaissait si bien.

— Naze, ai-je répondu sans détour, en inspectant le menu.

Œuf poché moelleux sur son lit d'asperges, sauce beurre et citron. Miam. La seule manière dont ils décrivaient les plats mettait l'eau à la bouche. Au Café de la Plage, Jo avait coutume d'inscrire les plats sur un tableau noir, si bien qu'il n'y avait pas de menu en tant que tel. On était plutôt dans le registre : *Tourtes salées : tradition des Cornouailles ; Bœuf & Bière ; Poulet & Légumes.* À mon prochain passage, il faudrait peut-être que je songe à l'enjoliver, prendre exemple sur Raymond et apporter un peu de glamour à cette liste.

— Comment ça, nul ? a insisté Ruth.

Assise en face de moi, elle se penchait tellement sur la table que le long sautoir orné de perles de jais, qu'elle portait autour du cou, a percuté son verre d'eau dans un tintement clair. Elle semblait tellement avide d'entendre le récit de mes derniers échecs que je m'attendais presque à la voir se frotter les mains de réjouissance.

— Oh, ennuyeux, c'est tout, ai-je précisé avec une indifférence feinte.

C'était l'euphémisme de l'année. Mes nouveaux collègues étaient tellement sinistres et coincés qu'à côté d'eux, Crossland ressemblait à une fête foraine. Comme je n'avais aucune envie de penser à eux un vendredi soir, j'ai préféré changer habilement de sujet.

— Je vais opter pour la soupe en entrée, suivie de la terrine de poisson en plat principal. Qu'est-ce que vous prenez ?

Par bonheur, chacun s'est mis à commenter ses choix et la conversation s'est détournée de ma carrière. Nous étions huit – Maman et Papa, Matthew et moi, Louise et Chris, Ruth et Tim. Bien que ce soit l'anniversaire de Maman, qui aurait dû être au cœur de notre attention, et que Ruth n'aime rien autant que parler de son univers à elle, les discussions ne cessaient de revenir à moi, au café et à mon boulot, comme si ces sujets captivaient tout le monde.

— Comment ça s'est passé, dans les Cornouailles, Evie ? a demandé Maman, déjà pompette, depuis sa place en bout de table. Est-ce que tu veux toujours vendre, ou…

— Non, l'ai-je coupée, je ne vends pas.

— Sérieusement ? s'est écriée Louise, les yeux écarquillés. Mais tu voulais vendre, non ? J'avais cru comprendre qu'elle voulait vendre ?

Elle avait adressé cette dernière question à Matthew, comme si j'étais trop idiote pour répondre moi-même.

L'idée de m'expliquer pour la énième fois me fatiguait d'avance – il me semblait en avoir déjà discuté encore et encore avec chaque membre de ma famille et la moitié de la population de Carrawen Bay.

— Non, ai-je repris. Je ne vends pas. Pas avant la fin de l'été, en tout cas. Et tout s'est très bien passé, Maman. J'ai passé un très bon séjour. Et vous, est-ce que vous…

J'essayais désespérément de passer à autre chose.

— Mais alors, tu vas gérer le café depuis Oxford ? a voulu savoir Ruth. Ne le prends pas mal, Evie – *bien sûr,* me suis-je dit, *tu dis cela pour mon bien* –, mais comment veux-tu que cela fonctionne ? Je ne comprends pas.

Mes poings se sont serrés et je me suis empressée de les cacher entre mes genoux. Je voulais absolument rester calme.

— Écoute, je n'en sais rien, OK ? Je ne sais pas si ça va marcher, mais je vais tenter l'expérience. Je sais que vous crevez tous d'envie de me voir me ramasser, comme d'habitude…

Bien entendu, une clameur collective de protestation s'est élevée à ces mots.

— … mais j'ai décidé de saisir ma chance et de faire au mieux. Après tout, c'est ce que Jo aurait souhaité. Maintenant, si cela ne vous dérange pas, j'aimerais qu'on parle d'autre chose. Ça me fera des vacances.

Un silence m'a répondu et je me suis aperçue que j'avais presque crié cette dernière phrase. Des convives assis à d'autres tables s'étaient retournés pour me regarder. J'ai vidé mon verre de vin d'une traite et je les ai dévisagés à mon tour.

— Allez, ai-je lancé méchamment, savourez le spectacle de la crise de nerfs à la table neuf ! Vous avez bien regardé ? Bravo !

— Evie, a sifflé Matthew en posant sa main sur mon bras. Tiens-toi bien !

Tiens-toi bien. Comme s'il était mon père. J'ai arraché mon bras à son étreinte dans un geste d'adolescente boudeuse. Il était de quel côté, lui ?

— Eh bien, je suis sûre que nous sommes tous désolés de nous inquiéter pour toi, a répondu Ruth d'un ton sarcastique, un sourire victorieux sur les lèvres. Crois bien que nous sommes tous navrés…

Bingo ! Evie se plante une fois de plus. Le mouton noir prouve pour la centième fois que oui, elle mérite bien son surnom.

— Ça suffit, Ruth, a coupé Papa.

— … de t'avoir vexée en te demandant des nouvelles, comme le ferait n'importe quelle famille normale, a terminé Ruth, ignorant l'intervention de Papa.

Les familles normales. Haha. Laisse-moi rire.

— Nous y serons pendant les vacances de la mi-trimestre…, est intervenu Tim.

Son visage était long et inexpressif, comme s'il avait été fabriqué en usine. Le modèle type du Mari-Sympa-Mais-Ennuyeux.

— ... dans les Cornouailles, je veux dire. Nous pouvons passer y jeter un coup d'œil, si tu veux. Vérifier que tout...

— Ah vraiment ? l'a rabroué Ruth sèchement.

Le visage de Tim s'est éteint et il m'a fait de la peine. Pauvre type. Il tentait seulement d'enterrer la hache de guerre, mais Ruth s'en était emparée et la lui avait plantée dans la jambe.

— Merci, Tim. C'est vraiment sympa de ta part.

Ruth a lâché un soupir exaspéré. Ses yeux lançaient des éclairs à quiconque était assez fou pour croiser son regard.

— Je vous rappelle que nous sommes censés passer une bonne soirée, a dit Maman, manifestement agacée d'avoir été oubliée. Est-ce que nous sommes obligés de nous disputer un jour d'anniversaire ? Allons, les filles.

Louise nous a lancé un regard de reproche et lui a tapoté le bras.

— Désolée, Maman. Cette coiffure te va très bien, d'ailleurs. Tu es allée chez le coiffeur ?

Radoucie, Maman est partie dans une longue explication sur ses derniers choix stylistiques, l'inspiration qui se cachait derrière ceux-ci et les recommandations avisées de son conseiller en beauté (qui avait ciblé tout son discours sur le coup de jeune que cela lui donnait, et patati...). De là, elle a dévié sur les projets de vacances de ce dernier (le Maroc, avec son compagnon, durant une semaine, au mois de juin), puis sur le nouveau spray épaississant qui faisait apparemment des miracles.

Une trêve bienvenue pour le mouton noir – la discussion n'était pas oubliée pour autant, à en juger d'après les regards courroucés de Ruth qui ont ponctué le repas. Pour ma part, j'ai glissé dans une sorte d'abattement teinté d'ivresse que la partie de jambes en l'air semi-enthousiaste que nous avons eue avec Matthew, une fois rentrés à la maison, n'a pas réussi à dissiper.

— J'aurais bien aimé que tu me soutiennes, ai-je dit une fois l'amour terminé, alors que chacun était de retour sur son côté du lit.

Ma voix semblait fragile, dans le noir.

— Mmmh ? a-t-il répondu sans bouger.

J'ai compris qu'il était sur le point de s'endormir. Son souffle était profond et lent, sa voix lointaine.

J'ai hésité. Avais-je intérêt à insister ? Après tout, on ne pouvait pas forcer quelqu'un à prendre son parti ou sa défense, dans une dispute.

— Rien, ai-je fini par répondre.

Mais ce n'était pas rien. C'était un problème qui m'empêchait de dormir, qui m'a travaillée et inquiétée jusqu'à une heure avancée de la nuit.

Le lendemain matin, Matthew est parti tôt pour la salle de sport. Sachant qu'il serait absent quelques heures, j'ai appelé Amber et nous nous sommes donné rendez-vous pour déjeuner chez Fratellis. En attendant, j'ai passé le temps en triant le linge et en rangeant mes affaires (qui semblaient s'être mystérieusement dispersées à travers tout l'appartement depuis mon retour). Ensuite, je me suis assise à mon bureau et j'ai commencé à mettre de l'ordre dans mes relevés bancaires.

J'essayais de ne pas m'inquiéter sur ce qui se passait dans le café pendant mon absence. J'évitais, aussi, de repenser à la soirée de la veille. À chaque fois que la phrase de Matthew, « Tiens-toi bien ! », me revenait à l'esprit, je faisais l'équivalent mental de ce qu'on fait quand on met ses mains sur ses oreilles et qu'on chante à tue-tête, « Lalala ! », pour ne pas entendre ce qui se dit.

J'ai décidé que je ne parlerais pas de mes doutes (quels doutes ? Quel problème ?) à Amber. Elle n'en avait jamais rien dit, mais je me doutais qu'elle n'était pas aussi fan de Matthew que moi. Depuis le début, j'avais tout fait pour qu'ils s'entendent bien, tous les deux, j'avais organisé tout un tas de soirées au pub, de dîners où ils auraient tout loisir de faire connaissance, mais cela n'avait pas donné le résultat escompté. Il la trouvait irresponsable et immature, et elle pensait… Eh bien, elle avait usé de beaucoup de prudence pour me dire qu'elle le trouvait « sympa », mais je savais, au fond de moi, qu'il n'était pas vraiment son genre.

À une seule occasion, lors d'une sortie entre filles où nous étions toutes deux éméchées, elle avait lâché le terme d'« ennuyeux », avant de me regarder avec terreur, horrifiée par la gaffe qu'elle venait de faire.

— Oooups, avait-elle bredouillé, désolée. On rembobine, on efface… Je n'ai jamais dit ça, d'accord ?

J'avais rigolé, mais ses mots m'étaient restés en mémoire, clairs et précis comme une empreinte, malgré le brouillard de la gueule de bois. Je m'étais demandé ce qu'elle pensait d'autre à son sujet, sans vouloir l'admettre.

Alors, non. Je ne dirais rien, me suis-je promis encore une fois en pédalant sur la route, un peu plus tard, pour aller la rejoindre. J'enterrerais mes doutes, j'afficherais une mine heureuse. Je ne voulais pas ouvrir la boîte de Pandore.

Hélas, je n'ai jamais été très douée pour refouler mes préoccupations. On pouvait même dire que j'en étais incapable. Voilà pourquoi, en dépit de mes bonnes intentions, j'ai à peine attendu d'être assise pour lâcher :

— Ça ne se passe pas très bien avec Matthew.

Nous nous trouvions dans la cour verdoyante du restaurant, sous un beau soleil de mai. Amber a levé ses lunettes et m'a regardée droit dans les yeux.

— Qu'est-ce qui s'est passé ?

Il n'en fallait pas plus pour que je vide mon sac. Nos points de vue divergents sur le café et sur ce que j'étais supposée faire pour le restant de mes jours, la manière impressionnante dont il avait rangé la maison, comme s'il avait effacé toute trace de moi et pour terminer, la dispute d'hier soir, au restaurant.

— Hmm, a-t-elle commenté en déposant une olive dans sa bouche. Et votre vie sexuelle, c'en est où ? Est-ce qu'elle a survécu à tout ça, ou…

— Pas terrible, ai-je tristement avoué en baissant les yeux.

Accoudée à la table, j'ai posé mon menton entre mes mains.

— Je l'ai chauffé, hier soir, parce que je me sentais un peu… en manque, je crois. Il a suivi, mais bon, tu vois, il n'y a plus tellement de passion. Pas de « Rrroah, viens là, bel étalon, viens… » Enfin, tu vois ce que je veux dire.

J'ai haussé les épaules en m'apercevant que la femme de la table d'à côté nous écoutait.

— Hmm. Est-ce que tu lui as parlé de tes sentiments ? Est-ce que vous avez discuté de tout ça ?

J'ai secoué la tête avant d'avouer :

— Je reporte toujours cette conversation.

Le serveur nous a apporté deux bouteilles de bière recouvertes de buée. J'ai saisi la mienne et j'en ai bu une longue gorgée très fraîche, sans prendre la peine de la verser dans un verre.

— J'ai l'impression que… je l'exaspère, ai-je lâché sans trop me rendre compte de ce que je disais. Que je l'embarrasse. Franchement, la manière dont il s'est adressé à moi, hier soir… ça m'a rendue folle. « Tiens-toi bien » : comme si j'étais une gamine ! Je suis surprise qu'il ne m'ait pas demandé d'aller m'asseoir dans le coin ou de monter dans ma chambre.

— C'est en effet un peu ringard, a commenté Amber prudemment. Vous êtes censés être égaux, après tout, et non…

— Je sais ! l'ai-je interrompue. L'effet plaisant de la bière commençait à se ressentir et me déliait la langue. C'était tellement méprisant, tellement… autoritaire. Je ne me serais jamais adressée à lui en ces termes, alors pourquoi croit-il avoir le droit de jouer au chef avec moi ? Et honnêtement, Amber, dans cette histoire de café, c'est la croix et la bannière de lui faire comprendre mon point de vue.

J'étais lancée. Plus personne ne pourrait m'empêcher de râler, à ce stade. Tous les doutes et tous les ressentiments que j'avais pu nourrir envers Matthew sont sortis en une seule tirade, de A à Z. La manière bruyante qu'il avait de se racler la gorge. Sa manie de ne jamais rien oublier, de toujours savoir où il avait laissé ses clés. Son obsession d'arriver avant l'heure, partout, toujours. Même sa manière de respirer m'agaçait par moments.

Je ne me suis arrêtée qu'avec l'arrivée de nos plats, les champignons qui luisaient, noirs, aillés et piquants, les sardines argentées et huileuses, un grand bol de salade croquante et un panier de pain. J'avais déjà terminé ma bière et j'ai surpris le regard étonné du serveur.

— Une autre ?

— Au point où j'en suis, ai-je marmonné. Oui, s'il vous plaît.

C'était samedi et je traversais une crise majeure. J'avais bien le droit, non ?

— D'accord, a déclaré Amber pendant que nous nous partagions les plats. Maintenant, dis-moi tout le bien que tu penses de Matthew. Ça fait des années que vous êtes ensemble – il doit y avoir des tonnes de choses que tu adores, en lui.

— Oh, bien sûr, ai-je répondu en harponnant un gros champignon. Déjà, il y a Saul. Ensuite…

Amber a secoué la tête.

— Evie, Saul ne compte pas. Il n'est pas Matthew. Recommence.

Avec la bière, le soleil et le tour sérieux qu'avait pris notre conversation, j'ai senti la confusion me gagner.

— Bon, très bien. Des trucs positifs sur Matthew. Eh bien…

Le problème, c'était qu'à chaque fois que je pensais à ce que j'aimais chez lui, c'était le visage souriant de Saul qui s'affichait dans mon esprit.

— Euh, eh bien, il a un sens pratique très développé, ai-je lâché au bout d'un moment. Il est fiable…

— On dirait que tu parles d'une Ford Focus, là, a remarqué Amber.

— Il me fait rire, ai-je ajouté très vite.

— Vraiment ?

J'ai mâchonné un bout de sardine en réfléchissant à sa question.

— Non, pas vraiment, ai-je fini par admettre.

Je me suis affaissée sur ma chaise. Mon Dieu, c'était affreux.

— T'as encore envie de lui ? a insisté Amber. Est-ce que tu penses encore « Salut, beau mec ! » quand tu le regardes, est-ce que tu as envie de lui mettre une main aux fesses quand il passe à côté de toi ?

J'ai hésité.

— Je l'aime…

— Tu ne réponds pas à ma question, a martelé Amber en pointant sa fourchette dans ma direction.

— Je… je ne sais pas. Il m'a sauvé la vie, quand même. Tu te souviens ? Je l'aime aussi pour ça.

— Hmmm.

Elle n'a rien dit de plus.

Nous avons mangé en silence pendant un moment.

— Si on émettait l'hypothèse que Matthew et toi… décidiez de vous séparer, qu'est-ce que tu ressentirais ?

J'ai mordillé ma lèvre.

— Ne dis pas ça. Ce n'est pas parce que j'ai envie de râler qu'il faut tout de suite se séparer, quand même.

— Bien sûr que non, a-t-elle confirmé en agitant la main, mais si c'était le cas ?

J'ai évité son regard. Ma première pensée avait été de réaliser à quel point Saul me manquerait. N'était-ce pas affreux de ma part ? Penser à Saul avant même de penser à son père – quelle sorte de traîtresse étais-je ?

— Si on se séparait, ai-je repris lentement, en sondant mes émotions à mesure que je parlais, je serais…

J'ai froncé les sourcils en essayant de m'imaginer le scénario. Rompre avec Matthew, cela signifierait que je me retrouverais célibataire et j'étais un peu partie du principe qu'un jour, Matthew et moi aurions notre propre famille, que nous nous marierions. La perspective d'affronter le reste de ma vie toute seule, de voir toutes ces choses m'échapper, me fichait le bourdon.

— Eh bien, toute ma vie serait sens dessus dessous, ai-je fini par déclarer.

J'ai reposé mon couteau et ma fourchette, submergée par des émotions contradictoires.

— Je me sentirais… seule. J'aurais… peur de ne pas savoir quoi faire.

J'ai pris un morceau de pain que j'ai mâchonné.

— N'en parlons plus. Ça me met mal à l'aise.

— D'accord, a répondu Amber. Mais tu sais que je suis là, n'est-ce pas, si tu as besoin d'en parler ?

— Oui. Je sais.

En dépit de ce que je venais de dire, j'étais déjà, mentalement, en train de verrouiller cette porte entrouverte par inadvertance, décidée à oublier cette conversation pour ne pas avoir à me poser davantage de questions. Je me suis vue refermer un gros verrou en fonte : clac, clac. Affaire close.

— Et toi, comment ça va ? ai-je demandé en remontant mes lunettes sur mon nez avant de prendre un peu de salade. Je ne voulais pas qu'elle voie le trouble dans mon regard.

Chapitre 10

Ma discussion avec Amber m'a turlupinée pendant tout le week-end. Je me sentais troublée, mal à l'aise. Il y a quand même eu de bons moments, bien sûr – Saul est venu passer le samedi soir avec nous, ce qui était merveilleux, comme à chaque fois. Le dimanche, après l'avoir déposé chez Emily, Matthew et moi avons pris les vélos pour faire une balade le long de la rivière et pique-niquer dans une prairie ensoleillée, sur le chemin. Malgré nos échanges amicaux, quelque chose avait changé. J'observais notre relation d'un nouvel œil critique, et je n'étais pas sûre d'aimer ce que je voyais.

Il y a quelques années, nous aurions peut-être folâtré dans cette prairie, ai-je pensé avec tristesse pendant que Matthew sortait la Thermos de son sac à dos et remplissait deux tasses de thé. *On se serait allongés là, à se rouler des pelles, à ricaner et à chuchoter comme des ados, incapables de se lâcher ne serait-ce qu'une minute.*

Aujourd'hui, nous étions sagement assis, à manger nos sandwichs au fromage et à boire du thé sur notre plaid de voyage M&S, comme un vieux couple marié et ennuyeux.

J'ai bien envisagé de l'allonger d'une poigne solide pour le chevaucher sauvagement, mais je l'ai aussitôt imaginé en train de se plaindre de son dos fragile ou lâcher un cri surpris parce qu'il se serait ébouillanté avec son thé. J'ai préféré ne rien entreprendre.

La soirée avec Saul, aussi, avait pris une nouvelle intensité après mon échange avec Amber. Il avait apporté des Lego, et nous avions passé un temps fou à construire des châteaux ensemble, avec des tourelles, des portes secrètes et des cachots.

— Cette pièce est pour Papa et toi, avait-il déclaré en pointant son petit index. Et là c'est la chambre de Maman et de Dan. La mienne est juste au milieu, tu vois ?

— C'est parfait, avais-je répondu, mais sa phrase m'avait coupé le souffle.

La voix d'Amber résonnait dans ma tête. *Si on émettait l'hypothèse que Matthew et toi… décidiez de vous séparer, qu'est-ce que tu ressentirais ?*

J'ai tout de suite pensé à la tristesse. La tristesse de ne plus pouvoir partager ces moments avec Saul. Est-ce que je reverrais mon garçon, si Matthew et moi nous séparions ? Il grandirait sans moi, il construirait peut-être d'autres châteaux avec une autre des petites copines de son père, il bâtirait une suite en Lego pour une autre femme avec son papa…

— Tu pleures, Evie ? avait demandé Saul, stupéfait.

J'avais vite essuyé mes yeux.

— Ça doit être le rhume des foins. Et qui sera au cachot, alors ?

Un peu plus tard, dans la soirée, après le dîner et le bain, nous nous étions blottis l'un contre l'autre, sur le canapé, et j'avais commencé à lui lire mon ancien exemplaire de *Moomin le Troll* pendant que Matthew feuilletait le journal. J'avais humé le parfum de fraise qui s'échappait des épis de ses cheveux humides et le même bonheur perçant, entremêlé de tristesse, m'avait envahi pendant la lecture. J'avais gardé un grand nombre de mes livres préférés quand j'avais son âge – ceux de Roald Dahl, d'Helen Cresswell, d'Enid Blyton – et il y avait quelque chose de merveilleux dans le fait de me retrouver assise là, à lire les *Moomins* à Saul, exactement comme ma mère l'avait fait avec moi. Il me restait tant de livres à lire avec lui. Est-ce que j'aurais la chance de pouvoir le faire, désormais ?

Je me suis ressaisie. J'étais mélodramatique, je me comportais comme si Matthew et moi avions déjà décidé de nous séparer alors que rien de tout cela ne s'était produit. *Ce n'était sans doute rien de plus qu'une banale déprime prémenstruelle*, me suis-je dit en essayant de chasser cette étrange humeur chagrine. Seulement voilà : tout semblait avoir changé, dernièrement. Jo était morte, j'avais hérité du café et j'avais la sensation désagréable que ma relation avec Matthew n'était pas aussi solide que je l'avais toujours cru. C'était comme si quelqu'un avait pris ma vie et l'avait secouée au point d'en déplacer tous les éléments, si bien qu'ils ne s'assemblaient plus de la même manière qu'avant.

La semaine suivante est passée sous le signe d'une routine désespérante. Mon intérim était toujours aussi incroyablement soporifique et mon couple avait quelque chose de désuni, de friable. J'essayais de me préparer à avoir une grande conversation avec Matthew sur la direction que devait prendre notre relation et l'avenir qui nous était réservé, mais l'idée d'aborder ces sujets m'angoissait tant que j'en étais paralysée d'avance et j'évitais soigneusement le sujet.

Un soir, je suis passée à l'improviste chez ma mère et l'ai trouvée en train de feuilleter l'un des vieux albums photos de Jo, les yeux rougis.

— Je n'arrive toujours pas à croire qu'elle n'est plus là, Evie, a-t-elle confié en reniflant quand je l'ai serrée contre moi. C'est bizarre : je me sens perdue, sans elle, comme si le monde ne tournait plus rond.

Elle s'est mouchée, a tourné la page et nous avons toutes deux regardé les photos de Jo, toute jeune, en bikini sous les palmiers d'une plage exotique. Elle rayonnait littéralement, un bras passé autour d'un grand gaillard à lunettes de soleil, et semblait s'amuser comme une petite folle.

— Tu sais, je l'ai toujours enviée d'avoir les tripes de mener sa propre vie, a lâché Maman en se tamponnant les yeux. Elle était tellement… courageuse. Beaucoup plus courageuse que moi. Surtout, elle savait tenir tête à nos parents. J'ai parcouru son courrier, ces derniers jours, et j'ai découvert des lettres franchement méchantes de ma mère et de mon père. Ils la harcelaient constamment à cause de ses choix de vie.

— Oh, non… ai-je répondu.

Mes grands-parents n'avaient jamais été très bienveillants, même quand j'étais petite. Ils étaient guindés et très corrects, ils aimaient les enfants sages et bien élevés plutôt que bruyants et joyeux.

— Oui, cela m'a fait le même effet. Comment quelqu'un peut-il écraser son enfant de cette manière, le pousser dans une direction qui ne l'attire pas du tout et se détourner de lui s'il ne se conforme pas à ses désirs ? Cela me dépasse.

Je n'ai rien dit. Après un silence assez chargé, elle m'a regardée, soudain inquiète.

— Evie, tu n'as tout de même pas l'impression que Papa et moi nous comportions ainsi avec toi, si ? Je sais que les choses ne se sont pas déroulées aussi facilement pour toi que pour Ruth et Louise, mais tu sais que nous ne voulons que ton bien, n'est-ce pas ?

J'ai hésité. Je n'étais pas certaine d'en être convaincue, mais je ne voulais pas la blesser, non plus.

— Eh bien, ai-je commencé… Je cherchais les mots justes.

— … parce que nous t'aimerons toujours, tu sais, peu importe ce que tu décides, a-t-elle poursuivi en me serrant contre elle. Quoi que tu décides.

J'ai entrelacé mes doigts sur mes genoux.

— Je n'ai peut-être pas tout réussi parfaitement, comme Ruth et Lou, ai-je commencé, mais…

— Il n'y a pas de réussite parfaite, tu sais, Evie, a-t-elle interrompu. Et puis… peut-être que tu ne vas pas me croire, mais au fond de moi, je t'ai toujours enviée, toi, de la même manière que j'ai envié Jo.

J'ai lâché un grognement sarcastique.

— Ah bon, vraiment. Ce n'est pas comme s'il y avait grand-chose à envier, franchement.

— Je suis sérieuse. Aucune d'elles n'oserait dévier de ce qu'on attend d'elles. Elles sont comme moi. Alors que toi – tu as des tripes, comme Jo. Et je pense que c'est une qualité admirable, ma chérie. Sincèrement.

— Wouah, ai-je lâché en sondant son visage pour m'assurer qu'elle parlait sérieusement.

Elle pensait visiblement ce qu'elle disait, et ce constat m'a laissée sans voix.

— Eh bien… merci, Maman.

— Je crois que la mort soudaine de Jo m'a fait réfléchir sur la vie, sur ce qui était important, a-t-elle poursuivi. J'ai réalisé que la vie était courte. Il ne faut pas la gaspiller en faisant des choses dont on n'a pas envie.

Elle s'est de nouveau mouché le nez, puis elle m'a souri.

— Alors pour une fois, je vais me servir un verre de vin et le boire à la santé de Jo, qui a vécu pleinement chaque minute de sa vie. Tu te joins à moi ?

Je lui ai rendu son sourire.

— Tu parles, bien sûr !

Mon cerveau tournait à plein régime pendant qu'elle versait le vin. Incroyable. Ma mère ne m'avait encore jamais rien dit de semblable. D'une certaine manière, le fait qu'elle me trouve courageuse, comme Jo, modifiait le regard que je portais sur moi-même.

— Santé, a-t-elle déclaré en me servant un verre.

— Santé, ai-je répondu, émue.

Le jeudi suivant, j'ai reçu un coup de fil d'Annie alors que je me trouvais au travail.

— Salut, Evie. Je suis désolée de te déranger, mais il y a un problème. Comme le café n'était pas ouvert, ces derniers jours, je…

— *Pardon ?*

Denise, l'employée à la frange blonde parfaite et aux cils pâles qui travaillait à côté de moi, a jeté un regard curieux dans ma direction et j'ai baissé le ton.

— Qu'est-ce que tu veux dire ?

— Eh bien, j'y suis allée pour déposer mes gâteaux, hier matin, et tout était fermé, a-t-elle expliqué. Il fallait que je me rende au travail, alors je n'ai pas pu m'attarder. J'ai essayé de repasser le soir, mais c'était toujours fermé. Pareil aujourd'hui. Je ne sais pas ce que Carl a l'intention de faire, mais je me suis dit qu'il valait mieux te prévenir.

— Oh, merde, ai-je râlé, récoltant un nouveau regard en biais de Denise et un autre de Brian, le responsable administratif ultra-coincé, qui s'est levé et m'a fixée par-dessus la cloison qui séparait nos bureaux.

Quelle tuile. Je n'avais vraiment pas besoin de ça.

— Je vais passer un coup de fil à Carl, pour savoir à quoi il joue. Merci, Annie.

— Très bien. Dis-moi si je peux faire quelque chose.

— Merci. J'ai raccroché et je me suis levée. Je sors deux minutes, prendre l'air. Quelqu'un veut un café ?

Brian a vérifié l'heure, sur l'horloge. *Alerte au fayot.*

— La pause du matin est dans douze minutes, a-t-il remarqué, les lèvres pincées de désapprobation.

Son menton joufflu tremblait quand il parlait, et j'ai été prise d'une envie soudaine de le maintenir en place d'un coup d'agrafeuse.

— Promis, je ne dirais rien si vous n'en parlez pas non plus, Bri, ai-je lancé avec un grand sourire en traversant le bureau.

— Attendez, s'est-il exclamé, excusez-moi, mademoiselle… euh…

— Je crois qu'elle s'appelle Eva, est intervenue Denise d'un ton parfaitement indifférent, comme si elle parlait de serviettes hygiéniques.

— C'est *Evie*, ai-je précisé sans ralentir. Je serai de retour dans cinq minutes, OK ?

Quand j'ai passé la porte, j'ai entendu les protestations du fayot et quelques reniflements indignés, mais je les ai tous ignorés. Je détestais les règlements de bureau. Toute cette mesquinerie ! À qui appartenait l'agrafeuse, qui n'avait pas remplacé la cartouche d'encre de la photocopieuse, qui avait le culot de sortir douze minutes avant la pause du matin… J'avais envie de leur crier : « Bon sang, rien de tout cela n'a d'importance ! »

Une fois dehors, je me suis hissée sur un mur et j'ai sélectionné le numéro de téléphone portable de Carl. Il était onze heures du matin, il aurait dû se trouver dans le café depuis une heure, au moins. Quand enfin il a décroché, il m'a semblé que je le réveillais.

— Quoi ?

— Carl, c'est Evie, ai-je dit d'un ton vif. Annie vient de m'appeler pour me dire que le café est fermé depuis deux jours. Je me demandais…

— Ah ouais, je voulais t'en parler, a-t-il répondu d'une voix épaisse et lente.

Je l'ai entendu prendre une bouffée de cigarette et j'ai prié pour qu'il ne se trouve pas dans notre réserve de provisions. Où était-il ?

— Me parler de quoi, ai-je aboyé, parce que…

— Excusez-moi ! a interrompu une voix forte, dans mon dos.

J'ai levé les yeux et j'ai découvert un gardien de sécurité robuste, qui se penchait hors de la porte d'entrée.

— Vous ne pouvez pas rester assise ici, poupée. Est-ce que vous pouvez circuler, s'il vous plaît.

Circuler, s'il vous plaît. Il se prenait pour un flic, ou quoi ?

— Je travaille ici, ai-je rétorqué. Je passe un coup de fil rapide, c'est tout.

— Ouais, eh bien quoi que vous fassiez, faites-le ailleurs, s'il vous plaît. Merci.

Il avait un de ces visages qui ressemblent à des pommes de terre, des yeux de cochon et des joues flasques. Grand et en surpoids, il semblait engoncé dans son uniforme. Le genre d'homme qu'on imaginait rouge et en sueur dès les premières chaleurs.

— Tout de suite, a-t-il précisé en voyant que je n'obtempérais pas.

J'ai levé les yeux au ciel et j'ai lâché un petit sifflement d'exaspération. Qu'est-ce qu'ils avaient tous à jouer les employés modèles ? Ce bureau semblait décidément attirer les fayots comme par un étrange pouvoir magnétique. Finalement, je me suis levée et je me suis éloignée de deux pas par rapport à la porte de l'édifice.

— T'es encore là, Carl ? Désolée. Comme je te disais…

Il m'a coupée :

— J'allais t'appeler plus tard pour te dire que je démissionne.

Je suis restée pétrifiée, comme si quelqu'un venait de m'administrer une piqûre tranquillisante.

— Tu… démissionnes ? ai-je répété.

Le mot a rebondi dans ma tête comme un écho.

— … qu'est-ce que tu veux dire ? Tu ne peux pas quitter ton poste comme ça.

Je l'ai entendu rejeter la fumée de sa cigarette dans un souffle – Poh, poh, poh – comme s'il s'amusait à faire des ronds.

— Désolé, mais j'ai reçu une proposition plus intéressante. Je travaille à Tregarrow, maintenant. J'ai commencé hier.

— C'est sympa de me tenir au courant, ai-je lâché, frustrée et impuissante. Il faut me prévenir, Carl, tu ne peux pas partir comme ça !

Il y a eu un silence pendant lequel je l'ai imaginé en train de hausser les épaules.

— En tout cas, c'est fait.

J'ai serré les dents.

— Eh bien, puisque c'est fait… J'avais envie de l'étrangler. J'imagine qu'on va en rester là, tous les deux.

J'ai raccroché, puis j'ai donné un coup de pied tellement fort dans le mur que j'ai eu peur de m'être cassé l'orteil.

— Merde ! ai-je crié sur le parking. PUTAIN de MERDE !

— Il faut que j'y retourne, ai-je annoncé à Matthew, un peu plus tard dans la soirée. Je n'ai pas le choix. Carl est parti, il n'y a plus de chef et le café ne fait aucune rentrée. Annie a préparé des gâteaux pour rien, c'est une catastrophe. Il faut que j'aille m'en occuper.

Il a hoché la tête comme s'il s'y attendait. Nous étions en train de manger des plats chinois à emporter (son choix) devant une émission télévisée consacrée aux jeunes talents (mon choix). Matthew suivait avec indifférence les efforts désespérés d'une dame pour faire parler son pékinois qui restait obstinément muet depuis son arrivée sur le plateau : « Allez, Ruffles, » roucoulait la maîtresse, « dis-nous ton nom ».

— Il faut que je sois sur place, tu comprends, ai-je insisté en agitant ma fourchette dans les airs, envoyant valser quelques grains de riz. Annie m'a promis de garder un œil sur le café, mais cela ne suffit pas. Je ne peux pas le laisser comme ça, à l'abandon.

Il a ouvert la bouche, comme pour me demander ce qu'il en était de mon travail temporaire, mais il l'a refermée aussitôt. Il connaissait déjà la réponse.

« Allez, Ruffles, » gémissait la mamie à la télévision, « dis ton nom, chéri ». « Dis : "Ruffles", pour tous ces gens qui te regardent. Dis : "Ruffles" ». « BZZZ », a fait le buzzer de l'un des juges pour mettre un terme au supplice de l'animal.

— Et puis… à vrai dire, je risque de devoir y rester un moment. Embaucher un nouveau chef, faire en sorte que les choses se mettent en place…

Matthew était aussi muet que ce pauvre vieux Ruffles et je sentais une tension monter en moi.

— Pourquoi tu ne dis rien ?

Avec un soupir, il a reposé sa fourchette sur ses nouilles sautées en train de refroidir.

— Evie, si tu y vas…, a-t-il commencé, avant de serrer les lèvres sans terminer sa phrase.

Mon cœur s'est mis à battre douloureusement, dans ma poitrine. Je savais ce qu'il allait dire. D'une certaine manière, je voulais qu'il prononce ces mots mais en même temps, l'idée de les entendre me terrifiait.

« BZZ », a fait le second juge du plateau télévisé, Simon Cowell, les yeux levés au ciel pour exprimer son impatience.

— Matthew, me suis-je lancée avant qu'il puisse poursuivre, peut-être…

— Tu fais bien d'y aller, a-t-il continué, comme s'il ne m'entendait pas. Je vois bien que ton cœur est là-bas.

Le choix un peu vieux jeu de ses mots m'a fait monter les larmes aux yeux.

— Mon cœur est aussi ici, ai-je tenté, mais…

« BZZ », a fait le troisième juge, cette actrice très mignonne dont j'oublie toujours le nom. « Désolée, ma chérie, » a-t-elle déclaré à la vieille dame, « mais j'ai bien l'impression que c'est un non. ».

J'ai pris la télécommande pour éteindre le poste et j'ai regardé Matthew.

— Qu'est-ce que tu es en train de dire, ai-je demandé d'une voix rauque. Est-ce que tu es en train de me faire comprendre…

— Je crois que nous ferions mieux de nous arrêter là. Je suis désolé, Evie. Cela fait un moment que j'y pense… je ne sais plus très bien où nous allons.

J'ai fermé les yeux, incapable de le regarder. Ma fourchette a glissé de ma main et je l'ai entendue rebondir sur la moquette. Encore plus de saleté à nettoyer. Je voyais d'ici le riz coller aux fibres textiles. Pas étonnant que Matthew veuille se débarrasser de moi.

— Je…

Oh, mon Dieu. C'était vraiment en train d'arriver. La voix d'Amber a résonné pour la énième fois dans ma tête. *Si on émettait l'hypothèse…* Elle m'apparaissait maintenant comme la voix du destin. L'hypothèse n'était plus nécessaire, désormais, n'est-ce pas ?

Matthew a pris ma main.

— Evie, je suis désolé, a-t-il répété. Je suis vraiment, vraiment désolé.

Des larmes ont commencé à couler sur mon visage avant de s'écraser dans mon assiette. *Ça y est,* me suis-je dit, prise d'un élan mélodramatique, *c'est la fin. On est en train de se séparer.* Puis, j'ai eu un sursaut d'horreur : *Je ne verrai plus jamais Saul.*

— Dis quelque chose, a imploré Matthew. Il semblait sincèrement peiné. Comment tu te sens ?

— Je…

Une partie de moi voulait le contredire, lui assurer qu'il se trompait, que nous nous accordions bien, en tant que couple, mais je sentais que je serais incapable de dire cela de manière convaincante.

— Je suis vraiment triste, ai-je réussi à articuler.

C'était la vérité. Triste, et effrayée de me retrouver seule. Effrayée de n'avoir plus Matthew pour organiser ma vie. Je ne m'en sortirais pas aussi bien, sans lui, je le savais déjà. Mais surtout, cela me brisait le cœur de perdre mon petit garçon, mon fils d'emprunt, dont la présence était comme une lumière chaude et dorée qui éclairait ma vie deux fois par semaine.

— Je vais prendre l'air, m'éclaircir l'esprit.

Je me suis levée en évitant son regard. Je voulais échapper à cette conversation épouvantable et toxique, pleurer un bon coup, toute seule, et essayer de comprendre ce qui se passait.

— Attends, a dit Matthew, tu ne veux pas en parler ?

J'ai secoué la tête :

— Pour te dire quoi ? Écoute, j'ai compris, d'accord. C'est terminé. Pour être complètement honnête avec toi, je crois que je m'en doutais, tout au fond de moi. Tu mérites quelqu'un de plus propre, de plus ordonné et de plus raisonnable, et…

— Il ne s'agit pas de propreté, d'ordre et de raison, a répondu Matthew qui s'était presque mis à crier, c'est seulement que… J'ai l'impression de te retenir. Ce café… tu l'as vraiment dans la peau, je le vois bien. Je sais qu'il est important pour toi. Cela ne marchera pas si tu as un pied dans chaque monde, et il faut que tu le fasses. Alors voilà, je… t'en laisse la liberté.

Je me suis rassise, j'ai passé mes bras autour de lui et j'ai commencé à sangloter.

— Cela ne veut pas dire qu'il faut tout de suite se séparer, ai-je gémi dans sa chemise.

— Je crois que si, a-t-il objecté en me caressant le dos.

Cette tendresse était nouvelle, chez lui. L'espace d'un instant, cette scène m'a paru romantique…

jusqu'à ce que je me rappelle qu'il était en train de me larguer.

— Evie, il le faut. J'espère vraiment que ce café sera un succès – je le pense sincèrement. Mais nos chemins se sont séparés : tu t'en es sûrement rendu compte. Je suis réaliste, c'est tout.

— Je sais, ai-je reniflé.

Je m'accrochais à lui, assommée. Mon Dieu. Ceci était vraiment en train de se passer. Nous étions en train de nous séparer. Il n'y aurait plus de « Evie et Matthew », de « Matthew et Evie ». Qu'est-ce que j'allais faire, maintenant ?

Bonne question.

Chapitre 11

— Oh, merde, a dit Amber quand je l'ai appelée, le lendemain, pour lui dire que Matthew et moi nous étions séparés. Oh, ma puce, je ne m'attendais pas à ça.

J'ai lâché un rire jaune.

— Ah bon – ce n'est pas vraiment l'impression que tu m'as donnée samedi dernier.

— Je ne pensais pas sérieusement… Eh, merde. Tu vas bien ? Tu veux t'installer chez moi pendant un moment ?

J'ai mouché mon nez qui faisait des bulles depuis le réveil.

— Je vais pas trop mal.

C'était un mensonge si évident – je balbutiais tellement que j'ai réussi à couper le mot « trop » en quatre syllabes – qu'elle a tout de suite proposé : « Je peux passer chez toi. C'est très calme en ce moment, à la boutique. Je suis sûre que Carla me laissera faire une pause. »

— Non, ça va aller. Enfin… tu es sûre que ça ne t'embête pas ?

— Mais non. Donne-moi cinq minutes.

J'ai reposé le téléphone pour me concentrer à nouveau sur mes valises. Je triais tout, j'empilais mes CD et mes livres dans des cartons, laissant de tristes béances sur les étagères. J'ai détourné le regard pour ne pas les voir. Ces espaces me représentaient, en quelque sorte – ma présence qui s'effaçait graduellement de la maison. Quelle pensée déprimante.

Pourtant, c'était la meilleure chose à faire. Matthew avait été courageux de pousser les choses vers leur conclusion inévitable. Cela faisait un moment que notre relation n'allait nulle part. C'était une mise à mort par compassion.

Mon plan était de ranger mes affaires, de charger autant de choses que possible dans ma voiture et de partir passer l'été dans les Cornouailles. L'étape d'après restait un mystère. Peut-être que mon envie me porterait ailleurs. *La vie est courte,* m'avait rappelé Maman. *Il ne faut pas la gaspiller en faisant des choses dont on n'a pas envie.* Dès mon réveil, je me suis rappelé ces sages conseils proférés par ma propre mère et j'ai passé un coup de fil à l'agence d'intérim pour annoncer que je ne retournerais pas au cabinet pharmaceutique. J'ai récolté un silence glacial.

— Je vois, a-t-elle fini par répondre. Vous prévenez très tard. Je ne suis pas sûre que nous puissions vous proposer autre…

— Ce n'est pas grave. De toute façon, il faut d'abord que je m'occupe de ma propre entreprise. Au revoir.

En tombant sur livre des *Moomins*, sur l'étagère, ma main s'est immobilisée. Je n'avais pas terminé de le lire à Saul et j'avais hâte d'en arriver aux chapitres où apparaissaient Bob et Boule de Gomme, car j'étais sûre que ces deux petits personnages le feraient rire. Mais maintenant...

Une larme a coulé le long de ma joue. J'allais laisser le livre ici pour que Saul puisse le lire. J'ai attrapé un stylo et j'ai noté sur la page de titre : « Mon cher Saul, tu es un petit garçon génial. J'espère que tu aimeras le reste de l'histoire. Je t'aime très fort, Evie. » J'ai dû le reposer très vite avant que mes larmes ne brouillent l'encre.

Heureusement, la sonnette a retenti à cet instant et un soulagement énorme m'a envahi quand j'ai ouvert la porte à Amber, munie de son vélo, d'un gros bouquet de tulipes blanches et d'une énorme tablette de chocolat.

— Les fleurs sont de Carla, a-t-elle annoncé en me tendant le bouquet, et ça, c'est de moi. Viens là. Elle m'a serrée dans ses bras. Je suis sincèrement désolée d'apprendre ce qui s'est passé.

Quoiqu'il arrive, il me resterait toujours Amber, ai-je pensé avec reconnaissance pendant qu'elle m'embrassait.

— Viens, lui ai-je dit. Je vais faire bouillir de l'eau.

Nous sommes allées dans la cuisine et je me suis surprise à regarder la pièce d'un œil neuf, à repérer ce que j'allais devoir mettre dans ma valise. Il me semblait un peu mesquin de décrocher le calendrier Andy Warhol, même si je l'avais acheté, ou de partir avec le set de casseroles non adhésives (qui m'appartenaient) en laissant Matthew dépourvu. Il n'était pas question, cependant, d'abandonner mon vieux pot à lait rayé ou les assiettes ornées de tournesols, des années soixante-dix, que j'avais dénichées dans une brocante, et encore moins ma théière rouge vif…

Chaque chose en son temps, me suis-je rappelé en remplissant la bouilloire.

— Qu'est-ce que tu vas faire, alors ? a demandé Amber, adossée au plan de travail. Est-ce que tu vas emménager chez moi ? Tu peux avoir la chambre d'amis aussi longtemps que tu veux.

— Merci.

J'ai saisi deux mugs dans le placard avant de poursuivre :

— Je pense m'installer dans les Cornouailles pendant un moment. Me plonger dans la gestion du café, soigner mon cœur brisé… J'ai lâché un rire jaune. Tu vois le tableau.

— C'est vrai ?

— Oui, c'est vrai.

Je lui ai raconté le coup de fil d'Annie, la veille – était-ce seulement hier ? J'avais l'impression que c'était il y a bien plus longtemps. Maintenant que j'étais séparée de Matthew, il me semblait raisonnable de m'y rendre dès que possible pour m'y consacrer entièrement.

— Cela m'évitera de me morfondre ici, au moins, ai-je conclu en jetant deux sachets dans la théière. Et puis, cette aventure m'excite un peu. J'ai l'impression qu'on m'a rendu ma liberté.

— C'est fou.

— Oui. C'est vraiment ce que je ressens. Ce n'est pas comme si j'avais été en prison jusqu'à maintenant, mais je vois de nouvelles possibilités s'ouvrir à moi. Cette nouvelle liberté est un peu effrayante, à vrai dire, et je ne suis pas sûre de prendre les bonnes décisions, mais j'aime ce sentiment de pouvoir choisir à nouveau.

Je me suis frotté les yeux.

— … enfin, je suis triste, aussi, pour Matthew, et tout. Ce n'est pas comme si j'étais contente de m'être séparée de lui, mais… J'ai secoué la tête.

Je ne trouvais décidément pas les bons mots, ce matin.

— Je vais faire le thé, a proposé Amber. Assieds-toi, mange du chocolat et respire un bon coup, avant que ta tête n'explose.

J'ai fait ce qu'on me disait de faire. La chaise, le chocolat, la respiration.

— Tiens, a dit Amber en déposant une tasse fumante devant moi avant de prendre place à table avec la sienne. Écoute, à propos des Cornouailles. Est-ce que tu veux que je vienne avec toi, pour quelques jours ? Je te tiendrai compagnie. Je peux même te donner un coup de main avec le café, qu'en penses-tu ? Je ne veux pas que tu prennes le volant dans cet état, et puis tu risques de te sentir seule, là-bas, sans personne à qui parler. Tu n'es pas obligée, a-t-elle ajouté en toute hâte, et si tu veux être seule, je suis sûre que tout se passera très bien. Tu vas passer un très bon moment. Mais au cas où…

— T'es sûre ? Tu viendrais avec moi ? Et ton travail ?

Elle a lâché un « pff ».

— Tant pis pour le boulot ! D'abord, lundi est férié : le magasin sera fermé. Deuxièmement, Carla me doit quelques jours de vacances – et aussi une faveur, avec le nombre de bouquets de mariage que j'ai préparés pour elle en heures sup, au cours des dernières semaines. En plus, sa fille lui réclame toujours du boulot, alors Carla ne manquera pas de main-d'œuvre.

Elle m'a serré la main avant de reprendre :

— Alors si tu *as envie* que je vienne, ça ne pose pas de problème. Mais je comprendrais très bien que tu veuilles être seule pour te remettre les idées au clair, pousser un cri primal depuis le haut des falaises ou te remettre de tes émotions d'une autre manière.

J'ai brisé un autre morceau de chocolat et l'ai déposé dans ma bouche en réfléchissant. Encore secouée par ce que Matthew et moi nous étions dit et dépassée par les tâches qui m'attendaient, j'avais à peine dormi la nuit précédente. J'avais espéré rester suffisamment maîtresse de moi pour réussir à faire mes bagages et m'en aller sans m'appesantir sur la douleur qui sourdait au fond de moi en dépit de mes beaux discours sur la liberté retrouvée. Certes, l'idée de recommencer à zéro ailleurs était exaltante, mais je risquais aussi de traverser une phase de solitude. Avais-je envie qu'Amber se joigne à moi pour me tenir la main ?

Plutôt deux fois qu'une.

— T'es vraiment sûre ? ai-je insisté. Sûre et certaine ?

Ses yeux se sont mis à briller.

— Tu me connais, a-t-elle dit en fronçant le nez. J'adore les mini-vacances. On part à quelle heure ?

Quatre heures plus tard, nous prenions la sortie d'Oxford, des sacs-poubelle remplis de vêtements et autres possessions dans le coffre. Cela m'avait fait un drôle d'effet, de fermer la porte et de me demander si j'y remettrais les pieds un jour. Amber m'avait déjà proposé de passer prendre les objets que j'avais inévitablement oubliés, alors hormis des retrouvailles enflammées avec Matthew, il y avait peu de chances pour que je revienne au numéro vingt-trois de cette rue. Mon histoire était terminée, ici, ce ne serait plus chez moi. Je ne savais plus très bien où était mon chez-moi, d'ailleurs.

J'ai hésité, puis j'ai glissé les clés dans la fente prévue pour le courrier, dans la porte. J'ai ressenti un léger pincement quand je les ai entendues percuter le sol, à l'intérieur de la maison. Ce geste, cet instant avaient quelque chose de terriblement définitif. Un nouveau pont brûlait derrière moi, sans retour possible.

— Prête ? a gentiment demandé Amber.

Mes doigts étaient encore coincés sous le clapet de la fente et je n'arrivais pas à me résoudre à les retirer. C'était mon dernier lien avec cette maison. Était-ce vraiment la meilleure chose à faire ? Ne ferais-je pas mieux de passer au bureau de Matthew pour essayer de le faire changer d'avis, le persuader de nous donner une seconde chance ?

— Je t'attends dans la voiture, a dit Amber en voyant que je ne répondais pas.

Le son de ses pas qui s'éloignaient a rompu le charme.

— Au revoir, ai-je chuchoté à la maison en laissant glisser mes doigts le long du cuivre froid et plat de la fente à lettres, comme si je caressais le visage d'un amant.

Enfin, j'ai pris une grande inspiration, j'ai tourné les talons, je suis montée dans la voiture, j'ai mis le moteur en route et j'ai roulé jusqu'au bout de la rue sans un regard en arrière.

— La forme, Thelma ? a demandé Amber en me jetant un coup d'œil de côté alors que nous nous dirigions vers le périphérique.

— La forme, Louise, ai-je répliqué avec un sourire rapide. Je suis contente que tu sois là. Sans toi, je serais sans doute en train de pleurnicher en écoutant *Stand by Your Man.*

— … alors que maintenant, a-t-elle dit en allumant la radio et en triturant les boutons pour trouver une station, tu m'as, moi et…

Freedom, de George Michael, a retenti dans l'habitacle et nous avons éclaté de rire.

— Ah, George, a repris Amber avec tendresse, en montant le volume. Je n'aurais pas pu dire mieux.

Plus nous nous éloignions d'Oxford, mieux je me sentais. Le soleil avait fini par émerger derrière les nuages et il m'a semblé que nous nous dirigions vers quelque chose de plus heureux. Je ressentais de la satisfaction à être proactive ; à me relever, à recommencer à zéro. Avec cette perspective de vacances inattendues, Amber était d'excellente humeur et une merveilleuse compagnie. Elle me faisait rire, racontait tout un tas d'histoires et dénichait, à la radio, de bonnes chansons que nous chantions à tue-tête.

— Cela fait trop longtemps qu'on ne l'avait pas fait, a-t-elle remarqué au bout d'un moment. S'offrir une petite aventure entre copines. On était un peu trop centrées sur nos couples, toutes les deux, ces dernières années, tu ne trouves pas ? Toi avec Matthew, moi avec Jackson et puis Bill, et ensuite cet abruti de Neil… Je suis vraiment contente qu'on se retrouve un peu entre filles.

— Moi aussi.

Je nous voyais déjà, emmitouflées dans d'épais peignoirs, blotties sur le canapé de Jo, avec des masques sur le visage et des bigoudis dans les cheveux, en train de regarder des films de filles et de manger du chocolat. Oui, j'avais vraiment besoin d'un moment entre filles.

— On va se faire belles et aller danser ! On sera les reines de la piste, a lâché Amber d'un ton rêveur, brisant instantanément mon rêve de sérénité paisible et douce.

— … j'imagine que la vie nocturne n'est pas vraiment trépidante, à Carrawen Bay ? a-t-elle ajouté au bout d'un moment.

J'ai secoué la tête.

— Il y a des endroits plus rock'n'roll.

— À nous deux, on n'aura aucun mal à mettre un peu d'ambiance, hein ?

J'ai fait la grimace.

— Je ne suis pas certaine d'être la bonne personne pour mettre l'ambiance, en ce moment, ai-je protesté faiblement.

Amber a sorti un miroir de poche pour peindre ses lèvres en rouge d'une main experte.

— On verra bien.

Quand nous sommes arrivées à Carrawen Bay, il était presque vingt heures et la nuit tombait. Le long de la rue principale, les fenêtres des *bed and breakfast* étaient éclairées et le pub semblait bondé, plein de vie.

— Génial, a déclaré Amber avec satisfaction. C'est vraiment beau, ici. Regarde, la plage ! Wouah, c'est magnifique !

Même dans la pénombre, je ne pouvais pas dire le contraire. Le sable avait pris une teinte gris fumé et l'eau bleu marine tirait vers le noir, au large, mais rien de cela ne gâchait la courbe généreuse de la baie et l'immense tranche de ciel. Magnifique, il n'y avait pas d'autre mot. J'en ai ressenti de la fierté, comme si je l'avais faite de mes propres mains.

— Oui, c'est vraiment beau, ai-je répondu. Et là, c'est le café.

Je me suis garée sur le parking, j'ai coupé le moteur et nous sommes restées silencieuses pendant un moment.

Enfin, Amber a soufflé :

— J'entends les vagues.

Je lui ai répondu avec un sourire :

— Oui. C'est chouette, hein ?

Je le pensais vraiment. Pour la première fois de la journée, j'ai senti un grand calme m'envahir au son des vagues déferlant sur la plage. J'étais de retour dans la baie. Tout allait s'arranger.

En chemin, nous étions passées acheter des *fish and chips* à Polzeath et nous avons apporté les sachets de papier chauds jusqu'à la terrasse ombragée. L'odeur de sel et de vinaigre se mêlait à celle, saumâtre, de la mer. Quelques mégots de cigarettes volaient au vent comme des feuilles mortes. Une tasse en polystyrène dansait par terre, dessinant de lents demi-cercles, et je l'ai ramassée.

— Satané Carl, ai-je lâché pour la énième fois. De tous les types indignes de confiance, incapables, malpolis et paresseux…

— Heureusement que tu es débarrassée de lui, a dit Amber. C'est du passé, ce type. Le futur, c'est nous. On entre ?

J'ai déverrouillé la porte et allumé les lampes. Bingo ! Bien sûr, Carl ne s'était pas donné la peine de nettoyer la salle avant de quitter le navire. Des assiettes et des tasses sales gisaient sur les tables, le sol était couvert de sable et de miettes. J'ai serré les poings. S'il avait le malheur de croiser mon chemin, il allait se prendre la baffe de sa vie.

— Wouah, c'est super beau, a commenté Amber en inspectant les lieux. Ça doit être magnifique, de jour, baigné de lumière. Mon Dieu, Evie, je n'arrive pas à croire que tout ça t'appartient.

Je lui ai souri malgré mon agacement.

— C'est vrai. Moi non plus, je n'y arrive pas… et c'est encore plus beau quand c'est propre.

— Oh, ce sera fait en un clin d'œil, a répondu Amber, mais commençons par l'essentiel : où sont les assiettes ? Est-ce que tu as du ketchup, pour les frites ? On s'occupera du reste après le dîner.

C'était, en effet, la meilleure chose à faire. Dans le frigo, j'ai déniché deux canettes de Coca light et, après avoir débarrassé le bazar qui s'y trouvait, nous nous sommes installées dans la table d'angle de la salle. À la mi-repas, j'ai réalisé avec un sursaut que je n'avais pas pensé à Matthew depuis un bon moment. Il devait être rentré à la maison, à l'heure qu'il était. Cela a dû lui faire un drôle d'effet, d'entrer dans la maison vide et de s'apercevoir que j'avais emporté toutes mes affaires. Peut-être qu'il s'attendait un peu à me retrouver là, en larmes, à le supplier de ne pas me quitter.

Je l'ai imaginé, tout seul dans le salon, et j'ai senti un pincement de tristesse. Est-ce que je lui manquais ? À moins qu'il soit étendu de tout son long sur le canapé, une bière à la main, pour fêter sa liberté retrouvée ?

J'ai cligné des yeux, réalisant qu'ils étaient curieusement humides et que j'avais gobé le reste de mes frites sans les savourer.

Amber, aussi, avait terminé les siennes.

— Je suis rassasiée, a-t-elle lancé en ramassant les assiettes. Et si on vidait la voiture ? Ensuite, tu pourrais me montrer le reste de la maison ? Je suis curieuse de la découvrir. On rangera après.

— D'accord.

J'ai étouffé un bâillement. La fatigue due à ma nuit blanche me rattrapait, maintenant que j'avais réussi à nous conduire jusqu'ici sans dommages, et la digestion me rendait somnolente. Mes réserves d'énergie étaient en chute libre.

— Folle aventure dans les Cornouailles, a lancé Amber en trottinant vers la cuisine, on va s'éclater !

— C'est clair ! ai-je lancé en écho, en m'efforçant de sembler aussi enthousiaste.

Dans ma tête, un flux continu d'images se succédaient comme pour une projection personnelle : Matthew en train de rompre, le visage jubilant de Ruth, Saul et moi, blottis l'un contre l'autre à lire les *Moomins*, le Café de la Plage si crasseux…

Qu'est-ce que j'avais fait ? Avais-je vraiment abandonné tout ce qui me liait à Oxford pour ça ? Sérieusement ?

Chapitre 12

À vingt-trois heures, nous avions déballé la plupart de mes affaires, nettoyé le café, envoyé par e-mail une annonce à la presse locale pour recruter un nouveau chef, passé une commande de provisions en ligne (qui arriverait le lundi) et vidé deux bouteilles de vin. Oh, et nous avons aussi goûté quelques-unes des liqueurs suspectes que nous avons dénichées au fond de l'armoire à alcools de Jo.

J'étais tentée de fermer le café jusqu'à ce que nous ayons trouvé un nouveau chef et que nos stocks soient renfloués, mais Amber m'a convaincue d'ouvrir dès le lendemain, comme d'habitude.

— C'est samedi, demain, et la météo annonce une journée splendide, a-t-elle plaidé, sa tête dodelinant sur le dossier du canapé. Et puis, tu te souviens ? J'ai déjà été chef, dans ma vie. Je te donnerai un coup de main.

Je n'étais pas convaincue – si mes souvenirs étaient bons, la tâche d'Amber, au restaurant Randolph, avait consisté à détailler des légumes bien plus qu'à cuisiner à proprement parler, mais le vin me rendait docile et confiante.

— Tu as raison. On se débrouillera. Je sortirai dès la première heure pour aller acheter de quoi assurer le service ce week-end. On va bien rigoler.

Ces vœux pieux allaient venir me narguer plus d'une fois, au cours de la journée suivante.

Après un sommeil bref et agité dans une pièce trop chaude, je me suis réveillée à huit heures avec une gueule de bois atroce. La première chose que j'ai réalisée, c'était que j'aurais dû partir beaucoup plus tôt pour faire les courses. Le reste m'a rattrapée ensuite : la rupture, le déménagement, l'effrayante liste de tâches à accomplir pour remettre le café sur les rails… J'avais l'impression de voir l'implosion de ma vie tout entière dans une sorte de clip psychédélique que je ne pouvais ni éteindre ni éviter, et qui tournait en boucle à une allure qui me donnait la nausée. J'ai refermé les yeux et j'ai lâché un gémissement. Le soleil qui dardait à travers le tissu trop fin des rideaux me donnait mal à la tête. (Car c'était forcément la faute du soleil – les litres de pinot gris et cette étrange liqueur bleue qu'Amber et moi avions descendue et qui faisait tressauter mes paupières n'avaient rien à voir avec ma migraine, bien sûr.)

Je me suis demandé ce que Matthew faisait en ce samedi matin. Il était probablement levé depuis un moment, avait pris un petit déjeuner sain et équilibré – au hasard, du porridge. Il était parti courir une petite dizaine de kilomètres le long de la rivière, avant de passer au marché acheter des légumes bio couverts de terre, dans cet esprit « tout-juste-tiré-du-sol » très en vogue actuellement. Plus tard, il se récompenserait peut-être avec une nouvelle séance de rangement et de nettoyage, jusqu'à ce que la dernière trace de mon passage soit enfin éradiquée. Une fois ma présence entièrement disparue de sa vie, il s'installerait enfin à son bureau, avec ses tableaux Excel pour passer la soirée.

Pendant ce temps je gisais au fond de mon lit, empestant l'alcool et la sueur, terrassée par une méchante gueule de bois et au bord de l'échec professionnel avant même d'avoir tenté ma chance.

Je me suis traînée jusqu'à la douche, j'ai enfilé des vêtements propres et j'ai préparé deux cafés avant d'aller réveiller Amber. Pour une fois, la météo avait eu raison – le ciel était d'un bleu limpide et la mer semblait agitée, striée de vaguelettes dentelées de blanc. Si ce temps se maintenait, la plage serait bondée d'ici quelques heures et le café aussi – à condition, bien sûr, que nous parvenions à émerger pour l'ouvrir. Car pour l'instant, la seule chose qui semblait prête à émerger était le contenu de mon estomac.

Deux heures plus tard – consacrées à plusieurs séances de doigts-dans-la-gorge au-dessus des toilettes, à une énorme session de courses, à ingurgiter deux tasses de thé, une assiette d'œufs au bacon et un double expresso – je retournais la pancarte pour afficher « Ouvert ».

— C'est parti, ma chérie ! a lancé Amber en brandissant une spatule. Les poulettes du Café de la Plage sont prêtes !

Nous étions lancées.

Je vais vous dire un truc : travailler au café était une autre affaire quand Amber faisait la cuisine à la place de Carl. Même pendant les heures de plus grosse affluence, autour de midi, elle exécutait avec rapidité, efficacité et amabilité les commandes que Seb, Saffron et moi lui transmettions à tour de bras. Même après avoir beurré et garni des milliards de sandwichs, cuisiné des œufs au bacon à la chaîne et réchauffé toutes les tartes que j'avais achetées sans jamais se tromper, elle continuait à plaisanter et à chanter sur les airs qui s'échappaient de la radio. En fin de compte – et contre toute attente –, la journée s'est déroulée de façon plutôt agréable, et j'ai même réussi à rester sereine quand Seb a renversé de la limonade sur deux garçonnets qui ont aussitôt éclaté en sanglots, choqués et dégoulinants de liquide acidulé et collant.

J'ai eu plus de mal à fermer un œil sur le service déplorable de Saffron. Arrivée tard – quelle surprise – avec les petits yeux et la coiffure de quelqu'un qui a trop fait la fête, elle ne ratait pas une occasion de disparaître dans le réduit à provisions dès qu'on tournait les yeux. Ayant surmonté avec succès mon propre coma éthylique, je n'avais aucune pitié pour son état. *Quelle petite nature,* me disais-je. Cette fille n'a aucune idée de ce que c'est qu'une vraie souffrance.

La fréquentation du café a été bonne, ce jour-là. Par moments, les clients ont fait la queue jusqu'à la terrasse. Quinze jours plus tôt, cette vision m'aurait rendue hystérique, mais je connaissais désormais le menu et je maniais la machine à café comme une pro, si bien que je pouvais envoyer Seb ou Saffron nettoyer les tables régulièrement pour garder le rythme.

— On est trop forts, les gars, ai-je répété plus d'une fois, une note de triomphe dans la voix. On va y arriver !

L'absence d'Ed et de son chien ne m'a frappée qu'après le déjeuner. Est-ce que je les avais ratés, en ouvrant le café si tardivement ? Les deux fois où il était passé, cela avait été de bon matin. Il n'avait tout de même pas décidé de boycotter le café à cause du sandwich au bacon de la dernière fois ?

Au milieu de l'après-midi, Amber nous a prévenus qu'elle sortait faire une pause cigarette.

— Je m'occupe de la cuisine, ai-je dit à Seb.

Le café était plutôt calme, après l'affluence du déjeuner. Avec un peu de chance, je n'aurais pas besoin de me mettre aux fourneaux.

— Saffron et toi, vous prenez les commandes et vous veillez à ce que tout soit en ordre dans la salle, d'accord ? Où est-ce qu'elle est passée, d'ailleurs ?

Seb s'est mordu la lèvre, puis il a marmonné en évitant mon regard :

— Je crois qu'elle est sortie.

J'ai terminé le cappuccino que j'étais en train de préparer et je l'ai saupoudré de chocolat en poudre.

— Et voilà. Cela fera neuf livres soixante-quinze, ai-je annoncé à mon client avant de me tourner vers Seb, sourcils froncés.

— Comment ça, sortie ? Elle est où ?

Il a baissé la tête en grattant le duvet de son menton, l'air embêté.

— J'en sais rien. Oublie ça. J'ai rien dit, a-t-il murmuré avant d'aller s'occuper d'une femme à l'air stressé qui attendait son tour dans la queue.

— Bonjour, qu'est-ce que je peux faire pour vous ?

— Un sandwich baguette thon-mayonnaise, deux pain complet au jambon, deux thés et un smoothie à la fraise, a-t-elle déclamé d'une traite, si bien que j'ai dû me hâter de regagner la cuisine pour m'occuper de sa commande au lieu d'insister auprès de Seb.

Ce n'était pourtant pas l'envie qui m'en manquait. Pourquoi s'était-il dérobé quand je l'avais interrogé au sujet de Saffron ? Quelque chose s'était passé, c'était évident – mais quoi ?

J'ai compris quelques secondes plus tard, quand j'ai entendu des voix s'élever derrière la fenêtre de la cuisine.

— Qu'est-ce qui t'est passé par la tête, enfin ? Est-ce qu'Evie sait que tu as pris ces trucs ?

C'était la voix d'Amber – puissante, choquée et accusatrice.

J'ai cessé de beurrer. Des trucs ? Quels trucs ?

La réponse de Saffron ne s'est pas fait attendre :

— Occupe-toi de tes oignons, a-t-elle ricané. Ça n'a rien à voir avec toi.

— C'est là que tu te trompes, jeune fille, a rétorqué Amber. Cela me regarde complètement. Rentre tout de suite, tu as des explications à donner.

Au même moment, Seb a fait irruption dans la cuisine avec une commande :

— Un baguette thon-mayo, deux pain complet-jambon.

— Compris, ai-je répondu distraitement.

J'ai entendu des pas approcher depuis l'extérieur et je me suis immobilisée, le couteau à beurre en suspens au-dessus du pain.

La porte s'est ouverte et Saffron est apparue, suivie de près par Amber. Les yeux de cette dernière jetaient des éclairs, ses lèvres étaient serrées et blanches, elle semblait furibonde.

— Evie, est-ce que tu as donné le contenu de ce sac à Saffron, oui ou non ? Je l'ai surprise alors qu'elle voulait le refiler à des copains, dans la cour.

Elle a déposé sur le comptoir un sac rempli de provisions : des canettes de soda, des paquets de chips par dizaines, des gâteaux que j'avais achetés le matin même, plusieurs *cornish pasties*...

Mon regard est passé du contenu du sac au visage de Saffron, qui me toisait, l'air menaçant. Manifestement, elle n'avait même pas mauvaise conscience.

— Un sandwich bacon-pain de mie, un trois fromages-pain complet, deux tartines à la confiture pour enfants, le tout à emporter, a interrompu Seb.

— Je n'ai rien donné de tout ça à Saffron, ai-je articulé lentement, submergée par une colère noire.

Comment osait-elle ? Comment osait-elle voler le café ? Cela devait faire un moment qu'elle se servait dans nos réserves, qu'elle subtilisait secrètement des sacs entiers de nourriture et de boisson.

— Depuis quand ça dure, ce petit trafic ?

Elle a frotté son pied sur le carrelage en haussant les épaules, comme si c'était le cadet de ses soucis.

— Une chose est sûre, c'est que tu ne recommenceras plus, ai-je repris d'une voix tremblante de rage. Tu es virée, Saffron. Sors d'ici tout de suite. J'ai suffisamment de problèmes sans que mon propre personnel ne pille mes stocks.

— Bon débarras, a-t-elle marmonné en tirant sur le sac qui est allé s'écraser par terre. L'un des paquets de chips a explosé, répandant des miettes dorées un peu partout. Cet endroit est une calamité de toute manière. Vous ne tiendrez pas plus de cinq minutes. J'ai mieux à faire que de rester ici.

Elle a quitté la pièce, la tête haute, et j'ai dû me retenir de lui courir après pour lui enfoncer le couteau à pain entre les deux omoplates, à cette petite princesse.

— Non mais je rêve, a lâché Amber en s'agenouillant pour ramasser les canettes bosselées et les miettes du sol. Avec une équipe comme celle-ci, qui a besoin d'ennemis ?

— Deux menus *cream tea,* deux assiettes de toasts avec de la confiture, a lancé Seb qui entrait à nouveau, les joues écarlates. Qu'est-ce qui se passe, avec Saffron ?

J'ai cligné des yeux.

— Euh… eh bien, je crois que je l'ai virée.

L'altercation m'avait secouée. Je n'avais jamais vraiment usé de mon autorité, par le passé. Est-ce que j'avais réagi trop vite ? Est-ce que j'étais trop sévère ? Ce n'était pas comme si j'avais été élue employée de l'année, moi non plus, au cours de ma glorieuse carrière.

Non, me suis-je aussitôt rassurée. J'aurais mieux fait de la licencier plus tôt. Il ne s'agissait pas seulement des larcins, mais aussi de sa mauvaise grâce permanente et de ses retards, sans compter la fois où je l'avais surprise en train de voler un billet de cinq livres. Elle pouvait s'estimer heureuse d'être restée aussi longtemps.

Cette pensée m'a rassérénée.

— Bon, on en reparlera tout à l'heure, ai-je dit d'un ton vif. Occupons-nous de ces commandes avant d'accumuler trop de retard.

— Quelle journée… a gémi Amber, une fois les portes du café fermées à dix-huit heures vingt, j'ai l'impression d'être debout depuis une semaine.

— Soixante-dix, quatre-vingt, quatre-vingt-dix, cent… D'habitude, c'est encore pire, ai-je remarqué, marquant une pause pendant que je faisais la caisse. C'est sûr, nous avons eu beaucoup de monde et cet épisode avec Saffron a été horrible, mais à part ça, je préfère largement travailler avec toi qu'avec ce boulet de Carl.

J'ai sorti une liasse de billets et je les ai déposés dans sa main.

— Tiens, voilà ton salaire. T'as fait un boulot d'enfer, chef. Merci.

Elle a reposé l'argent dans la caisse.

— N'importe quoi. T'as pas besoin de me payer. Je suis ta copine venue te donner un coup de main, c'est tout.

— D'accord, mais Amber, vraiment…

J'ai repris l'argent et je l'ai glissé dans sa poche.

— Non ! s'est-elle exclamée en remettant les billets dans la caisse avant d'en refermer le tiroir et de s'adosser contre le comptoir, bras croisés. Franchement, Evie ! Emmène-moi au pub et offre-moi une bière, ça suffira. Je ne prétends pas à plus que ça.

— Ce sera aussi difficile demain, tu sais, l'ai-je mise en garde. Avec les vacances qui ont commencé, et si le temps se maintient, le café va être plein toute la semaine. Sans compter qu'on manque de personnel, maintenant que Saffron est partie…

— Dans ce cas, je resterai jusqu'à ce que tu trouves ton nouveau chef – à moins que Carla me harcèle au téléphone pour que je revienne travailler, bien sûr, ou qu'on me rappelle pour la pièce de théâtre…

Elle a esquissé une grimace.

— L'espoir fait vivre, hein ? Bref. On a bien travaillé aujourd'hui, tu ne trouves pas ? C'était du bon travail d'équipe.

Elle a levé la main que j'ai tapée du plat de la mienne :

— Tope là, championne. Maintenant, laisse-moi t'inviter au pub pour un bon dîner et une pinte.

— Marché conclu.

J'ai terminé de ranger la caisse tandis qu'elle prenait une douche et changeait de tenue. La recette de la journée était plutôt bonne – certainement la meilleure depuis que je travaillais ici. Ce constat m'a fait réfléchir sur la manière dont Saffron avait dû se servir dans la caisse, par le passé. D'après Seb, cela durait depuis un moment.

— Je ne voulais pas la dénoncer, a-t-il avoué, le cou écarlate. Elle est du genre à…

Il n'a pas terminé sa phrase, mais ce n'était pas nécessaire. Carrawen était un petit village et je n'imaginais que trop bien la manière dont elle lui aurait empoisonné l'existence si elle avait appris qu'il l'avait dénoncée. Enfin ! Il n'avait plus d'inquiétude à se faire. Nous pouvions travailler tranquilles, maintenant qu'elle était partie. C'était une bonne chose de faite.

Sur cette pensée optimiste, j'ai verrouillé la caisse et je suis montée à l'appartement en sifflotant silencieusement. J'avais le sentiment que les choses avaient pris un tour meilleur. Le seul nuage au tableau était l'absence d'Ed. Étais-je vraiment déçue qu'il ne soit pas passé aujourd'hui ?

Chapitre 13

Le pub était bondé de vacanciers aux joues rosies par le soleil. J'ai reconnu un certain nombre de têtes. Il y avait Mlle Œuf-Concombre-sans-la-Croûte-s'il-vous-plaît, qui grondait ses enfants turbulents, il y avait Mme Smoothie-à-la-banane, qui sirotait un cocktail fluo en gloussant avec une bande d'amis, il y avait M. Sandwich-à-la-saucisse qui sirotait une pinte… C'était sympa d'entrer ici et de remarquer qu'on n'était plus complètement étrangère à l'endroit. J'ai ressenti une onde de plaisir en me figurant que certains d'entre eux, à leur tour, me reconnaissaient probablement comme Evie-du-Café-de-la-Plage. Cela me donnait l'impression de faire un peu partie du village.

Après avoir commandé nos plats, nous sommes sorties nous installer, verres à la main, dans le jardinet du pub garni de bancs en bois et de parasols. Malgré la fraîche brise nocturne qui commençait à souffler depuis le large vers l'intérieur des terres, il faisait encore doux et à en juger d'après l'apparence écrevisse de certains clients, la journée avait été très chaude, sur la plage.

— Qu'est-ce que tu as pensé de cette première journée ? ai-je demandé à Amber en prenant une gorgée de mon gin-tonic. Il était si glacial, si rafraîchissant et délicieux que j'avais toutes les peines du monde à me retenir de boire d'une traite le contenu entier du verre. Le café te plaît ?

— Je le trouve super. Vraiment génial. Tu pourrais en faire quelque chose de vraiment bien. Le menu est un peu basique – je crois que j'ajouterais des paninis ou des *jacket potatoes*, pour commencer, et peut-être même des vrais plats cuisinés, au cas où tu prévoirais d'ouvrir en soirée…

J'ai cligné des yeux. Ouvrir le soir ? Jo ne l'avait jamais fait.

— … il aura bien besoin d'un coup de jeune, aussi, a continué Amber. C'est déjà très beau comme ça, bien sûr, mais une couche de peinture rafraîchirait le tout, et aussi, peut-être, quelques tableaux aux murs.

— Tu as complètement raison, ai-je répondu, surprise par la justesse de ses remarques.

Je n'avais jamais pensé à ces choses – j'étais bien trop occupée à essayer de maîtriser la machine à café.

— Rappelle-moi pourquoi c'est moi qui ai hérité de ce café, et pas toi ?

Amber m'a donné un petit coup de coude.

— Arrête. Je remarque ces choses parce que j'arrive avec un œil neuf d'étrangère. Toi, tu l'as toujours vu comme il est maintenant, non ? Pour toi, c'est le café de ta tante, où tu viens depuis que tu es toute petite, alors que moi, je le regarde avec les yeux d'une cliente.

J'ai hoché la tête. Elle avait raison.

— C'est vrai que j'ai l'impression de marcher sur les traces de Jo, ai-je admis. J'oublie tout le temps que c'est mon café, maintenant, et que je peux changer ce que je veux.

J'ai pris une nouvelle gorgée de gin, encore meilleure que la première.

— Tu peux vraiment l'améliorer, tu sais, a renchéri Amber. Tu pourrais en faire un petit bistrot, servir de bons dîners – je parie qu'il n'y a pas d'autre restaurant, dans le coin ? Les gens adoreraient passer la soirée sur cette terrasse, avec des bougies sur les tables…

Elle a pris une gorgée de son cocktail, pensive.

— Sérieusement, tu devrais y penser. Achète quelques jolies nappes, rédige un menu un peu plus sophistiqué – ça pourrait être super.

— Depuis quand es-tu la nouvelle Jamie Oliver ? Tu oublies un détail, cependant : je ne sais pas cuisiner.

Elle m'a fait un clin d'œil :

— *Janie* Oliver, si ça ne t'embête pas. Et puis, une fois que tu auras embauché ton super nouveau cuistot, tu pourras le laisser s'occuper des fourneaux, bécasse.

Elle a regardé mon verre :

— Eh bien, c'est parti vite. Tu en veux un autre ?

— Je vais les chercher. Pour toi, c'est open bar toute la soirée, souviens-t'en. J'arrive tout de suite.

Je me suis dirigée vers le bar, l'imagination en roue libre : ce café offrait tant de possibilités ! Amber était géniale ! J'adorais l'idée d'ouvrir le soir, tout au moins durant l'été. Peut-être que je commencerais par les week-ends, uniquement, pour tâter le terrain…

Tout d'un coup, je me suis immobilisée et j'ai oublié tous mes projets de bistrot. Une voix familière et un rire que je ne connaissais que trop bien m'ont littéralement frappée, transformant instantanément mon sang en ciment. J'ai scruté les profondeurs du pub, le cœur battant à tout rompre. J'avais sûrement mal entendu. Ce devait être un vilain tour de mon imagination.

Non, ça ne l'était pas. Le type qui plaisantait avec la serveuse, là-bas, au bar, n'était autre que mon béguin d'adolescence, Ryan Alexander. J'en étais sûre. C'était son rire à la tous-les-coups-sont-permis, je-me-lâche. *Ryan Alexander !*

Je suis restée plantée là à l'observer pendant un moment, alors que mon cerveau digérait encore les informations que lui transmettaient mes yeux et mes oreilles. Ses cheveux étaient plus courts qu'à l'époque – ils ne retombaient plus en vagues jusqu'à son menton –, mais oui, c'était indéniablement son profil. Indéniablement.

J'ai tourné les talons et je me suis précipitée dans le jardin, les joues brûlantes.

— Mon Dieu, ai-je lâché dès que j'ai repris place à côté d'Amber, le visage caché derrière ma main dans l'espoir pathétique de passer inaperçue.

— Eh bien, c'était rapide, a-t-elle remarqué en m'observant, troublée… Ah. J'ai l'impression que tu as oublié quelque chose, comme… des boissons, par exemple ?

Il n'était pas question de boissons pour le moment. Je ne pensais qu'à une chose.

— Tu te rappelles cet été torride avec un surfeur, que je t'ai raconté, il y a très longtemps ?

— Celui des parties de jambes en l'air dans les dunes ? Bien sûr. Tu m'as bassinée avec lui pendant une année entière, au moins. Je n'en pouvais plus d'entendre son nom… Elle s'est arrêtée et a mis sa main sur sa bouche. Pourquoi tu en parles ? Ne me dis pas…

— Si. Il est là !

— C'est pas vrai !

— Je te jure.

Mon excitation frôlait dangereusement l'hystérie.

— Je t'assure qu'il est là. Je suis sûre que c'est lui, accoudé au bar. Il est ici, dans le village, dans ce pub, en cet instant précis.

— J'y crois pas !

Amber s'est penchée vers moi et a saisi mes mains.

— C'est trop beau pour être vrai. Oublie Matthew, Evie, et fonce vers le beau surfeur de ton passé qui avait disparu. On se croirait dans un film !

— Carrément. Dans une minute, on va voir Hugh Grant débarquer, et Richard Curtis va crier « On coupe ! ».

— Wouah. Amber a secoué la tête. C'est vraiment génial, genre heureux hasard puissance douze mille. On va se marrer.

Son visage avait pris une expression que je connaissais bien, un air frondeur, qui m'a rendue nerveuse d'un coup.

— Oh non non non, tu ne vas pas faire ça, l'ai-je arrêtée avant même qu'elle commence. Tu ne vas pas fourrer ton nez dans cette histoire, merci beaucoup. Je ne veux pas d'interférences.

J'ai accompagné mes paroles d'un regard sévère.

— Écoute, je me suis séparée de Matthew il y a à peine cinq minutes. Je suis en plein deuil, en plein chagrin d'amour, il faut d'abord que m'en remette, et…

— C'est en selle que tu vas te remettre, oui ! Parlons-en, du deuil, du chagrin et de l'angoisse – tu sais aussi bien que moi quel est le meilleur remède contre la déprime post-rupture, non ?

— Oui. Boire beaucoup de vin et pleurer, ai-je répondu en jouant à la plus maline. Et aussi, manger du chocolat et apprécier le soutien d'amis compatissants, qui n'essaient pas de te pousser à faire n'importe quoi…

— Non. Non, non, non et non. La meilleure solution, c'est le coup d'un soir, pour rebondir – voire plusieurs coups d'un soir, si tu préfères. Et c'est encore mieux avec un ancien petit ami hyper-sexy qui vient faire une apparition surprise après avoir disparu pendant de nombreuses années. Bingo !

Elle a frappé des mains, avant d'ajouter :

— Maintenant, il faut juste espérer qu'il ait quelques copains surfeurs aussi sexy que lui pour occuper ta vieille copine, et c'est dans la poche.

J'ai lâché un gémissement.

— Amber, non… Je n'ai pas envie de tout ça. Vraiment pas. Crois-moi.

Elle a levé les sourcils et m'a jeté un regard de connaisseuse.

— La meilleure chose à faire, quand on tombe de cheval, c'est de remonter illico. Hop, retour à califourchon.

— Non, ai-je répété du ton le plus ferme dont j'étais capable. Certainement pas.

— Mais si, a-t-elle repris comme si elle ne me croyait pas un instant. Et puis d'abord, de quoi avait-il l'air, quand tu l'as vu ? Toujours sexy ?

J'ai marqué une pause pour réfléchir. Je m'étais tellement dépêchée de m'éclipser avant qu'il puisse me repérer que je n'ai pas prêté attention aux détails. Son rire profond et guttural, son profil – la mâchoire carrée, le nez légèrement épaté, les épaules épaisses – avaient suffi pour me ramener à la romance très charnelle que nous avions partagée. Oh. Mon. Dieu.

— On ferait peut-être mieux de rentrer à la maison, ai-je proposé, incertaine. Je n'ai pas vraiment la tête aux histoires d'amour, en ce moment.

— Qui a parlé d'amour ? a pouffé Amber. Allez, retourne dans ce bar, princesse. Cela pourrait tout simplement être le coup d'un soir qu'il te faut pour rebondir. « Souvenirs, souvenirs, dam didou dam… », a-t-elle commencé à chantonner d'un ton théâtral.

Assises à une table voisine de la nôtre, quelques femmes ont commencé à nous observer avec intérêt.

— Chut, ai-je sifflé. Viens, on s'en va. Je ne me suis pas rasé les jambes depuis une éternité, sans parler… du reste !

Elle a laissé échapper un rire soulagé.

— Ah, tu me rassures. Ça veut dire que tu envisages quand même de te retrouver nue avec le bonhomme !

Elle a esquissé un petit mouvement de la main pour me chasser.

— Qu'est-ce que tu attends ? Vas-y, va lui dire qui tu es. Et ne reviens pas avant de l'avoir fait, d'accord ? Je ne meurs pas de soif, tu sais, il n'y a pas le feu.

J'ai pesé le pour et le contre, hésitante, en me mordillant les lèvres. Ryan et moi étions tous deux adultes. Qu'y avait-il de mal à échanger un sourire et un bonjour, après tout ? Il y avait de bonnes chances pour qu'il ne me reconnaisse même pas. Mais d'un autre côté… Peut-être qu'il gardait un souvenir aussi agréable que moi de cet été.

— Tu ne m'espionnes pas, ai-je prévenu Amber. Et pas d'intervention intempestive !

J'ai lissé le tissu sur mes cuisses, soudain intimidée. Je portais ma jupe en jean préférée et un top à bretelles noir. Pas le top de la classe, mais au moins, j'étais coiffée et j'avais enfilé un collier de perles bleues scintillantes.

— Ça va, comme ça ?

— Tu es magnifique.

Elle mentait effrontément pour booster mon ego, bien sûr, mais ça a marché.

— Je ne suis pas certaine que ce soit une bonne idée, tu sais, ai-je faiblement tenté une dernière fois.

— Allez, ouste ! a répondu Amber. À tout à l'heure.

J'ai fait demi-tour et je suis retournée vers le bar, tremblante de nervosité. De toute manière, il ne se passerait rien. Je me remettais tout juste de ma rupture avec Matthew – un véritable compagnon, un partenaire sur le long terme avec lequel j'avais vécu au quotidien, et non une amourette de vacances qui avait disparu, comme un mirage, pour aller surfer ailleurs, sans jamais réapparaître. J'ai décidé de me contenter de dire un petit bonjour à Ryan, dans l'esprit « tiens, salut, sympa-de-te-revoir » pendant que j'irai nous chercher à boire, et de m'en tenir à cela.

Je suis retournée à l'intérieur et j'ai cligné des yeux pour m'habituer à la lumière plus tamisée. Il était encore sur un tabouret au comptoir. Eh, merde. J'avais mollement espéré qu'il soit parti pour n'avoir plus à m'en soucier, mais il était bien là, en train de plaisanter avec la serveuse. Très bien…

Je me suis éclairci la voix. Je n'allais rien faire de plus que de lui dire bonjour, alors pourquoi étais-je dans tous mes états ? Il fallait foncer, au moins pour qu'Amber ne puisse pas me reprocher de m'être défilée.

Je suis restée debout derrière lui pendant un moment, à faire mine d'attendre qu'on me serve alors que je l'observais en douce. Ce n'était plus le jeune éphèbe que j'avais connu, mais un homme adulte, qui portait une chemise rayée bleu et blanc et un pantalon beige. Ses boucles de surfeur avaient disparu au profit d'une coupe propre et nette, pas un cheveu ne dépassant sur la nuque et sur les côtés, et son cou était gras et rouge. À la réflexion, ce n'était pas seulement son cou qui avait grossi ; il était, globalement, plus massif qu'avant. Cela dit, c'était vrai pour tout le monde. C'était injuste de comparer une personne avec ce qu'elle avait été à dix-neuf ans.

La serveuse avait dû dire quelque chose de drôle, car il riait aux éclats.

— T'es vraiment une caillera, lui a-t-il dit, avec tes claquettes en solde et ton vernis à ongles bas de gamme.

J'ai baissé les yeux vers mes propres pieds, chaussés de tongs à deux balles, et mes orteils au vernis écaillé. Est-ce que cela faisait de moi une racaille ?

— Eh, ne t'avise pas d'être insolent, a-t-elle répondu avec un grand sourire avant d'aller servir quelqu'un d'autre.

Il m'a semblé, cependant, que son sourire était feint et qu'il l'avait vexée. Hmm.

J'ai pris ma respiration. *Bon. Courage, Evie. C'est maintenant ou jamais.* « Action ! » a lancé Richard Curtis, dans ma tête.

— Ryan, ai-je tenté en lui tapant sur l'épaule, c'est bien toi ?

Il s'est retourné et m'a dévisagée. Son visage était buriné et sa peau avait passé trop de temps au soleil, à en juger d'après sa texture tannée, mais c'était vraiment lui.

Un éclair a traversé son regard.

— Hé, je me souviens de toi, a-t-il commencé d'une voix lente. Tu travaillais au café. Tu es la fille de Jo.

— Sa nièce, ai-je corrigé avant de lui sourire. Evie.

— Evie, c'est ça, a-t-il répondu en se tapant la cuisse. Pas possible ! Quelle claque du passé !

Il m'a inspectée de la tête aux pieds et ses yeux se sont attardés sur ma poitrine. Beurk, je détestais quand les hommes faisaient cela. Sans compter que dans mon cas, il n'y avait pas grand-chose à voir.

— Eh bien, c'est sympa de te revoir, a-t-il repris d'une voix plus douce et plus tendre. Tu t'es cachée où, pendant toutes ces années, coquine ?

— Je…

J'étais décontenancée par la manière dont son regard ne cessait de revenir sur mes seins. S'adressait-il à eux ou à moi ? Je n'aurais pas pu le dire avec certitude.

— … je suis rentrée à Oxford. Et toi ?

— Oh, j'ai baroudé, a-t-il lâché avec un geste évasif de la main.

J'ai supposé que ce geste englobait Hawaï et tout un tas d'autres hauts lieux du surf, avant qu'il ne précise :

— D'abord dans le Kent, puis dans les environs de Londres, là où le vent me portait…

— Super. Qu'est-ce que tu fais de beau, maintenant ?

— Je suis dans la vente, a-t-il répondu avec grandiloquence. Je gère les comptes d'une boîte d'ingénierie. Ça roule plutôt bien, si je peux me vanter, haha !

Son rire faux m'a donné la chair de poule.

— … oh, mais où ai-je laissé mes bonnes manières ? a-t-il ensuite demandé à mes seins. Permets-moi de t'offrir quelque chose à boire, pendant qu'on reparle du bon vieux temps.

J'ai hésité. Il me fichait la trouille, maintenant. C'était comme si on l'avait calé en mode lubrique et qu'on avait tourné la puissance à fond.

— Euh…

J'ai senti quelqu'un me bousculer avant d'avoir le temps de répondre.

— Ryan, tu nous les commandes, ces boissons, ou quoi ? a braillé une voix criarde tandis qu'une femme aux cheveux blonds se frayait un passage entre nous.

Son regard est passé de moi à Ryan et mon cœur a fait un bond : c'était la femme qui m'avait insultée à l'épicerie – pas Betty, la propriétaire de la boutique, mais l'autre. Cette fois, elle semblait décidée à défendre ses droits sur Ryan. Très bien. Le moment idéal pour prendre le large.

— Evie, voici ma charmante épouse, Marilyn, a dit Ryan en passant un bras grassouillet autour des épaules de la femme. Marilyn, je te présente Evie. Une vieille amie.

Il a accompagné ses mots d'un clin d'œil qui m'a donné la nausée.

Les paupières de Marilyn se sont plissées et son regard s'est fait encore plus dardant, si tant est que ce soit possible. Elle semblait hérissée d'une sorte de rage refoulée, comme si elle n'attendait qu'un signal pour m'envoyer une baffe, peut-être même une à son mari dans la foulée, pour faire bonne mesure. Seigneur. Je regrettais amèrement de m'être présentée, tout d'un coup.

La froideur agressive de son regard m'a glacée.

— Je sais qui c'est, a répondu Marilyn d'un ton amer. C'est la bonne femme qui a viré notre Saffron, aujourd'hui – voilà qui c'est.

Mon estomac s'est retourné d'un coup. *Notre* Saffron, avait-elle dit. J'en déduisais donc que Ryan et cette femme étaient… ses parents. Oh, merde.

L'expression de Ryan a changé et ses paupières se sont resserrées.

— C'est toi qui l'as virée ? Elle est rentrée à la maison très déprimée, cet après-midi, tu sais. Ce n'est qu'une enfant. Qu'est-ce qui t'a pris de faire ça ?

J'ai senti mon visage rougir d'un coup.

— Tu veux vraiment savoir pourquoi je l'ai virée ? Eh bien, parce qu'elle se servait dans mes réserves et dans la caisse du café, voilà pourquoi ! ai-je répondu, sur la défensive. Je ne savais pas que c'était ta fille et j'en suis navrée, mais…

— Venant de toi, c'est un comble, a sifflé Ryan. Je me souviens très bien que tu te servais tout le temps dans les stocks de ta tante, quand tu étais adolescente, l'été où on a…

Il s'est tu. Marilyn semblait être à deux doigts de l'implosion.

— J'ai toujours demandé la permission à Jo, avant de me servir, ai-je répliqué, indignée d'être comparée à Saffron. Et puis c'était ma tante, c'était ma famille, ce n'est pas la même chose.

— Ne croyez pas que vous allez vous en débarrasser comme ça, en tout cas, a craché Marilyn. Licenciement abusif, voilà ce que c'est. Vous devriez avoir honte de vous. Jo aussi aurait eu honte de vous.

C'était la goutte de trop.

— Jo aurait fait exactement la même chose que moi, ai-je rétorqué avec véhémence, bouillonnante de rage. Jo aurait licencié toute personne qu'elle aurait surpris en train de se servir dans la caisse et les placards. La vérité, c'est que votre fille est une vilaine petite voleuse. Je suis bien contente d'être débarrassée d'elle. Vous pouvez vous estimer heureux que je n'aie pas appelé la police.

Un silence affreux a suivi mon petit discours – ou plutôt ma tirade furieuse. J'ai regardé autour de moi et je me suis aperçue que toutes les personnes qui se tenaient autour de nous s'étaient retournées pour observer notre prise de bec. Super. C'en était terminé de l'Evie-du-café, l'amie de tous. Je venais probablement de perdre la moitié de ma clientèle d'un coup.

Marilyn a levé la main comme si elle s'apprêtait à me gifler, mais Ryan a retenu son bras juste à temps.

— Comment oses-tu dire une chose pareille au sujet de ma fille, a-t-il sifflé. Comment OSES-TU !

Ryan s'est levé. Ses yeux jetaient des éclairs.

— Tu as beaucoup changé, Evie, m'a-t-il lancé avec mépris. Viens, Marilyn.

Sur ces paroles, il a pris leurs verres et tous deux sont retournés à leur table.

Écarlate de honte, je suis restée plantée là comme la reine des idiotes, à les regarder s'éloigner. Bon. Très bien. Cette scène n'était même pas digne du script le plus pourri de l'histoire du cinéma. *Merde.*

— Est-ce que je peux faire quelque chose pour toi ? a demandé la serveuse.

Je me suis retournée et j'ai essayé de me reconnecter à la réalité. Quand elle m'a vue jeter un dernier coup d'œil par-dessus mon épaule en direction de Ryan et Marilyn (qui me mitraillaient du regard) elle a fait un claquement de langue compatissant avant de lâcher à mi-voix :

— Ignore-les. C'est une peau de vache enragée et lui n'est pas mieux. Il vend des voitures à Wadebridge, aucun rapport avec l'ingénierie. Il t'a raconté des bobards.

— J'ai rencontré des couples plus sympas, ai-je réussi à articuler en essayant de garder une voix posée.

Mon cœur battait à tout rompre, et j'avais l'impression désagréable de m'être fait de dangereux ennemis.

— C'est sûr, a confirmé la serveuse. Si tu veux mon conseil, ne te frotte pas trop à eux. J'aimerais bien pouvoir me le permettre, moi aussi, mais… Elle a haussé les épaules en tendant le menton vers le bar. Bref, qu'est-ce que je peux te servir ?

J'ai commandé nos boissons, le visage encore brûlant, et je suis sortie retrouver Amber et évitant soigneusement de regarder dans la direction de Ryan et Marilyn. Quelle idiote j'avais été. Quelle idée de me mettre dans ces états pour un vieux flirt, alors que tout le monde sait qu'il vaut mieux laisser ses premières amourettes dans le passé. Qu'est-ce que je m'étais figuré ? Sans compter le fait que ce type et sa pétasse de femme étaient les parents de Saffron ! Franchement, ce genre de truc n'arrivait qu'à moi. C'était tellement prévisible. En arrivant dans le jardin, j'ai levé les yeux au ciel. J'avais l'impression que des créatures célestes me jouaient des tours et surtout, qu'elles riaient bien à mes dépens. Comment, sinon, expliquer cette succession de catastrophes ?

— Oh, ma chérie, a lâché Amber quand elle m'a vue revenir vers notre table. T'as pas réussi à réchauffer ton coup d'un soir ?

Après avoir déposé son verre devant elle, j'ai pris une longue gorgée de gin-tonic. Je me sentais complètement déshydratée, tout d'un coup.

— Ha.

Je n'ai pas pu en dire davantage. Amber s'est mise à siroter le sien et semblait réprimer un éclat de rire.

— Ce n'est plus vraiment un don Juan, alors ?

— Il est gros et c'est un vicelard, ai-je commencé, il n'arrivait même pas à me regarder dans les yeux. Quand je suis arrivée, déjà, il faisait le lourdingue avec la serveuse. Ensuite, il est marié à une femme abominable. Ah oui, et pour terminer, ce sont les parents de Saffron. Voilà. Et bien sûr, j'ai trouvé le moyen de beugler à travers tout le pub que leur fille était une… attends, qu'est-ce que j'ai dit ? Une vilaine petite voleuse.

Amber a éclaté de rire.

— Tu n'as pas fait ça ?

— Bien sûr que si.

J'ai enfoui ma tête dans mes mains. Quel désastre. Je n'arrivais pas à croire comment une innocente conversation avait pu déraper de manière aussi catastrophique.

— Sincèrement, Amber, je connais cet endroit. Ça va jaser, c'est certain. Tout le monde va casser du sucre sur mon dos. D'ici la fin de semaine, ils me reconduisent jusqu'à la sortie du village empalée sur une fourche, tu vas voir.

— Oh, ma chérie, mais non, ça n'arrivera pas, a-t-elle répondu en s'étouffant à moitié de rire.

— Tu t'en fiches, toi, ai-je sifflé, agacée. Tout ça n'est qu'une grosse blague, pour toi, n'est-ce pas ? Moi, je vais vivre ici. Je suis censée entamer une nouvelle vie, poser de bonnes bases pour mon existence future, et je passe mes journées à creuser ma tombe.

J'ai frappé la table de mon poing fermé avant de m'exclamer :

— Merde ! Qu'est-ce que je vais faire, maintenant ?

Amber, qui avait enfin cessé de pouffer, a passé un bras autour de mes épaules.

— Désolée, je ne devrais pas en rire.

— Non, vraiment pas.

— Il faut bien avouer que c'est drôle, quand même.

J'ai fait la grimace.

— Ouais, totalement hilarant.

Elle m'a donné un petit coup de coude.

— Allez, râleuse, ça va s'arranger.

— Ah, tu crois vraiment ? L'horrible mère de Saffron m'a menacée de m'attaquer pour licenciement abusif il y a deux minutes – c'est vraiment la dernière chose dont j'aie besoin.

— Cela n'arrivera jamais, m'a assuré Amber. Licenciement abusif – pour vol ? Ils vont lui rire au nez. Elle n'a aucune chance. Elle essaie seulement de te faire peur.

J'ai lâché un soupir.

— Quelle déception ! Tu aurais dû voir Ryan. Quand je pense que ce type a été l'acteur principal d'un certain nombre de mes rêves érotiques, au cours des treize dernières années… Je peux te dire que c'est terminé.

— Il hantera tes nuits d'une autre manière, on dirait, a constaté Amber avec sa franchise habituelle.

— Quelle déception ! Dire que je me suis fait tout un film autour de cette histoire de premier amour disparu dans la nature.

J'ai lâché une sorte d'éternuement de mépris que m'aurait envié tout sanglier.

— Maintenant que je lui ai parlé, je suis vraiment contente qu'il ait disparu de ma vie aussi vite. D'ailleurs, j'aurais préféré qu'il aille s'installer un peu plus loin, et qu'il emmène son horrible famille avec lui.

— T'as raison, a approuvé Amber. C'est comme toutes les stars de la pop que j'adorais quand j'étais jeune. Les voir grossir, gonfler et perdre leurs cheveux, ça ne va pas du tout. On ferait mieux de conserver ses premiers amours sous vide, pour les empêcher de vieillir et, surtout, de mettre au monde d'abominables enfants.

— Exactement. Dire que la dernière fois que j'ai vu Ryan, il avait des tablettes de chocolat à la place des abdos et un short de surfeur. Aujourd'hui, il ressemble à n'importe quel papa d'âge moyen au physique porcin.

Amber a levé son verre.

— À la chance que tu as eue de ne pas épouser un papa au physique porcin d'âge moyen, a lancé Amber et j'ai fait tinter mon verre contre le sien.

— À la chance de ne pas être mariée à un porcinet d'âge moyen, ai-je repris en écho dans un soupir.

Nos plats sont arrivés – deux assiettes de *fish and chips* – et nous nous sommes jetées dessus, affamées. Ce n'était pas le meilleur dîner de ma vie : les frites, pâles, n'étaient pas assez cuites et la friture du poisson était aqueuse. Si je commençais vraiment à servir des dîners au Café de la Plage, je pouvais être confiante de ce côté-là : la concurrence n'était pas insurmontable.

Tout d'un coup, une voix d'homme a retenti dans mon dos.

— Bonjour, l'étrangère. Depuis quand êtes-vous de retour au village ?

Amber et moi nous sommes retournées et nous sommes tombées sur Ed, une pinte de bière à la main. Malgré moi, j'ai senti mon humeur s'améliorer d'un coup.

— Bonjour ! Je me demandais justement où vous étiez passé… Euh, enfin…

J'ai refermé ma bouche aussitôt, espérant que je ne passais pas pour une gourde entichée.

Heureusement, il n'a pas attendu que je m'enfonce davantage pour répondre :

— Je me suis demandé la même chose. D'abord cet imbécile de chef qui refait une apparition, ensuite le café est fermé… Il a haussé les épaules. J'ai commencé à croire que vous étiez définitivement partie.

— Non. Enfin si, mais je suis de retour, maintenant. Et comme tous les ponts que j'ai traversés depuis Oxford se sont écroulés après mon passage, j'ai décidé de rester tout l'été.

Amber a tendu une main.

— Bonsoir ! Puisque Evie est suffisamment mal élevée pour oublier de me présenter, je vais m'en charger. Je m'appelle Amber.

— Oh mon Dieu, désolée, me suis-je exclamée, mortifiée. Ed, voici ma meilleure amie Amber. Amber, voici Ed.

— Heureux de vous rencontrer, a dit Ed. Je peux me joindre à vous ?

— Je vous en prie, a répondu Amber avec enthousiasme. Evie vient de traverser une crise existentielle et je ne suis pas sûre de pouvoir la supporter plus longtemps.

Elle m'a tiré la langue d'un air taquin et j'ai rougi.

— Ça va mieux, maintenant ? a demandé Ed, si je vous dérange, je peux m'asseoir ailleurs, mais…

— Non, non. Restez, ai-je répondu. Tout va bien. C'est seulement que… je me suis ridiculisée. Une fois de plus.

— Elle vient de passer un savon à son ex et à son horrible femme au beau milieu du bar, a expliqué Amber. Elle a descendu leur fille en public et s'est probablement fait quelques ennemis de plus dans la communauté. Je ne vous raconte que les grandes lignes, mais…

— Oui, bon, ça va, l'ai-je interrompue. Il n'a pas besoin d'entendre les détails sanglants, non plus.

Amber m'a lancé un clin d'œil :

— Je fais un brin de conversation, voilà tout. Qui veut un autre verre ?

— Moi, ai-je répondu d'une voix légèrement désespérée.

Dieu merci, Ed a eu la gentillesse de ne pas insister sur ce qui s'était passé avec Ryan et Marilyn, et quand Amber est revenue avec nos boissons, nous débattions passionnément de ce qui était le plus agréable : nager dans la mer au clair de lune ou en plein soleil. Toute gêne était dissipée. Amber avait, évidemment, son mot à dire sur le sujet, et nous n'avons pas tardé à décrire à qui mieux mieux les endroits extravagants où nous nous étions baignés à poil. Nous avons ri aux éclats et le temps est passé sans que nous le remarquions. Entre-temps, le ciel s'est obscurci, la fraîcheur s'est installée et j'ai frotté mes bras en regrettant de ne pas avoir eu la présence d'esprit d'apporter un gilet ou une veste.

— Et toi, qu'est-ce que tu fais, ici ? a demandé Amber à Ed au bout d'un moment. Tu es venu pour le travail, ou…

Elle a laissé la question s'éteindre poliment et j'ai remarqué qu'Ed esquissait une légère grimace. J'étais curieuse d'entendre sa réponse, moi aussi. J'ai réalisé que je ne savais pas grand-chose de lui, hormis le fait qu'il s'était baigné nu à Bondi Beach, qu'il adorait nager par pleine lune et qu'il avait accepté de se laisser déguiser en Barbara Cartland, un jour, pour une fête étudiante.

— Je ne travaille pas, en ce moment, a-t-il fini par répondre. Je garde le chien d'un ami. Quand j'étais à Londres, je travaillais, mais… plus maintenant.

J'ai senti que le sujet le mettait mal à l'aise. Amber, cependant, ne semblait pas s'en apercevoir.

— Eh bien alors, ne fais pas durer le suspense : qu'est-ce qu'il s'est passé ? Tu travaillais où ? Elle a plissé les paupières. Ah ! Ne me dis pas que tu es l'un de ces traders disgraciés qui ont fait des millions en fonds spéculatifs et ont tout perdu aussi sec.

— Amber ! ai-je protesté, laisse-le tranquille.

Ed a lâché un rire jaune.

— Non, je ne suis pas un trader en disgrâce. En fait, je travaillais dans la restauration.

J'ai scruté son visage deux fois pour m'assurer qu'il était sérieux, dans le genre : est-ce-que-tu-viens-VRAIMENT-de-dire-ça ?

— Dans la restauration ? ai-je répété d'une voix étranglée en me rapprochant de lui.

Alors voilà pourquoi il avait été si tatillon, avec son sandwich au bacon ! Avais-je eu raison de croire qu'il était critique gastronomique ?

— Pourquoi ne l'as-tu pas dit plus tôt ? Je t'aurais bombardé de questions, si je l'avais su.

— Mais oui, a renchéri Amber. Elle a souffert le martyre, là-bas – enfin, pas aujourd'hui, bien sûr, puisque j'étais là pour lui donner un coup de main, mais…

Tout d'un coup, elle a esquissé un large sourire.

— Ne me dis pas que tu es chef.

Ed a hoché la tête.

— Dans le mille.

Je le regardais toujours, éberluée, puis j'ai éclaté de rire.

— Tu te moques de moi.

— C'est pas vrai, a soufflé Amber avant de frapper l'air dans un tope-là imaginaire. Bingo ! On a la solution ! Oh, c'est trop beau pour être vrai. Evie, ton problème est résolu. Tu as besoin d'un nouveau chef et Ed n'a plus de travail – CQFD.

— Je n'ai jamais dit que…, a commencé Ed.

Mais j'étais déjà lancée.

— Oh, Ed, c'est génial. Est-ce que tu pourrais vraiment me dépanner ? Carl a démissionné sans préavis et Amber va devoir repartir à Oxford d'ici peu. J'ai publié une annonce pour trouver un nouveau chef, mais personne ne s'est encore manifesté. Cela risque de prendre un peu de temps… Cela te tenterait ?

Tout d'un coup, je me suis aperçue qu'Ed ne semblait pas du tout aussi excité que moi par le tour que prenait notre conversation. Bien au contraire, il se tortillait sur son banc de bois comme si l'idée de retourner en cuisine était la pire chose qui puisse lui arriver.

Malheureusement pour lui, j'étais ivre, désespérée, et prête à ramper pour le convaincre.

— S'il-te-plaît-s'il-te-plaît-s'il-te-plaît ? J'ai joint mes mains pour simuler une prière.

Il a hésité.

— Écoute… bon, très bien. Ça devrait être faisable. Pas d'horaires excessifs, parce qu'il faut que je m'occupe du chien, mais… d'accord. Juste quelques jours, le temps qui tu embauches quelqu'un à plein temps. Rien de permanent.

— Génial ! ai-je crié en l'entourant de mes deux bras. Ed, tu es mon sauveur ! Oh mon Dieu, cette soirée se passe tellement mieux, tout d'un coup ! Je vais vous chercher un autre verre tout de suite. Qu'est-ce qui te ferait plaisir ?

— Une bonne excuse pour me défiler…, a-t-il répondu pince-sans-rire, et une pinte de Stella.

Je me suis levée, tant bien que mal (j'étais plus pompette que je le pensais) et je lui ai tiré ma révérence.

— J'arrive tout de suite, chef ! ai-je lancé, aussi rayonnante qu'une guirlande de Noël.

Chapitre 14

J'ai réalisé qu'Ed prenait la chose très au sérieux quand je l'ai vu débarquer au café, le lendemain matin. Nous avons parlé tourtes, paninis et assiettes du surfeur et nous sommes même tombés d'accord sur le fait que nous devrions essayer de proposer un menu du soir, au moins une fois.

Au terme de notre entrevue, j'étais excitée comme une puce. C'était tellement instructif de parler à quelqu'un qui s'y connaissait réellement en restauration ! Même s'il n'avait pas prévu de me seconder plus d'une semaine ou deux, il pourrait me servir de guide à travers les eaux troubles du métier. À ce stade, j'étais reconnaissante pour tout coup de main – si reconnaissante, d'ailleurs, que j'ai dû le remercier un bon millier de fois durant notre échange.

— C'est une bonne idée, en fin de compte, a-t-il déclaré en conclusion. Pour être honnête, je commençais à m'ennuyer, tout seul, depuis tout ce temps. Cela me fera du bien de faire autre chose que de promener le chien et de prendre des cours de surf.

— Eh bien, merci encore, ai-je répété en serrant sa grande main calleuse de chef avant son départ.

Sa poigne avait quelque chose de très viril, ai-je réalisé en rougissant violemment avant de me ressaisir :

— Je vais commander tous les ingrédients qu'il te faut. On se voit demain.

Je l'ai regardé s'éloigner par la plage, escorté de son chien, et j'ai laissé échapper un gloussement de petite fille. J'avais du mal à croire à ma chance. *Les choses prenaient bonne tournure,* me suis-je dit. Très bonne tournure, même. Ed était exactement le genre de personne dont le café – et moi, par la même occasion – avait besoin.

La journée de travail a été chargée, cette fois encore. Le lundi étant férié, la plage est restée bondée tout le dimanche. Avec un employé en moins, nous travaillions à plein régime, mais c'était tout de même plus agréable que de supporter des bouderies et les accès de colère de Saffron.

À la fin de sa journée de travail, Seb a déclaré le plus calmement du monde :

— Bon. Je serai de retour dans quelques semaines, d'accord ? Mes examens commencent juste après les vacances et ma mère veut que je révise.

— Ta maman veut que tu... ai-je répété, incrédule, d'une voix mourante. D'accord. Tu aurais pu me dire cela plus tôt, non ? Cela m'aurait laissé un peu de temps pour m'organiser. Je pensais que tu serais là toute la semaine, moi.

Il a semblé un peu surpris par le ton irrité de ma voix.

— Oh, non, désolé. Je ne pensais pas…

— Non, visiblement, tu ne pensais pas, ai-je répliqué sombrement. Tant pis. Bonne chance pour tes examens, Seb.

Une fois Seb parti, j'ai fermé le café et j'ai laissé échapper un grognement.

— Un qui arrive, l'autre qui part, ai-je grommelé. Franchement, Amber, il suffit que je me dise que ma chance a tourné et que j'ai enfin l'impression de tenir le bon bout, avec ce café, pour qu'une nouvelle tuile me tombe dessus.

Absorbée par l'écran de téléphone portable, Amber a mis un moment à me répondre.

— Merde, a-t-elle fini par marmonner. Écoute, ce n'est pas le meilleur moment, mais Carla vient de m'écrire.

J'ai gémi :

— Oh non.

Je savais ce qui allait suivre.

— Elle veut que je sois de retour à la boutique mardi. Je suis désolée, ma belle. Elle ne trouve personne pour me remplacer, et…

— Ne t'inquiète pas.

J'avais l'impression d'être le capitaine d'un bateau en plein naufrage. *Heureusement qu'Ed vient me prêter main-forte*, me suis-je dit pour la énième fois. S'il n'était pas là, j'étais bonne pour le one-woman-show – ou pas de show du tout, bien sûr. À bien y repenser, s'il n'avait pas été là, j'aurais probablement pris mes jambes à mon cou.

— Du coup, je ferai ce que je peux demain, a continué Amber, mais…

Elle se tordait les mains, visiblement torturée par sa conscience.

— Ne t'inquiète pas, ai-je répété, autant pour elle que pour moi-même. Ça va aller. Je me débrouillerai très bien.

Je n'ai pas le choix, de toute manière, ai-je ajouté en mon for intérieur. *Je m'en sortirai, quand bien même je devrais y laisser ma peau.*

Amber avait beau n'être restée que quelques jours, cela m'a fait un coup, le lendemain matin, de voir qu'elle avait rangé son gel douche et sa brosse à dents en prévision de son départ. Cela avait été génial de l'avoir près de moi. La voir préparer un sandwich après l'autre en enchaînant les blagues m'avait donné du courage, et ses talents déplorables de chanteuse allaient me manquer, aussi.

— Ça va être vide, sans toi, ai-je remarqué avec tristesse alors que nous descendions de l'appartement vers le café. Je t'aurais bien gardée un peu plus longtemps.

— Tu vas voir, tout va bien se passer. Tu vas y arriver, Evie. Ça va être génial, avec Ed. Il semble connaître son métier… et il n'est pas désagréable à regarder, non plus.

Je lui ai jeté un coup d'œil tandis que je déverrouillais la porte intérieure du café.

— Ne recommence pas, l'ai-je prévenue. Je vois très bien où tu veux en venir. Rappelle-toi ce qui s'est passé la dernière fois que tu t'es mêlée de mes histoires, Cupidon.

Quand nous avons traversé la salle en direction de la cuisine, mon regard est tombé sur la terrasse, dehors, et j'ai aperçu un monticule couleur kaki étalé par terre. La fille que j'avais déjà aperçue dormait de nouveau devant ma porte. J'avais été prise dans un tel tourbillon d'événements, dernièrement, qu'elle m'était complètement sortie de la tête.

Je me suis dépêchée d'aller ouvrir les portes vitrées.

— Amber ! Viens voir, ai-je chuchoté, il y a une gamine qui dort devant la maison.

Au son du verrou, la fille a été tirée de son sommeil et s'est redressée, les yeux écarquillés d'effroi. L'instant d'après, elle se levait d'un bond, se débarrassait du sac de couchage et s'enfuyait en courant, son duvet coincé sous le bras. Comme la dernière fois, je n'ai même pas eu le temps de sortir pour la retenir.

— Attends, ai-je crié en essayant de la rattraper, reviens !

Mais c'était peine perdue.

— C'est qui ? a demandé Amber qui m'avait rejointe dehors.

— Je n'en sais rien. Une adolescente. Je l'ai déjà vue, mais elle a déguerpi tout aussi vite la dernière fois. Pauvre gamine, je me demande d'où elle vient ?

Je me mordillais les lèvres. Je n'aimais pas me sentir impuissante, et l'idée qu'elle dorme à la belle étoile m'était insupportable. Elle était beaucoup trop jeune, trop vulnérable.

Nous l'avons regardée disparaître de notre vue.

— J'imagine que ça doit arriver souvent, dans les villes balnéaires, a déclaré Amber. Les gens viennent ici dans l'espoir de trouver un emploi saisonnier, certains de passer un bon moment parce que c'est un lieu de villégiature… enfin, j'espère qu'elle va s'en sortir. Elle a haussé les épaules.

— À partir de maintenant, je vais la guetter, me suis-je promis à voix haute. Je ne voulais pas la chasser. Au contraire, je voulais lui proposer de prendre le petit déjeuner avec nous. Si elle n'a nulle part où passer la nuit, je ne sais pas comment elle se débrouille pour manger.

Nous sommes restées debout sur la terrasse pendant un moment. La matinée était fraîche, le ciel légèrement couvert et gris. Il n'y avait pas âme qui vive.

— J'adore l'idée d'être ici, tout au bout d'une langue de terre, a déclaré Amber d'un air rêveur, le regard rivé sur le large. Je n'ose pas imaginer ce que ce doit être de vivre tous les jours avec une vue comme celle-ci, où des heures entières peuvent passer sans qu'on voie quelqu'un. Ce doit être incroyable, de vivre ici en hiver.

J'ai dégluti. Je ne m'étais pas projetée aussi loin.

— Je n'en sais rien, ai-je répondu, peu convaincue. On doit se sentir assez seul, je crois, coincé ici sans personne.

Elle m'a donné un coup de coude.

— Allez, haut les cœurs ! Tu as toute cette beauté devant ta porte, tu vis dans l'un des endroits les plus prisés et les plus beaux du pays – les choses pourraient être bien pires, Evie Flynn. Contrairement à Bibi, tu ne vas pas te coltiner le train bondé en direction Oxford. Un jour férié comme aujourd'hui, ça va être l'enfer.

— Tu as sûrement raison.

J'ai réalisé dans un sursaut que je n'avais presque pas pensé à Oxford, depuis que nous en étions parties, trois jours plus tôt. Qu'est-ce que Matthew avait bien pu faire pendant le week-end ? Avait-il prévu quelque chose de sympa avec Saul ? Il avait parlé de faire une balade à vélo, tous ensemble, maintenant que Saul se débrouillait aussi bien sans ses roulettes. Je les ai imaginés, peut-être même munis d'un pique-nique, en train de se mettre en route pour aller vivre une aventure, quelque part, sans moi, et mes yeux se sont remplis de larmes.

— Ça va ? a demandé Amber en posant sa main sur mon bras.

— Oui. C'est juste… Tout. Quand je réalise à quel point ma vie a changé au cours de ce dernier mois, cela me fait un choc. Au mois d'avril, j'étais plus heureuse que jamais à faire des projets avec Matthew et…

— Euh… non, a coupé Amber. Je ne dirais pas que tu étais « plus heureuse que jamais ».

Je l'ai regardée :

— Tu ne trouves pas ?

Elle a secoué la tête.

— Au fond de toi, tu n'avais aucune envie de suivre cette formation d'enseignante, si ? Cela se voyait clairement. Tu détestais ton boulot d'intérim et on ne peut pas dire que Matthew et toi étiez dans une phase fusionnelle de votre histoire, non plus. Désolée, a-t-elle poursuivi en voyant que je restais bouche bée. Je te dis seulement ce que j'ai vu. Alors que cet endroit, ici – elle a esquissé un geste large, englobant la mer, la plage, le café –, est merveilleux.

À couper le souffle. Et je trouve que tu as de la chance, Evie. Beaucoup de chance.

Elle a croisé les bras sur sa poitrine, comme pour dire qu'elle n'accepterait aucun argument contraire, avant de reprendre :

— Alors, on se met au travail, ou quoi ? C'est notre dernière journée ensemble avant un moment – on ferait mieux d'en garder un bon souvenir, tu ne crois pas ?

J'ai hoché la tête en repensant à ses mots : Pensait-elle vraiment que j'avais de la chance ? Je n'avais pas vu les choses de cette manière. Au cours des semaines passées, je m'étais parfois sentie dépassée par les derniers bouleversements, parfois angoissée, voire franchement déprimée, mais jamais chanceuse. Pourtant, Amber avait raison. Vue de l'extérieur, ma situation pouvait paraître enviable. Si je lui avais proposé d'échanger nos vies, la fille qui dormait sur ma terrasse n'aurait probablement pas hésité une seconde. Cette pensée a suffi pour me tirer de ma mélancolie.

— Je suis prête, ai-je dit en ouvrant la porte et en retournant la pancarte pour afficher « Ouvert ». À l'attaque, mon amie.

— Ou plutôt « À la barre, moussaillon ! », a répondu Amber dans un éclat de rire, avant de disparaître à l'intérieur. Je vais commencer à préparer les sandwichs pour tout à l'heure.

En attendant les premiers clients, je nous ai préparé deux cafés et j'ai savouré le moment. Amber avait raison. J'avais une chance folle de me voir offrir une nouvelle vie, juste comme ça, et c'était à moi d'en faire le meilleur usage possible.

*
* *

En ce lundi férié et ensoleillé, le café n'a pas désempli. La tâche n'a pas été facile, d'abord parce qu'Amber et moi avons mené la danse à deux la plupart du temps. Ensuite, la livraison de nos courses est arrivée à midi et demie, en pleine heure de pointe ; et pour couronner le tout, ma fichue sœur Ruth n'a rien trouvé de mieux que de se pointer exactement au même moment, alors que nous ne savions plus où donner de la tête.

Il s'en est fallu de peu pour que je me mette à pleurer, quand j'ai reconnu son visage dans la file d'attente. Environ six personnes se tenaient devant elle (la queue était longue) et je l'ai vue inspecter les lieux et repérer en un clin d'œil tout ce qui n'allait pas : la vaisselle empilée sur les tables sales que je n'avais pas encore eu le temps de débarrasser, les murmures et les soupirs des personnes qui s'étonnaient du temps que je mettais à servir tout le monde et, plus grave encore, mon air débordé qui transmettait sans aucun doute le message suivant : « Je suis débordée, je stresse à mort, je ne vais jamais y arriver. » Comme d'habitude.

Son visage, à l'inverse, semblait dire : « Bingo, Evie file un mauvais coton. » Comme d'habitude.

Par miracle, Ed a choisi ce moment pour faire une apparition. L'espace d'un instant, j'ai cru que je prenais mes désirs pour la réalité, qu'il était un mirage fabriqué par mon pauvre cerveau noyé dans les hormones sécrétées par le stress.

Mais c'était bien lui, et il a prononcé les mots magiques :

— Vous avez besoin d'un coup de main ?

— Oui, s'il te plaît, ai-je croassé en déposant des couvercles sur les six gobelets de thé à emporter que je venais de préparer.

— Je vais débarrasser les tables.

Je n'ai même pas eu besoin de le lui demander.

S'il n'était pas entré dans la cuisine pour y chercher un torchon, je crois que je lui aurais sauté au cou pour embrasser mon sauveur.

Je fonctionnais au radar, à prendre les commandes, préparer les boissons, compter la monnaie et, surtout, faire mine de maîtriser la situation face à Ruth qui jubilait visiblement dans la queue. Je n'aurais pas pu imaginer pire cauchemar que de me ridiculiser en public sous le regard de ma sœur. Pendant une fraction de seconde, je me suis demandé si l'idée de me donner un coup de main lui avait traversé l'esprit, mais j'en doutais. Elle notait probablement avec délectation tous les détails de ma misérable prestation en tant que gérante et propriétaire de ce café pour en rapporter les moindres aspects au reste de la famille.

— Pauvre Evie. Je crois qu'elle n'a pas réalisé dans quoi elle s'est lancée, malheureusement…

Argh. J'entendais son ton faussement empathique aussi distinctement que si elle s'était exprimée à voix haute.

— Qu'est-ce que je peux faire pour vous ?

Je me suis tournée vers la prochaine cliente, entourée d'un millier d'enfants agités et couverts de sable.

— Nous voudrions des glaces, s'il vous plaît. Vous voulez quels parfums, les enfants ?

— Chocolat ! Non, fraise… Non, le vert, là.

— Moi je veux des chips, pas de glace.

— J'ai envie de faire pipi !

Mon sourire s'est figé. La queue s'allongeait et les grognements désapprobateurs se faisaient plus francs. Tout d'un coup, j'ai entendu la voix d'institutrice, claire et distincte, de Ruth couvrir tous les autres bruits.

— Evie, on repassera plus tard, quand ce sera plus calme.

Ensuite, elle s'est tournée vers la queue et a ajouté d'une voix plus forte :

— Soyez indulgents avec elle, cela ne fait pas longtemps qu'elle travaille ici. Je suis sûre que vous serez servis dans les plus brefs délais.

Cette remarque m'a tellement hérissée que je n'aurais pas été surprise d'avoir les cheveux dressés sur la tête. Il me semble, d'ailleurs, avoir laissé échapper un grognement sourd, comme un chien enragé.

— Espèce de peau de vache autoritaire, ai-je marmonné quand elle a tourné le dos, ses enfants sur les talons.

— Bon, est-ce qu'on a choisi les glaces ? est intervenu Ed, qui était apparu à mes côtés, comme par magie, et souriait aux enfants agglutinés devant le comptoir.

Avec un regard complice à leur mère, il a poursuivi :

— Vous savez quoi ? Mon parfum préféré, c'est le croustillant au caramel, parce qu'il y a du vrai caramel *et aussi* de gros morceaux de biscuits croquants. Qui en veut ?

— MOI ! ont hurlé les enfants en chœur, y compris celui qui avait envie de chips.

Le visage de leur mère s'est détendu d'un coup et elle a regardé Ed en battant des cils :

— Bravo. Nous en prendrons cinq, s'il vous plaît.

Avec l'aide d'Ed, la queue a fini par être maîtrisée. Il était parfait : poli et aimable avec les clients, mais aussi rapide et efficace, capable de manier les plats, les boissons et l'argent avec dextérité. J'avais l'impression d'être secondée par une bonne fée *– enfin, pas complètement une fée, à vrai dire,* me suis-je dit en regardant ses bras bronzés et musclés, *mais plutôt un chevalier en armure rutilante avec un tablier à fleurs, et qui avait un sacré talent pour manier la machine à café.*

Une fois la queue résorbée, il a disparu dans la cuisine pour commencer à préparer les *cornish pasties,* mes chaussons salés préférés, et j'ai enfin trouvé le temps de souffler un peu. Pouh. Cela avait été intense, mais nous nous en étions sortis et nous avions vendu plus de sandwichs, plus de boissons et plus de gâteaux que j'aurais osé espérer. Annie avait apporté de nouvelles créations : un pain d'épice et un *sponge cake,* tous deux extrêmement appétissants. Il y avait également des brownies au chocolat et des carrés de chocolat aux noix et aux marshmallows qui se sont très bien vendus.

— C'était délicieux, m'a fait remarquer une vieille dame, rayonnante, quand j'ai débarrassé son assiette vide. C'est le *sponge cake* le plus moelleux et aérien que j'aie jamais mangé. Vous avez un nouveau chef ?

J'ai souri.

— Il y a en effet une nouvelle personne qui prépare nos gâteaux, oui. Je lui dirai que vous l'avez apprécié.

— Oui, faites-le, s'il vous plaît. Il était vraiment très bon.

Je suis retournée à la cuisine d'un pas aussi léger que si j'étais montée sur des ressorts. La satisfaction du client, ce n'était pas un plaisir négligeable !

Amber est sortie de la cuisine et m'a tendu un café.

— Tiens. À partir de maintenant, je reste au front avec toi. Gordon Ramsay m'a virée de la cuisine.

— Eh oh, je vous entends ! a lancé Ed d'une voix rieuse depuis les fourneaux.

— J'ai changé d'avis à ton sujet, a répondu Amber en levant les yeux au ciel… il est super autoritaire, m'a-t-elle glissé ensuite, à voix basse, en prenant des airs conspirateurs.

J'ai souri.

— Tu t'y connais, en la matière, lui ai-je rappelé avant de me tourner vers la cliente qui venait de se présenter au comptoir.

C'était une grande femme, bâtie comme une nageuse, avec de larges épaules, une taille fine, de longs cheveux bruns et des yeux d'un bleu lumineux. Son accent était de la plus pure intonation australienne : toutes ses phrases semblaient se terminer par une question.

— Salut ? Je cherche un boulot ? Vous n'avez pas besoin de serveuses ?

Ma bouche s'est ouverte en un sourire ravi et je suis restée muette pendant quelques secondes.

— Si, a répondu Amber à ma place. Si, nous en cherchons. Ou plutôt, c'est elle qui en cherche une, parce que je pars aujourd'hui.

J'ai enfin pensé à fermer ma bouche et à passer d'une expression d'idiote du village à un air plus professionnel et compétent.

— Est-ce que vous avez une expérience du service en salle ?

J'ai repensé à toutes les fois, dans ma vie, où j'avais fait le tour des cafés et restaurants pour chercher un emploi… sans jamais en trouver, ou presque. J'avais connu tant de revers et de rejets que l'expérience, dans son ensemble, s'était révélée extrêmement déprimante. À la manière dont les yeux de cette femme s'étaient éclairés à la réponse d'Amber, j'ai cru comprendre qu'elle était passée par là, elle aussi.

— Bien sûr, a-t-elle répondu du tac au tac. J'ai accumulé beaucoup d'expériences, à Melbourne. Et j'ai travaillé dans un restaurant du West End pendant les six derniers mois.

Elle a farfouillé dans un volumineux sac de cuir bleu qui pendait à son épaule et en a extrait quelques feuilles de papier agrafées.

— Voilà, a-t-elle repris. Mon CV, mes références, tout est là.

— Merci.

J'ai saisi le dossier qu'elle me tendait et Amber a tendu le cou, curieuse, pour y jeter un œil par-dessus mon épaule. J'avais à peine déchiffré son prénom – Rachel – que plusieurs familles sont entrées dans le café.

— Écoutez, Rachel, j'y jetterai un coup d'œil tout à l'heure. Je vous passerai un coup de fil dans la foulée. Cela vous va ?

— Super. Ce serait génial. Je peux tout faire – la plonge, le ménage, à n'importe quelle heure… ?

Elle a souri de toutes ses dents et des fossettes sont apparues de chaque côté de son visage, comme des guillemets.

— Je n'ai pas peur de travailler et je suis fiable. On se parle plus tard ?

— Parfait, merci. À tout à l'heure, ai-je répondu en lui rendant son sourire.

Elle me plaisait. Je savais bien qu'un bon *feeling* ne suffisait pas pour embaucher quelqu'un, mais elle avait quelque chose de très chaleureux, très aimable, qui m'attirait. Je ne la voyais pas envoyer balader les clients ou piller nos stocks, comme Saffron.

Levant une main en guise d'au revoir, elle a quitté le café pendant que je me tournais vers le prochain client.

— Bonjour, qu'est-ce que je peux faire pour vous ?

Ruth n'est pas réapparue de l'après-midi, mais elle m'a envoyé un texto, un peu plus tard : « *Tu survis ?!? Je passe ce soir pour prendre des nouvelles. Biz, R.* »

Est-ce que tu survis, décidément. J'ai frissonné devant cette insulte déguisée. Tout s'était très bien passé, merci beaucoup, après cette brève période d'affluence dont elle avait été témoin. « Et non, tu ne passeras pas ce soir, punaise, » ai-je marmonné avec rage, « parce que je ne serai pas là. »

J'ai répondu : « *Désolée, je ne suis pas là ce soir. Demain ? Biz, E.* »

Ce n'était pas un mensonge. Il fallait que je ramène Amber à Exeter, où elle prendrait son train pour Oxford. Elle avait protesté contre ce changement de programme, affirmant qu'elle se débrouillerait très bien si je la déposais à Bodmin, mais les correspondances promettaient d'être infernales en ce jour de grands retours, et je n'avais pas le cœur de lui imposer un trajet de sept heures alors qu'elle avait été une amie si merveilleuse quand j'avais eu besoin d'elle. L'avancer autant que possible était la moindre des choses.

Pendant ce temps, Ed avait confectionné la première fournée de *cornish pasties* dont les garnitures – légumes méditerranéens et poulet – répandaient une odeur divine.

— Bravo, Ed ! l'avons-nous encouragé quand la première plaque de cuisson est sortie du four.

J'ai frappé dans mes mains, légèrement hystérique. J'avais envie de rire de joie et de pleurer de soulagement à la fois.

Il a levé les sourcils.

— Qu'est-ce qui vous prend ? Vous ne les avez même pas goûtés. Si cela se trouve, j'ai caché de l'arsenic dans l'un de ces chaussons.

— Je tente ma chance, a décidé Amber.

— Et puis merde ! Moi aussi. Ils ont l'air tellement bons que cela vaut le coup de risquer sa vie.

Ed a ri, puis il a coupé deux *cornish pasties* en trois parts égales qu'il a réparties sur trois assiettes.

— Et voilà, mesdemoiselles, a-t-il lancé en rapportant les assiettes vers le comptoir et en prenant place à côté de nous.

— Merci, Ed. Ils ont l'air mortels.

J'ai coupé un bout de ma part au poulet et j'ai soufflé dessus pour la faire refroidir. Il était truffé de morceaux de volaille, de dés de tomates, de carottes, d'oignons et de petits pois, le tout entouré d'une croûte dorée et chaude.

J'en ai mordillé un petit coin. La pâte était à s'en lécher les babines – suffisamment fine pour ne pas coller dans la bouche, légère et friable, d'une texture parfaite. J'en ai mangé un plus gros morceau, et la sauce épaisse qu'il avait préparée a giclé contre mon palais tandis que je croquais un bout de poulet et un morceau de carotte, tous deux moelleux et juteux à souhait.

— Mmmh, ai-je lâché en m'adossant au comptoir pour mieux en savourer les parfums. C'était vraiment bon. Oh, Ed. C'est un *délice.*

— Carrément, a renchéri Amber, qui avait goûté le chausson aux légumes méditerranéens, en passant sa langue sur une éclaboussure de tomate, restée sur le coin de ses lèvres. Miam.

Un homme d'une trentaine d'années est arrivé à cet instant, visiblement amusé de nous voir nous délecter aussi bruyamment.

— Eh bien, puisque c'est comme ça, je prends la même chose que vous, a-t-il annoncé en riant. Ils sentent vraiment très bon.

Après nous avoir raconté qu'il était de passage avec quelques copains pour un enterrement de vie de garçon, il a commandé quatre *cornish pasties* de chaque sorte.

— Vous nous direz ce que vos amis en ont pensé, ai-je demandé en empaquetant sa commande. Et si vous restez quelques jours, repassez nous voir. Nous allons tester pas mal de nouvelles recettes, cette semaine.

— C'est promis.

Le reste de l'après-midi est passé vite et en fin de journée, il ne restait presque plus de friands. Le *sponge cake* et les brownies ont eu beaucoup de succès, eux aussi, et dans l'ensemble, nous pouvions nous vanter d'avoir reçu tout un tas de compliments de la part des clients. J'ai presque regretté de fermer à dix-sept heures, d'autant plus que cela annonçait le départ imminent d'Amber. Une demi-heure plus tard, ses bagages étaient dans le coffre et elle se retournait pour jeter un dernier regard au café.

— J'aurais tellement aimé rester plus longtemps, a-t-elle soupiré quand j'ai mis le moteur de la voiture en marche, c'était génial.

Mes yeux se sont remplis de larmes pendant que nous traversions le village.

— J'aurais bien aimé que tu restes, moi aussi, ai-je renchéri, mais je te suis surtout reconnaissante d'être venue. Je n'y serais jamais arrivée sans toi.

— Tout de suite les grands mots, s'est moquée Amber. Avec ou sans moi, tu t'en serais très bien sortie. Quoique, tu n'aurais probablement pas insulté les parents de Saffron aussi efficacement si je ne t'avais pas abreuvée d'alcool avant de t'obliger à aller repêcher ton surfeur sur le retour.

J'ai éclaté de rire.

— C'est vrai, mais si tu ne lui avais pas fait subir un interrogatoire, Ed n'aurait pas intégré l'équipe, non plus. Il vaut bien une humiliation publique.

— T'as raison, a approuvé Amber. Et n'oublie pas de rappeler cette Australienne, promis ? Elle a l'air sympa. Tu comptes lui proposer un essai ?

— Certainement. Il faudrait vraiment que son CV soit pourri pour que je ne le fasse pas.

Arrivée à la sortie du village, j'ai lâché un petit soupir et je lui ai jeté un coup d'œil en biais.

— … sans compter que je vais avoir besoin d'une alliée, maintenant que tu n'es plus là. Toi partie, j'ai l'impression de couper mon dernier lien avec Oxford.

— Tu dis n'importe quoi, a protesté Amber. Ne crois pas que tu vas te débarrasser de moi comme ça. Et puis… Elle a esquissé un sourire coquin. Ta charmante sœur est encore dans le coin, non ? Voilà un lien assez puissant qui te reste avec Oxford.

— Pour ça, on ne m'a pas demandé mon avis, ai-je répondu d'un ton lugubre.

— Ne te laisse pas faire. Tu es tout aussi parfaite qu'elle, ne l'oublie pas. Est-ce qu'elle a monté sa propre boîte ? Non. Est-ce qu'elle a eu les couilles de faire quelque chose de spontané et d'irréfléchi ? Non. Est-ce qu'elle a une meilleure copine aussi géniale que moi ? Non. Je n'ai rien à ajouter.

— Merci. Je le lui rappellerai quand je la verrai.

— Fais-le. Elle me remerciera, j'en suis sûre, de t'avoir appris comment faire pleurer une femme adulte en trois leçons.

En ce jour férié, la circulation était aussi dense que prévu et il nous a fallu plus de deux heures pour arriver à Exeter. Je l'ai accompagnée jusqu'au quai et l'ai serrée contre moi avec émotion.

— T'es la reine du Café de la Plage, m'a dit Amber, et tu vas passer un été de rêve. Je le sais, c'est tout.

— Toi aussi. Tu vas décrocher un super rôle dans un spectacle du West End et dans la foulée, tu incarneras le personnage principal d'une production hollywoodienne.

— Et toi, tu vas gagner le prix du Meilleur Café de l'Année, et Rick Stein te suppliera de lui filer des tuyaux.

Chapitre 15

Une fois le train d'Amber reparti, me laissant livrée à mon sort, je restai un moment dans la voiture pour une petite séance de cris rageurs.

Aarrrrrgh ! – Je m'étais séparée de Matthew.

Aarrrrrgh ! – Saul me manquait horriblement.

Aarrrrrgh ! – J'avais tourné le dos à une vie raisonnable à Oxford pour me jeter dans l'inconnu, au fin fond des Cornouailles.

Aarrrrrgh ! – Je n'avais pas d'amis à moins de cinq cents kilomètres à la ronde.

Aarrrrrgh ! – J'allais devoir affronter Ruth, demain, et cela promettait d'être affreux.

Une fois la liste terminée, j'ai rempli mes poumons d'air, j'ai compté jusqu'à dix en retenant ma respiration et j'ai tout relâché d'un coup avant d'appeler Rachel et de lui donner le poste.

— Super, a-t-elle dit. Quand voulez-vous que je commence ?

— Demain matin ? Neuf heures et demie ?

— J'y serai.

J'ai raccroché. Bon. C'était déjà une bonne chose de faite.

Mon téléphone a vibré à l'arrivée d'un nouveau texto : « *On t'emmène dîner au restaurant demain soir. On passe te prendre à 19h ? Biz, R.* »

Je ne sais pas quelle mouche a piqué Ruth le jour où elle s'est mise à parler de « dîner » plutôt que de manger. Elle avait dû se dire que ça faisait plus chic, plus bourgeois. Enfin, c'était son affaire. Je n'allais pas chipoter parce qu'on m'emmenait « dîner » plutôt que « manger », même si c'était ma mégère de sœur.

Pour le trajet du retour, j'étais d'humeur calme et contemplative. Le soleil se couchait et le ciel était balafré de violet et de cramoisi.

— À toi de jouer, ma grande, me suis-je dit à voix haute. À toi de jouer.

Ces mots n'étaient pas aussi effrayants que ça, après tout. J'ai même été surprise de ressentir une certaine excitation. Amber n'avait pas eu tort, ce matin, quand elle avait dit que je n'étais pas complètement heureuse, à Oxford. Avec le recul, il me semblait même qu'elle avait raison. Bien sûr, je menais une vie « convenable », tout au moins en apparence. Je m'efforçais, aussi, de faire un choix de carrière qui répondait aux attentes de Matthew et de mes parents… mais dans le fond, l'idée d'entamer une formation d'enseignante m'ennuyait d'avance et me coupait les ailes.

Bon débarras ! Plus personne ne m'étoufferait, désormais. Personne ne me dirait ce que j'ai à faire.

Tout dépendrait entièrement de moi – les prises de risques et les triomphes, les clients, les factures et les gâteaux. Ragaillardie, même si un peu intimidée par cette perspective, j'ai allumé la radio et j'ai chanté à tue-tête jusqu'à la maison. Oui, je me sentais de plus en plus chez moi à Carrawen Bay.

Quand j'ai garé la voiture, il était près de vingt-deux heures et la nuit était tombée. J'adorais cette obscurité tellement profonde et veloutée, qu'on trouvait près de la mer. Il n'y avait pas la moindre trace de la pollution lumineuse qu'on connaissait à Oxford, cette lueur ambrée et brumeuse qui empêchait le ciel d'être complètement sombre, d'un noir de jais. Ici, près de la baie, c'était comme si les ténèbres avaient le pouvoir de vous avaler. La mer était une encre épaisse, on percevait son odeur salée et son mouvement rythmique avant de discerner sa présence physique. Ce soir, un croissant de lune entouré d'une éclaboussure d'étoiles, argentées et lumineuses, brillait dans le ciel de charbon.

Je me suis dépêchée de verrouiller la voiture en jetant des coups d'œil inquiets autour de moi. Avec cette obscurité, mes yeux peinaient à distinguer les coins les plus sombres du parking. J'étais ridicule ! Cet endroit était certainement plus sûr que mon ancienne rue, à Oxford, et pourtant tous mes sens étaient en éveil quand j'ai contourné la maison pour accéder à la terrasse et à l'entrée principale du café.

Arrivée à mi-chemin de l'escalier, un léger mouvement accompagné d'une sorte de bruissement m'a clouée sur place. Mon cœur a fait une embardée et je me suis agrippée à la rampe pendant que l'adrénaline se répandait à toute allure dans mes veines. Encore des rats ? Ou alors, le vent qui soufflait sur quelque chose ? À moins que quelqu'un… ? Est-ce que Saffron et sa famille étaient capables de se venger ?

J'ai franchi tant bien que mal les deux dernières marches, mes jambes semblables à du coton, et j'ai cru mourir de peur en apercevant la silhouette d'une personne qui se détachait, en effet, dans l'ombre de la terrasse.

— Oh, merde ! s'est exclamée une voix juvénile au même moment.

C'était la jeune fille qui dormait parfois à la belle étoile sur ma terrasse, et elle me regardait avec terreur. À moitié sortie de son sac de couchage, elle semblait prête à bondir de nouveau pour s'enfuir. Malheureusement pour elle, je bloquais le passage.

— Je suis désolée, a-t-elle dit en se relevant tant bien que mal avant de rassembler ses affaires. Je suis vraiment désolée. Je m'en vais, ne vous inquiétez pas.

— Tu ne me déranges pas, ai-je répondu sans bouger.

J'étais tellement soulagée que ce ne soit pas un timbré venu pour m'attaquer ou pour vandaliser le café que j'ai senti mes jambes se dérober sous moi.

— Tu n'as pas besoin de t'en aller. Écoute – est-ce que tu as faim ? Tu as mangé quelque chose ?

Elle m'a jeté un regard méfiant. Son visage était partiellement caché par les ténèbres, mais sa posture tout entière était sur le qui-vive, prête à se défendre : les bras étaient collés à son corps, extrêmement tendue, n'attendant que le bon moment pour déguerpir.

— Entre, ai-je repris sans attendre sa réponse plus longuement.

J'ai fouillé dans mon sac pour trouver les clés de la porte d'entrée.

— Viens manger quelque chose, au moins. Il nous reste plein de *cornish pasties*, et aussi du gâteau.

Elle hésitait encore. Je suis montée sur la terrasse et j'ai senti qu'elle battait en retraite. J'étais tendue, moi aussi. Je ne voulais surtout pas qu'elle disparaisse à nouveau. Je ne pouvais m'empêcher de me sentir un peu responsable d'elle, puisqu'elle dormait sur ma terrasse.

— Allez, viens, ai-je insisté en insérant la clé dans la serrure et en poussant la porte. On a un nouveau chef qui est super. Goûte au moins ce qu'il a préparé.

— Vous êtes sûre ? a-t-elle demandé en s'agrippant à son sac de couchage comme si c'était un bouclier.

— Certaine.

J'ai allumé les lumières et j'ai tenu la porte grande ouverte. Je l'ai vue jeter un coup d'œil par la fenêtre, comme attirée par la clarté accueillante du café, et j'ai parié intérieurement qu'elle ne résisterait pas à la tentation.

J'ai eu raison.

— Merci, a-t-elle murmuré, tête baissée, en se glissant dans la maison à ma suite.

En pleine lumière, j'ai découvert une toute petite créature, n'ayant que la peau sur les os, avec de longs cheveux blonds et emmêlés qui encadraient un visage fin. Quel âge pouvait-elle avoir ? C'était difficile à dire. Seize ans ? Dix-huit ans ? Quatorze ans ? Elle avait quelque chose de désenchanté qui vous brisait le cœur, et j'ai repensé à ma propre adolescence avec un pincement au cœur – le foyer douillet et chaleureux de mes parents, les lits moelleux, les repas sur la table, le budget pour les vêtements. Qu'est-ce qui avait mal tourné pour cette fille, pour qu'elle préfère passer ses nuits devant mon café plutôt que rentrer chez elle ?

— Assieds-toi, ai-je dit. Qu'est-ce que tu veux boire ? Plutôt quelque chose de chaud ou de froid ? Les deux, peut-être ?

Son regard s'est porté sur le menu inscrit à la craie, puis elle a marqué un silence avant de tourner son petit visage vers moi avec gourmandise.

— Est-ce que je pourrais avoir un chocolat chaud ? S'il vous plaît ?

La pauvre chérie. Ce n'était vraiment qu'une gamine.

— Bien sûr.

J'ai pris une tasse et j'y ai versé du chocolat en poudre en me disant qu'elle était bien élevée, très polie, à mettre des « s'il vous plaît » à la fin de toutes ses requêtes. Son accent venait du sud, mais sans le « r » qui roulait, typique du sud-ouest du pays.

— Je m'appelle Evie, au fait, ai-je dit en remuant le lait sur la casserole. Est-ce que tu veux de la crème fouettée et des marshmallows, sur ton chocolat ?

— Oui, s'il vous plaît, a-t-elle dit en coinçant une mèche de cheveux derrière son oreille, visiblement intimidée. Je m'appelle Phoebe, a-t-elle ajouté au bout d'un moment.

S'agissait-il de son vrai nom ou venait-elle d'en inventer un autre ? Quoi qu'il en soit, j'ai considéré sa réponse comme un progrès. J'étais Evie, elle était Phoebe. Parfait. C'était un bon début.

— Et voilà. J'ai déposé la tasse devant elle. À manger, nous avons deux sortes de *cornish pasties*, ou alors du gâteau. Je peux aussi te faire des toasts. De quoi as-tu envie ?

Elle a trempé sa cuiller dans la crème chantilly et l'a léchée. Une expression fugace de plaisir a traversé son visage avant de céder à nouveau la place à la méfiance. Elle a murmuré quelque chose, le regard rivé sur ses doigts sales qui s'agitaient nerveusement sur ses genoux.

— Pardon ?

J'étais restée debout de crainte qu'elle ne s'effarouche si je m'asseyais auprès d'elle. C'était un peu comme d'attirer un animal craintif hors de sa tanière en essayant par tous les moyens de lui faire comprendre qu'on n'avait pas l'intention de lui faire de mal.

— Ça va me coûter combien ? a-t-elle répété en évitant toujours mon regard.

Combien ?! Oh, mon Dieu, elle croyait que j'allais lui demander de payer !

— Rien du tout, ai-je répondu d'un ton ferme. Je ne t'ai pas priée d'entrer pour te vendre ma marchandise. Je t'ai demandé d'entrer parce que…

J'ai haussé les épaules, perplexe.

— … parce que je m'inquiète depuis le premier jour où je t'ai vue dormir dehors.

Son petit menton s'est redressé.

— Vous n'avez pas besoin de vous inquiéter pour moi. Je vais très bien, a-t-elle répondu de ce ton de condescendance glaciale et mal placée dont seuls les adolescents sont capables.

De toute évidence, elle n'allait pas si bien que ça. Je n'étais pas sûre, cependant, que ce type de réponse nous avancerait beaucoup.

— Tant mieux, ai-je répondu lentement en retournant derrière le comptoir. Moi, je vais prendre une part de ce *sponge cake.* J'ai soulevé la cloche en verre qui protégeait le gâteau. Permets-moi de te dire qu'il est absolument délicieux. Est-ce que tu aimerais que je t'en coupe une part, à toi aussi ?

Elle a marqué une nouvelle pause, comme si elle pesait le pour et le contre. Qu'est-ce qui lui passait par la tête ? La nourriture la tentait, c'était visible. Craignait-elle de me devoir quelque chose en retour ?

— Il a déjà quelques jours, ai-je menti, et je vais devoir le jeter si on ne le mange pas. Cela me rendrait service si tu pouvais en prendre un peu. Je préfère qu'il soit mangé plutôt que de finir dans la poubelle.

— Oui, s'il vous plaît, a-t-elle répondu doucement en sirotant sa tasse.

— D'accord.

J'ai coupé deux parts en essayant de cacher ma satisfaction. Je n'allais pas le lui dire tout de suite, mais maintenant que j'avais vu à quel point elle était jeune et vulnérable, il était hors de question que je la laisse dormir à la belle étoile ce soir. Pas question. J'allais la nourrir, lui demander si elle voulait prendre un bain chaud et ensuite, je lui proposerais la chambre d'amis.

Le visage horrifié de Matthew est apparu dans ma tête. *Tu veux la laisser dormir chez toi ? Tu ne connais même pas cette fille. C'est probablement une droguée. Elle va prendre tout ton argent et disparaître. Ne sois pas idiote !*

Il n'avait pas complètement tort. Je ne la connaissais pas et il y avait des chances pour qu'elle soit toxicomane… mais elle était aussi très jeune, et elle passait ses nuits par terre, devant ma porte. Quelle que soit son identité réelle et quelle que soit sa situation, je ne pouvais pas la renvoyer dehors dans la nuit.

J'ai déposé les assiettes sur la table et je me suis assise.

— Tiens. Tu as de la chance que je ne sois plus responsable des gâteaux. Celle qui les prépare s'appelle Annie. Si c'était moi qui l'avais fait, il ne serait pas aussi bon, crois-moi.

Elle ne m'écoutait pas. Après avoir déposé un bout du gâteau dans sa bouche, elle mâchait à toute allure. Un éclair de joie gourmande a traversé son visage, lui donnant des airs d'enfant devant une pièce montée, à un goûter d'anniversaire. Avec un pincement au cœur, je me suis demandé pourquoi elle traînait dans les rues et où pouvaient bien se trouver ses parents. Sans compter que je ne savais pas ce qu'il fallait faire, en tant qu'adulte, quand on était confronté à cette situation ?

Tout en réfléchissant, je triturais mon gâteau du bout de ma fourchette – je n'avais pas vraiment faim, je ne m'étais servi une part que pour la mettre à l'aise. Je ne voulais pas l'effrayer en insistant sur le fait qu'il fallait contacter ses parents ou même la police, mais en même temps, je me sentais dans l'obligation morale d'entreprendre *quelque chose.*

— Écoute, ai-je dit au bout d'un moment. Phoebe. J'ai une chambre d'amis, tu sais. Tu peux passer la nuit ici, si…

Bon sang, j'en avais déjà trop fait, et surtout trop tôt. J'avais à peine fini de parler qu'elle se levait et attrapait son vieux sac de couchage dégoûtant.

— Je vais bien, a-t-elle lancé, je vous ai dit que j'allais bien.

Je me suis levée à mon tour, consciente du fait que j'étais en train de perdre le contrôle de la situation.

— Je ne veux pas que tu dormes dehors, c'est tout.

Elle se dirigeait déjà vers la porte et je lui ai emboîté le pas.

— Écoute, pourquoi ne resterais-tu pas juste cette nuit. Je laverai ton sac de couchage…

— Non, a-t-elle répondu avec froideur. Merci pour le gâteau, mais il faut que j'y aille, maintenant.

— Tu vas aller où, Phoebe ? ai-je demandé d'une voix désespérée alors qu'elle disparaissait sur la terrasse et dévalait déjà les marches.

Je lui avais fait peur.

— Reviens quand tu veux, ai-je lancé dans l'obscurité. Je suis sérieuse ! Quand tu veux !

J'ai entendu ses pas dans le sable, puis le silence est revenu, entrecoupé seulement du chhhh-chhhh-chhhh de la mer. Elle était partie.

Je suis restée un moment sur la terrasse dans l'espoir qu'elle change d'avis et revienne, mais elle n'en a rien fait. Une brise froide soufflait depuis le large et quelques gouttes de crachin ont commencé à tomber. Je me sentais stupide et penaude de l'avoir poussée à fuir. Où allait-elle passer ses nuits, maintenant ? Il ne me restait plus qu'à espérer que la pluie n'augmente pas. Avec un peu de chance, elle connaissait un autre endroit où se mettre à l'abri et dormir.

Le lendemain matin, j'ai jeté un coup d'œil par la fenêtre au cas où Phoebe serait revenue s'installer sur la terrasse, mais je ne l'ai pas vue. Le temps était frais et couvert et si l'on en croyait la météo, ce serait la dernière journée sèche pour un bon moment. D'après mes calculs, cela augurait d'une dernière journée chargée en bord de mer, même si le soleil ne se montrait pas. On pouvait toujours compter sur les Britanniques pour se traîner obstinément jusqu'à la plage en dépit de la chair de poule et des rafales de vent qui vous fouettent le visage au point de vous brûler la peau, sans compter les extrémités gelées de ceux qui seraient assez fous pour mettre le pied dans l'eau – tout cela au nom des vacances en bord de mer. Je pouvais miser sur une queue allant jusqu'à l'angle de la maison pour tous ces courageux qui viendraient se réchauffer avec un café, un thé ou des en-cas chauds.

Ed est arrivé à huit heures et demie pour préparer la pâte d'une nouvelle série de *cornish pasties*.

— Qu'est-ce qu'on mange aujourd'hui, chef ? ai-je demandé en lui préparant un café.

— Je vais faire une fournée agneau-menthe, une autre classique des Cornouailles et une troisième végétarienne, a-t-il répondu en écrasant du beurre dans la farine.

— Génial. Il en reste quelques-uns d'hier, aussi. Les clients vont avoir l'embarras du choix !

Il m'a fait un clin d'œil :

— C'est l'idée.

— Nous avons une nouvelle recrue, qui commence aujourd'hui…

Je rechignais à quitter déjà la cuisine et j'ai réalisé que j'aimais le regarder travailler. Je savais, par ailleurs, que le service du matin commencerait d'ici une heure et qu'à partir de ce moment, je n'aurais plus une minute pour papoter avec lui avant la fin du déjeuner.

— … elle s'appelle Rachel. Elle est australienne, mais elle a déjà travaillé dans la restauration à Londres, dans un établissement qui s'appelle le Duke's, je crois, dans le West End.

— Vraiment ?

Sans pour autant lever la tête de sa pâte, Ed m'a paru curieusement tendu, tout d'un coup.

— Oui, tu connais cet endroit ?

Il a secoué la tête sans me regarder.

— Non.

Les paupières mi-closes, je l'ai observé un peu plus attentivement. J'étais sûre qu'il mentait.

— Oh, mon Dieu. Ce n'est pas celui où tu travaillais, quand même ? ai-je lâché presque malgré moi. Ce serait un peu bizarre, pour toi, n'est-ce…

— Pas du tout, non, a-t-il répondu d'un ton sec.

— Comment s'appelait le restaurant où tu étais chef ? ai-je insisté, curieuse.

En lisant le CV de Rachel, je m'étais rendu compte que je ne savais quasiment rien d'Ed. Pas de références, pas d'antécédents de carrière, rien. Tout ce que je savais de lui, c'était ce qu'il avait bien voulu me dire et pourtant, je lui avais confié la direction de ma cuisine sans hésiter. Ne vous méprenez pas : j'étais très reconnaissante du fait qu'il s'occupe des fourneaux, et j'étais plus que satisfaite de ce qu'il y avait réalisé jusqu'à présent, mais j'étais également consciente du fait que sa collaboration ne correspondait pas à un contrat de travail conventionnel. D'autres gérants de cafés n'auraient peut-être pas été aussi détendus à l'idée de confier le poste de chef à un parfait étranger, sans connaître ne serait-ce que les grandes lignes de sa vie professionnelle. Remarquez, les autres établissements n'étaient peut-être pas aussi désespérés que moi, non plus.

— Evie, j'aimerais beaucoup papoter avec toi, mais il va falloir que j'avance avec ces chaussons, d'accord ?

Je me suis sentie poliment, mais fermement, renvoyée dans mes buts et j'ai haussé les sourcils, vaguement vexée. Concentré sur sa pâte, Ed ne s'en est même pas aperçu.

— Bien sûr, ai-je répondu en quittant la cuisine d'un pas vif.

Il ne voulait donc pas en parler. Très bien. Pas de problème. De toute manière, ce n'était pas comme si je l'avais officiellement embauché. Il me rendait service, voilà tout, et me dépannait pendant quelques jours. Je n'allais quand même pas commencer à faire des caprices et exiger des réponses à toutes mes questions ? Pourtant, et même si cela ne me regardait pas, la réticence d'Ed à parler de lui avait quelque chose d'étrange. D'un peu… mystérieux.

Je me suis préparé une autre tasse de thé, j'ai chassé ces pensées de mon esprit et j'ai noté les nouveaux *cornish pasties* sur le menu du jour.

J'ai ouvert le café à neuf heures, pour les premiers clients matinaux qui cherchaient quelque chose à se mettre sous la dent en guise de petit déjeuner. Peu après, la nouvelle employée est arrivée (avec cinq minutes d'avance – c'était parfait) et a tout de suite mis la main à la pâte. J'ai compris très vite qu'elle faisait partie de ces personnes détendues, qui ne se laissent jamais démonter et ont un sourire pour chaque client, sans pour autant craindre de mettre les mains dans le cambouis. En tout cas, il n'y avait aucune comparaison possible avec cette boudeuse de Saffron et pas davantage avec Seb, qui était très gentil mais un peu bouché.

— Ça fait combien de temps que tu es en Angleterre ? ai-je demandé entre deux clients.

— Six mois. J'ai surtout travaillé à Londres, mais j'ai aussi passé quelques semaines à Édimbourg et à Glasgow, pour rendre visite à des proches et voyager un peu. C'est sympa, ici, en tout cas. Vraiment beau. Au fond de moi, je crois que je suis une fille de la plage. La mer m'a terriblement manqué.

J'ai souri.

— Je crois que je suis une fille de la plage, moi aussi.

Entre deux thés, cafés ou chaussons (les nouveaux avaient une apparence et un parfum aussi prometteurs que ceux d'hier), j'ai appris qu'il lui restait six mois à écouler avant de rentrer en Australie, et qu'elle faisait des économies pour s'offrir un petit tour d'Europe avant le grand retour.

— J'aimerais tellement aller à Paris, a-t-elle soupiré d'un ton rêveur, et aussi passer une semaine ou deux en Italie. Amsterdam a l'air super, aussi

– et oh ! Barcelone… Elle a souri. Alors tu vois, je suis vraiment contente que tu m'aies confié ce boulot. Je ferai autant de services que tu veux m'en confier.

— Ce n'est pas tombé dans l'oreille d'une sourde !

Ed est resté dans la cuisine pendant quasiment toute la matinée, mais quand j'ai accordé une pause à Rachel, à onze heures et demie, et que je me suis retrouvée seule derrière le comptoir, il m'a apporté les plats pour m'éviter les allers-retours incessants vers la cuisine. Il venait de me confier deux *cornish pasties* chauds à emporter, quand quelque chose d'étrange s'est produit.

— Hé, s'est soudain exclamée une cliente.

D'âge moyen, elle arborait des mèches blondes, un bronzage à la Saint-Tropez et des lunettes de soleil haute couture, relevées pour mieux dévisager Ed.

— On se connaît, non ?

Elle avait une de ces voix claires et distinctes qui forçaient l'attention. Intriguée et… oui, passablement curieuse, j'ai suivi son regard et je me suis aperçue que ce dernier était très rouge, et semblait plus embarrassé que jamais.

— Je ne crois pas, a-t-il marmonné avant de me remettre le sachet de chaussons et de battre en retraite.

— Mais si, j'en suis sûre, a insisté la femme d'une voix ferme et assurée.

Elle s'est mise à tapoter le comptoir avec son ongle verni de rouge, comme pour mieux réfléchir.

— J'en suis certaine…

Tout d'un coup, une expression de triomphe s'est affichée sur son visage.

— Ça y est ! Vous étiez le chef de… bon sang, comment s'appelle cet établissement ?

— Désolé, je ne vois pas de quoi vous parlez, a répété Ed en se retirant dans la cuisine. Je travaille ici, c'est tout. Je ne crois pas qu'on se connaisse.

Un silence gêné s'est installé et la femme l'a suivi du regard, visiblement troublée.

— C'est étrange, a-t-elle dit. J'étais sûre que c'était lui. Je suis très physionomiste, d'ordinaire.

Je me suis mordu les lèvres. Pourquoi Ed était-il si fuyant, tout d'un coup ?

— Quatre livres, s'il vous plaît, ai-je annoncé poliment.

Elle m'a tendu l'argent, visiblement perplexe.

— J'aurais pu jurer que c'était lui, a-t-elle marmonné dans sa barbe avant de me remercier.

Ed n'a pas quitté la cuisine de l'après-midi. Quelque chose de bizarre se tramait, mais je n'ai pas eu le courage d'aller lui demander pourquoi il se comportait de manière si mystérieuse. J'avais bien trop peur qu'il décide de s'en aller, si je l'embêtais trop avec mes questions, et j'avais besoin de lui.

Mais je n'étais pas idiote, non plus. N'importe qui aurait compris qu'il me cachait quelque chose d'important. Il fallait juste que je trouve un moyen de découvrir par moi-même ce qu'il se donnait tant de peine à dissimuler.

L'après-midi s'est déroulé sans catastrophes majeures. Les *cornish pasties* avaient beaucoup de succès, tout particulièrement celui à la garniture traditionnelle des Cornouailles, suivi de près par le poulet-légumes. Quant à moi, je n'avais toujours pas décidé lequel était mon favori. J'avais jeté mon dévolu sur celui au poulet, mais quand j'ai goûté celui à l'agneau et à la menthe, à l'occasion de ma pause-déjeuner, je l'avais trouvé si succulent que je ne savais plus lequel préférer. À la fin de la journée, nous avions vendu tous les chaussons et toutes les parts de gâteau. Quant à Rachel, elle était parfaite : elle papotait volontiers avec les clients, mais travaillait dur et surtout, elle m'a annoncé qu'une de ses amies, Leah, allait la rejoindre dans les Cornouailles d'ici peu et qu'elle chercherait un emploi.

— Alors, voilà. S'il te faut une autre serveuse, n'hésite pas. Elle a une tonne d'expérience, elle travaille bien et elle est marrante.

— Ça ressemble fort à la combinaison gagnante, ai-je répondu. Banco !

J'étais d'une humeur si guillerette que la perspective de dîner avec Ruth ne parvenait pas à ternir ma joie.

— Je n'ai rien à t'envier, Ruth, me suis-je entraînée à répéter dans le miroir, après avoir appliqué mon rouge à lèvres. Si Amber le dit, c'est que ce doit être vrai.

Ruth est arrivée au volant de sa grosse Ford Galaxy, avec son mari sur le siège passager, Hugo et Isabelle sanglés dans leurs sièges pour enfant, sur la banquette arrière, et Thea au milieu. J'ai fait coulisser la portière pour jeter un coup d'œil à l'arrière :

— Bonsoir tout le monde, ai-je lancé à la ronde. Vous passez de bonnes vacances ?

— Ouiiiii ! ont répondu les enfants en chœur.

— Nous avons vu un superbe château, à Launceston, aujourd'hui, n'est-ce pas les enfants ? a dit Ruth. Depuis le donjon, la vue était formidable.

— Et on a fait du bateau, a renchéri Isabelle, mais Hugo était malade ! Pas vrai, Hugo ?

L'intéressé a préféré ignorer sa sœur et me donner des instructions :

— Tu vas t'asseoir à côté de Thea, tante Evie, a-t-il dit en se penchant en avant.

Ce garçon n'avait que neuf ans, mais il maîtrisait l'autorité d'une main de maître. Je l'imaginais déjà à la Chambre des communes, s'adressant au Premier ministre d'un ton similaire, d'ici quelques années – en admettant qu'il ne soit pas élu Premier ministre lui-même, bien entendu. Connaissant Ruth, elle le destinait certainement à un futur ambitieux.

— Isabelle et moi, on n'aime pas être assis avec elle, a-t-il repris, parce qu'elle est méchante.

— Oui, installe-toi, a renchéri Ruth, il faut qu'on y aille.

Thea, deux ans, m'a adressé un sourire éblouissant pendant que je grimpais maladroitement dans l'habitacle.

— Belle obe, tante Epie, a-t-elle déclaré en tendant sa main collante pour tapoter le tissu de ma robe.

Derrière nous, Hugo et Isabelle ont aussitôt poussé de grands cris de joie.

— Tante Epie, tante Epipie ! Elle croit que tu fais plein de pipis !

— Isabelle ! a aussitôt aboyé Ruth qui s'était retournée, l'air désapprobateur. Pas de gros mots, s'il te plaît. Désolée, Evie. Ils sont surexcités.

— Oh, ça ne me dérange pas, ai-je répondu en bouclant ma ceinture de sécurité. Tant qu'elle ne m'appelle pas tante Ecaca, bien sûr. S'ils m'appelaient comme ça, je serais obligée de sévir.

Une explosion de cris de ravissement s'est fait entendre sur la banquette arrière.

— Tante *Ecaca* ! a crié Isabelle, à deux doigts de mouiller sa culotte pendant qu'Hugo s'étouffait de rire, lâchant des bruits semblables à ceux d'un phacochère en plein étouffement. Tante ECACA !

Les lèvres de Ruth se sont serrées alors qu'elle s'engageait sur la route. Oups.

— Evie, s'il te plaît, ne les encourage pas, a-t-elle dit d'une voix tendue. Je fais de mon mieux pour éviter que l'humour pipi-caca s'invite dans la famille, mais…

— Maman a dit pipi-caca ! a crié Thea, triomphante, et tous trois sont aussitôt repartis dans des grands éclats de rire.

Leurs hurlements de joie étaient contagieux et je n'ai pas pu m'empêcher de me joindre à eux.

— Ça suffit, les enfants, a dit Tim d'un ton sévère que démentait un léger sourire, au coin de ses lèvres. Calmez-vous.

Un peu honteuse d'être responsable de la chute drastique du niveau de nos échanges, je me suis efforcée de rattraper le coup.

— Alors, vous logez où ? ai-je demandé poliment alors que Ruth prenait un virage serré à l'allure raisonnable de trente-cinq kilomètres par heure, au niveau de la sortie de Carrawen.

Une file de voitures se formait déjà derrière nous.

— Un petit cottage juste à la sortie de Rock, a répondu Ruth. Cela fait quelques années que nous y allons, on s'y sent presque à la maison.

Une image m'a soudain traversé l'esprit : je la voyais raconter à ses copines d'Oxford ses vacances dans « leur petite maison des Cornouailles », comme si c'était leur demeure secondaire, en oubliant de mentionner qu'elle appartenait à quelqu'un d'autre et qu'ils n'étaient que locataires. J'étais sans doute injuste. *Sois sympa, Evie, fais un effort.*

— Super ! Vous êtes là pour toute la semaine ?

— Oui, nous avons beaucoup de chance.

Si j'aimais beaucoup ma sœur (je l'aimais sincèrement), j'aurais préféré qu'elle n'ait pas cette suffisance dans la voix.

— Tim a pu se libérer du travail pendant une semaine entière, alors nous restons jusqu'à samedi.

Elle a froncé les sourcils en tournant à un coin de rue et s'est retrouvée juste derrière un tracteur qui avançait en tremblotant.

— Bon sang, il ne manquait plus que ça. Je ne sais pas comment les gens supportent de circuler en voiture dans cette région.

Nous sommes restés sagement rangés derrière le tracteur et Ruth a ralenti au maximum. Les voitures qui se trouvaient derrière nous ont saisi l'occasion pour doubler en accélérant brusquement, mais cela ne semblait pas faire partie des projets de ma sœur. J'ai croisé les bras sur mon ventre. Je commençais à avoir faim et ce trajet promettait d'être long.

Je me suis retournée pour sourire à Hugo et Isabelle.

— Quelqu'un veut jouer à « Devine ce que je vois » ?

— Formidable, a déclaré Ruth un peu plus tard, alors qu'enfin attablés dans le restaurant, nous avions commandé nos plats.

C'était vraiment *formidâble*, même, pour reprendre l'intonation d'un bon nombre de convives de l'établissement. Situé à Tregarrow, l'endroit était recommandé dans le guide touristique de l'association automobile dont Tim était membre, et les couples qui le fréquentaient affichaient des ressemblances évidentes avec ma sœur et mon beau-frère. BCBG, vêtus en Boden de la tête aux pieds, ils étaient tous entourés d'une ribambelle d'enfants en écoles privées aux voix bien assurées et qui s'appelaient Henry, Celia et autres.

Le temps d'arriver au restaurant, Thea avait fini par s'endormir et elle était désormais rouge de sommeil et grincheuse, tandis qu'Isabelle et Hugo se plaignaient de tout et s'ennuyaient ostensiblement. Mon estomac, lui, grognait depuis une bonne vingtaine de minutes. Pour arranger le tout, il avait commencé à pleuvoir des cordes.

— C'est tout de même un autre standing que le Café de la Plage, pas vrai ? a lancé Tim avec condescendance. Tu pourrais t'inspirer de cet endroit, Evie.

— Mmmh, ai-je répondu en m'efforçant de ne pas répondre à sa provocation.

Oh et puis zut, je ne pouvais pas me retenir. J'en avais ras le bol qu'on me critique, même sur mon propre terrain.

— ... ce n'est vraiment du tout le même genre d'endroits, Tim, ai-je répondu sur le même ton condescendant. Mes clients arrivent de la plage, ils ne sont pas du genre à se mettre sur leur trente-et-un pour aller manger un morceau. Ce n'est pas comparable. Cela dit, nous envisageons d'élargir notre carte pour les soirées, alors…

— Vraiment ? a demandé Ruth, étonnée, tout en foudroyant du regard Hugo qui faisait tournoyer sa fourchette un peu trop près d'Isabelle. Donne-moi ça, a-t-elle sifflé en tendant le bras pour attraper la fourchette. Nous n'avons pas prévu d'éborgner un enfant, ce soir.

— Oui, ai-je répondu. J'ai un nouveau chef cuisinier qui est partant pour tenter un service du soir, pendant le week-end, alors je me suis dit que ça valait le coup d'essayer.

En réalité, ai-je réalisé à cet instant, Ed et moi n'avions pas reparlé de ce projet. J'espérais qu'il n'avait pas changé d'avis, maintenant qu'il avait fait l'expérience du travail avec moi.

— Ce qui est chouette, quand on est son propre patron, ai-je poursuivi avec emphase, consciente du fait que je m'abaissais à employer les mêmes méthodes que ma sœur, c'est qu'on peut changer les choses selon ton humeur.

Prenez-vous ça dans la figure, pauvres employés que vous êtes, étais-je tentée d'ajouter, *fichez-vous ça dans vos plans d'épargne retraite.*

— Bien entendu, il te faudra trouver un menu adéquat pour un service du soir, a répondu Tim avec sagesse.

De toute évidence, ses années d'études à l'université lui avaient donné une idée précise du monde de la restauration.

— Évidemment, Tim, ai-je répondu en refrénant mon envie d'ajouter un vilain « sans blague ? »

— Et bien entendu, il te faut une équipe au complet, m'a conseillé Ruth avant de lâcher un petit éclat de rire. C'était un peu le chaos, quand nous sommes passés, hier – oh, tu m'as fait de la peine. J'ai bien vu que tu ramais.

J'ai senti mes poings se serrer sous la table. *Tu n'as rien à lui envier,* m'avait dit Amber. J'avais toutes les peines du monde à m'accrocher à cette phrase.

— Tante Evie ! J'ai voulu goûter la glace, dans ton café, mais Maman a dit qu'on ne pouvait pas, est intervenue Isabelle en glissant sa main dans la mienne.

Je l'ai serrée entre mes doigts.

— Eh bien, il faudra que tu reviennes une autre fois, alors, ai-je répondu en luttant comme une pauvre diablesse pour ne pas me laisser atteindre par les vexations de Ruth.

Est-ce qu'elle a eu les couilles de faire quelque chose de spontané et d'irréfléchi ? Non.

— Nous avons de super parfums, Izzy. Froufrou à la framboise, chocolat, menthe aux éclats de choc – qu'est-ce que tu préfères ?

Elle m'a souri. Elle était mignonne, Isabelle, avec ses taches de rousseur et sa coupe au bol sombre, dont la frange tombait juste au-dessus de ses yeux.

— Chocolat, a-t-elle déclaré, une expression solennelle dans ses yeux ronds couleur de noisette.

Aussitôt, Thea s'est redressée dans la chaise haute où elle jouait avec une petite peluche en forme de chien.

— Moi chocolat, a-t-elle couiné, chocolat maintenant ?

— Thea croit qu'on va manger du chocolat maintenant, s'est moqué Hugo comme si c'était la chose la plus drôle qu'il ait jamais entendue. Elle croit qu'on est dans un restaurant de chocolat où tout ce qu'on te donne est en chocolat !

— Eh bien, Thea est..., a commencé Ruth.

— Tout EN CHOCOLAT l'a interrompue Isabelle, même les chaises et les tables ! Elle a fait mine de grignoter sa table. Hmmm, déééé-liiii-cieux !

— Ooh, ce serait super, ai-je dit en souriant. Je vais manger ta chaise, Izzy. Miam, miam !

— Arrête, Isabelle, a aboyé Tim.

— Je vais manger la chaise haute de Thea et comme ça, elle pourra s'échapper et faire des bêtises, a dit Hugo en se penchant pour faire mine de mordre son siège.

Thea a hurlé d'excitation et l'a tapé sur la tête avec son chien tacheté. J'ai ri – ils étaient tellement plus drôles que dans mon souvenir ! –, mais Ruth et Tim affichaient des mines sévères.

— Tenez-vous bien, a sifflé Ruth. Nous sommes dans un beau restaurant, pas dans une... salle de jeux. Les gens vous regardent.

Personne ne nous regardait, en réalité. C'était le fruit de son imagination. Mais Isabelle, qui avait visiblement basculé dans une humeur bébête, s'est mise à faire des grimaces et des gestes de la main.

— Bonjour, les gens ! a-t-elle gloussé.

— Bonjour, les Pipigens ! a lancé Thea en écho.

— Elle a dit les PIPIGENS, a explosé Hugo. C'est les gens qui font tout le temps pipi !

— Hugo, Isabelle et Thea, ça suffit ! a dit Tim d'un ton lourd de menaces.

Les rires et les gloussements ont cessé d'un coup et toute joie s'est évanouie.

— Pardon, Papa, a dit Hugo en baissant les yeux.

Dieu merci, le moment n'a pas duré car nos plats sont arrivés. C'était déconcertant de constater que j'avais plus de points communs avec mes neveux et nièces qu'avec ma sœur et mon beau-frère. Qu'est-ce que cela révélait à mon sujet ? Je n'étais pas certaine de vouloir connaître la réponse.

— Est-ce que je t'ai raconté ? a lancé Ruth en découpant la nourriture de Thea en tout petits morceaux. Nous avons croisé Matthew, en ville, samedi, avec… Jasmine, c'était bien ça ? Il m'a dit que vous vous étiez séparés.

Elle ne me l'avait pas encore dit et elle le savait parfaitement. Qui était Jasmine ? Mais surtout : comment Ruth pouvait-elle trouver acceptable de citer d'autres femmes en association avec Matthew, l'air de rien, alors que nous entamions nos assiettes de poulet-frites hors de prix ?

— Mmmh, ai-je répondu d'une voix neutre en sirotant mon vin. Ouais.

J'ai déposé un morceau de poulet dans ma bouche et j'ai commencé à le mâcher mécaniquement. C'était délicieux.

— Ils étaient à la station-service quand nous avons fait le plein pour venir ici, a ajouté Tim. Tu sais, celle qui se trouve juste avant le périphérique.

— Ah, ai-je répondu, comme si cela m'intéressait.

Intérieurement, je filtrais toutes les conversations que j'avais eues avec Matthew dans l'espoir de me rappeler qui était cette Jasmine. Qui était-elle, bon sang, et que faisait-elle dans la voiture de mon petit ami, avec lui ? La voiture de mon ex-petit ami, d'accord.

— D'après ce qu'ils nous ont dit, ils partaient pour un week-end de randonnée à Malvern, a continué Ruth.

Était-elle dénuée de toute sensibilité ou éprouvait-elle une sorte de plaisir tordu en me racontant tout cela ? En me renvoyant dans mes buts, pour la centième fois. C'était sûrement la monnaie de ma remarque sur les joies d'être « son propre patron ». J'aurais aimé lui clouer son grand bec couvert de rouge à lèvres. Je ne voulais rien savoir. Je ne voulais rien savoir des week-ends de randonnée à Malvern avec Jasmine.

Paradoxalement, je voulais aussi *tout* savoir.

— Eh bien, tant mieux pour eux, ai-je lâché sans pouvoir réprimer une légère amertume. Matthew a toujours été un vieux schnock ennuyeux. Il peut se mettre ses week-ends de randonnée dans son…

Je me suis interrompue en voyant le regard avide des enfants, qui buvaient chacune de mes paroles.

— Tante Epie a dit « SCHNOCK », a annoncé Thea.

— Je crois qu'elle était sur le point de dire quelque chose d'encore plus MALPOLI, a lâché Hugo.

Heureusement, leur intervention a suffi pour que Ruth décide de changer de sujet et pour le restant du repas, nous nous sommes limités à des thèmes plus consensuels, comme le jardinage ou ses leçons de tennis. Les schnocks, les fesses des ex et le pipi étaient complètement oubliés et je ne sais pas qui de nous deux, ma sœur et moi, était la plus soulagée. De toute manière, elle avait, une fois de plus, prouvé ce qu'elle voulait en me faisant comprendre qui donnait le ton, dans la famille.

Je n'ai rien à t'envier, ai-je répété à mon miroir, ce soir-là, mais ce n'était pas vrai. À ce rythme-là, elle me devancerait toujours. J'ai laissé échapper un soupir et j'ai fini mon repas sans en savourer une seule miette.

Chapitre 16

Le trajet de retour s'est fait en silence. Les enfants se sont endormis à peine installés, et toute tentative de conversation a été découragée par la pluie torrentielle qui s'abattait sur le toit de la voiture. De toute manière, j'avais eu ma dose de bavardages ; mon esprit ne cessait de tourner et de retourner la nouvelle au sujet de Matthew, m'empêchant de penser à quoi que ce soit d'autre. Qui était cette Jasmine ? Sa nouvelle petite copine, ou juste une amie ? Peut-être que c'était une sortie organisée par son bureau, et qu'il lui avait juste proposé de l'emmener en voiture ? À moins qu'elle ne soit la vraie raison qui se cachait derrière notre rupture ?

« Je te laisse partir », avait-il dit, comme s'il me libérait généreusement de notre relation, presque contre son gré.

Bien sûr. Si je comprenais bien, il me laissait partir pour pouvoir se jeter sur une autre.

Je me sentais humiliée, comme si, pour remuer le couteau dans la plaie, il avait délibérément organisé une rencontre « fortuite » avec ma sœur pour que je découvre qu'il avait une nouvelle petite amie. De tous les scénarios et de tous les messagers envisageables pour me révéler cette horrible nouvelle, Ruth était la pire option possible, la plus douloureuse.

Je détestais déjà cette Jasmine, rien qu'à son prénom, qui présageait d'une personne ennuyeuse à mourir. Un week-end de randonnée à Malvern, franchement, est-ce qu'on pouvait faire plus plan-plan, plus quadragénaire, plus soporifique ? Elle ne devait pas être du genre à l'attirer dans de chaudes parties de jambes en l'air à la belle étoile, sur le sommet du Worcester Beacon. Elle avait probablement emporté une Thermos et un drap hypothermique pour ne pas risquer le coup de froid. Elle avait sûrement une trousse de premiers secours bien rangée dans son bermuda de fille sage et pragmatique, et un de ces pathétiques bâtons de randonneurs. *Je m'appelle Jasmine et je suis capable de faire pleurer les gens d'ennui, grâce à mon savoir encyclopédique sur les lichens et le chant des oiseaux. Est-ce que tu aurais envie d'aller marcher avec moi, un jour ?*

Eh bien, ils se méritaient l'un l'autre. J'espérais juste, pour son bien à elle, qu'elle était également une maniaque du rangement. Je me suis quand même offert le plaisir de l'imaginer en véritable souillon, le poussant à bout avec ses habitudes de bordélique… avant de les voir foudroyés par un éclair dans une tempête redoutable, au sommet du fort de British Camp, dans les collines de Malvern. Cela leur servirait de leçon. La trousse de premiers secours et les connaissances ornithologiques de cette bonne vieille Jasmine leur feraient une belle jambe.

Elle a intérêt à être gentille avec Saul, cette Jasmine, ai-je ruminé alors que nous avancions dans les ruelles sombres, balayées par la pluie. Elle a sacrément intérêt à bien le traiter. Il le mérite. J'ai soupiré. Je détestais Matthew, je détestais Jasmine et j'aurais préféré que Ruth ferme sa bouche et qu'elle me laisse dans l'ignorance.

J'ai jeté un coup d'œil à Thea qui s'était endormie d'un coup, le pouce dans la bouche, les traits détendus et les paupières tremblotant légèrement au rythme d'un rêve ou d'autre chose. Elle était tellement mignonne ; comment ne l'avais-je pas remarqué plus tôt ? Si Ruth était une teigne, cela ne voulait pas dire que ses enfants étaient pareils. Ils avaient tous été adorables, ce soir – vraiment mignons, drôles et pleins de vie. Jusqu'à maintenant, quand je les voyais chez les parents pour des dîners du dimanche ou d'autres occasions familiales, les deux aînés se comportaient toujours de façon excessivement raisonnable et sérieuse – de vraies versions miniatures de Ruth, à vrai dire. Ce soir, ils avaient enlevé leurs masques sages comme des images et m'avaient montré le visage qu'ils avaient en vacances – drôles et facétieux. Passer du temps avec eux m'avait rappelé à quel point Saul me manquait. J'espérais qu'il allait bien, qu'il passait des vacances amusantes. J'ai décidé de lui écrire une lettre. Ce n'était pas parce que Matthew et moi étions séparés que je devais aussi rompre tout contact avec lui.

— Nous y voilà, a annoncé Ruth, en me tirant brusquement de mes réflexions.

Nous étions devant le café, et je n'avais même pas remarqué que nous avions traversé Carrawen.

J'ai détaché ma ceinture de sécurité.

— Merci pour cette soirée, ai-je déclaré poliment. C'était très sympa de vous voir. Profitez bien du reste des vacances.

— J'étais très heureuse de te voir, moi aussi, a répondu Ruth, tandis que Tim marmonnait quelque amabilité du même acabit.

— À bientôt, ai-je repris en ouvrant ma portière. Vos enfants sont vraiment super, vous savez. Vraiment. Embrassez-les de ma part, d'accord ?

Ruth a semblé surprise et presque émue par mes mots.

— Promis. Et merci. Allez, salut.

J'ai sauté du véhicule, j'ai vite refermé la portière coulissante et j'ai esquissé un bref signe de la main avant de m'élancer vers la porte d'entrée en courant. Il pleuvait encore des trombes d'eau et tout d'un coup, j'ai pensé à Phoebe et à son sac de couchage. J'espère qu'elle avait un endroit chaud et sec où se réfugier. *Si elle est sur la terrasse,* me suis-je dit, *je la prends par la peau du cou et je l'oblige à rester à l'intérieur. Pas question qu'elle me résiste.* Mais une fois arrivée en haut des marches de la terrasse, je n'ai vu personne.

Le lendemain matin, comme si la météo avait décidé de s'accorder avec mon humeur, il pleuvait toujours aussi fort. Tourmentée par des visions de Matthew en train d'embrasser une autre femme, je n'avais pas bien dormi. *Jasmine.* J'avais changé d'avis sur le fait qu'elle devait être ennuyeuse et ringarde. Désormais, je me la figurais grande, élancée et très belle, avec une chevelure blonde qui dégringolait en vagues dans son dos. C'était une femme d'affaires exceptionnelle et une amie très appréciée ; elle jouissait d'une vie sociale trépidante, traitait les animaux avec amour et consacrait une partie de son temps libre à faire du bénévolat dans une maison de retraite. À croire que mon imagination elle-même était montée contre moi. Très déprimée, j'ai descendu l'escalier pour aller ouvrir le café.

— Merde, qu'est-ce qui t'arrive ? a demandé Ed quand il est arrivé pour préparer sa pâte.

Assise à l'une des tables en coin, je sirotais un café en regardant la mer. Les vagues déferlaient inlassablement dans la baie pour aller s'écraser sur les rochers, tout au bout de la plage.

— Rien, ai-je répondu du bout des lèvres.

— Ne me dis pas que c'est un nouveau tour de ton ex ? Celui que tu as engueulé au pub, la semaine dernière ? Tu n'en as quand même pas remis une couche ?

Son ton joyeux et moqueur m'a agacée.

— Non, ai-je grogné, pas celui-là.

— Ah.

Il s'est assis à côté de moi, les bras croisés comme si nous parlions de quelque chose de banal, comme la météo.

— Un autre salaud, alors ? Quelles ordures, ces hommes, tu ne trouves pas ? La plupart d'entre eux sont de véritables cauchemars, non ?

Il a accompagné ces mots d'un clin d'œil.

Il me taquinait et je n'étais pas d'humeur à cela. J'ai avalé mon café en lui jetant un regard noir et à mon grand dépit, il a éclaté de rire.

— Oh, Evie ! Je te fais marcher, allez. C'est dingue, si les regards pouvaient tuer… Il m'a donné un petit coup de coude. Très bien, j'ai compris. Tu ne veux pas en parler. Je me tais. D'accord ?

J'ai réussi à esquisser un bref sourire.

— Désolée. Ça ira mieux dans une minute. C'est juste que… j'en ai marre. Ne fais pas attention à moi.

Il s'est préparé un café et est revenu le boire à mes côtés.

— Il va falloir que je m'attaque bientôt aux *cornish pasties* et aux garnitures pour les sandwichs, mais nous n'avons pas encore parlé du week-end. Est-ce que tu as toujours envie d'ouvrir le café pour le dîner ?

— Oui, me suis-je empressée de répondre, oubliant un instant mon humeur chagrine. J'en parlais avec quelqu'un pas plus tard qu'hier soir. Seulement voilà, on est déjà mercredi : cela risque d'être un peu juste, pour le week-end prochain, non ?

— Mais non, a-t-il répondu, confiant. On a tout le temps qu'il faut. Si on se décide, il faut vraiment que ce soit pour vendredi parce que beaucoup de monde va repartir dès samedi, tu ne crois pas ? C'est la fin des vacances.

— Oh, c'est vrai ! Tu crois vraiment que nous arriverons à préparer tout un menu pour dans deux jours ?

Je me suis redressée, prise d'un regain d'énergie. Il avait raison. La baie était bondée de vacanciers, en ce moment, mais le calme allait revenir dès la semaine prochaine, quand les enfants auraient repris l'école.

— Sans problème. Commence à en parler aux clients dès aujourd'hui et nous déciderons du menu et des commandes à faire un peu plus tard, dans la journée. On pourrait aussi imprimer quelques flyers et les distribuer aux personnes que nous croisons sur la plage, par exemple.

— Entendu. On pourrait aussi acheter de jolies nappes, des bougies...

Ouf ! Matthew était momentanément oublié.

— Parfait, a répondu Ed. Alors, banco pour vendredi. On va préparer quelque chose de beau, tu verras.

Je lui ai rendu son sourire.

— Super.

Je me sentais déjà beaucoup mieux.

Ed a disparu dans la cuisine au moment où Annie s'annonçait avec sa nouvelle livraison de gâteaux. Cette fois, c'était un *carrot cake*, recouvert d'un glaçage au fromage frais et aux noix, ainsi qu'un *sponge cake* au chocolat qu'elle avait décoré de petites boules argentées.

— J'ai eu envie de kitsch, a-t-elle confessé en riant. Tu peux t'estimer heureuse que je n'aie pas ajouté des *jelly beans*.

Elle avait également apporté des *flapjacks* et quelques biscuits recouverts de glaçage. Une fois notre petite transaction accomplie, je l'ai embrassée.

— J'adore les petites boules argentées. Et puis, honnêtement, tes gâteaux ont tout changé, pour le café. Les gens reviennent spécialement pour en goûter de nouveaux, le bouche-à-oreille fonctionne à merveille. Grâce à tes gâteaux et aux *cornish pasties* d'Ed, nous avons eu quelques très bonnes journées.

Elle rayonnait.

— Tant mieux. Martha et son petit ami, Jamie, ont accepté d'être mes testeurs en chef et ils ne m'ont pas ménagée avec leurs critiques, alors je suis contente de voir que les clients approuvent aussi.

— Eh bien, remercie-les de ma part. Dis-leur qu'un café gratuit les attend s'ils passent me voir. Pour toi aussi, d'ailleurs. Tu en veux un, tant que tu es là ?

— Il vaut mieux que je file, a-t-elle répondu après un coup d'œil à sa montre. La boutique m'attend. Un autre jour, avec plaisir – ou alors un verre, un soir ?

— Encore mieux. Oh, à propos ! Nous allons ouvrir vendredi soir, pour le dîner. Pourquoi ne viendriez-vous pas ? Vous êtes les invités de la maison ! Pour vous remercier de votre dur labeur.

— Vraiment ? Elle semblait surprise. Vous allez proposer un service le soir, maintenant ? C'est une excellente idée. J'aimerais beaucoup venir. Est-ce qu'il faut réserver, ou…

J'ai attrapé le calepin que je gardais à côté de la caisse.

— On commence à prendre des réservations dès maintenant ! Une table pour toi et Martha ?

— Pourquoi pas ? Ou plutôt une table pour trois, au cas où Jamie aurait envie de venir. Je paierai, bien sûr. Tu n'as pas besoin de nous inviter.

— Hors de question.

J'étais en train de noter la réservation quand la voix menaçante d'Ed s'est élevée depuis la cuisine.

— Evie, tu n'es pas en train de dilapider tous tes bénéfices, tout de même ?

Annie a ri.

— C'est rassurant de voir que quelqu'un pense aux affaires, dans cette maison. Il faut que je file. Avec cette pluie, la circulation promet d'être un cauchemar. Dis-moi quels gâteaux tu veux pour vendredi – et si je peux t'aider pour les desserts du soir, aussi.

— Promis. Merci, Annie.

J'ai disposé les gâteaux sur le comptoir, puis j'ai grimpé sur une chaise et j'ai noté à la craie blanche sur le tableau noir : « Soirée exceptionnelle ! Menu de vendredi soir – réservez dès maintenant. » Je ne pouvais pas m'empêcher d'être excitée comme une gamine à la perspective de cette soirée. J'espérais que Jo me regardait d'en haut, et qu'elle se réjouissait de tous ces changements. J'étais sûre qu'elle m'aurait encouragée.

Rachel est arrivée peu après et je l'ai informée de nos projets pour vendredi soir.

— … alors ce serait super si tu pouvais en parler aux clients et prendre autant de réservations que possible… à condition, ai-je repris en voyant la tempête qui faisait rage devant nos fenêtres, qu'on ait des clients, avec ce temps épouvantable.

Au cours de la matinée, mes paroles ont pris un tour prophétique. La seule personne à être venue avant dix heures était le facteur, qui apportait quelques lettres.

— Merci, lui ai-je dit. J'imagine que vous ne vous laisserez pas tenter par un café, pendant que vous êtes là ? Ou un *cornish pasty* tout chaud ?

Il a lâché un rire déçu.

— Je paierais cher pour un café *et* un *cornish pasty* chaud, ma belle, mais j'ai du pain sur la planche. La circulation est cauchemardesque. Les touristes sont tous en route vers les musées et châteaux pour passer la journée au sec, et les routes sont terriblement encombrées.

— Dommage. Revenez donc vendredi soir ! Nous proposons un menu spécial pour le dîner, si le cœur vous en dit.

— Désolé, il faut que j'y aille, a-t-il répété, agitant la main en se dépêchant de rejoindre sa voiture.

— Très bien, bon travail ! ai-je dit alors que la porte se refermait en claquant derrière lui.

Je n'avais pas l'habitude de me retrouver désœuvrée. Depuis que j'avais commencé à travailler ici, le café avait toujours été bondé, bondé, bondé… et voilà que je me tournais les pouces.

— Rachel, je vais profiter du calme pour prendre mon ordinateur et rédiger un flyer. Si une avalanche de promeneurs affamés nous tombe dessus, tu m'appelles, d'accord ?

— Compte sur moi.

Derrière la cuisine se cachait un petit bureau où Jo gardait tous ses papiers et des dossiers. J'y avais à peine mis les pieds depuis que je m'étais installée ici, et l'écran de l'ordinateur était recouvert d'une fine pellicule de poussière. J'ai passé un torchon dessus, puis j'ai allumé l'appareil. Pendant qu'il se remettait en route en grésillant, j'ai fait des tourniquets sur le siège pivotant et j'ai ouvert les lettres que m'avait confiées le facteur – quatre enveloppes écrites à la main. Cela m'a fait un drôle d'effet d'y lire mon nom, suivi de l'adresse « Le Café de la Plage, Carrawen Bay ». Je ne reconnaissais pas l'écriture. Des factures de nos fournisseurs, peut-être ?

J'ai déchiré la première enveloppe et j'en ai extrait le contenu. J'ai eu un coup au cœur en comprenant de quoi il s'agissait : une lettre de motivation pour le poste de chef, accompagnée d'un CV. Bien sûr, c'étaient les réponses à l'annonce que j'avais publiée dans le journal local. Bon sang. J'avais secrètement espéré que personne ne candidaterait, et que je pourrais garder Ed un peu plus longtemps. Manifestement, ce ne serait pas le cas.

L'écran du PC s'est enfin allumé et j'ai déposé les lettres dans mon casier de courrier entrant pour les lire plus tard, à tête reposée. Ensuite, j'ai composé mon flyer, j'ai centré le tout et j'ai changé la police plusieurs fois avant de l'imprimer.

Le café étant toujours désert, j'ai profité d'être devant l'ordinateur pour ouvrir ma messagerie. Tout en haut de ma boîte de réception s'affichait un message de Matthew. Les doigts tremblants d'appréhension, j'ai cliqué dessus pour l'ouvrir. Écrivait-il pour s'excuser à cause de cette histoire avec Jasmine ? Ou, peut-être, pour me dire qu'il s'était trompé, que Jasmine était une regrettable erreur, que j'étais la femme la plus exceptionnelle de l'univers ?

Un comble… J'ai vite réalisé qu'il écrivait, en fait, pour me dire que les factures d'électricité et de gaz étaient arrivées, et que ma contribution s'élevait à cent trois livres.

— Tu peux toujours courir, mec, ai-je marmonné dans ma barbe, furieuse. Je n'ai pas l'intention de te donner un centime, après le coup que tu m'as fait.

Comment pouvait-on être aussi crétin, franchement ?! N'avait-il aucune notion de tact, était-il passé complètement à côté des lois qui régissent les relations humaines ? Côté morale, j'étais en position de force – plutôt deux fois qu'une, d'ailleurs, puisque j'avais d'abord été larguée, puis remplacée en un clin d'œil. Dire qu'il avait le culot de m'écrire pour me demander de l'argent !

Enflammée par la colère, j'ai cliqué sur « répondre » et j'ai tapé d'une main rageuse :

> Cher Matthew,
> Tu plaisantes, sans doute. Crois-tu vraiment que je vais te donner quoi que ce soit, maintenant que je sais tout sur toi et Jasmine ? DANS TES RÊVES.
> Evie

J'ai cliqué sur envoi sans réfléchir plus longtemps et le message a disparu. Je voyais d'ici l'air dégoûté qu'il prendrait en le lisant.

— Tant pis pour toi, ai-je soufflé, furieuse, à l'écran d'ordinateur.

Je suis allée récupérer mes flyers avant de regagner le café. Cela peut sembler un peu malhonnête, mais j'ai décidé de ne pas mentionner les candidatures devant Ed. *Je lui en parlerai plus tard*, me suis-je promis, quand ce serait le bon moment.

Enfin, à onze heures et demie, notre première cliente est arrivée. C'était une femme à la chevelure argentée, vêtue d'un long manteau gris et d'une capuche en plastique transparent, qu'elle a soigneusement dénouée et secouée avant de s'avancer jusqu'au comptoir.

— Mon Dieu, quel temps effroyable !

Rachel lui a adressé un sourire poli.

— Vous avez raison. Profitez-en, il fait chaud et sec à l'intérieur. Qu'est-ce que je peux vous servir ?

— Oh, une tasse de thé et un morceau de gâteau seraient formidables, a répondu la vieille dame, pourquoi se priver ? À mon âge, il faut profiter des bonnes choses quand on le peut. Et ce *Victoria sponge cake* a l'air délicieux.

— Je suis bien d'accord avec vous, a lancé Rachel en déposant un sachet de thé dans une théière avant de disposer une tasse et une soucoupe sur un plateau.

— Et une part de *Victoria sponge cake* pour vous, une ! ai-je lancé en coupant le gâteau pendant que Rachel s'occupait du reste.

Voyant que notre cliente était plutôt frêle, je suis passée de l'autre côté du comptoir et j'ai saisi le plateau moi-même :

— Où voulez-vous vous installer ?

Elle a désigné la table la plus proche et j'ai déposé le plateau dessus.

— Merci, ma chère. Elle a gesticulé en direction des chaises vides. Tenez-moi un peu compagnie, si vous n'êtes pas trop occupée. Je serais heureuse d'échanger trois mots.

— C'est une bonne idée. Rachel, est-ce que tu veux prendre ta pause ? Je ne dirais rien contre un thé, moi aussi, tant que le calme règne.

— D'accord, je prépare les thés et je me joins à vous, a répondu Rachel. Avec du lait et sans sucre, n'est-ce pas, Evie ?

— Merci, oui.

La vieille dame s'appelait Florence. Elle nous a expliqué qu'elle était venue s'installer ici avec son mari au mois de mars, et qu'ils venaient de Coventry.

— Nous avons séjourné dans la baie pour notre lune de miel, il y a cinquante ans, a-t-elle raconté, le regard perdu dans ses souvenirs. Par la suite, nous sommes souvent revenus passer l'été dans le coin avec notre fils. Nous rêvions de venir nous installer ici, plus tard, quand nous serions à la retraite. Un jour, Arthur – mon mari – a dit : « Allons, Flo, arrêtons de réfléchir et faisons-le. Réalisons notre rêve. »

— Vous avez bien fait, a répondu Rachel avec chaleur. Je trouve que chacun devrait vivre son rêve.

— Moi aussi, ai-je renchéri. Est-ce que vous aimez votre nouvelle vie dans les Cornouailles ?

Florence a souri, mais c'était un petit sourire triste.

— Au début, c'était formidable. Nous nous sentions comme deux adolescents, à tout recommencer à zéro. C'était excitant ! Mais ensuite…

Elle a lâché un soupir et ses doigts se sont mis à trembler alors qu'elle coupait le gâteau en petits morceaux.

— … deux semaines après notre emménagement, Arthur est tombé malade. Il est mort le mois dernier. Très brutalement. Nous sommes sous le choc.

— Oh, non, me suis-je exclamée en posant ma main sur son bras. Oh, Florence, je suis désolée d'entendre cela.

Elle a hoché la tête, incapable de parler pendant quelques instants.

— Il me manque, a-t-elle repris d'une voix entrecoupée par l'émotion. Je ne sais toujours pas où j'en suis.

Elle était très pâle, tout d'un coup. Après avoir tapoté ses yeux avec un mouchoir, elle s'est mouchée et a pris une grande inspiration tremblotante.

— Je veux bien le croire, l'a rassurée Rachel avec chaleur. Est-ce que vous avez de la famille, dans le coin ? Quelqu'un qui prend soin de vous ?

Elle s'est de nouveau tamponné les yeux.

— Non, tous nos amis sont à Coventry. C'est trop loin, pour moi, en voiture. Mon fils vit aux États-Unis, en ce moment. Il est producteur à la télévision. Alors je suis toute seule.

Elle a pris une gorgée de thé avant de lever ses yeux humides vers nous, souriante.

— Je suis désolée, jeunes filles. Vous avez sûrement mieux à faire que d'écouter vos clients pleurnicher. Je ne suis qu'une vieille dame stupide – n'y faites pas attention.

— Vous n'êtes rien de tout cela, ai-je dit en serrant sa main. Vous sortez d'une période très difficile, ce n'est pas étonnant que vous soyez triste.

— Oui, a-t-elle répondu d'une petite voix en prenant délicatement une bouchée de gâteau.

Au bout de quelques instants, elle a repris :

— Il est très bon. Arthur l'aurait adoré. Le *Victoria sponge cake* était son gâteau préféré.

— C'était un homme de goût, on dirait, a remarqué Rachel.

Les yeux de Florence se sont mis à pétiller.

— Oh, oui. Il était merveilleux. Mais vous n'avez certainement pas envie de m'écouter radoter indéfiniment. Parlez-moi de vous, plutôt, pendant que je déguste ce gâteau.

Nous avons fini par passer un très bon moment à converser, toutes les trois, pendant que la pluie continuait de tomber. J'ai vidé mon cœur en leur racontant ma séparation avec Matthew, et mes deux interlocutrices m'ont assuré que d'après la description que je leur en avais faite, le dicton s'appliquait pleinement à mon cas : mieux valait être seule que mal accompagnée. Ensuite, je les ai fait rire en leur racontant mes retrouvailles désastreuses avec Ryan.

— Oups, a gloussé Florence en cachant sa bouche comme une petite fille.

— Je vois très bien de qui tu parles, a lâché Rachel. Il a tenté sa chance avec ma copine, au pub, la semaine dernière. Elle lui a versé son verre de bière sur la tête pour le récompenser de ses efforts.

C'était mon tour de rire.

— Eh bien, on ne plaisante pas avec les Australiennes !

— Exactement.

Comme nous en étions aux confidences et qu'aucun client ne s'annonçait, Rachel a fini par nous raconter ses histoires de cœur. Elle était venue en Angleterre avec Craig, son petit ami depuis quatre ans, mais ils s'étaient séparés deux mois plus tôt.

— ... une de ces disputes idiotes qui ne veulent pas dire grand-chose, mais aucun de nous n'a voulu reconnaître ses torts, a-t-elle expliqué en tripotant les sachets de sucre. Nous sommes tous les deux têtus comme des mules, alors quand il a fini par me dire : « Puisque c'est comme ça, je continue le voyage sans toi », je n'ai pas pu m'empêcher de répondre : « Pas de problème, vas-y ». Je ne l'ai pas revu depuis.

— Oh, chérie ! s'est exclamée Florence. Il ne faut jamais laisser le soleil se coucher sur une dispute ! C'était notre devise, à Arthur et à moi.

Rachel a levé un sourcil.

— Hmm. Il faut croire qu'on a loupé pas mal de couchers de soleil, tous les deux, parce que depuis… rien. Il est trop borné pour reprendre contact, et moi aussi.

— Même pas un coup de fil après un verre de trop, ou juste un texto ? T'es une dure à cuire, toi, ai-je lâché à mon tour, impressionnée.

Pour la première fois depuis que je la connaissais, Rachel m'a semblé vulnérable.

— Ouais… mais il me manque. Je regrette de m'être entêtée aussi longtemps. J'aurais aimé avoir le courage de régler les choses tout de suite, plutôt que de rester campée sur mes positions.

— Où est-il, désormais ? Pourquoi ne reprends-tu pas contact avec lui ?

— D'après Facebook, il est encore à Londres. Elle a lâché un soupir. Je ferais mieux de reprendre contact, vous croyez ?

— Oui, avons-nous répondu en chœur, et la voix de Florence a pris une intonation si autoritaire que j'ai eu envie de rire.

— Il ne faut pas laisser la situation se détériorer, comme cela.

Rachel a hoché la tête.

— Oui, cela devient un peu ridicule. Je suppose que c'est à moi de faire le premier pas.

— Voilà, c'est bien, a dit Florence en tapotant le bras de Rachel.

Elle est adorable, ai-je pensé avec affection. Exactement le genre de grand-mère gentille et attentionnée que j'ai toujours souhaité avoir, prête à dispenser des conseils avisés tirés de ses années d'expérience.

Quelques promeneurs escortés de chiens sont arrivés à cet instant pour se réchauffer à grand renfort de cafés et de *cornish pasties* et Rachel en a profité pour s'éclipser. Elle devait être soulagée d'échapper à cette conversation.

— Eh bien, je crois que je ferais bien de rentrer chez moi, a déclaré Florence à son tour. Merci d'être venues papoter avec moi, toutes les deux, cela m'a fait très plaisir. Je suis vraiment contente d'avoir bravé la pluie pour prendre l'air. J'essaie de me trouver une nouvelle destination de promenade tous les jours, sinon j'étouffe entre mes quatre murs. Mais maintenant que je sais à quel point vous êtes aimables, ici, et combien le gâteau est bon, je reviendrai.

— Faites-le quand vous voulez, Florence, ai-je répondu en l'aidant à enfiler son manteau. J'étais très heureuse de vous rencontrer.

— Eh bien, puisque c'est comme ça, je crois que je vais repasser jeudi prochain. C'est mon anniversaire, et je ne sais pas quoi faire d'autre.

— Nous vous attendrons, ai-je répondu. Nous le fêterons ensemble, comme cela. L'idée vous plaît ?

Elle a souri et c'était comme si le soleil apparaissait enfin.

— Ce serait merveilleux. Cela me rendrait très heureuse, a-t-elle assuré en boutonnant son manteau de ses vieux doigts noueux et tremblotants.

Un peu plus d'une heure plus tard, le soleil est réellement apparu et un flux constant de clients est venu consommer un repas ou des boissons. J'ai noté deux réservations supplémentaires pour le dîner du vendredi et nous avons distribué tout un tas de flyers.

— Il n'y a plus de retour en arrière possible, maintenant, ai-je dit à Ed en lui transmettant une commande, un peu plus tard dans l'après-midi. Nous avons de vraies réservations pour vendredi soir – de personnes qu'on ne connaît même pas ! La machine est lancée.

Ed est parti à quinze heures pour aller promener son chien tandis que Rachel et moi prenions en charge les deux dernières heures du service, habituellement le moment le plus calme de la journée. Il avait promis de revenir plus tard pour établir avec moi le menu de vendredi soir, aussi me suis-je attelée au ménage en attendant son retour.

Je prenais un réel plaisir à récurer la cuisine et le café, tous les soirs, après le service. Matthew aurait été stupéfait de me voir lessiver les murs, les sols et les plans de travail, laver, passer la serpillière et doser l'eau de Javel alors que j'avais toujours rechigné à ces tâches dans notre maison d'Oxford. Je ressentais une fierté toute particulière à rendre cet endroit le plus parfait possible, à en explorer les moindres recoins pour les rendre impeccables. Ni microbes ni germes sous mon toit !

J'ai donc monté le son de la radio. Je chantais à tue-tête sur du Beyoncé et… oui, je l'avoue, je me suis même laissée aller à esquisser quelques pas de danse, jouant à la déesse du R&B avec ma serpillière, dans mon vieux short en jean et mon marcel rose. Bien entendu – vous vous y attendiez sûrement – c'est au moment précis où j'ai rejeté ma tête en arrière pour me lancer dans les notes les plus aiguës de la chanson que j'ai entendu frapper à la porte. Je me suis retournée et je suis tombée sur Ed, l'œil rieur derrière la porte-fenêtre, réprimant manifestement un fou rire.

En fait, il n'a même pas fait l'effort de se retenir et s'est contenté de cacher son rire derrière sa main, comme si cela servait à quelque chose. J'étais vraiment la championne des gourdes. Indécrottable ! Ravalant ma fierté, je suis allée lui ouvrir la porte.

— Bonsoir, Ed.

J'ai opté pour l'attitude de la fille qui trouve complètement normal de chanter et de danser en passant la serpillière, mais au fond de moi, quelque chose se ratatinait et agonisait doucement (ma dignité, pour ne pas la nommer).

— Salut, a répondu Ed. Je suis bien dans *The Voice* spéciale Cornouailles ?

Très drôle. J'ai décidé de le prendre à son propre jeu.

— Très précisément. À qui ai-je l'honneur ?

— Euh, eh bien… c'est… Edvis.

Il a ponctué sa réponse d'un « Ah-ha-ha », en tordant sa bouche de manière diabolique, comme Elvis, et s'est lancé dans le pire déhanché qu'il m'ait été donné de voir.

J'ai éclaté de rire.

— Oh mon Dieu, l'espace d'un instant, j'ai cru que tu allais te déboîter une vertèbre, ai-je explosé quand il s'est immobilisé dans une pose théâtrale. Mon pauvre, je crains que l'audition ne se soit pas très bien passée pour toi, mais tu peux quand même entrer. Je finissais justement de faire le ménage, ai-je ajouté, comme si la précision était nécessaire.

Après tout, je tenais le balai-serpillière dans une main et le seau dans l'autre.

— Sers-toi un verre et installe-toi, j'ai presque terminé.

Je l'ai entendu fredonner *All Shook up* pendant que je nettoyais les derniers coins de la pièce, puis il y a eu le « pop » d'un bouchon de liège qu'on tirait d'une bouteille.

— J'ai apporté la mienne, j'espère que ça ne t'embête pas.

— Bien sûr que non, ai-je répondu en entendant le glouglou du vin qu'on versait, à condition que tu me serves un verre à moi aussi, bien sûr.

— Ça vient, ça vient !

Après avoir jeté l'eau sale, j'ai essuyé mes mains sur mon short et je suis allée le rejoindre. Nous avons trinqué en souriant et je me suis surprise à penser qu'il était, en effet, plutôt agréable à regarder. Il avait ce que ma mère aurait appelé « un beau sourire », qui éclairait tout son visage.

— Bon, commençons par les menus, d'accord ? a suggéré Ed comme si j'avais besoin d'encouragements.

Bien sûr. Les menus.

— Allons-y. Je propose de miser sur la simplicité.

— Très bien. Je pensais à trois entrées au choix, trois plats et trois desserts. On ne veut pas faire quelque chose de sophistiqué ou de chic, n'est-ce pas ?

— Non, non.

— Sans compter que nous visons essentiellement des vacanciers, des gens qui veulent se faire plaisir en goûtant quelque chose qui n'existe pas forcément chez eux. Nous devons leur faire vivre une expérience.

— … autre que la diarrhée, si possible, ai-je plaisanté.

Décidément, les très jeunes membres de ma famille avaient eu une mauvaise influence sur moi, dernièrement. Il allait falloir que je me plaigne auprès de Ruth.

— Pardon. Tu as raison, bien sûr. Ils voudront sûrement du cent pour cent Cornouailles. On proposerait par exemple du poisson frais en plat principal. Avec une option végétarienne, et il y aurait aussi un plat de viande pour les carnivores. Le tout, à partir des merveilleux ingrédients locaux.

Je lui ai adressé un sourire.

— … en d'autres termes, ce sera *fish and chips*, œuf sur le plat-frites, ou saucisses-frites, c'est bien ça ?

Il m'a tapé la tête avec son calepin.

— Tu sais quoi, pendant que nos clients mangeront leur œuf sur le plat, peut-être que tu pourrais les divertir avec tes « bonnes blagues »… et on gardera ton spectacle de karaoké avec choré à la serpillière pour le dessert.

J'ai ri.

— Ils vont payer pour que j'arrête !

— En voilà une bonne idée, a-t-il répliqué, pince-sans-rire, en déposant une pièce sur la table.

J'ai d'abord regardé la pièce, puis son visage, et j'ai de nouveau éclaté de rire.

— La jalousie est un vilain défaut, Edvis, ai-je rétorqué d'air air faussement chagriné. Très bien, parlons de ce menu, alors.

Nous sommes tombés d'accord sur un vivaneau rouge, un steak classique (issu des vaches les plus heureuses et les mieux élevées des Cornouailles) et un risotto aux champignons comme plats principaux, une variété de bruschettas ou de la terrine de crabe en entrée, et en dessert, un pudding au caramel, une tarte aux pommes ou de la glace. Le temps de finaliser le menu entre deux boutades, nous avions fait un sort à la bouteille de sauvignon blanc. Ed avait quitté son masque mystérieux et changeant, l'atmosphère était détendue et nous avons beaucoup ri. En repensant aux candidatures que je n'avais pas encore lues, j'ai ressenti un pincement. J'aurais préféré que la présence d'Ed ne soit pas limitée dans le temps. En plus d'être un excellent chef, il était si drôle, si passionné par le métier que je ne m'imaginais plus travailler avec quelqu'un d'autre.

— Parfait, ai-je conclu en me redressant un peu lourdement. C'est génial. Je vais passer à l'épicerie de Betty pour voir si elle accepte de distribuer quelques prospectus et j'en laisserai d'autres au pub. Tu vas voir, on va afficher complet et tout le monde va adorer le vendredi soir.

Ed me regardait, souriant, le regard doux et taquin à la fois.

— Quoi ?

— Rien. Il s'est levé et a rangé son calepin dans sa poche. On se voit demain.

J'ai fourré quelques flyers dans sa main.

— Tiens. Tu peux peut-être en distribuer à tes voisins, d'accord ?

Ses doigts se sont refermés autour des miens et pendant une fraction de seconde, j'ai senti quelque chose se passer entre nous. Quelque chose d'intense, d'enivrant. Quelque chose de… euh, eh bien oui, de romantique.

L'instant d'après, il retirait sa main et tournait les talons.

— C'est promis, a-t-il lâché avant de gagner la porte d'un pas si affairé, si professionnel que je me suis retrouvée plantée là, un peu abasourdie, à me demander si tout ceci s'était passé dans mon imagination.

Probablement. J'étais un peu ivre, voilà tout.

— Bon. Ça, c'est fait, ai-je lancé à voix haute quand la porte s'est refermée derrière lui.

J'ai débarrassé nos verres de vin, puis je suis sortie distribuer mes prospectus.

J'avais décidé de commencer par la boutique de Betty et je me suis armée de courage. Elle ne raterait sûrement pas cette occasion de m'asséner quelque commentaire grossier sur la manière dont j'avais insulté la famille de Saffron ou quelque autre crime, réel ou fictif, que j'aurais commis. J'espérais seulement qu'elle ne me mettrait pas à la porte, comme la dernière fois. Faute d'être aimable, elle s'était montrée relativement polie avec moi, dernièrement, mais j'étais loin de crier victoire.

— Je ferme dans deux minutes, a-t-elle commenté dès que j'ai passé le pas de la porte.

Elle me dévisageait comme si elle voulait me propulser le plus loin possible de son commerce de proximité. Avec la charmante Betty, on pouvait décidément compter sur un service aimable et attentionné.

— Pas de problème, je n'achète rien, ai-je répondu en me dirigeant vers la caisse.

Avec le recul, j'ai réalisé que ce n'était peut-être pas la meilleure réponse possible. Son regard s'est durci et elle s'est redressée, ses seins semblables à deux armes pointées vers moi. Si je tremblais secrètement dans mes tongs, je me suis rabrouée : c'était ridicule d'avoir peur. Nous étions deux femmes adultes. Qu'est-ce qui pouvait bien m'arriver de grave ?

— Betty, je me demandais si je pouvais laisser quelques-uns de ces prospectus ici, ai-je commencé de ma voix la plus gentille et la plus conciliante. Nous ouvrons le café pour le service du soir, vendredi, et nous aimerions avoir quelques réservations. Est-ce que c'est possible ?

Elle a jeté un regard méfiant sur le flyer que je lui tendais sans faire un geste pour le saisir.

— C'est l'idée du type qui travaille chez vous ?

Déroutée par sa question, je l'ai regardée d'un air surpris.

— Eh bien… C'est une idée commune, mais je crois que ça peut plaire. Avec un peu de chance, cela attirera du monde au village, ai-je ajouté en espérant lui suggérer qu'elle pourrait, elle aussi, en bénéficier.

Elle a secoué la tête.

— Il est louche, ce bonhomme, a-t-elle fini par lâcher d'une voix lugubre. Les gens disent qu'il n'est pas celui qu'il prétend être. À votre place, je ne lui ferais pas confiance.

Je me suis hérissée, certaine qu'elle utilisait cette même langue de vipère pour parler de *moi* à une tierce personne. Si je n'avais pas eu une demi-bouteille de vin dans le sang, je me serais prudemment retenue de répondre, mais j'étais pompette et téméraire, et je n'ai pas pu me retenir.

— Eh bien moi, je lui fais confiance, ai-je répondu en reprenant mes prospectus. C'est quelqu'un de très bien et surtout, c'est un excellent chef.

J'étais à deux doigts d'ajouter « Alors fichez-moi la paix », mais j'ai réussi à fermer ma bouche juste à temps.

Elle a levé les sourcils, puis elle a croisé les bras comme pour soutenir son énorme poitrine.

— Ne venez pas me reprocher de ne pas vous avoir prévenue, a-t-elle répondu d'un ton sec avant de se mettre à ranger son présentoir avec une application exagérée. Autre chose ?

— Non, rien, ai-je répliqué en tournant les talons.

Chapitre 17

Les prospectus n'ont pas eu plus de succès au Golden Fleece, malheureusement.

— Je vous en prendrais bien, m'a avoué le grand gars de belle allure qui se tenait derrière le zinc, mais je ne crois pas que la patronne apprécierait. Le soir, nous proposons également des plats, vous comprenez…

Contrairement à Betty, cependant, il était poli.

— Bien sûr, ai-je répondu, gênée d'avoir osé demander. Je n'avais pas réfléchi. Aucun problème.

Tout d'un coup, j'ai remarqué le nom affiché sur son badge : Jamie.

— Oh, est-ce que tu es le petit ami de Martha ? L'artiste ?

L'appellation l'a visiblement flatté.

— C'est moi, a-t-il répondu. Et vous êtes Evie, n'est-ce pas ? Celle pour qui Annie prépare des gâteaux ?

— Exactement. Martha m'a dit que tu allais participer à une exposition, bientôt – c'est génial ! J'adore la peinture que j'ai vue dans leur…

Je me suis interrompue en voyant son visage s'éteindre et son corps tout entier s'affaisser. Mon Dieu, qu'est-ce que j'avais dit ?

— L'expo a été annulée, a-t-il expliqué, visiblement découragé. Le budget dédié aux arts du conseil municipal a été réduit, du coup l'événement n'aura pas lieu.

— Oh, non !

Il semblait tellement abattu que j'ai eu de la peine pour lui.

— Quel dommage ! C'est vraiment un coup dur, pour toi. Mais ça n'empêche pas que tu aies du talent, tu sais. Je l'ai reconnu tout de suite et les organisateurs de l'exposition aussi, apparemment. Il y aura d'autres occasions, ne t'inquiète pas.

Il n'avait pas l'air très optimiste.

— C'est ce que Martha me répète tout le temps, mais…

Il a haussé les épaules.

— … j'en sais rien. C'est décevant, c'est tout. J'avais tellement hâte de montrer mon travail à des gens. J'avais envie d'être vu, vous comprenez.

J'ai hoché la tête, pleine de compassion. Je n'imaginais que trop bien la frustration qu'il avait dû ressentir. Il avait dû se réjouir de la perspective toute proche de cette exposition, et la voir voler en éclats était terrible, presque pire que s'il ne s'était rien passé du tout. Nourrir tant d'espoirs pour les voir s'éteindre d'un coup était douloureux.

— Je te crois, ai-je dit, mais n'abandonne pas ton travail. Tu as du talent, c'est évident, et tu ne sais pas encore qui croisera ton chemin.

J'ai accompagné mes paroles d'un sourire, en espérant qu'il prendrait cela comme un encouragement et non comme un conseil.

— En tout cas, j'étais heureuse de te rencontrer. Passez me voir, Martha et toi, je vous offrirai un café.

— Merci.

Quand j'ai pris le chemin du retour, il pleuvait à nouveau et mes orteils glissaient dans mes tongs. L'agréable sensation d'ébriété que j'avais ressentie un peu plus tôt s'était dissipée et il me tardait de retrouver mon appartement, mon pyjama, une tasse de thé et une émission pourrie à la télé.

C'était tout de même un des avantages à vivre seule – loin des regards atterrés et des claquements de langue désapprobateurs de Matthew, j'avais tout le loisir de rattraper mon retard en séries romantiques.

Arrivée sur la terrasse, cependant, j'ai vu que Phoebe était de retour. Recroquevillée contre le mur, elle serrait ses genoux contre elle tandis que la pluie s'abattait sans pitié sur sa tête. Elle ne semblait pas d'humeur à bondir sur ses pieds et à s'enfuir, cette fois. Elle avait l'air vaincue, fatiguée, et le regard qu'elle m'a lancé semblait dire : « Bon, me revoilà. Qu'est-ce que tu vas faire de moi, maintenant ? »

J'ai déverrouillé la porte et je l'ai ouverte.

— Tu entres ?

Elle m'a répondu d'un hochement de tête et m'a emboîté le pas.

— Merci, a-t-elle murmuré, debout au milieu de la salle, dégoulinante de pluie, son sac de couchage imbibé d'eau gisant au sol.

— Écoute, ai-je dit en allumant les lumières, je ne te connais pas et tu ne me connais pas non plus, mais je ne peux pas te laisser dormir dehors par ce temps. Il y a une chambre d'invités, ici, où tu es la bienvenue. Je peux aussi te proposer à manger et un bain chaud, si tu veux. Qu'est-ce que tu en penses ?

Elle a répondu par un nouveau hochement de tête. La pauvre petite, elle semblait brisée – son attitude combative avait complètement disparu.

— Très bien.

Nous étions toutes deux un peu embarrassées par la situation.

— Suis-moi jusqu'en haut. Je vais te faire couler un bain et te montrer où tu peux trouver ce dont tu as besoin.

En la guidant à travers l'appartement, j'ai réalisé que je prenais un risque, en effet, en laissant cette jeune fille entrer chez moi sans rien savoir d'elle. Pour autant que je sache, rien n'empêchait que je me réveille, demain matin, dépouillée de tout ce que je possédais et sans aucun espoir de la revoir. Mon instinct, cependant, me disait que tout se passerait bien, qu'elle n'agirait pas ainsi. Et puis, ce n'était qu'une gamine. Que pouvais-je faire d'autre que de la laisser entrer ? Sans compter qu'il n'y avait pas grand-chose à voler, ici. Si elle cherchait des bijoux ou de l'argenterie, elle s'était trompée de campement.

J'ai fait couler l'eau du bain, j'y ai versé quelques gouttes de gel moussant et je lui ai déniché une serviette et un pyjama propres, tout comme une robe de chambre qui avait appartenu à Jo.

— Tiens. Prends ton temps. Je te préparerai quelque chose à manger quand tu sortiras, d'accord ?

Elle a esquissé un oui timide de la tête :

— Merci.

— Pas de problème.

Je l'ai laissée se débrouiller.

Je me suis soudain rappelée celle que j'avais été à son âge, notamment après une grosse altercation que j'avais eue avec mes parents, au sujet d'une sortie à Glastonbury avec mes amis. Au bout du compte, j'avais fait le mur et j'étais allée au festival en dépit de leur interdiction. (Ils avaient peur que je me frotte à des « mauvaises fréquentations ». Ha ! Trop tard. Ces mauvaises fréquentations étaient déjà mes amies depuis longtemps et nous nous amusions comme de petites folles.) Après le week-end du festival, je n'avais pas eu le courage de rentrer à Oxford et j'étais venue dans les Cornouailles en auto-stop pour chercher refuge chez Jo. Je m'étais présentée chez elle sans prévenir, épuisée, malodorante et quasiment sans le sou, et elle m'avait accueillie sans jugement ni questions. Le lendemain, elle m'avait tannée pour que je passe un coup de fil à mes parents, bien sûr, mais je lui avais été éternellement reconnaissante pour cette nuit d'acceptation sans condition, où elle m'avait ouvert sa porte sans hésiter.

J'ai profité de ce que Phoebe prenait son bain pour appeler Amber et me plaindre de Matthew, râler au sujet de Ruth et cogiter à voix haute au sujet d'Ed. Elle m'a promis de renverser accidentellement une boisson sur Matthew et Jasmine si jamais elle les croisait ensemble en ville, ce qui m'a fait du bien. Ensuite, elle m'a fait rire en me relatant sa dernière audition pour la publicité d'un médicament contre l'indigestion et les grimaces angoissées qu'elle avait dû faire devant l'équipe de casting.

— Cela aurait pu être pire, cela dit, a-t-elle poursuivi. Mon agent voulait proposer ma candidature pour une crème contre les hémorroïdes, mais l'audition était le même jour, alors j'ai dû choisir. Ne RIGOLE PAS ! a-t-elle grondé quand j'ai involontairement éclaté de rire. Tu verras, tout cela en aura valu la peine le jour où j'accéderai enfin à la célébrité.

— C'est clair, ai-je répondu, ça peut arriver à tout instant, maintenant.

Une fois notre conversation terminée, le silence régnait toujours dans la salle de bains, aussi me suis-je décidée, à contrecœur, à ouvrir les CV que j'avais reçus pour le poste de chef :

Mark Albury, cinquante-cinq ans, expérience au sein de la restauration : chef dans un pub du Devon. Catherine Walcott, vingt-deux ans, expérience au sein de la restauration : aucune, mais elle avait été serveuse et apprenait vite (suivi d'une émoticône et d'un point d'exclamation). Jason Grimshaw, trente ans, expérience au sein de la restauration : a travaillé dans une baraque à fish and chips, *à Wadebridge. Vicki Groves, quarante-deux ans, expérience au sein de la restauration : cuisine tous les jours pour ses quatre enfants et confectionne régulièrement des gâteaux pour l'association des parents-professeurs de l'école.*

J'ai enfoui ma tête dans mes mains, peu emballée par ce que je venais de lire. Mark Albury avait sûrement une bonne expérience, mais il semblait avoir travaillé dans une dizaine d'enseignes différentes au cours de la décennie passée, ce qui n'était pas bon signe, si ? Catherine m'avait irritée avant même que je la rencontre et aurait besoin d'une formation complète, que je ne pouvais pas lui fournir, faute de temps et d'expérience. Le Maître-Fritier et Vicky-la-Maman ne m'excitaient pas davantage. Je n'avais plus qu'à espérer que des candidatures un peu plus sérieuses arriveraient dans le courant de la semaine. À moins qu'Ed ne réfléchisse, et…

J'ai entendu la porte de la salle de bains s'ouvrir et des pas légers sur le parquet.

— Je suis en bas, dans le café, ai-je lancé en rangeant les lettres dans un dossier.

Phoebe est apparue peu après, emmitouflée dans le peignoir beaucoup trop grand de Jo, les cheveux enroulés dans une serviette relevée en turban.

— C'était super, s'est-elle exclamée avec gratitude, merci.

Son visage était rose et brillant et elle semblait alerte et revigorée, comme si elle revenait d'une excursion à cheval ou d'un cours de gym, plutôt que de la rue.

— Je t'en prie. Euh…

C'était un peu bizarre d'héberger une parfaite étrangère. Qu'est-ce que Jo aurait fait à ma place ? Eh bien, pour commencer, elle l'aurait nourrie.

— Qu'est-ce que tu veux manger, ai-je demandé, encouragée par cette pensée. Un toast au fromage ? Des œufs brouillés ? Un *cornish pasty* ?

— Des œufs brouillés, s'il vous plaît. Je peux vous aider ?

— D'accord, ai-je répondu, prise de court par sa question. Accompagne-moi dans la cuisine, on va les préparer ensemble.

Je lui ai demandé de battre les œufs tandis que je glissais du pain dans le grille-pain et que je déposais une noix de beurre dans la poêle. Elle y a versé les œufs et je lui ai donné une cuiller en bois pour remuer pendant que je beurrais les tartines.

— C'est toujours plus facile d'être à deux pour préparer des œufs brouillés sur des toasts, a-t-elle raconté, soudain loquace. Je trouve ça un peu stressant de le faire toute seule.

— C'est vrai, ai-je répondu en me retenant de demander avec qui elle avait l'habitude de préparer ses œufs brouillés. Sa maman, son papa, une sœur, peut-être ? Ça me semble parfait, me suis-je contentée d'ajouter en vérifiant le contenu de la poêle. Tu veux les déposer sur la tartine ?

Je lui ai rempli un verre de jus de fruits et nous sommes retournées dans la salle du restaurant, où elle s'est attaquée à son plat d'un bon coup de fourchette. Ses joues avaient repris une coloration normale et elle ne ressemblait plus en rien à la créature débraillée et pitoyable que j'avais surprise dans un sac de couchage sur ma terrasse. C'était un peu étrange de me retrouver à table avec cette jeune fille, mais j'étais convaincue d'avoir agi selon ma conscience. Jo aurait fait pareil à ma place.

— C'est bon ? ai-je demandé en la regardant manger.

Elle a hoché la tête.

— Super bon. Merci pour ça, et aussi pour le bain. C'est vraiment gentil de votre part.

— Je t'en prie.

J'ai hésité. Je voulais briser la glace, aborder le sujet qui planait entre nous, lui demander pourquoi elle vivait dans la rue depuis qui-sait-combien-de-temps et quels étaient ses projets, mais je ne savais pas comment m'y prendre. Même si je pouvais être rassurée sur le fait qu'elle ne s'enfuirait pas, comme la dernière fois, parce qu'elle était en robe de chambre, je ne voulais pas non plus qu'elle se sente acculée et recommence à se méfier de moi.

— Écoute, tu n'es pas obligée de tout me dire, mais… qu'est-ce qui s'est passé ? Comment se fait-il que tu dormes à la belle étoile ?

Elle s'est immédiatement raidie, a cessé de mâcher et a reposé son couteau et sa fourchette. Oh non ! Est-ce que j'avais de nouveau tout gâché ?

— Parce que je hais ma mère, a-t-elle lâché après un silence. Et j'ai juste…

Ses yeux brillaient d'émotion et son expression s'est durcie, sur la défensive.

— J'en ai ma claque, c'est tout.

— D'accord, ai-je répondu sans insister, espérant qu'elle prendrait seule l'initiative de m'en dire davantage.

— C'est qu'une – juste une *snobinarde* à la con, a-t-elle explosé avant d'ajouter, dans un murmure : désolée, mais c'est la vérité. Elle ne comprend rien.

— Vous vous êtes disputées ? C'est pour ça que tu es partie ?

— Ouais.

Elle a pris une autre bouchée d'œufs brouillés et j'ai cru que c'en était terminé des confidences, mais elle a poursuivi quelques instants plus tard.

— On s'est disputées parce qu'elle n'aime pas les filles avec lesquelles je traîne. Elle trouve qu'elles ne sont pas assez bien pour moi, un truc débile de ce genre. Eh bien si, elles le sont. Ce sont mes amies. Alors du coup… Elle a haussé les épaules. On s'est disputées et je suis… partie.

— Waouh. J'imagine que tu n'es pas originaire des Cornouailles, alors.

Je connaissais déjà la réponse. Il y avait une dureté en elle, quelque chose d'acéré qui trahissait clairement la fille de la ville.

Elle a secoué la tête, l'air encore boudeur.

— Londres.

— Ce n'est pas la porte à côté.

Il y a eu un moment de silence, comme si elle était trop polie pour me dire que ma remarque n'était pas vraiment un scoop.

— Est-ce que tu as parlé à ta mère, depuis que tu es partie ? ai-je demandé gentiment.

— Sûrement pas, a-t-elle craché.

— Elle ne sait donc pas où tu es ?

— Non. Elle ne sait rien du tout.

Elle semblait en tirer de la fierté et pointait le menton d'un air provocateur.

J'ai ravalé toutes mes autres questions. Je ne voulais pas lui faire subir un interrogatoire, surtout pas maintenant. Elle semblait à deux doigts de disparaître à nouveau dans la pluie, sans se soucier du peignoir.

— Tu as encore faim ? me suis-je contentée de demander.

Elle a secoué la tête.

— Non. Merci.

— Eh bien, je suis contente que tu aies accepté d'entrer, en tout cas, ai-je dit en débarrassant son assiette vide. Ce café est un endroit particulier, tu sais. Il appartenait à ma tante, avant. Quand j'étais ado et que j'avais des problèmes avec ma propre mère et mes grandes sœurs parfaites, ma tante me prenait sous son aile et me gardait ici, auprès d'elle.

Phoebe me considérait avec inquiétude, et pendant un instant, j'ai douté qu'elle ait écouté un seul mot de mon petit discours.

— Evie… Vous n'allez pas prévenir la police, si ?

J'ai marqué une pause avant de répondre.

— Non. Je n'appellerai pas la police, mais je crois que ce serait une bonne idée que tu appelles ta maman. Tu n'as pas besoin de lui dire où tu es, mais dis-lui que tu vas bien et que tu es en sécurité. Elle doit mourir d'inquiétude. Tu ne crois pas ?

Un silence m'a répondu. Elle étudiait ses ongles avec une attention exagérée, comme si la solution à tous les problèmes du monde y était cachée et qu'elle était la seule personne à savoir en décrypter le code.

— Réfléchis, l'ai-je pressée. Tu n'es pas obligée de le faire tout de suite, mais penses-y, au moins. D'accord ?

Elle a hoché la tête en évitant toujours mon regard.

— OK, j'y penserai.

Quand je me suis réveillée, le lendemain matin, Phoebe avait de nouveau disparu. À vrai dire, je m'y attendais un peu. Elle était comme un chat, à décider tout seul quand il vous fera l'honneur de sa présence. Ce n'était pas le genre de personne à s'installer à un endroit et à baisser la garde. Sur une serviette en papier déposée sur la table, elle avait inscrit « MERCI, BIZ ». Elle avait également lavé et séché sa vaisselle de la veille au soir avant de la déposer soigneusement sur le plan de travail. Peut-être qu'elle en voulait à sa mère, mais cette dernière lui avait tout au moins enseigné les bonnes manières.

Il ne pleuvait plus et où qu'elle soit allée, elle ne souffrirait pas du froid ou de l'humidité. Je me suis demandé si elle serait de retour, ce soir, ou si mon conseil d'appeler sa mère l'avait définitivement chassée.

En tout cas, j'avais fait de mon mieux. Elle avait mangé, elle s'était lavée et elle avait dormi dans un lit, avec un toit au-dessus de la tête. J'espérais que le souvenir du confort matériel suffirait à l'inciter à être moins têtue et à se rabibocher avec sa famille.

Vers onze heures, Martha est arrivée au bras de son petit ami Jamie, et je n'ai pas pu m'empêcher de comparer les deux jeunes femmes. Martha semblait si heureuse, si détendue par rapport à Phoebe, vulnérable et à fleur de peau.

— Salut ! Cela fait un moment. Comment se passent les vacances ?

Martha a fait la grimace.

— J'ai passé toute la semaine à réviser pour mes examens, mais Jamie m'a convaincue de sortir le nez de mes bouquins pour aller prendre l'air.

— C'est mon jour de repos, au pub, a précisé Jamie, alors je me suis dit qu'on pourrait aller à la plage. C'est une bonne journée pour le surf, je crois – les vagues sont énormes.

— À fond ! est intervenue Rachel, visiblement en manque de surf, avant d'afficher une mine embarrassée : Désolée, je me mêle de ce qui ne me regarde pas.

Elle leur a souri.

— Moi, c'est Rachel. Surfeuse frustrée et très jalouse !

— Je te présente Martha et Jamie, ai-je répondu. Martha est la fille d'Annie – tu sais, notre pâtissière ? Et Jamie est un artiste très talentueux, qui travaille au pub.

— Ah, c'est de là que je te connais, a dit Rachel. Le pub qui s'appelle « Golden Fleece », c'est bien ça ?

— Exactement.

Je leur ai préparé des cafés pendant qu'ils papotaient.

— Quel genre d'œuvres d'art réalises-tu ? a demandé Rachel.

Jamie, à la fois enthousiaste et amer à cause de sa récente défaite, a commencé à lui raconter ses peintures.

Il ne s'était pas encore complètement remis de sa déception.

Quand je me suis retournée pour déposer les cafés sur le comptoir, mon regard est tombé – pour la centième fois, au moins – sur la peinture qui s'écaillait, sur le mur le plus proche. Tout d'un coup, les mots d'Amber me sont revenus à l'esprit. *Tu devrais redonner un coup de jeune à cet endroit. Une couche de peinture, quelques tableaux sur les murs…*

Une idée géniale m'a traversé l'esprit. Une solution si évidente, si aveuglante de simplicité que j'ai failli faire tomber ma tasse d'excitation.

— Hé, l'ai-je interrompu, je viens d'avoir une illumination.

J'étais tellement impatiente de partager mon idée avec eux que mes mots s'entrechoquaient.

— Pourquoi n'exposerions-nous pas quelques-uns de tes tableaux ici, dans le café ? Cela fait un moment que je me dis qu'il manque quelque chose pour la touche de bonne humeur, et je crois que les peintures rendraient très bien, sur ces murs. Et si quelqu'un veut en acheter… eh bien, ce serait encore mieux !

De surprise, il est d'abord resté bouche bée, puis il a balayé la pièce du regard, comme pour s'imaginer ses peintures dans ce cadre.

— Vraiment, a-t-il demandé ensuite, vous êtes sérieuse ?

— Bien sûr. Je n'ai même pas besoin de réfléchir ! Le café sera très beau avec tes peintures, je suis sûre que les clients vont les adorer. Et pour toi, ce sera un peu comme d'avoir ton exposition privée – aussi longtemps que tu le veux.

Il est resté un moment silencieux. Il semblait abasourdi, comme si je venais de lui asséner un coup sur la tête avec un menu.

— Ce serait super, a lancé Martha en s'accrochant à son bras. C'est génial, non, Jay ? Ta propre expo, ici, dans la baie.

— Génial, a approuvé Rachel. Artiste local, café local – la combinaison gagnante, non ?

— Si tu veux, on pourrait même ouvrir tout spécialement pour toi, un soir, ai-je poursuivi, l'idée évoluant dans ma tête à mesure que je parlais. Comme pour un petit vernissage : tu demandes à tes amis de venir, à ton prof d'art plastique, à qui tu veux. On prépare des amuse-bouches et du vin, on en fait un véritable événement. Si tout se passe comme on veut, on vendra quelques-uns de tes tableaux et les autres resteront exposés ici pendant l'été. Si ça te convient, bien sûr, ai-je ajouté précipitamment en m'apercevant qu'il ne disait rien.

Il s'est mordu les lèvres et pendant quelques secondes, j'ai cru qu'il allait se mettre à pleurer.

— Vous seriez vraiment prête à faire ça ? Sérieusement ?

— Oui. Bien sûr. J'ai trouvé le tableau que j'ai vu chez Annie et Martha merveilleux – ce serait un honneur, pour moi, d'exposer tes œuvres. Et puis, tout le monde mérite son heure de gloire. Je suis vraiment contente de pouvoir te donner un coup de main. Si c'est ce que tu veux.

— Wouah. Son visage s'est fendu d'un sourire radieux. Ce serait génial, Evie. Vraiment super. Je ne sais pas quoi dire.

— Dis oui, lui a suggéré Martha.

— Oui, a-t-il repris en riant. Oui, oui, oui. Et merci ! Ça va être super cool !

Je souriais, moi aussi. Le ravissement qui se dépeignait sur son visage, la surprise et la joie qu'il ressentait de toute évidence me donnaient l'impression d'être géniale, moi aussi.

— Impec, ai-je dit. Eh bien, c'est décidé. Réfléchis à la date qui te conviendrait le mieux et dès qu'on l'aura fixée, on pourra commencer à s'organiser.

Ils ont pris leurs cafés, Jamie affichant encore un air émerveillé.

— D'accord. Je vais regarder mon planning de travail pendant la semaine prochaine et je vous rappellerai pour en parler. Merci.

Ils se sont éloignés. Martha avait déjà sorti un petit calendrier de son sac, et tous deux se sont penchés pour en étudier les pages. J'étais excitée, moi aussi : pour Jamie, mais aussi pour l'avenir de mon café. Un menu du soir, un vernissage – qu'est-ce que je pourrais organiser d'autre, ici ? Je pourrais louer la salle pour des groupes locaux, des cours du soir, des goûters d'anniversaire… Tout d'un coup, les possibilités me semblaient infinies. *Et ce n'est que le début*, ai-je songé avec bonheur, avant de me tourner vers mon prochain client, le sourire aux lèvres :

— Qu'est-ce que je peux faire pour vous ?

La journée a été chargée, cette fois encore, avec de nombreux clients affamés. Comme d'habitude, ce succès était à double tranchant – d'une part, j'étais excitée de voir la nouvelle affluence, de commencer à reconnaître des clients qui revenaient parce qu'ils avaient apprécié nos *cornish pasties*, nos baguettes et nos gâteaux (hourra !!), d'autre part cela représentait beaucoup de travail et il était toujours stressant de veiller à ce que le café reste impeccable tout en maîtrisant, tant bien que mal, le flux constant de commandes. J'étais également consciente du fait qu'en tant qu'employeur, je devais m'assurer que Ed et Rachel puissent prendre des pauses régulières, tout au long de la journée. La dernière chose que je souhaitais, c'était de diriger une usine à sueur et d'exploiter mon équipe jusqu'à la moelle.

Avec toutes ces pensées qui me hantaient, je ne sais pas si j'ai ressenti davantage de surprise ou de gratitude quand j'ai vu arriver Phoebe, un peu plus tard dans l'après-midi, et se mettre à débarrasser des assiettes et des tasses sales restées sur les tables, sans que personne ne le lui ait demandé.

— Salut, toi, ai-je dit, un peu amusée, quand elle m'a dépassée pour se rendre dans la cuisine, les bras chargés de vaisselle. Euh, qu'est-ce que tu fais ?

Elle m'a adressé un petit sourire timide.

— C'est juste que… je voulais vous remercier. Pour hier soir. Et comme je n'ai rien d'autre à faire, je peux aussi bien vous donner un coup de main. Ça ne vous dérange pas ?

— Bien sûr que non ! Ed – le cuistot – va te dire ce que tu peux faire avec tout ça. Il y a un tablier de rechange dans la cuisine que tu peux mettre, pour protéger tes vêtements. Merci, ma mignonne.

— O.K., a-t-elle répondu avant de disparaître dans la cuisine.

Cet après-midi-là, Phoebe a été un véritable cadeau du ciel. Elle était adorable et très polie vis-à-vis des clients, travaillait sans relâche, et elle m'a même aidée derrière le comptoir quand Rachel est sortie faire une pause. Une fois la journée de travail terminée, j'ai passé un bras autour de ses épaules et je l'ai serrée contre moi.

— Tu es la star de ma journée, ai-je déclaré. Merci. Je crois que chaque café mérite une Phoebe.

Elle a ri.

— Je me suis bien amusée.

— Fais attention, a menacé Ed qui nous avait entendues. Elle va te faire trimer tous les jours, si tu commences à parler comme ça.

— Ça m'est égal, a répondu Phoebe en haussant les épaules. Je n'ai rien de mieux à faire, de toute manière.

Je l'ai regardée, soudain sérieuse.

— Honnêtement, une paire de bras supplémentaires ne serait pas de trop. Seulement, je ne veux pas profiter de ta situation. Nous pourrions peut-être trouver un arrangement.

Je me suis mordu les lèvres, mes pensées tournant à plein régime. Je ne connaissais même pas son âge, comment pouvais-je savoir si je me mettais hors-la-loi en l'embauchant ?

— Parlons-en plus tard, tu veux bien ? Tu veux passer la nuit ici ou est-ce que tu as trouvé un autre endroit ?

J'ai vu les sourcils d'Ed se lever à ces mots, et son regard surpris est passé de moi à Phoebe, qui a baissé les paupières et m'a jeté un coup d'œil entre ses cils baissés.

— Cela ne vous dérange pas ?

— Non. Pas du tout. Mais j'espère que tu réalises que je ne vais pas te lâcher, au sujet de ce coup de fil à ta maman…

— J'étais sûre que vous alliez me répondre ça.

Je l'ai vue peser le pour et le contre, son visage impassible et sérieux pendant qu'elle réfléchissait. Enfin, elle a hoché la tête.

— D'accord. On fait comme ça.

— C'est vrai ? Tu vas l'appeler ?

Je ne m'y attendais pas.

— Oui. Mais je ne vais pas lui dire où je suis, a-t-elle ajouté aussitôt. Parce que je ne rentrerai pas. Jamais. Mais je vais lui dire que je vais bien. Juste pour qu'elle ne panique pas.

Je l'ai de nouveau serrée contre moi.

— Super, Phoebe. C'est vraiment chouette et très mature de ta part. Je crois que tu as pris la bonne décision.

Ce soir-là, tandis que Phoebe téléphonait à ses parents, je me suis assise dans le café avec un bloc et un stylo. Encourager Phoebe à reprendre contact avec sa maman m'avait rappelé que je voulais entretenir un lien avec mon fils de substitution. Je me suis empressée de lui écrire une longue lettre, très vivante, où je lui racontais tout un tas de choses concernant la plage, le café et ce que je faisais ici. J'ai terminé par : « Si jamais tu passes par les Cornouailles, pendant tes vacances, avec ton papa ou ta maman, donne-leur mon adresse, parce que je serais très heureuse de te voir ». J'étais assez certaine que Matthew ne mettrait plus les pieds dans ce coin du pays tant que j'y résiderais – non seulement la plage n'était pas son truc, mais j'aurais parié n'importe quoi qu'il m'éviterait autant qu'il le pourrait pour ne pas avoir à subir la honte d'une scène publique. Quant à Emily, la maman de Saul, je ne savais pas ce qu'elle penserait de ma lettre, mais j'espérais qu'elle saurait lire entre les lignes et réaliserait, tout simplement, à quel point j'étais attachée à son merveilleux petit garçon et que cela suffirait à la mettre en de bonnes dispositions envers moi.

Phoebe est descendue au moment où j'écrivais « Je t'embrasse, Evie », et s'est assise à la table, à côté de moi.

— Alors, ça s'est bien passé ?

Elle a haussé les épaules.

— Ça va.

— Je parie qu'elle était heureuse de t'entendre.

Tout d'un coup, elle a semblé très petite et très jeune.

— Elle s'est mise à pleurer, a-t-elle avoué et sa lèvre inférieure s'est mise à trembler, comme si elle était, elle aussi, sur le point d'éclater en sanglots.

— Oh, ma petite, ai-je dit en passant un bras autour de ses épaules, elle a dû vivre un cauchemar.

— Elle n'a pas arrêté de me demander où j'étais et ce que je faisais. Elle m'a dit qu'elle était folle d'inquiétude ; qu'elle avait signalé ma disparition à la police et que j'étais même passée dans les infos, à la télé ; que tout le monde m'avait cherchée.

Son visage s'est froissé et elle a poursuivi :

— Ensuite, elle s'est mise à me crier dessus comme si elle était vraiment furieuse et puis tout d'un coup, elle s'est excusée, elle m'a dit qu'elle était désolée, qu'elle m'aimait et qu'elle voulait que je rentre à la maison…

Phoebe semblait choquée, et je ne savais pas quoi lui dire.

— Eh bien, elle sait que tu vas bien, c'est le principal. Tu penseras au reste en temps voulu. Comment la conversation s'est-elle terminée ?

J'ai remarqué qu'elle tripotait un mouchoir froissé, sur ses genoux, et cela m'a serré le cœur. Cette pauvre petite avait dû pleurer toute seule, en haut.

— Elle m'a demandé de rentrer, et j'ai dit non. C'est là qu'elle s'est mise à pleurer et qu'elle a crié « S'il te plaît, s'il te plaît, s'il te plaît » en m'assurant qu'elle m'aimait.

— Ça a dû être difficile, pour toi, ai-je dit en voyant sa lèvre se tordre à nouveau.

— Ensuite, elle m'a demandé si je voulais bien la rappeler dans quelques jours pour qu'elle sache que je vais toujours bien.

— Tu vois, elle s'inquiète pour toi, me suis-je sentie obligée de dire. Est-ce que tu as accepté ?

— Je n'avais pas trop le choix, elle était tellement triste. Je ne l'ai jamais entendue pleurer comme ça.

Phoebe a secoué la tête, perdue dans ses pensées.

— Je n'arrive pas à croire qu'on ait parlé de moi à la télé. C'est tellement bizarre.

J'avais encore mon bras autour de ses épaules et j'ai serré un peu plus fort.

— Tu devais bien savoir qu'elle se mettrait dans tous ses états, quand même, ai-je remarqué gentiment. N'importe quelle mère aurait fait pareil. Si elle réagit comme ça, c'est parce qu'elle t'aime énormément, j'en suis sûre.

À cet instant, mon téléphone s'est mis à sonner.

— Quand on parle du loup, ai-je dit en voyant le numéro de téléphone de mes parents s'afficher à l'écran.

J'ai décroché :

— Salut, Maman, comment ça va ?

— Je vais bien, chérie, mais comment vas-tu, toi ? s'est-elle écriée en entendant ma voix. Ruth a appelé pour nous dire que cela se passait très mal, au café. Elle dit que les choses ont pris un mauvais tour et que tu es au bord de la crise de nerfs…

Comme c'était intéressant.

— Maman, je vais très bien, ai-je essayé de dire, mais elle était lancée et ne s'arrêterait même pas pour respirer.

— Papa et moi avons discuté, et nous ne souhaitons pas que tu passes un été épouvantable là-bas, surtout si tu décides de revenir et de commencer ta formation d'enseignante – dont Ruth nous a également parlé. Alors...

— Maman, écoute-moi. Tout va bien, ai-je tenté une nouvelle fois, sentant l'exaspération me gagner.

J'ai levé les yeux et j'ai passé mon index sur ma gorge, comme pour la trancher, ce qui a fait rire Phoebe. Elle a noté quelque chose sur un papier avant de s'éloigner. « C'est parce qu'elle t'aime énormément », avait-elle noté en répétant mes paroles mot pour mot, comme un perroquet.

J'ai étouffé un éclat de rire.

— Qu'est-ce qui te fait rire, a demandé Maman. Je ne vois pas ce qu'il y a de drôle, Evie !

— Oh Maman, arrête de t'inquiéter, ai-je répondu d'un ton affectueux. Franchement, je m'amuse bien. Ruth exagère, c'est tout. Elle m'a vue à un moment où il y avait beaucoup de monde. Vous devriez passer me rendre visite, Papa et toi, pendant vos vacances d'été. Comme ça, vous pourrez en juger par vous-mêmes.

Ce qui était fou, c'est que je ne disais pas cela pour la rassurer. Je pensais réellement ce que je racontais. Maintenant que j'avais trouvé mes marques, je m'amusais vraiment bien et j'avais sincèrement envie de leur montrer ce que j'avais fait du café, de leur prouver que pour une fois, la réussite était au rendez-vous, malgré leurs prédictions pessimistes. Je lui ai parlé du menu que nous avions prévu pour vendredi soir et de l'exposition de Jamie, des gâteaux d'Annie et du savoir-faire impressionnant d'Ed.

— Les chiffres aussi sont plutôt encourageants, ai-je annoncé fièrement. Alors tu vois, il n'y a vraiment pas de quoi s'inquiéter. Comment allez-vous, Papa et toi ?

Tandis que j'écoutais le récit des succès de mon père dans le jardin et les dernières aventures du chien, ma propre description du café et de ma vie, ici, m'est revenue à l'esprit, et j'ai réalisé avec plaisir et fierté que j'avais fait beaucoup de chemin en très peu de temps. Et le mieux, dans tout cela, c'était que pour la première fois de ma vie, j'avais trouvé un emploi et un mode de vie qui me passionnaient réellement.

— Tu es là ? a demandé Maman au bout d'un moment.

Elle venait de me relater une aventure domestique qui appelait une réponse adaptée et s'étonnait de mon silence.

— Oui, oui, je suis toujours là, ai-je répondu en admirant le coucher de soleil, par la fenêtre.

Avec ses nuances d'or et de framboise, il me faisait penser à une pêche melba. J'ai souri intérieurement. *Toujours là.* J'aimais le son de ces mots.

Chapitre 18

Le vendredi est arrivé. J'éprouvais un mélange d'excitation et d'appréhension à la perspective d'ouvrir le restaurant pour la soirée. Ma commande était arrivée à temps, les deux tiers des tables avaient été réservées et Annie avait même promis d'aller chercher quelques bougies et des fleurs fraîches à Wadebridge. Pourtant, j'avais la sensation désagréable d'avoir oublié quelque chose d'important.

— Est-ce que tu as contacté les journalistes du coin ? a demandé Rachel. Tu devrais les inviter. Avec un photographe, de préférence, pour qu'ils nous fassent de la publicité. Prends aussi contact avec la station de radio du coin, peut-être qu'ils pourraient mentionner l'événement.

— Oooh, en voilà une bonne idée !

Elle a souri.

— J'ai eu le malheur de travailler dans une agence de marketing, a-t-elle confessé. Les vieilles habitudes ont la peau dure. Je peux rédiger un communiqué de presse, si tu veux, et le diffuser autour de nous ?

— Fabuleux ! Merci, Rachel.

Phoebe n'avait pas disparu, ce matin, et cela m'avait fait plaisir. Elle se rendait utile où elle le pouvait, débarrassait et nettoyait des tables, chargeait et déchargeait le lave-vaisselle, elle a même passé une éponge sur les menus plastifiés quand elle s'est trouvée désœuvrée.

— Les menus ! me suis-je exclamée en l'observant. Voilà ce qui manque ! Il faut que j'en rédige un pour ce soir.

— Je peux le faire, si tu veux, a-t-elle proposé.

— Tu devrais surtout faire une pause. Tu t'agites depuis que nous avons ouvert. Allez ouste, prends une boisson fraîche et va t'asseoir sur la plage. Mais merci, ai-je ajouté, tu es un vrai petit soldat – toi aussi, Rachel. Je ne sais pas ce que je ferais sans vous deux.

Ruth, Tim et les enfants sont repassés au café, par miracle à un moment où nous n'étions pas débordés, si bien que j'ai eu tout le loisir de m'occuper d'eux. J'ai laissé autant de temps qu'ils voulaient aux petits pour choisir leurs glaces et c'est avec une bouffée de fierté que je leur ai remis leurs cornets et leurs boissons. *Tu as vu comme je suis à l'aise, je me débrouille comme une pro*, ai-je pensé en souriant intérieurement. Après son rapport catastrophique du début de semaine, j'espérais que ma sœur se chargerait également de rapporter ce deuxième essai à Maman.

— Ces gâteaux ont l'air délicieux, a dit Ruth en les détaillant avec gourmandise.

— Ils le sont. C'est Annie qui les confectionne. Tu te souviens, l'amie de Jo ? Ils sont aussi bons qu'ils en ont l'air. Et puis, tu connais le dicton…

J'ai accompagné mes mots d'un clin d'œil :

— ... en vacances les calories ne comptent pas.

Elle a ri.

— Si seulement c'était vrai ! Allez, tu m'as convaincue. Une part de gâteau au chocolat, s'il te plaît.

— Mets-en deux, est intervenu Tim. Nous sommes en vacances, comme tu le dis si bien, et nous reprenons le sport dès demain.

— Bon choix. Vous ne le regretterez pas.

Les enfants m'ont tous embrassée avant de partir – des baisers assez collants, à vrai dire, surtout ceux de Thea, qui ne voulait plus s'arrêter de déposer des bisous pleins de glace sur ma joue – et j'ai constaté avec étonnement que j'étais triste de les voir partir.

— Je vais passer l'été ici. Si vous êtes tentés de revenir me voir, vous êtes les bienvenus, me suis-je surprise à leur déclarer. Papa et Maman vont sans doute passer cet été, eux aussi, et je ne sais pas ce que Lou a prévu pour les vacances…

C'était la première fois de ma vie que j'invitais Ruth quelque part.

— Encore un bisou, tante Epie, s'est écrié Thea à ce moment en tournant vers moi son visage couvert de glace.

Je me suis agenouillée de bonne grâce et j'ai senti une grosse quantité de chocolat visqueux se déposer sur ma peau.

— J'espère qu'on se reverra d'ici peu, en tout cas, ai-je dit.

— Oui, ce serait sympa, a approuvé Ruth. Tu as de la chance de vivre ici, Evie. Je serais presque jalouse !

J'ai adoré le « presque », comme si elle ne pouvait pas s'avouer complètement envieuse.

— C'est vrai que j'ai de la chance, ai-je confirmé. Je m'amuse comme une petite folle.

Elle m'a essuyé le visage avec une lingette comme si j'étais l'un de ses enfants.

— Oh là là, désolée. Thea est l'enfant le plus sale de cette planète.

— Tante Evie, a commencé Isabelle d'une voix timide en se pressant contre moi, moi aussi, j'aimerais avoir mon café au bord de la mer, quand je serai une dame. Comme toi !

Je l'ai serrée dans mes bras.

— Ce serait merveilleux, et je me suis souvenue dans un flash avoir dit exactement la même chose à Jo, quand j'avais à peu près l'âge d'Izzy. On pourrait être voisines, qu'est-ce que tu en penses ?

Ses yeux se sont mis à briller :

— Génial !

Ils sont repartis à grand renfort d'au revoir et de baisers soufflés qui m'ont réchauffé le cœur. Pour une fois, il m'avait semblé que Ruth et moi étions sur un pied d'égalité. C'en était fini de l'époque où la « fille modèle » administrait ses conseils à la « ratée » de la famille, du haut de son piédestal. Ruth et sa famille avaient passé un long moment dans le café, et rien – absolument rien – ne s'était mal passé. Ses enfants avaient pris plaisir à passer du temps avec leur tante Evie, exactement comme j'avais adoré les moments partagés avec Jo, quand j'étais petite. Il y avait dans cette répétition une sorte de symétrie, une continuité qui me plaisait. « Quand je serai une dame, comme toi », avait dit Isabelle, et pour une fois je m'étais vraiment sentie adulte, comme si, après toutes ces années en tant que mouton noir, j'avais passé avec succès une sorte d'examen de passage.

— Adorable, a lâché Rachel en souriant quand Isabelle s'est retournée une dernière fois, rayonnante, pour m'adresser un ultime signe de la main à travers la fenêtre. C'est vraiment cool, pour eux, d'avoir une tante qui vit dans un café, sur la plage. Je parie qu'ils vont frimer dans la cour de récré, à la rentrée.

Ses mots m'ont fait rougir de plaisir.

— Tu crois ? Tu as entendu, Isabelle a dit qu'elle voulait être comme moi, quand elle serait grande ! Personne n'a jamais voulu me ressembler, jusqu'ici – jamais.

— Tu es un exemple à suivre, maintenant, m'a taquinée Rachel. Tu ne trouves pas, Pheebs ?

— Clairement, a répondu Phoebe en souriant avant d'entonner la chanson du *Livre de la jungle* : « Je voudrais marcher comme vous, et parler comme vous, faire comme vouououous… »

J'ai éclaté de rire et je lui ai donné un coup de coude.

— Ça suffit, arrêtez !

Au fond de moi, cependant, je savourais pleinement cette conversation. Un exemple à suivre ! Je savais déjà que je chérirais la remarque d'Isabelle pendant très, très longtemps. L'admiration de ma nièce était le plus beau compliment qu'on m'ait fait depuis des années.

Une fois le café fermé et Rachel repartie, Phoebe m'a aidée à installer les jolies nappes à carreaux rouges et blancs que j'avais achetées chez le grossiste, puis nous avons disséqué les gros buissons de fleurs déposés par Annie pour les transformer en une multitude de minuscules bouquets que nous avons placés dans de petits vases. Ensuite, j'ai imprimé les menus, j'ai terminé de préparer les tables, avec les couverts et les bougies, puis j'ai accroché une guirlande lumineuse autour du comptoir et une autre autour de la rambarde qui entourait la terrasse. Enfin, je suis montée enfiler une robe noire et me maquiller un peu.

— Je peux faire autre chose ? a demandé Phoebe.

J'ai souri – mon fidèle bras droit, loyal et infatigable.

— Phoebe, tu n'es pas là pour travailler, ma chérie. Tu as déjà trimé toute la journée. Si tu veux, tu peux dîner ici comme si tu étais une de nos clientes. Dieu sait que tu l'as bien mérité, après tout ce que tu as fait.

Son visage s'est assombri.

— J'ai envie de vous aider, a-t-elle insisté, presque boudeuse. Vous ne me faites pas confiance ?

— Bien sûr que si ! Je veux seulement que tu saches que tu n'es pas obligée de travailler. Ne va pas t'imaginer que tu me dois quelque chose, juste parce que tu as passé une nuit ou deux chez moi…

Je l'ai regardée, droite comme un *i*, les bras croisés comme une vraie tête de mule.

— … mais si tu veux vraiment me donner un coup de main…

— C'est bien ce que j'ai dit, non ?

— … alors je te confierai quelques tables dont tu pourrais t'occuper toute seule. Ce serait vraiment super.

Je ne comprenais pas pourquoi elle se montrait si susceptible, tout d'un coup, alors qu'elle avait été si désireuse de plaire durant tout l'après-midi.

— Tout va bien, Phoebe ? ai-je demandé en posant une main sur son épaule.

— Ouais, mais… a-t-elle marmonné. C'est juste… Je ne veux pas être un poids.

— Tu n'es pas un poids, ai-je répondu.

— C'est vraiment sympa de votre part de me garder ici, mais…

— Mais quoi ?

Tout d'un coup, j'ai compris pourquoi elle se montrait soudain si revêche.

— Écoute, si tu as peur que je te mette à la porte sur un coup de tête, tu te trompes. Je ne vais rien en faire. C'est compris ? Tu peux rester ici tout le week-end, et si tu mets la main à la pâte, c'est encore mieux. J'apprécie énormément ton aide. Cependant, tu sais aussi bien que moi que tu ne peux pas rester ici éternellement, alors…

Je me suis tue. C'était difficile de trouver les bons mots. Je ne voulais pas la blesser et encore moins la rejeter, mais je me devais d'être honnête et de lui dire les choses clairement.

— … alors, il va falloir que tu penses à ta situation et que tu décides de ce que tu veux faire, ai-je conclu.

J'ai adouci le ton en voyant son expression paniquée.

— Je t'aiderai, peu importe que tu décides de rester dans les Cornouailles ou de rentrer chez toi. Mais c'est à toi de prendre les décisions. Tu ne peux pas fuir éternellement.

Elle a baissé la tête sans rien dire.

— Qu'est-ce qui se passe avec ton école, par exemple ? ai-je demandé. Je ne sais même pas quel âge tu as, Phoebe. Est-ce que tu vas poursuivre tes études, chercher un travail, demander l'aide sociale ou…

— J'en sais rien, a-t-elle gémi. J'en sais rien, d'accord ?

Au même moment, Ed a passé la porte. Phoebe l'a presque bousculé pour sortir en courant, le visage tordu par un sanglot.

— Aaargh, ai-je lâché en passant une main dans mes cheveux. Je crois que je me suis vraiment mal débrouillée, cette fois.

— Qu'est-ce qui se passe ? C'est quoi l'histoire avec cette fille, d'ailleurs ?

Je lui ai brièvement expliqué la situation et j'ai lâché un soupir. Je me sentais triste, impuissante.

— Et voilà, elle s'est de nouveau enfuie et… Je sais que je ne suis pas responsable d'elle, mais j'aimerais vraiment qu'elle s'en sorte. Elle est tellement *jeune*. Trop jeune pour vivre seule dans la rue. Il faudrait qu'elle règle les problèmes, qu'elle rentre chez elle, mais…

Ed a jeté un coup d'œil à l'horloge et j'ai suivi son regard. Il était sept heures moins vingt, nous n'allions pas tarder à ouvrir.

— Laisse-la tranquille, a-t-il dit. Il y a trop à faire ici, nous ne pouvons pas perdre de temps à la chercher.

— Je sais, mais…

— Mais rien du tout, a-t-il répliqué d'une voix douce. Écoute, tu as déjà été très gentille avec elle – tu as été plus généreuse que d'autres l'auraient été dans la même situation. Elle le sait. Elle sait aussi que tu as raison, qu'elle doit prendre des décisions, mettre sa situation au clair. Alors sors-la de ton esprit, pour le moment, et concentrons-nous sur notre soirée. C'est un moment important, pour nous. Si nous voulons que ce dîner soit un succès, il faut que nous soyons en forme.

J'ai hoché la tête. Il avait raison.

— Au travail, a-t-il repris. On n'a plus beaucoup de temps. Respire un bon coup et mettons-nous au travail.

Les premiers clients à s'annoncer, juste après dix-neuf heures, étaient Annie, Martha et Jamie. En les guidant jusqu'à leur table, j'ai redécouvert le café à travers leur regard et j'ai ressenti une grosse bouffée de fierté. Les tables étaient ravissantes avec ces nappes et les vases remplis de fleurs, et les bougies et guirlandes conféraient à la salle une luminosité chaleureuse et féerique.

— N'est-ce pas merveilleux ? s'est exclamée Annie en me serrant contre elle. Jo aurait adoré ce que tu en as fait, Evie.

— C'est super, a renchéri Martha, vraiment élégant – comme un restaurant !

Je lui ai répondu avec un clin d'œil.

— Ce serait encore plus chic avec quelques peintures sur les murs, tu ne trouves pas, Jamie ?

Il a souri.

— Le top du chic. Au fait, est-ce qu'un vernissage mardi soir vous irait ?

— Ça me semble parfait. Cela te laissera assez de temps pour inviter toutes les personnes que tu veux ?

— Oui, c'est bien suffisant. Merci encore, Evie. Je compte les jours.

Je les ai installés à leur table et leur ai confié les menus, puis le prochain groupe est arrivé, et d'autres encore à la suite. Rachel et moi n'avons pas tardé à prendre les premières commandes, servir les boissons et apporter les entrées. Avec Ed, nous avions décidé de proposer aux clients d'apporter leur propre bouteille en échange d'un modeste droit de bouchon, si bien que le vin n'a pas tardé à couler. La salle s'est remplie et un agréable bruissement de fond composé de conversations, de rires étouffés et de tintements de verres et de couverts s'est installé.

D'autres clients sont arrivés, certains sans réservation, et toutes les tables étaient bientôt occupées, dans la salle comme sur la terrasse. Avec Rachel, nous ne savions plus où donner de la tête, à faire des allers-retours entre les tables et la cuisine pour apporter et rapporter les assiettes aussi vite que possible.

C'était stressant et il s'en fallait de peu pour que nous soyons submergées, mais jusque-là, tout se passait bien. Nos clients semblaient passer une bonne soirée, les assiettes revenaient vides à la cuisine et nous avons reçu beaucoup de compliments sur la terrine de crabe et la décoration de la salle. Certains nous ont demandé si nous avions prévu d'ouvrir régulièrement le soir, nous assurant qu'ils reviendraient si c'était le cas. Bouillonnant intérieurement d'adrénaline, de joie et de fierté, je me délectais des retours positifs et me faisais une joie de les transmettre à Ed. Je savourais cette soirée à tout point de vue. C'était une joie de déposer sur les tables les assiettes remplies de mets aussi appétissants et d'entendre les « Oh ! » et les « Ah ! » de ravissement. C'était un plaisir de lever les yeux et de voir, en toile de fond derrière les clients qui dînaient et buvaient, le coucher de soleil sur la mer, le ciel qui passait lentement du rose au violet, puis au bleu marine. J'adorais remarquer comme le fumet des plats se mêlait aux odeurs de parfum et d'after-shave, constater que les clients s'étaient mis sur leur trente-et-un pour venir dîner dans mon petit Café de la Plage.

La seule ombre au tableau était que je n'avais toujours pas de nouvelles de Phoebe. À chaque fois que je servais l'une des tables de la terrasse, je jetais un coup d'œil à la ronde en me demandant où elle pouvait bien se cacher. L'instant d'après, cependant, quelqu'un m'interpellait pour du pain, du ketchup ou d'autres boissons et j'abandonnais mes réflexions pour revenir à mon rôle de serveuse et d'hôtesse.

À un moment de la soirée, pourtant, les choses ont failli déraper. Cela a commencé par un client, qui a renversé par mégarde son verre de vin sur moi. Ce n'était pas un désastre, bien sûr, mais ce n'était pas agréable non plus de sentir le liquide couler jusque dans mes chaussures. Peu après, alors que je revenais des toilettes après avoir remis un peu d'ordre dans ma tenue, un autre client s'est plaint de la cuisson de son steak, qui n'était pas conforme à ce qu'il avait souhaité, et j'ai dû le rapporter en cuisine. (« Il faut toujours qu'il y ait un râleur », a marmonné Ed en déposant le morceau de viande dans la poêle avant de monter la flamme de la gazinière). Ensuite, Rachel a fait tomber une salière qui a répandu une longue traînée blanche par terre, nous obligeant à passer le balai et au même instant, comme si elles s'étaient passé le mot, la plupart des tables ont terminé leur plat principal et il a fallu les débarrasser tout en prenant la commande des desserts.

J'avais l'impression que chaque convive essayait d'attirer mon attention, d'un mot ou d'un geste de la main, pour me demander quelque chose. La fatigue, le stress et la confusion commençaient sérieusement à se faire sentir. J'avais mal aux pieds, j'étais écarlate et la pièce me semblait surchauffée.

Bien sûr, c'est le moment qu'ont choisi deux nouveaux clients pour arriver – sans réservation – et j'ai accouru pour les accueillir, m'excusant d'emblée car toutes les tables étaient occupées et leur demandant s'ils souhaitaient tenter leur chance un peu plus tard. Le plus massif des deux sortait un gros appareil photo de sa sacoche et l'autre était muni d'un calepin et d'un stylo. Oh mon Dieu, était-ce vraiment la presse locale ? Est-ce que le communiqué de Rachel avait porté ses fruits ?

— Bonjour, a commencé l'homme muni d'un calepin, je me présente : Joe, et voici Paul. Nous travaillons pour le journal *The North Cornwall Gazette.*

Doté d'un petit visage de fouine, il avait une chevelure brune clairsemée et un regard vif et intéressé qui semblait remarquer le moindre détail.

— … Est-ce que cela vous dérange si nous prenons quelques photos ?

— Bien sûr que non, ai-je répondu en essayant de lisser mes cheveux, priant pour qu'il reste encore un peu de maquillage sur mon visage. Qu'est-ce que vous voulez photographier ?

Le photographe – Paul – a suggéré une vue globale de la salle où tous les clients lèveraient simultanément leur verre dans sa direction (par miracle, tous ont accepté de se plier à cette exigence) et une photo de notre équipe.

— Bien sûr, ai-je répondu, je vais chercher mes collègues.

J'ai gagné la cuisine en toute hâte et j'ai trouvé Ed en train de disposer plusieurs steaks et un vivaneau sur des assiettes.

— Ed, des types de la gazette sont là. Est-ce que tu pourrais te libérer deux minutes, pour une photo ?

Il a levé les yeux vers moi.

— Celles-là sont prêtes pour la table trois, a-t-il répondu en arrachant la prochaine commande avant de disposer deux assiettes propres sur son plan de travail. Désolé, je n'ai pas le temps.

— On en a pour une petite minute, ai-je insisté en saisissant précautionneusement les assiettes de steak et celle de poisson. S'il te plaît. Plus ils feront de photos, plus on a de chances qu'ils en impriment une, plus nous serons visibles dans le journal.

Il a secoué la tête sans cesser de remuer le risotto :

— Désolé, a-t-il répété en déposant une cuillerée sur une assiette.

Frustrée, j'ai servi la table numéro trois, puis je suis allée rejoindre Paul, le cameraman.

— Il a trop à faire en cuisine. Est-ce qu'on peut se contenter de Rachel et moi ?

Le photographe s'est docilement incliné et nous a placées devant le comptoir. Tout en prenant la pose, j'ai remarqué que plusieurs tables attendaient d'être débarrassées et que d'autres n'avaient plus rien à boire. *Dépêche-toi,* soufflai-je intérieurement au photographe, de plus en plus nerveuse. S'il était aimable, il était aussi d'une lenteur qui me mettait les nerfs en boule. Rachel a manifestement ressenti la même chose, car à peine nous avait-il remerciées qu'elle bondissait comme un ressort pour se remettre à la tâche.

— Est-ce que je peux prendre le chef au travail, s'il est trop occupé pour sortir ? a demandé Paul, et Joe a approuvé d'un hochement de tête. Ce serait pas mal, en plus d'une interview rapide, si vous avez une minute ?

— Je vais voir ce que je peux faire, ai-je répondu en me dirigeant de nouveau vers la cuisine, légèrement désespérée de voir des assiettes et des verres vides attendre d'être débarrassés sur toutes les tables.

— Excusez-moi, a demandé quelqu'un en m'adressant un petit geste de la main.

— Deux minutes ! ai-je répondu avec un sourire qui devait probablement ressembler à une grimace.

Au moment où je passais une tête dans la cuisine, j'ai remarqué que Paul et Joe m'avaient emboîté le pas.

— Dis donc, mon pote, est-ce qu'on pourrait faire un portrait rapide pour le journal ? a demandé Paul, l'appareil photo rivé sur Ed.

À mon grand étonnement – et à ma grande honte, pour dire la vérité –, Ed s'est aussitôt détourné d'eux et a levé la main dans ce geste typique des célébrités, comme pour dire : « Allez-vous-en, paparazzis ! »

— J'ai dit que j'étais trop occupé, bordel ! Pas maintenant !

Je me suis sentie rougir devant tant d'agressivité. Je n'arrivais pas à croire qu'il puisse se montrer aussi peu coopératif et désagréable avec ces deux hommes qui se contentaient de faire leur travail – sans compter qu'ils travaillaient dans notre intérêt, en l'occurrence. Est-ce que cela lui était égal ? Il m'avait pourtant semblé que l'avenir du café lui tenait à cœur ! Peut-être m'étais-je trompée, après tout.

— Excusez-le, ai-je bafouillé en les chassant de la cuisine d'une boutade maladroite, les fameux caprices des chefs, hein ? Écoutez, est-ce que nous pourrions faire l'interview par e-mail ? Ou alors par téléphone, après le service ? Comme vous voyez, nous sommes un peu débordés…

J'ai senti que la curiosité de Joe la Fouine avait été piquée par la réaction pour le moins colérique d'Ed. C'est tout juste si je ne voyais pas ses moustaches frémir et son nez humer l'air, en quête d'une bonne histoire pour le journal.

— Bien sûr, on fait comme ça vous arrange, a-t-il répondu.

Il a jeté un dernier coup d'œil vers la cuisine, paupières plissées, comme si quelque chose le turlupinait.

— D'où est-ce que je connais ce type ? a-t-il murmuré en mordillant son stylo. Quel est son nom, déjà ?

— Ed, ai-je répondu.

Pour devancer sa prochaine question et éviter de passer pour une idiote qui ne connaissait même pas le nom de famille de son chef (quelle patronne j'aurais fait !), j'ai précisé :

— Jones. Ed Jones.

— Ed… Jones, très bien, a-t-il répondu en prenant des notes, cela ne me dit rien, mais son visage m'est familier…

Soudain, une voix s'est élevée dans mon dos.

— Est-ce que quelqu'un pourrait s'occuper de nous ?

Je me suis retournée et j'ai vu un homme au visage écarlate qui brandissait son verre vide.

— J'arrive tout de suite, ai-je répondu avec un faible sourire.

J'étais heureuse que la presse locale s'intéresse à l'ouverture du restaurant, bien sûr, mais je commençais à craindre qu'ils n'écrivent des choses peu flatteuses sur nous, sachant qu'ils étaient arrivés alors que nous étions tous extrêmement affairés – voire agressifs, si on considérait la réaction d'Ed. J'avais vraiment envie qu'ils s'en aillent, maintenant. Rachel virevoltait entre les tables avec la rapidité d'un éclair et assurait le service avec brio, mais elle n'allait pas pouvoir se débrouiller seule bien longtemps. Il s'en fallait de peu pour que la soirée, qui avait si bien commencé, vire au désastre.

C'est à cet instant que Phoebe est entrée.

— Désolée, a-t-elle murmuré en passant devant moi pour aller se laver les mains.

Sans ajouter un mot, elle a enfilé un tablier et s'est mise au travail, débarrassant une table après l'autre avec rapidité et efficacité.

J'aurais pu l'embrasser de soulagement. Elle était arrivée juste à temps pour m'éviter la crise de nerfs, mais j'avais toujours les deux journalistes à mes côtés.

— Eh bien, merci d'être passés, leur ai-je dit. Je vous proposerais volontiers une table pour dîner, mais nous sommes complets pour le moment. Si vous voulez attendre un moment pour goûter nos plats, vous êtes les bienvenus.

— Ça ira, ma belle, j'ai rendez-vous avec le pub, a répondu Joe. Il m'a tendu sa carte de visite. Passez-moi un coup de fil pour l'interview, d'accord ?

— Comptez sur moi. Tenez, prenez l'un de ces menus, si vous voulez écrire quelque chose sur notre carte.

J'ai déposé la feuille dans sa main avant qu'il ne puisse réagir et je les ai regardés s'éloigner avec soulagement. Quelle mouche avait bien pu piquer Ed, franchement ? J'étais furieuse. J'espérais qu'ils n'allaient pas choisir un angle trop critique pour leur article, s'ils ne décidaient pas de laisser tomber complètement. Pourquoi s'était-il montré aussi désagréable, voire carrément agressif ?

Je n'avais pas le loisir de m'appesantir sur la question maintenant. Mes clients avaient besoin de moi, il fallait que je file faire le tour des tables pour prendre les commandes de desserts et de cafés avant que quelqu'un ne se plaigne de la lenteur du service.

— Merci, ai-je soufflé à Phoebe quand elle est passée près de moi. Tu me sauves la vie.

À nous trois, nous n'avons pas tardé à reprendre les choses en main. Les premiers clients ont demandé l'addition et à notre grande joie, nombre d'entre eux ont laissé de généreux pourboires.

— C'était délicieux, m'a dit Annie en glissant des billets dans ma main au moment de prendre congé.

J'avais veillé à ce qu'elle ne reçoive pas d'addition et j'ai aussitôt tenté de lui rendre l'argent.

— Annie, ta table est invitée, pour te remercier de tes délicieux gâteaux. Reprends ça.

— Sûrement pas. Tout travail mérite salaire, surtout le tien. Nous avons passé une excellente soirée.

— Merci. Et merci d'être venue, cela m'a fait très plaisir.

— Je passerai demain pour reparler de mardi, a proposé Jamie.

— Impeccable. Je me réjouis d'avance, à demain !

D'autres clients sont partis et de nouvelles têtes sont arrivées pour les remplacer mais j'étais plus détendue, désormais, car nous avions enfin trouvé un bon rythme de croisière. Dès qu'une table se libérait, l'une de nous la dressait à nouveau et nous étions à jour avec les commandes. Tout d'un coup, j'ai réalisé que je m'amusais à nouveau. Après ces instants de panique où tout avait menacé de dérailler, mon optimisme avait repris le dessus.

Peut-être que je manquais d'objectivité, mais à première vue, il me semblait que tout le monde passait un bon moment. Les convives étaient plongés dans de grandes conversations, chacun prolongeant la dégustation de son café ou de son dernier verre de vin tandis que l'obscurité se faisait de plus en plus dense. Nous avions vraiment eu de la chance avec la météo, douce et tiède, qui avait permis à nos clients de dîner sur la terrasse. S'il avait commencé à pleuvoir, nous aurions été bien embêtés : nous ne disposions d'aucun abri à l'extérieur et la salle était trop petite pour envisager un repli à l'intérieur. La soirée aurait pu être catastrophique. En me figurant les scènes horribles auxquelles nous avions échappé, j'ai eu un rire jaune et j'ai adressé une petite prière au dieu des propriétaires de cafés pour le remercier d'avoir gardé mes clients au sec.

À vingt-trois heures, le service était bouclé et nous nous sommes affalés autour d'une table, tous les quatre, épuisés mais heureux.

— Bravo ! ai-je lancé en tapant tour à tour dans la main de chacun d'eux.

Mon visage brillait, ma robe puait le vin et mes cheveux se dressaient sur ma tête aux endroits où j'y avais nerveusement passé les doigts, mais tout cela m'était complètement égal.

— Succès total. Vous leur en avez mis plein la vue – ils ont tous passé une très bonne soirée.

Je n'arrivais pas à croiser le regard d'Ed et je craignais encore l'effet de son coup de colère sur la presse. Tout le monde sait que les chefs ont tendance à se comporter comme des divas, certes, mais tout de même. Ce n'était qu'une petite gazette du nord des Cornouailles, pas un tabloïd sordide dont la seule vocation serait de colporter des potins racoleurs ou des rumeurs malveillantes.

— Pouh, a lâché Rachel en propulsant ses chaussures à talon au sol pour agiter ses orteils. On a réussi. Sans drames, sans désastres, et on a même eu la visite de la presse locale. C'est top, non ?

— Oui, ai-je répondu en évitant toujours de regarder Ed. C'était vraiment… cool. J'espère que je n'ai pas l'air d'une folle, sur cette photo !

— Quelle photo ? a demandé Phoebe, soudain très pâle. Elle va être publiée ?

— Oui, ai-je répondu avant de réaliser qu'elle s'inquiétait probablement de savoir si ses parents risquaient de tomber sur le journal. Mais ne t'inquiète pas, ils sont partis juste après ton arrivée.

— Eh bien, dans l'ensemble, je crois que cette soirée mérite d'être célébrée, a dit Ed avant de se lever et de disparaître dans la cuisine.

— Bien dit ! s'est écriée Rachel avec un grand sourire. Je suis toujours partante lorsqu'il s'agit de fêter quelque chose.

— J'espère qu'il va nous rapporter le reste de pudding au caramel, a remarqué Phoebe en se léchant les babines. Il avait l'air super bon, non ?

Je me suis contentée de lui sourire. J'aurais tant aimé ressentir la même exubérance. Bien sûr, j'étais heureuse et fière que la soirée se soit aussi bien passée, dans l'ensemble, mais j'étais trop déçue par l'attitude étrange d'Ed pour me détendre complètement et savourer notre succès sans arrière-pensée. Maintenant que Phoebe avait mentionné le dessert, cependant, j'ai réalisé que j'en avais envie, moi aussi, et surtout que j'étais absolument affamée.

J'ai ôté mes chaussures et j'ai coincé mes pieds sous mes fesses, dans une position plus confortable.

— Hmm oui, du pudding au caramel, ce serait le top, ai-je confirmé. Je crève de faim depuis le début de la soirée – j'étais trop excitée pour manger avant l'ouverture, et l'odeur divine de tous ces plats m'a…

Ma voix s'est éteinte quand j'ai vu Ed émerger de la cuisine, une bouteille et quatre flûtes à la main.

— Oh, Ed ! me suis-je exclamée, touchée par son geste. Est-ce que c'est ce que je crois ?

Il a hoché la tête et son regard légèrement inquiet a fouillé le mien, comme s'il savait que j'étais en colère contre lui.

— Si tu me demandes si c'est le meilleur cava qu'on puisse trouver dans l'épicerie de Betty, alors oui. Je me suis dit que nous avions tous mérité une récompense. Il a jeté un coup d'œil à Phoebe. Enfin, ceux d'entre nous qui ont l'âge de boire de l'alcool, en tout cas.

— Je crois qu'elle peut en prendre un petit verre, ai-je dit en regardant Phoebe. Qu'est-ce que tu en penses, Pheebs ?

Elle a souri.

— C'est clair.

Ed a versé le liquide mousseux dans les flûtes et nous les avons levées pour un toast.

— À nous quatre, ai-je dit. Parce que nous avons fait de cette première soirée au Café de la Plage un véritable succès. Merci !

— Santé ! a répondu tout le monde en chœur.

— À Evie, aussi, a ajouté Ed. Parce que c'est une bonne patronne et une belle personne.

— Santé ! se sont écriées Rachel et Phoebe en faisant tinter leur verre contre le mien.

Mes yeux se sont embués. C'était idiot de me comporter de manière aussi sentimentale, bien sûr, mais c'était la première fois qu'on me disait que j'étais une bonne patronne. *D'ailleurs,* ai-je pensé au même moment, *il ne me semblait pas, non plus, qu'on m'ait déjà qualifiée de belle personne. Bah, Ed essayait sans doute de rattraper son dérapage avec les journalistes* – si c'était le cas, il n'allait pas s'en sortir à si bon compte.

— C'est gentil, ai-je répondu. Eh bien, puisque je suis censée être une bonne patronne, j'imagine que c'est mon rôle de proposer que nous finissions les restes du dîner. En ce qui me concerne, je prendrais bien un peu de ce pudding au caramel, qui ira merveilleusement avec ces bulles. Qui m'accompagne ?

Une fois que nous avions fait un sort à la bouteille de cava, à la terrine de crabe, à la baguette, au risotto aux champignons, à la salade et au pudding, il était près de minuit et nous tombions de fatigue.

— On ouvrira un peu plus tard, demain, ai-je décidé. Est-ce que dix heures et demie vous convient ?

— Super, a répondu Rachel, moi ça me va.

Rachel et Phoebe ont commencé à débarrasser les assiettes et les verres. Ed, quant à lui, est resté près de moi et s'est raclé la gorge.

— Tu te demandes probablement pourquoi j'ai réagi de manière aussi exagérée, face à ces journalistes, a-t-il commencé, visiblement embarrassé.

— Cette question m'a traversé l'esprit, en effet…

— Je regrette d'avoir perdu mon sang-froid. J'ai eu quelques déboires avec la presse, par le passé, et depuis, je ne fais confiance à personne.

— Ed, ai-je lancé, gagnée par l'exaspération, on parle de la *Gazette des Cornouailles,* pas du *News of the World* ! Ils voulaient un portrait et deux-trois mots sur toi à mettre dans leur article, rien de plus. C'était une belle occasion de faire de la pub, pour nous, mais…

— Je sais. Je suis désolé. C'est juste que…

À ma grande frustration, Rachel est revenue à notre table, sa veste à la main, avant qu'il n'ait le temps de terminer sa phrase.

— Bon, j'y vais, a-t-elle dit. Ed, est-ce que cela t'embêterait de m'accompagner jusqu'à la grand-rue ? Il n'y a pas de lune, ce soir, et il fait noir comme dans un four.

— Bien sûr, a-t-il répondu aussitôt, en parfait gentleman.

Je leur ai souhaité bonne nuit à tous deux, plus déconcertée que jamais. Pourquoi Ed avait-il eu des déboires avec la presse ? Quel était son secret ?

Après leur départ, j'ai verrouillé la terrasse et j'ai réalisé que Phoebe rôdait autour de moi, visiblement gênée, beaucoup moins souriante que tout à l'heure. Oh non, est-ce qu'elle espérait avoir une vraie conversation sur le sens de la vie avec moi, maintenant ? Je n'étais pas sûre de supporter davantage de drames ce soir.

— Allons nous coucher, ai-je lancé pour la décourager de toute velléité de confidence. On parlera demain, d'accord ?

— D'accord, a-t-elle répondu du tac au tac, manifestement soulagée. Et – Evie, je suis désolée d'être partie, tout à l'heure.

— Je suis contente que tu aies décidé de revenir. Tu nous as énormément aidés, ce soir. On ne s'en serait pas sortis sans toi.

— Pas de problème. Je vais me coucher, bonne nuit !

— Bonne nuit, Phoebe.

Je n'ai pas trouvé le sommeil tout de suite, ce soir-là, dans l'obscurité de ma chambre. J'étais trop survoltée par l'adrénaline accumulée au cours des quatre ou cinq dernières heures, sans compter la digestion. Mon esprit ne cessait de repasser chaque détail de la soirée. Nous avions connu des moments éreintants et stressants, mais dans l'ensemble, j'avais pris beaucoup de plaisir à travailler et les clients, aussi, avaient semblé satisfaits. J'étais fière de moi et de ma petite équipe. Nous avions su relever le défi. Nous avions réussi ! Mais quelle mouche avait piqué Ed ? Franchement, qu'est-ce que c'était que cette histoire ?

J'ai décidé de le prendre à part et de lui demander des réponses claires. Il me devait la vérité. Qui était-il, et pourquoi se comportait-il de manière si étrange ?

Chapitre 19

Le samedi est arrivé, frais et nuageux. Comparée à ce qu'elle avait été au cours de la semaine passée, la plage était désertée. Un bon nombre de familles devaient être sur le chemin du retour, avec l'école et le travail qui recommençaient le lundi.

En rangeant les guirlandes lumineuses, les bougies et les vases, il me semblait nettoyer la salle après une fête bien plus qu'après un service difficile. J'ai fait une boule des nappes sales pour les mettre dans le lave-linge, pendant que Phoebe ramassait tous les menus de la veille.

— Qu'est-ce que j'en fais, a demandé Phoebe. On les jette ? À moins que tu ne veuilles t'en servir la semaine prochaine ?

Je me suis mordu les lèvres. Allions-nous renouveler l'expérience la semaine prochaine ? Je n'étais pas sûre de pouvoir compter sur Ed jusque-là, et je doutais de trouver quelqu'un pour le remplacer au pied levé.

— On jette, ai-je répondu au bout d'un moment. Oh, mais… mets-en un de côté, comme souvenir, s'il te plaît.

Une fois les décorations et autres garnitures rangées, le café m'a soudain semblé sobre et austère, comme une reine de la fête dégrisée. J'étais d'autant plus heureuse de savoir que les peintures de Jamie orneraient bientôt ces murs blancs. Voir la salle si apprêtée pour la soirée m'avait ouvert les yeux sur toutes les traces d'usure qu'on voyait en plein jour. Des œuvres d'art seraient parfaites pour détourner le regard de la peinture fatiguée du reste de la pièce.

Ed et Rachel sont arrivés à cinq minutes d'intervalle, peu avant dix heures, si bien que je n'ai pas trouvé l'occasion d'interroger Ed sur son attitude vis-à-vis des journalistes. De toute manière, il semblait d'humeur maussade, peu enclin aux plaisanteries habituelles, et il est resté dans son coin toute la matinée. Est-ce que j'avais été injuste, est-ce que j'en attendais trop de lui ? Après tout, il ne faisait rien de plus que me donner un coup de main pendant une semaine ou deux. Nous n'étions pas partenaires, dans ce café, et il n'y avait aucun intérêt à long terme. Pourquoi se soucierait-il de savoir si des types de la feuille de chou du coin venaient ou pas ? Il se fichait bien de ce qu'ils pouvaient écrire sur nous. Mais en même temps… Nous étions amis, non ? On ne faisait pas faux bond à un ami qui rencontrait son premier succès médiatique…

J'ai tenté de penser à autre chose, d'adopter une attitude normale, mais il semblait aussi préoccupé et tendu que moi. Il avait pourtant semblé sur le point de s'expliquer, hier soir, avant que Rachel n'interrompe notre conversation. C'était agaçant ! Qu'était-il sur le point de dire ? Ferait-il une autre tentative aujourd'hui ?

Jamie et Martha sont passés dans la matinée pour organiser l'exposition, et nous avons officialisé le projet autour d'un café et de nos calepins.

— Lindsay, la propriétaire du pub, a promis de nous offrir le vin, a annoncé Jamie, et Annie va préparer une fournée de gâteaux. Le seul problème, c'est que…

Il s'est tortillé sur sa chaise, visiblement gêné.

— … je ne vois pas quel bénéfice vous tirerez de l'événement. Est-ce que vous allez faire payer l'entrée aux visiteurs ? Voulez-vous que je vous cède une partie de mes gains, ou… ?

— Oh…, ai-je répondu, interloquée.

Je n'y avais même pas pensé et tout d'un coup, j'ai été gênée, moi aussi.

— Non, non, je ne veux pas de commission – ce sont tes peintures. Jamie, je ne t'ai pas demandé d'exposer chez moi pour me faire de l'argent sur ton dos. Je voulais te rendre service, c'est tout.

— Je te l'avais bien dit, a soufflé Martha à son petit ami qui a esquissé un sourire penaud.

— Merci. Ça me touche beaucoup.

— Et surtout, n'oublie pas que je vais avoir des peintures magnifiques sur mes murs, moi, ai-je ajouté. Voilà le bénéfice que j'en tire : tes œuvres d'art vont apporter de la bonne humeur dans mon café. Ça me suffit.

Comme tous les jours, Ed a pris congé vers quinze heures – « l'heure de sortir le chien » – et je l'ai regardé partir, frustrée. Nous n'avions pas trouvé l'occasion d'échanger durant la journée et voilà qu'il était reparti. Demain, j'en étais sûre, trop de temps aurait passé pour reprendre notre conversation.

Le soleil est sorti vers seize heures, éclairant soudain la plage d'une magnifique lumière dorée. Il n'y avait pas plus de monde dehors que dans mon café, cependant. Quelques clients étaient bien passés prendre une boisson chaude ou une pâtisserie, mais le rythme de travail nous semblait calme et détendu après la course effrénée du vendredi soir. J'ai mollement essuyé les tables pendant que Phoebe et Rachel papotaient derrière le comptoir.

— Je vais aller me baigner après le boulot, a lâché Rachel alors que toutes deux laissaient leur regard glisser sur la surface scintillante de la mer. Regarde-moi ça, Pheebs : ça, c'est une vraie plage. Presque aussi belle que celles d'Australie.

— T'as de la chance, a répondu Phoebe d'une voix envieuse. Je n'ai pas nagé dans la mer depuis des siècles.

— Eh bien, viens avec moi, alors ! Ça te dit ?

— Ouais, mais…

J'ai levé les yeux et j'ai vu l'expression embarrassée de Phoebe.

— … Je n'ai pas de maillot, a-t-elle fini par avouer. Et ne me propose pas d'aller me baigner à poil, parce que ça n'arrivera pas.

Rachel a éclaté de rire.

— Tu peux emprunter celui de ma colocataire, Gina. Elle est aussi mince que toi et elle s'en fiche complètement. Viens chez nous après le boulot et je te le donnerai.

Le visage de Phoebe s'est éclairé :

— Cool !

Je me suis redressée, une main sur le dos.

— Vous pouvez y aller, si vous voulez. Il n'y a pas grand monde et vous vous êtes vraiment échinées pour moi, hier soir. Allez nager, toutes les deux, et profitez des derniers rayons de soleil. Je m'occupe du café.

Phoebe semblait heureuse et excitée à l'idée de partir avec Rachel, la surfeuse super cool, et c'est avec entrain qu'elles ont accepté ma proposition. Les derniers clients sont partis à leur tour et j'ai fermé le café, bien contente d'être mon propre chef et de pouvoir fermer à l'heure qui me chantait. Mais qu'est-ce que j'allais faire de tout ce temps ? J'ai affiché « Fermé » sur la porte, puis je suis restée debout, là, pendant quelques instants, à regarder la mer. La vue était époustouflante, d'ici, et la lumière de cette fin d'après-midi baignait l'ensemble du panorama dans une lueur claire, dorée, comme sur une carte postale ou une parfaite photographie.

Tout d'un coup, j'ai souri. Je savais très bien quoi faire.

Une demi-heure plus tard, je me trouvais sur le sentier de la falaise et j'observais la plage à travers le viseur de mon fidèle appareil photo. Jo me l'avait offert quand j'avais vingt-cinq ans, et durant quelques années, il avait été mon attribut quasi quotidien. Jo avait déniché ce vieux Leica dans une boutique vintage (ces appareils coûtent toujours les yeux de la tête) et je n'avais pas réalisé à quel point il était excellent avant que le premier paquet de photos ne me revienne de chez l'imprimeur : les images étaient plus nettes et précises les unes que les autres, les couleurs extrêmement lumineuses et fidèles à la réalité. Après cette découverte, le virus m'avait contaminée et je m'étais mis en tête de documenter tous les événements marquants de ma vie : les anniversaires, les mariages, les vacances, les changements de saisons – tout ce qui accrochait mon regard.

Je possédais également un petit appareil compact que Matthew m'avait offert à Noël, quelques années plus tôt, mais je préférais le poids du gros Leica dans ma main, les vieux rouleaux de pellicule et ce viseur aussi clair que du cristal, au travers duquel j'avais déjà vu tant de choses. Cet appareil était vieillot et peu glamour aux yeux de quiconque ne s'y connaissait pas en photographie, et je l'adorais.

J'ai pris quelques clichés de la mer avant de poursuivre ma progression vers le promontoire, m'accroupissant de temps à autre pour capter un moment particulier, quand les vagues s'écrasaient contre les rochers et explosaient en écume bouillonnante. Maintenant que je tournais le dos à la baie, il n'y avait personne d'autre que moi à la ronde – j'étais seule avec mon appareil photo dans le vent iodé qui ébouriffait mes cheveux. La nature était sauvage et déserte, ici, l'herbe rêche et drue. Les ajoncs acérés, battus par les vents, prenaient des formes plates et inquiétantes. Formant un violent contraste avec le village de Carrawen, plein de vie, niché au bord de la plage dorée et lumineuse, cet environnement stérile, presque hostile, m'a semblé dramatique et beau.

Presque allongée par terre, j'ai rampé sur mon ventre et je me suis redressée sur mes coudes pour trouver le bon angle et me concentrer ensuite sur le moment précis où les vagues exploseraient contre la paroi de la falaise. Clic !

— Tu ne vas pas te jeter à l'eau, quand même ?

J'ai sursauté si fort que j'ai failli laisser tomber l'appareil dans la mer. Quand j'ai tourné la tête, j'ai découvert Ryan qui se tenait juste derrière moi, un sourcil levé et un vague sourire narquois sur les lèvres.

— Oh c'est toi, me suis-je exclamée en me relevant maladroitement, j'ai failli faire une crise cardiaque ! Qu'est-ce que tu fais ici ?

— J'ai vu ton petit mot, a-t-il répondu avec le même sourire moqueur. Celui que tu as laissé sur la porte, tu vois ce que je veux dire ?

— Celui que j'ai laissé… Oh.

J'avais, en effet, laissé un message à Phoebe – « Je suis partie me balader sur les falaises, viens me retrouver ! » – au cas où elle rentrerait avant moi. Je ne voulais pas qu'elle m'attende dehors pendant trop longtemps. Comment Ryan pouvait-il croire que ce message s'adressait à lui ? Et puis surtout, que faisait-il devant mon café ?

— Ce message était pour… laisse tomber, ai-je fini par articuler.

— Eh bien, me voilà, a-t-il repris comme s'il ne m'avait pas entendue. On se retrouve dans notre petit coin secret, juste tous les deux.

Il s'est approché et son regard a caressé mon corps de manière suggestive. J'étais sur le point de reculer quand je me suis souvenue de l'endroit où je me trouvais et j'ai maladroitement esquissé un pas de côté. Mon Dieu, j'avais vraiment la poisse. Cet emplacement avait effectivement abrité nos rendez-vous, il y avait très longtemps, au même titre que tout un tas d'autres endroits tout aussi beaux et isolés, mais il ne pouvait tout de même pas penser que ce message était une sorte d'invitation pour lui ?

« Je suis partie me balader sur les falaises, viens me retrouver ! »

Pff. Peut-être qu'un type aussi narcissique et crétin que ce nouveau Ryan que je découvrais prenait vraiment ce genre de message comme un consentement tacite, voire un clin d'œil lubrique. Il était tellement loin de la réalité que je ne savais même pas quoi dire.

— Ryan, ce message n'était pas pour toi, me suis-je dépêchée de clarifier avant que nous ne nous enfoncions davantage dans ce malentendu. C'était pour une amie qui vit chez moi.

— Je garde un bon souvenir de ces moments, moi, a-t-il continué sans écouter un mot de ce que je disais.

Il était ivre, je le sentais à son haleine, maintenant. Ses yeux étaient injectés de sang et son polo était maculé, comme s'il avait renversé son déjeuner dessus.

— Ah, notre passion d'un été, juste toi et moi… Tu te souviens ?

Il commençait à me faire peur. Qu'est-ce qui m'avait pris, d'aller me promener dans des endroits aussi isolés ? Ses yeux avaient un éclat qui ne laissait pas de doute sur ses intentions de s'offrir un remake torride, et je ne pouvais m'imaginer de perspective plus repoussante.

J'ai jeté un coup d'œil à ma montre et j'ai lancé d'un ton faussement dégagé, en espérant qu'il ne percevrait pas les battements assourdissants de mon cœur :

— Bon, je ferais mieux de rentrer. C'était sympa de te croiser.

Il m'a bloqué le passage, puis il a saisi mon poignet. Ses doigts étaient gras, mais sa poigne était solide.

— Attends. On n'a pas fini de parler.

Son attitude avait quelque chose de froid, tout d'un coup, comme si je l'avais vexé. Cette falaise, si sublime dans sa tranquillité à peine quelques instants plus tôt, se montrait soudain sous un jour beaucoup plus dangereux, menaçant.

L'adrénaline ricochait dans mon corps et mon cœur a fait une embardée. J'ai tenté de me libérer de son étreinte, mais il a serré plus fort.

— Lâche-moi, ai-je ordonné d'une voix ferme, comme si je m'adressais à un enfant buté. Je suis sérieuse. Lâche-moi tout de suite, ou alors… Ou alors, j'en parle à Marilyn.

Il a éclaté de rire.

— Lui dire quoi ? Que tu m'as attiré ici avec ton petit message, que tu…

— Ryan, lâche-moi ! ai-je repris encore un peu plus fort, en essayant à nouveau d'arracher mon bras à son emprise. Ce message n'était pas pour toi, je ne t'ai attiré nulle part !

Tout d'un coup, il m'a semblé entendre des pas qui approchaient, sur le sentier de la falaise, et j'ai aussitôt crié :

— LÂCHE-MOI !

Ryan s'est enfin exécuté.

— Oh là ! Très bien, très bien. Pas la peine de…

— Qu'est-ce qui se passe ? Evie, ça va ?

Ed a accouru au détour du chemin, Lola sur ses talons.

J'étais tellement soulagée que je me suis affaissée, mes genoux semblables à du coton.

— Salut, ai-je répondu bêtement.

Lola sautait sur moi et écrasait sa truffe dans ma main. Son corps était chaud contre mes jambes nues et sa queue battait de joie.

— Est-ce que tu vas bien ? J'ai cru entendre des cris, a répété Ed en jaugeant Ryan comme s'il était à deux doigts de lui mettre son poing dans la figure.

— Ça va, ai-je répondu. Je crois que Ryan s'est fait des idées. Je crois que… J'ai dégluti, m'efforçant de reprendre mes esprits. Enfin, tout est bien qui finit bien.

— Tu es sûre ? a insisté Ed qui continuait de toiser Ryan, prêt à en découdre. Parce que si j'entends que tu as déconné avec Evie…

Ryan a levé les deux mains en l'air, comme un parfait innocent.

— Je n'ai rien fait du tout, s'est-il exclamé en me jetant un regard en biais avant de perdre son assurance et de se lécher les lèvres, soudain nerveux. Tu ne dirais rien à Marilyn, quand même ? Elle va me tuer, si tu…

J'ai senti ma peur céder la place à la pitié. Ce n'était qu'un pauvre vicelard que sa femme tenait par les *cojones*.

— Non. Va-t'en, Ryan.

Il a tourné les talons et s'est éloigné, la tête basse.

Tout d'un coup, l'épisode m'a semblé presque irréel – la manière dont il m'avait agrippée, mon cri de terreur. Cela s'était passé si vite, la situation avait été si étrange, si imprévue que j'avais déjà l'impression d'avoir rêvé la scène, comme si elle n'était jamais arrivée.

— Bon sang, ai-je lâché, réalisant d'un coup ce qui aurait pu arriver.

Il n'y avait pas eu de mal, mais qu'en aurait-il été si Ed n'était pas passé à cet instant ? La poigne de Ryan n'avait pas été tendre, et je ne voulais pas savoir ce dont il était capable.

— Votre échange avait l'air assez… intense, a commenté Ed en me regardant. Qu'est-ce qu'il foutait là ?

Je lui ai raconté l'histoire du message et de l'erreur d'interprétation évidente que Ryan avait faite, puis je lui ai décrit en frissonnant comment la situation avait commencé à déraper.

— J'étais vraiment contente de te voir arriver, Ed.

Je me suis tue quand j'ai réalisé que je connaissais déjà cette situation. La damoiselle en détresse, secourue par un preux chevalier. C'était un remake de Matthew et la robe d'elfe. Comment me débrouillais-je pour me retrouver dans des situations aussi grotesques ?

Je me suis ressaisie : allons, je n'avais pas besoin qu'on vienne me sauver la vie. À partir de maintenant, j'allais être une femme libre et indépendante, point.

— Qu'est-ce que tu fais ici, d'ailleurs ? ai-je lancé pour changer de sujet. C'est ici que tu viens te promener avec Lola ?

Je ne voulais pas m'appesantir sur ma fragilité, sur la panique qui m'avait submergée quelques instants plus tôt.

Ed a fait une grimace.

— Eh bien, oui, parfois. Mais là, c'est toi que je cherchais. J'ai vu que Rachel et Pheebs étaient sur la plage et j'ai pensé que c'était un bon moment pour te parler en tête à tête. Je sais que je te dois des explications, à cause de ce qui s'est passé hier soir.

Hier soir ? De quoi parlait-il ? Ah ! Oui, bien sûr, *hier soir !* La scène où Ed avait envoyé balader le journaliste me semblait si lointaine, tout d'un coup.

— En effet, ai-je répondu lentement, je le crois aussi.

Je ne me voyais pas partir dans de grandes explications debout sur la falaise, cependant. N'importe qui pouvait passer à tout instant et je ne voulais pas qu'Ed en profite à nouveau pour se dérober si nous étions interrompus.

— Et si on retournait au café, ai-je suggéré avant de montrer mon appareil photo. Je promets de ne pas t'embêter avec ça.

Il a répondu à la mauvaise plaisanterie par un faible sourire.

— Bonne idée. Allons-y.

Il a sifflé Lola qui était partie renifler un terrier de lapin. Sur le chemin du retour, il m'a interrogée sur mon Leica et sur ce que je prenais en photo depuis la falaise. Nous avons commencé à parler de photographie en général, du type de prises de vue que nous préférions et quand nous sommes arrivés au café, il me proposait de m'enseigner la planche à voile en échange de cours de photo. J'ai accepté en riant, sachant que cela n'arriverait jamais, que ce n'était qu'une de ces lubies stupides qu'on se promettait à un moment donné et qui n'avaient pas de suite. Pour autant que je sache, il n'avait pas prévu de rester dans le coin plus de deux semaines supplémentaires. D'un coup, j'ai réalisé à quel point il me manquerait une fois qu'il aurait quitté Carrawen, et j'ai cessé de rire.

La gêne de tout à l'heure s'était dissipée, cependant, et j'avais l'impression que nous avions retrouvé notre complicité. Mon petit mot était encore accroché à la porte du café, mais une ligne de texte y avait été ajoutée, de l'écriture arrondie et enfantine de Phoebe – « Suis chez Rachel, sa coloc fait un curry. Elle me dit de t'inviter aussi ! » Une adresse suivait ces mots.

J'ai souri en décollant le petit mot.

— Elle est mignonne, tu ne trouves pas ? Entre. Tu veux boire quelque chose ?

Je prévoyais une conversation légère et pas trop longue autour d'un verre de vin, puis d'aller me coucher tôt et de m'offrir neuf heures de sommeil. Je me suis trompée. Pendant qu'il versait le vin, Ed m'a posé des questions sur mes sœurs et sans que je m'en rende compte, nous nous sommes enfoncés dans une grande conversation sur les fratries et les familles, qui a débouché sur un échange d'histoires tirées de nos enfances respectives, puis d'anecdotes embarrassantes sur nos adolescences avant de s'étendre à des sujets plus larges comme la musique, les livres et les films. À ce moment de notre conversation, bien entendu, j'étais à mille lieues de me souvenir de la raison de sa venue et lui aussi, d'ailleurs, semblait avoir oublié qu'il m'avait promis des explications. Au moment où j'essayais vainement de le convaincre que *Grease* était un film autrement plus passionnant que *Citizen Kane* – pour tout un tas de raisons absolument évidentes –, nous avons tous deux réalisé que nous avions fait un sort à deux bouteilles de vin et que nous étions affamés. Comment en étions-nous arrivés là ?

— Je peux nous préparer quelque chose, si tu veux, a-t-il proposé en se levant et en se dirigeant vers la cuisine d'un pas mal assuré. Qu'est-ce qui te ferait plaisir ?

Le chien a paresseusement levé la tête de l'endroit où il s'était endormi pour regarder Ed s'éloigner. Je le regardais, moi aussi, mais pour quelque obscure raison, mon regard avait dérapé jusqu'à ses fesses. Qu'est-ce qui me prenait ? Hm… J'ai détourné mon regard avant de répondre.

— Tout me va, ai-je dit en clignant des paupières. Un toast ou une tartine, ce serait parfait, ai-je repris en lui emboîtant le pas.

Quelle mouche m'avait piquée, de reluquer Ed de cette manière ? J'étais décidément aussi tordue que Colin-le-Vicelard !

Aïe. Chancelante, j'ai pris appui contre le cadre de la porte. J'étais un peu éméchée, c'était le moins qu'on puisse dire.

Ed m'a regardée.

— Un toast ? C'est ce que tu manges habituellement pour ton dîner ? Ne me dis pas que tu possèdes cette magnifique cuisine, dotée de tous les ustensiles dont un chef peut rêver, et que tout ce que tu y prépares, ce sont des *tartines de pain grillé* ?

J'ai haussé les épaules, penaude.

— Eh bien, oui. Parfois, j'ajoute aussi du fromage, ai-je plaidé, comme si cet argument allait sauver mon cas.

Il a levé les yeux au ciel en riant.

— Quel genre de femme es-tu ?

Son regard a croisé le mien et tout d'un coup les choses se sont embrouillées. C'était comme si nous n'arrivions plus à détacher nos yeux l'un de l'autre. J'ai remarqué les pattes-d'oie aux coins des paupières d'Ed, puis son grand sourire, et tout est devenu si intense, d'un coup, que mon estomac s'est liquéfié. Je me suis demandé si je n'étais pas en train de loucher.

— Quel genre de femme es-tu ? a-t-il répété doucement, en tendant la main vers mon visage.

Du bout des doigts, il a commencé à caresser ma peau. Un frisson m'a parcourue et mon cœur a semblé s'arrêter de battre. Il s'est penché vers moi et m'a embrassée en glissant un bras dans mon dos pour me serrer contre lui.

Ses lèvres étaient douces et j'ai fermé les yeux. Le sang m'est monté au visage, pulsant sous ma peau, mon cœur s'est remis à battre – à tonner, plutôt – et j'oubliais presque de respirer tant il me semblait bon et naturel de l'embrasser ici, dans ma cuisine…

Soudain il s'est écarté de moi, l'air effaré.

— Oh mon Dieu, je suis désolé, Evie. Je n'aurais jamais dû faire ça. Je suis vraiment désolé.

— Non, ne sois pas désolé.

J'ai saisi sa main et j'étais sur le point de lui dire à quel point j'avais apprécié son baiser – et surtout, à quel point il serait dommage d'interrompre ce que nous avions si bien commencé –, mais quand j'ai vu son air mortifié, les mots se sont éteints dans ma bouche. À en croire son expression, m'embrasser avait été une très, très mauvaise idée, mais je n'arrivais pas à comprendre si c'était ce qu'il ressentait ou s'il craignait ma réaction. Quoi qu'il en soit, il semblait amèrement regretter son geste.

J'ai baissé les yeux, dépitée.

— Tu as sûrement raison. Nous avons tous les deux un peu trop bu et je me suis laissée emporter.

— Oui, c'est ça. Il s'est éclairci la voix. Je sais que tu sors d'une longue histoire, et… et moi aussi. Le moment n'est pas bien choisi, pour nous deux.

Je n'étais pas au courant de sa relation passée, mais j'ai tenté de prendre un air détaché.

— Décidément, on n'est pas doués, toi et moi, ai-je lancé avec légèreté. Enfin, il faut bien se débrouiller comme on peut pour se remettre… en selle… alors on saute sur tout ce qui bouge.

J'ai frémi à cette image pitoyable.

— Euh, ce n'est pas ce que je voulais dire… J'ai lâché un grognement de frustration. Parfois, je ferais mieux de me taire… Oh, Ed, je suis désolée.

Je bredouillais, à présent.

— Alors voilà : Ed, je te présente Evie, complètement bourrée, complètement embrouillée. Bref. On ne s'embrassera plus – d'accord, je comprends. Ce n'est vraiment pas une bonne idée, surtout quand on travaille ensemble. Alors…

J'ai fermé les yeux et j'ai prié pour qu'un gentil dieu des relations compliquées vienne me sauver avec son gong, ou bien la foudre, ou encore un tremblement de terre ou quoi que ce soit… mais je n'ai rien vu venir.

— Je ferais sans doute mieux d'y aller, a commencé Ed… à la maison, je veux dire…

Comme s'il redoutait un malentendu du type « … aller me jeter *sur toi* » ou quelque chose de ce goût-là.

J'ai hoché la tête avec tant de vigueur que j'ai bien failli me faire le coup du lapin.

— Oui. Chez toi. Bien sûr. Ne t'inquiète pas pour le toast, je le ferai moi-même. Oh, mais… !

Je venais de me rappeler la raison de sa présence ici – l'explication qu'il me devait.

J'ai aussitôt chassé cette pensée de ma tête. Je n'allais tout de même pas l'interroger maintenant. Cela pouvait très bien attendre le lendemain. Il me tardait qu'il s'en aille, désormais. Je voulais être seule pour me repasser tranquillement le film du baiser le plus érotique que j'aie jamais connu, et qui s'était déroulé ici, dans cette cuisine.

— Qu'est-ce qu'il y a ?

J'ai esquivé d'un sourire ultra-faux.

— Non, rien. On se voit demain.

Je suis restée dans la cuisine pendant qu'il s'éloignait avec Lola, puis j'ai pris ma tête entre mes mains et j'ai laissé échapper une sorte de gémissement sourd.

C'était forcément ma situation de Damoiselle en Détresse qui avait déclenché tout ça. Ce ne pouvait être autre chose. Il devait y avoir une erreur de câblage, dans mon cerveau, pour qu'il transmette à mon corps des émotions aussi sauvages et incontrôlables à chaque fois que quelqu'un me tirait d'une mauvaise passe. Ou alors, j'étais décidément trop saoule et il valait mieux que j'aille me coucher tout de suite.

Je me suis préparé une tartine en réfléchissant à tout cela, mais la sensation de son corps contre le mien continuait de me faire frissonner.

Chapitre 20

Le lendemain matin, je me suis réveillée honteuse et vaguement nauséeuse en repensant à la soirée de la veille.

« Quel genre de femme es-tu ? » avait-il répété d'un ton aussi taquin qu'affectueux. C'était une bonne question. Quel genre de femme buvait au point de se laisser emballer par le premier venu, au premier claquement de doigts ? Avant qu'Ed ne s'écarte de moi, je n'avais pas eu la moindre pensée pour Matthew. J'étais beaucoup trop absorbée par ce baiser, par l'afflux de sang qu'il provoquait dans toutes les parties de mon corps et l'excitation qui montait. Manifestement, cela n'avait pas été la même chose pour lui. Ses pensées à lui s'étaient tournées vers sa mystérieuse ex. Je me suis demandé si c'était à cause d'elle qu'il était venu s'exiler dans les Cornouailles. Lui avait-elle brisé le cœur ? Si mes souvenirs étaient bons, il avait vaguement évoqué le désir de quitter Londres, pendant la conversation que nous avions eue au pub, avec Amber.

C'était tellement typique. J'échangeais mon premier baiser correct avec un homme depuis des siècles, et il fallait que cela tombe sur un type qui était encore accroché à son ex. Pas étonnant qu'il soit parti aussi précipitamment : il voulait probablement s'éloigner de moi le plus vite possible.

Dix minutes après son départ, la porte s'était ouverte à nouveau et mon moral était remonté en flèche – il était revenu ! Mais bien sûr, c'était Phoebe qui rentrait se coucher. Heureusement, elle avait eu tant de choses à raconter sur leur baignade, le curry et les colocataires bourlingueurs super sympas de Rachel qu'elle n'avait pas remarqué mes joues rouges et mon regard légèrement hagard. Après m'être rapidement excusée, j'étais enfin allée me réfugier dans mon lit, où la scène du baiser avait continué de me hanter sans relâche, au point de s'inviter dans mes rêves, où elle s'était transformée en une séquence de film X en trois dimensions, avec envol de vêtements et… bref, vous voyez le topo.

Et voilà que la lumière froide du matin s'invitait dans ma chambre, accompagnée d'un constat difficile : que je le veuille ou non, d'ici quelques heures, j'allais devoir entamer une journée de travail normale avec Ed. La journée s'annonçait… intéressante. Si je voulais survivre au service sans lui révéler ce que je ressentais pour lui, j'allais devoir puiser dans mes talents d'actrice.

Je me suis levée et j'ai enfilé mon peignoir en essayant de définir quels étaient, exactement, mes sentiments à son égard. J'avais eu envie de l'embrasser (voire plus), je le trouvais attirant et drôle et gentil, mais… c'était compliqué. Trop compliqué pour y réfléchir de manière constructive un lendemain de beuverie, en tout cas. Bon. Il s'était passé quelque chose, d'accord, mais nous étions tous deux adultes et capables de passer l'éponge, non ?

En arrivant au café, Ed m'a jeté un regard interrogateur, du type « est-ce-qu'on-est-toujours-amis ? », auquel j'ai répondu d'un sourire tout ce qu'il y a de plus aimable et professionnel. J'espérais lui transmettre le message suivant : Tu parles qu'on est amis, on est même les meilleurs amis du monde – la reine de tes amies, c'est qui ? C'est Bibi !

Beaucoup de monde est passé au café, si bien que nous n'avons pas eu une minute pour parler de choses sérieuses. C'était sans doute mieux comme ça. Personne n'aime les conversations lourdes d'un lendemain de dérapage, si ? Nous étions déjà passés par la case « Oups, désolé, je crois qu'on s'est embrassés, on n'aurait pas dû » et je n'avais pas envie qu'il s'appesantisse sur sa bourde soi-disant impardonnable.

Au terme du service, comme nous étions dimanche, j'ai remis leurs salaires à Rachel et Ed en m'assurant que Rachel recevait sa part des pourboires de vendredi soir.

— Le café sera fermé demain, ai-je dit. Nous avons tous besoin d'une journée de repos. On se voit mardi matin, d'accord ?

— Une journée de repos ! s'est exclamé Ed, taquin, comment vas-tu y survivre ?

— Je n'en sais rien. J'espère que je pourrai aller à la plage et peaufiner mon bronzage. Je suis blanche comme un cachet d'aspirine, à passer mes journées ici... Et puis...

J'ai dégluti. Je me devais d'être honnête avec lui, la jouer cartes sur table.

— ... nous avons reçu quelques candidatures de personnes intéressées par le poste de chef, auxquelles il faut que je jette un coup d'œil...

J'ai affiché un grand sourire faux.

— ... comme ça, tu n'auras pas besoin de travailler avec moi trop longtemps. Cela devrait te faire plaisir !

— Oh, a-t-il répondu.

Contrairement à ce que je pensais, il a eu l'air blessé. Il ne croyait quand même pas que je l'écartais à cause de ce baiser, tout de même ? Ce n'était pas du tout mon intention. S'il avait eu un quelconque effet, ce baiser m'avait plutôt donné envie de le retenir ici le plus longtemps possible.

Ed a semblé se ressaisir et il a levé les yeux au ciel avant de reprendre d'un ton rieur :

— Ah, Dieu merci. La fin du cauchemar approche.

Un silence assez tendu a suivi, que j'ai brisé pour m'assurer que j'avais bien compris.

— Tu m'as bien dit que tu ne voulais pas travailler ici plus d'une semaine ou deux, n'est-ce pas ?

— Absolument. Je suis sûr que tu trouveras quelqu'un de beaucoup plus apte que moi, quelqu'un qui ne mord pas les journalistes et...

— Je sais que je ne trouverai pas mieux que toi, Ed, mais je n'ai pas le choix, tu comprends...

— Oui, très bien, a-t-il répondu avec raideur. Eh bien, bonne pioche, alors. À mardi.

— À mardi ! a répondu Rachel en écho en agitant la main. Et merci pour les pourboires. Je vais essayer de ne pas tout dépenser au pub, ce soir.

Je les ai regardés partir avec le sentiment désagréable qu'Ed avait mal interprété mes mots. Il ne croyait tout de même pas que je voulais me débarrasser de lui à cause de son attitude devant les journalistes ? Cela m'avait agacée, certes, mais pas au point de le virer. Je l'appréciais beaucoup trop, personnellement et professionnellement, pour souhaiter son départ. J'avais tout juste commencé à me reposer sur lui, à me fier à ses conseils de collègue et d'ami. Mais…

J'ai soupiré. Après ce qui s'était passé hier soir, peut-être qu'il valait mieux, en effet, que je trouve rapidement un autre chef. J'avais eu toutes les peines du monde à me concentrer, aujourd'hui. La proximité m'avait pesé, surtout dans cette même cuisine où tout avait commencé.

— Ils sont sympas, tous les deux, tu ne trouves pas ? a commenté Phoebe en me tirant de mes pensées, Rachel et Ed. Vraiment gentils.

— Oui, ils sont super.

Je me demandais où elle voulait en venir. Elle avait le regard fixé sur les grosses vagues, à travers la fenêtre, et son visage affichait une expression pensive, mélancolique. Est-ce que sa famille lui manquait ?

— Parle-moi de tes copines, elles sont comment ? ai-je demandé.

Son regard s'est éclairé.

— Elles sont super. Vraiment marrantes, complètement folles. On traîne les unes chez les autres, on s'échange nos vêtements, on se fait des coiffures. Polly est la plus dingue, vraiment hallucinante, du genre « Mon Dieu, est-ce que ce genre de personne existe vraiment ? ». Et Rosa, c'est la plus belle fille du monde, tous les mecs l'adorent. Zoe est assez artiste, elle porte toujours des trucs vintage, mais ça lui va super bien, et Sasha c'est l'intello pure, carrément geek. Elle se souvient d'une tonne de numéros de portable, et tout ça, mais elle a aussi une super grande gueule et ça lui attire parfois des ennuis.

Plantée devant moi, Phoebe a croisé les bras, soudain silencieuse.

— Elles me manquent, parfois, a-t-elle fini par avouer. On se marrerait bien si elles étaient ici, avec moi…

— Je comprends très bien. Mes amis me manquent, à moi aussi, surtout ma meilleure amie Amber. C'est dur d'arriver dans un endroit où on ne connaît personne, tu ne trouves pas ?

J'ai sorti mon téléphone de ma poche et je le lui ai tendu.

— Pourquoi ne les appellerais-tu pas, pour papoter un peu ?

— T'es sûre ?

Phoebe regardait mon téléphone avec gourmandise, comme si c'était une friandise appétissante.

— C'est trop gentil !

Je me suis occupée de la caisse pendant qu'elle montait à l'étage, chercher les numéros de ses copines dans son propre appareil qui n'avait plus de crédit. Au bout d'un moment, j'ai entendu des éclats de rire et des bribes de conversation.

— C'est pas VRAI ! l'ai-je entendue s'exclamer, et WOUAH, c'est GUE-DIN !

J'ai souri intérieurement. C'était agréable de l'entendre se comporter comme une adolescente, pour une fois, de voir qu'elle était aussi capable de rires bêtes et d'hystérie puérile. Cela me changeait de l'adulte miniature, aussi stressée que débrouillarde, qu'elle était ici.

J'ai préparé une salade accompagnée du dernier *cornish pasty* au poulet, puis je me suis versé un verre de rosé frais et j'ai apporté le tout sur la terrasse. La mer était déchaînée et les vagues déferlaient à une cadence rapide. De nombreux surfeurs se dressaient dans l'eau, à cheval sur leur crête, leur combinaison noire scintillant dans l'écume comme la peau d'un phoque. Quand ils glissaient, bras en équilibre et muscles tendus, leur planche était collée à leur corps comme s'ils ne faisaient plus qu'un. L'un d'eux était escorté d'un chien qui bondissait entre les vagues, aboyant et agitant la queue d'excitation. J'ai sursauté en reconnaissant Lola, le chien d'Ed. Est-ce qu'Ed se cachait parmi ces surfeurs ?

Mon cœur s'est mis à battre un peu plus vite et j'ai scruté la mer pour le repérer. Tout d'un coup, Lola s'est précipitée, hystérique, vers une silhouette qui approchait du rivage. L'homme s'est mis à rire et l'a caressée pendant qu'elle agitait frénétiquement sa queue. *Ah. Te voilà.*

Les joues rouges, je l'ai observé en sirotant mon vin. Il était le seul à ne pas porter de combinaison et mon regard s'est attardé sur son torse plat et glabre et ses bras musclés, son bronzage uni et doré au-dessus de son caleçon de bain noir. L'eau a dégouliné de sa peau quand il a attrapé sa planche pour retourner dans les vagues. *Wouah,* me suis-je surprise à penser en repensant à notre baiser, puis à mon rêve torride – jusqu'à ce que je me redresse sur ma chaise, furieuse contre moi-même. Non, il n'y avait pas de « Wouah » qui vaille ! C'était mon chef cuisinier, mon employé. Pas un objet de désir sur lequel je pouvais fantasmer à loisir. C'était un employé qui se remettait d'une rupture amoureuse, voilà tout.

Cela dit… Ouh là, me suis-je exclamée, émerveillée, oubliant toutes mes bonnes résolutions en le voyant ramer vers le large et attendre le prochain rouleau. Le spectacle de son dos bosselé de muscles et de ses épaules n'était pas mal, non plus. Qui aurait pu s'en douter, quand on le voyait dans sa tenue blanche de chef ?

Quelques instants plus tard, la mer s'est à nouveau soulevée, puis arquée sous l'impulsion d'une nouvelle vague – wooouh, la voilà qui explosait ! Debout sur sa planche, Ed l'a accompagnée tout au long de la crête, luttant pour garder l'équilibre alors qu'il filait vers le rivage, escorté d'autres sportifs qui rivalisaient de vitesse avec les flots. Je me suis aperçue que je retenais ma respiration et je l'ai relâchée au moment où il regagnait les eaux peu profondes, où Lola l'a accueilli en bondissant.

Tout d'un coup, je me suis aperçue que la chienne n'était pas la seule à l'accueillir en courant. Un autre surfeur, moulé dans une combinaison bleu électrique et noire, a bondi de sa planche pour aller lui taper dans la main, tope là ! Des éclats de rire me sont parvenus entre deux rugissements de vagues : c'était Rachel.

Tiens, tiens, quelle surprise.

Allons, elle m'avait bien raconté qu'elle faisait du surf, non ? Il n'était donc pas étonnant de les voir tous deux sur la plage ! Pourtant…

Ils ne m'avaient même pas proposé de les accompagner, ai-je réalisé, vexée comme une gamine. Avais-je tort de ressentir un pincement de jalousie en les voyant s'amuser – batifoler, pourrait-on dire – dans l'écume, alors qu'ils n'avaient même pas pensé à m'en parler ? Après s'être distrait de son chagrin d'amour avec moi, peut-être qu'il tentait sa chance avec *elle* ?

Phoebe est sortie sur la terrasse à cet instant, plus heureuse et enjouée que jamais.

— Ça va ?

J'ai profité de sa venue pour me détourner des surfeurs. Je n'avais plus envie de voir ce spectacle. Le sang pulsait dans ma tête, j'avais la gorge serrée. Les images d'Ed et de Rachel en train de s'amuser dans l'eau ne voulaient pas me quitter.

Phoebe rayonnait littéralement.

— C'était génial. J'ai seulement parlé à Zoe, mais c'était trop bien d'entendre tous les potins et d'apprendre tout ce qui s'était passé. Elle est complètement amoureuse de Max, un mec de notre année, et elle a fait le pari de lui demander s'il voulait venir à son anniversaire et il a dit OUI ! Maintenant, elle est complètement stressée parce qu'elle ne sait pas quoi mettre et surtout, elle ne sait pas quoi penser, alors…

— Elle organise une fête ? Quand ? ai-je demandé avec désinvolture.

— Samedi prochain, a répondu Phoebe en mordillant l'ongle de son pouce.

Elle s'est affalée sur une chaise et a passé ses jambes par-dessus l'accoudoir avant de lâcher :

— J'aimerais bien pouvoir y aller.

— Alors, vas-y. Qu'est-ce qui t'en empêche ?

Elle a esquissé un geste pour désigner la mer.

— Eh ben, je suis ici. Mais…

J'ai pris une gorgée de vin et je l'ai regardée.

— Allez. Tu peux peut-être me dire ce qui s'est passé chez toi, maintenant. Est-ce que c'était suffisamment grave pour rater la fête de Zoe ? Tu ne crois pas qu'elle serait contente d'avoir le soutien de sa copine, le soir où Max vient chez elle ?

Tout cela me faisait penser à une série télévisée à l'eau de rose, mais Phoebe semblait vraiment tentée.

— Eh ben…

— Je sais que ta maman et toi vous êtes disputées, mais est-ce que tu ne pourrais pas habiter chez Zoe, par exemple, jusqu'à ce que les choses se soient arrangées dans ta famille ?

Phoebe a renversé sa tête en arrière et s'est plongée dans la contemplation du ciel.

— Peut-être, a-t-elle commencé timidement. Le truc, c'est…

Tout est sorti d'un coup : le fait qu'elle se soit toujours sentie négligée par ses parents parce que son frère, handicapé, nécessitait de nombreux soins et attentions, le fait qu'il ne leur restait jamais beaucoup de temps pour elle. Elle en avait assez que personne ne s'inquiète pour elle, que personne ne lui demande jamais comment s'était passée sa journée, que tout le monde soit trop occupé à se soucier d'Isaac. Elle avait cessé de faire des efforts à l'école parce que de toute manière, ça n'intéressait personne.

— Les efforts, tu les fais pour toi-même, Phoebe, ai-je objecté, mais elle ne m'écoutait pas.

— J'ai commencé à traîner avec Zoe et sa bande. D'après ma mère, a-t-elle continué d'un ton méprisant, ils auraient une « mauvaise influence sur moi ». En tout cas, mes parents ont enfin commencé à s'intéresser à moi. Pour la première fois de ma vie, ils remarquaient ce que je faisais, regardaient mes vêtements. Je n'étais plus la « gentille petite Phoebe ».

Elle a appuyé sa tête sur sa main, le visage durci par la révolte.

— Le problème, c'est que plus ils me faisaient des reproches, plus j'avais envie de les énerver. Alors…

— Alors c'est devenu un cercle vicieux, ai-je complété avec empathie.

— Ouais.

Elle a laissé son regard se perdre au loin et je l'ai vue frissonner quand une brise soudaine s'est levée.

— Je suis partie en me disant qu'ils seraient sans doute soulagés de ne plus m'avoir dans les pattes. Au moins, ils n'auraient plus à s'inquiéter pour moi et pourraient de nouveau se concentrer sur leur précieux Isaac.

— Impossible, ai-je répondu avec fermeté. C'est impossible qu'ils pensent une chose pareille. Tu m'as dit toi-même à quel point ta mère était paniquée, au téléphone. Elle doit se sentir horriblement coupable d'en être arrivée là. Avec ton père, ils ne rêvent probablement que d'une chose : que tu rentres à la maison et que vous puissiez repartir sur des meilleures bases.

Elle a secoué la tête avant d'asséner d'une voix glaciale :

— Je ne crois pas, non.

Je la cernais mieux, désormais, et j'étais quasiment sûre que sa froideur n'était que de l'orgueil blessé.

— Qu'est-ce que Zoe a dit sur le fait que tu sois partie ? ai-je demandé après une minute de silence.

— Elle m'a dit que tout le monde était super paniqué, que je leur manquais et…

Ses mots se sont bousculés dans sa gorge, mais elle s'est reprise aussitôt :

— … que ce n'était pas pareil, sans moi.

— Tu parles ! Je la crois sur parole.

— Ensuite, elle m'a demandé si elle pouvait avoir mon fer à lisser les cheveux parce qu'il est mieux que le sien, a-t-elle ajouté, et les coins de sa bouche ont commencé à s'étirer en un sourire. Quelle peau de vache.

— En voilà une bonne raison de rentrer. Tu ne peux tout de même pas laisser ta copine te chiper ton lisseur derrière ton dos, si ?

— Non.

Un nouveau silence s'est installé.

— J'ai vraiment envie d'aller à la fête de Zoe, a repris Phoebe au bout d'un moment.

— À ta place, je le ferais.

J'ai repoussé le téléphone dans sa direction.

— Allez. Appelle ta maman. Dis-lui exactement ce que tu m'as dit – débarrasse-toi de tout ce que tu as sur le cœur. Zoe a besoin de toi. Ton lisseur a besoin de toi. Ta mère, ton père et ton frère ont besoin de toi. Tu ne me crois probablement pas, mais c'est la vérité.

À son visage, je voyais qu'elle était en proie à un violent combat intérieur.

— Demain, peut-être, a-t-elle fini par conclure.

— D'accord.

Je ne voulais pas insister davantage. Si elle envisageait sérieusement d'appeler, nous avions déjà fait un pas de géant.

Tout d'un coup, elle s'est soudain exclamée :

— Oh, regarde ! C'est Ed qui fait du surf !

Je me suis retournée, finalement contente d'avoir une bonne excuse pour vérifier où en étaient Ed et Rachel, tout en craignant ce que j'allais voir. Et s'ils se roulaient dans les vagues en s'embrassant à pleine bouche, comme dans une scène de *Lagon bleu* ?

Phoebe s'est penchée par-dessus la rambarde et a agité les bras en hurlant :

— Houhououou !

Apparemment, Ed venait de tomber de sa planche et riait aux éclats. Il a agité les bras en réponse à Phoebe et nous a fait signe de descendre.

— Venez vous baigner, toutes les deux ! L'eau est bonne !

Puis il s'est tourné vers moi et a lancé :

— Qu'est-ce qu'on attend pour cette première leçon de surf ?

— Hahaha, je ne crois pas, non, ai-je lâché dans ma barbe, nerveuse.

Il était hors de question qu'il me voie en maillot de bain, avec mes jambes d'un blanc laiteux et mon ventre de bonne vivante… surtout depuis que j'avais vu à quel point il était sexy et craquant dans son short !

— Demain, peut-être ! ai-je crié en affichant un beau sourire pendant que je croisais mes doigts sous la table. Peut-être jamais, aussi, ai-je murmuré pour moi. Je ne voulais pas effrayer les enfants avec mes allures de baleine échouée sur une planche de surf.

— Tiens, Rachel est là, aussi, a réalisé Phoebe. Wouah, regarde-la, elle est géniale ! Salut, Rachel ! s'est-elle écriée en agitant de nouveau les bras. Oh ooh, a-t-elle repris, tu crois qu'il se passe quelque chose, entre eux ?

J'ai dégluti, soudain mal à l'aise, et j'ai marmonné :

— J'en sais rien.

— En tout cas il est assez en forme, notre bon vieux cuistot, tu ne trouves pas ? a-t-elle poursuivi, le regard rivé sur les deux silhouettes qui s'agitaient sur leurs planches. Bien foutu. Regarde-moi ces fesses toutes rondes !

J'ai lâché un éclat de rire en imaginant la tête que ferait Ed s'il l'entendait. Le fait de parler à sa copine semblait avoir transformé Phoebe en quelqu'un de différent – une jeune fille cent fois plus vive, plus effrontée.

— Rondes ? ai-je répété en faisant la grimace, qu'est-ce qui te prend ?

— Il est un peu vieux pour moi, cela dit, a-t-elle continué sans détacher les yeux des surfeurs.

— Tu parles, ai-je dit en souriant. Il y a des garçons qui te plaisent, chez toi, et qui vont à la fête ?

— Eh ben… peut-être.

Oubliant Ed et ses fesses appétissantes, elle s'est rassise à sa place et m'a décrit un garçon qui s'appelait Will et qui lui plaisait depuis des années. Apparemment, il était super beau, mais il sortait avec Darcey Sheldon, la fille la plus populaire de toute l'école, si bien que Phoebe pensait n'avoir aucune chance avec lui... jusqu'à ce que Zoe lui raconte, tout à l'heure au téléphone, qu'elle les avait surpris en train de se disputer devant le McDonald's. D'après Phoebe, il y avait peut-être une chance pour que Will quitte Darcey, et dans ce cas...

J'ai levé un sourcil :

— Tu ne vas quand même pas laisser passer cette occasion. Oublie ton lisseur et ta copine. Si tu veux mon avis, Will est une raison suffisante pour rentrer à Londres.

Phoebe a éclaté de rire.

— Ouais. Peut-être.

Nous sommes restées sur la terrasse pendant un petit moment, moi avec mon vin et Phoebe avec un Coca light. Je ne l'avais jamais connue aussi bavarde. Elle m'a raconté toute l'histoire de sa mère qui gérait une boutique de cadeaux, à Chelsea, et de son père qui était journaliste pour *The Times*, puis elle a enchaîné sur le fait qu'elle voulait étudier la mode une fois sortie du lycée. Plus elle parlait, plus il me semblait qu'elle était en train de se convaincre que rentrer à Londres était une bonne idée, voire la meilleure chose à faire. La seule chose qui la retenait encore était l'idée de revenir sur ses positions, de perdre la face et de laisser ses parents « gagner la bataille », mais j'espérais qu'elle finirait par comprendre que ce n'était pas si cher payé, en fin de compte.

Quand nous sommes allées nous coucher, plus tard dans la soirée, elle m'a serrée dans ses bras.

— Merci, Evie. T'es l'adulte la plus cool que j'aie jamais rencontrée.

Je l'ai serrée à mon tour.

— Et tu es certainement l'ado la plus cool que je connaisse. Dors bien.

Chapitre 21

Lundi, Phoebe est allée à la plage dès le matin – la journée était splendide – pendant que je m'attelais à l'épineux problème du remplacement de mon chef. J'avais reçu quelques candidatures supplémentaires, mais aucune ne se démarquait du lot. Le problème, c'était que je ne désirais personne d'autre qu'Ed – à tout point de vue, d'ailleurs. Après l'avoir vu surfer, j'avais eu un autre rêve divinement indécent, où nous nous retrouvions sur la plage et où il m'arrachait mon maillot de bain (sans rire – il fallait bien que les rêves servent à quelque chose) avant de me prendre sur le sable. Je m'étais réveillée aussi haletante et brûlante de désir que dans une séquence de mauvais porno, mais aussi légèrement inquiète à l'idée d'avoir crié son nom dans mon sommeil et d'avoir réveillé Phoebe.

Le rêve m'avait perturbée, aussi. Il était si réel, si vivant. J'avais tout imaginé jusque dans les moindres détails : la manière dont il m'entourait de ses bras, la sensation de son poids sur mon corps nu, celle de ses fesses rondes sous mes doigts (Phoebe avait complètement raison à ce sujet) et même le cri qu'il a lâché en jouissant (plutôt puissant et caverneux, si vous voulez tout savoir). Comme il s'agissait d'un rêve, bien sûr, la présence de sable sur les parties sensibles de notre anatomie ne posait aucun problème et dans l'ensemble, l'expérience avait été divine.

J'ai soupiré. Quelle idiote je faisais, à me mettre dans ces états alors qu'il ne s'intéressait visiblement pas à moi. Décidément, il valait mieux pour tout le monde que je déniche un autre chef et que j'épargne à ce pauvre Ed mes accès de convoitise quotidiens. C'était la chose la plus sage et la plus professionnelle à faire. J'ai donc pris mon téléphone et j'ai appelé trois des candidats – le chef dans un pub, le Maître-Fritier et une femme qui avait travaillé dans un deli, à Wadebridge – pour leur proposer un entretien le lundi suivant.

Voilà. C'était une bonne chose de faite. Avec un peu de chance, l'un des candidats correspondrait parfaitement au profil et je pourrais rendre sa liberté à Ed. Légèrement déprimée par cette perspective, je me suis traînée à la plage avec un grand chapeau mou et un gros roman, décidée à me changer les idées. *Détends-toi, ma grande,* me suis-je dit en m'étalant sur ma serviette de bain. Si seulement c'était aussi simple.

Ce soir-là, Phoebe est rentrée rayonnante de joie, bronzée et couverte de sable, les cheveux emmêlés par l'eau de mer. Elle avait croisé Rachel, m'a-t-elle raconté, et toutes deux avaient passé la journée sur le bateau d'un couple d'amis de cette dernière. En écoutant le récit de leurs exploits, j'ai ressenti un pincement de nostalgie : j'aurais beaucoup aimé me joindre à elles, et puis mes amis me manquaient.

— C'était tellement génial, s'enthousiasmait Phoebe. On a plongé et fait du snorkeling et ensuite, on a pique-niqué dans une baie déserte, le long de la côte – c'était trop bien.

Elle me souriait, ses pupilles plus vertes et lumineuses que jamais maintenant que sa peau était légèrement hâlée.

— C'était une journée parfaite pour terminer en beauté mon aventure dans les Cornouailles, a-t-elle conclu.

J'ai levé les sourcils.

— Terminer en beauté… Tu rentres chez toi ?

— Oui. J'en ai reparlé avec Rachel, aujourd'hui. À vous deux, vous m'avez aidée à prendre ma décision. Les amis et la famille, c'est ce qu'il y a de plus important, dans la vie. Et Will aussi, c'est clair.

J'ai ri.

— Oh, c'est clair, bien sûr. Alors, comment comptes-tu t'y prendre ? Est-ce que tu as appelé chez toi ? Quand est-ce que tu pars ?

— Papa et Maman viennent me chercher demain. Tous les deux !

Elle a accompagné ces derniers mots d'une mimique d'ébahissement ironique avant de poursuivre.

— Ils posent même un jour de congé, tu te rends compte ! Et ils vont laisser Isaac tout seul à la maison avec ma grand-mère, tellement ils trouvent ça important de venir me chercher.

Je lui ai donné un petit coup de coude.

— Tu es vraiment importante, Pheebs. Ne l'oublie pas.

Un silence s'est installé et j'ai réalisé à quel point elle allait me manquer. Au début, elle avait été revêche et méfiante, bien sûr, et puis elle avait un penchant pour le mélodrame et les réactions extrêmes, mais c'était aussi un amour de jeune fille, une gamine pétillante et drôle.

— Ah, tu vas me manquer, ai-je dit en passant un bras autour de ses épaules. Et pas seulement parce que tu es une serveuse en or ! Et puisque c'est ta dernière soirée ici, je t'emmène dîner ailleurs. Prends une douche et prépare-toi. On va au Fleece.

Le lendemain, le café était ouvert. Annie est venue déposer de merveilleuses nouvelles créations, y compris un cheesecake aux fraises fraîches. Rachel et Ed n'ont pas tardé à arriver, non plus, et en dépit des images érotiques qui défilaient dans ma tête à chaque fois que je le voyais, j'ai réussi à adopter une attitude parfaitement détendue et professionnelle envers Ed.

Pour une raison que j'ignorais, Rachel semblait particulièrement joyeuse et excitée. Je l'ai même surprise en train de fredonner une chanson mièvre qui passait à la radio, comme si elle partageait les sentiments amoureux du chanteur. Cela m'intriguait. « Oh oh oh, tu crois qu'il se passe quelque chose, entre eux ? » avait demandé Phoebe quand nous avions vu Ed et Rachel sur la plage. Sur le coup, j'avais écarté cette éventualité qui me semblait impossible. Pourtant, Rachel semblait étrangement guillerette, aujourd'hui…

Non. Certainement pas. Je m'imaginais des choses, je me faisais des films, je perdais la boule.

Ses parents ayant décidé de venir la chercher ici, Phoebe a passé la matinée à guetter la porte.

— En fait, j'ai presque hâte de les revoir, m'avait-elle avoué au pub, la veille au soir. Je sais que ça ne va pas être rose, au début, mais… C'est fait, tu comprends : ça y est, je me suis fait entendre. Les choses vont forcément changer. En mieux.

— Pheebs, ai-je dit en la voyant regarder la porte d'entrée pour la énième fois, je suis sûre que tes parents sont impatients de te voir, mais cela va leur prendre – combien ? – au moins cinq heures, pour venir de Londres jusqu'à Carrawen. Avec la meilleure volonté du monde, ils n'arriveront pas avant cet après-midi.

Elle a souri.

— Oui, je sais. Je suis nerveuse, c'est tout.

Vers onze heures, Florence, l'adorable vieille dame aux cheveux gris de la semaine dernière, est arrivée.

— Bon anniversaire ! l'ai-je accueillie en me rappelant en dernière minute la conversation que nous avions eue la dernière fois. Qu'est-ce qui vous ferait plaisir ? Vous allez tout de même prendre une part de gâteau, pour célébrer cette journée ! Me permettez-vous de vous l'offrir ?

Son visage s'est fendu d'un sourire.

— Ce serait merveilleux. Et un thé, s'il vous plaît.

Je lui ai apporté le tout, et comme le café était relativement calme, je me suis assise en face d'elle.

— Comment ça va ? Est-ce que vous avez passé une bonne semaine ?

— Eh bien, c'était calme, a-t-elle répondu en découpant soigneusement son gâteau en petits morceaux. J'essaie de m'occuper, mais...

— Ce n'est pas la fête tous les jours, alors, ai-je deviné en souriant.

— Pas vraiment.

Elle a versé son thé dans sa tasse.

— Vous savez, Florence, j'ai pensé à ce que vous m'avez dit, la dernière fois que vous êtes venue. Sur le fait que vous vous sentiez un peu seule, parce que vous ne connaissiez pas grand monde, ici. Eh bien, les circonstances sont un peu différentes pour moi, mais je comprends votre sentiment. Je suis une nouvelle venue, moi aussi, et mes amis me manquent.

La vieille dame a penché la tête, attentive et silencieuse, le regard brillant comme celui d'un oiseau.

— Je me demandais, ai-je commencé en espérant que ma proposition ne serait pas ridicule, si je n'allais pas organiser une soirée rencontres au café, un soir par semaine. Uniquement pour les femmes. L'idée serait seulement de proposer un endroit où chacune peut venir papoter autour d'un morceau de gâteau, apporter une bouteille de vin si ça lui chante et faire la connaissance des autres femmes du village. Une sorte de soirée entre filles, ouverte à toutes celles qui en auraient envie.

J'allais poursuivre ma description, mais Florence m'a interrompue.

— Quelle bonne idée. Je serais très partante. Cet endroit est superbe, mais le soir, il ne se passe pas grand-chose. Pas de bingo, pas de club associatif. La communauté aurait bien besoin d'une activité de ce genre.

J'aurais pu l'embrasser. C'était exactement ce que j'avais envie d'entendre.

— Super. Je pensais organiser notre première soirée rencontres jeudi prochain. Qu'est-ce que vous en pensez ?

Elle a hoché la tête.

— Parfait. J'ai hâte. Une soirée filles, hein ?

Elle a lâché un petit gloussement et son visage a soudain semblé vingt ans plus jeune.

— Arthur aurait adoré cela – me voir partir à une soirée entre filles à soixante-douze ans !

— Vous avez l'âge que vous ressentez, Florence, lui ai-je rappelé. Oh, et autre chose. Si vous n'avez rien de prévu ce soir, un jeune artiste du village organise un vernissage au café. À dix-neuf heures. Il y aura du vin et des petites choses à manger. Cela vous plairait de passer votre soirée d'anniversaire avec nous ?

Elle semblait ravie.

— Ce serait merveilleux. J'appréhendais tant cette journée sans Arthur. Mon fils m'a promis d'appeler depuis l'Amérique, un peu plus tard dans la journée, mais ce n'est pas pareil que d'être avec quelqu'un. Je viendrai avec plaisir.

Rachel, qui débarrassait des tables non loin de nous, s'est approchée.

— Bonjour, Florence ! Je vous dois des remerciements. Sur vos conseils de la semaine dernière, j'ai pris mon courage à deux mains et j'ai rappelé mon ex.

— Oooh ! s'est exclamée Florence, la mine réjouie. Tant mieux. Quel a été le résultat ?

— On s'est réconciliés, a déclaré Rachel avec un grand sourire. On s'est parlé pendant très longtemps, hier soir, et on s'est tous les deux excusés. Et la meilleure, c'est qu'il me rejoint ici dès la semaine prochaine !

— Génial ! me suis-je exclamée, bravo !

Alors voilà la raison de ses yeux de merlan frit. Il ne se passait donc rien entre elle et Ed. C'était clair, pour reprendre les mots de Phoebe. De toute manière, je n'y avais pas cru une seule seconde.

— Formidable, a renchéri Florence. Je suis fière de vous. Est-ce que vous êtes contente d'avoir suivi mon conseil ?

— Très, a déclaré Rachel. Je me sens beaucoup mieux. Merci, vous êtes mon nouveau gourou des cœurs, Florence !

Elle s'est penchée pour déposer un baiser sur la joue de la vieille dame.

— Oh, dites donc ! a lâché Florence dont les joues avaient rosi de joie. Je ne sais pas très bien ce que c'est qu'un gourou, mais je suis contente de vous voir heureuse, Rachel. Et cela me réjouit qu'il ait retrouvé la raison, lui aussi. C'est fantastique.

— J'aime les histoires qui finissent bien, ai-je lâché en les regardant toutes les deux. Je suis contente pour toi, Rachel.

La jeune femme était radieuse.

— Merci. Le monde est quand même plus agréable quand on est amoureux. Tu n'es pas d'accord, Ed ? a-t-elle lancé, interpellant l'intéressé qui sortait justement de la cuisine.

Il a haussé les épaules, visiblement grincheux.

— Comment veux-tu que je le sache ? a-t-il bougonné en déposant brusquement un plat sur le comptoir.

Aïe. J'ai esquissé une grimace, mais Rachel semblait plutôt amusée.

— Eh bien, il y a quelqu'un d'autre qui aurait bien besoin de vos conseils de Gourou des Cœurs, Florence, a-t-elle chuchoté suffisamment fort pour qu'il puisse l'entendre.

— Grands dieux, a répondu cette dernière en clignant des yeux, un beau garçon comme lui ! Toutes les femmes doivent lui courir après, non ?

Je me suis sentie rougir. Elle avait sans doute raison. D'après ce que j'en savais, il était le plus bel homme de Carrawen, et les filles devaient tomber comme des mouches à son passage. J'avais vraiment l'air d'une idiote, avec mon béguin de gamine.

— Bon, je ferais bien de me remettre au boulot, ai-je lâché avec légèreté pour mettre un terme à cette discussion.

L'excitation de Phoebe était allée crescendo jusqu'à midi avant de se muer en déprime.

— Mais où est-ce qu'ils peuvent bien être ? s'interrogeait-elle presque toutes les demi-heures, pourquoi ne sont-ils toujours pas arrivés ?

— Pheebs, ce n'est pas la porte à côté, ma belle, lui a rappelé Rachel. Ne les condamne pas tout de suite. Même s'ils se sont mis en route dès le réveil, il faut bien qu'ils s'arrêtent pour déjeuner et prendre de l'essence.

— C'est vrai, ai-je renchéri. Cela peut prendre un moment, encore. Va prendre ta pause-déjeuner et essaie de penser à autre chose. Ils ne vont pas tarder, j'en suis sûre.

— J'espère qu'ils vont bientôt arriver, a commenté Rachel une fois que Phoebe m'avait obéi à contrecœur. Cela fait un moment qu'elle est en colère contre eux – ce serait affreux s'ils gâchaient tout alors qu'elle est enfin prête à faire la paix.

— Oui. Elle va le prendre personnellement, s'ils sont en retard – elle va tout de suite s'imaginer qu'ils ne s'intéressent pas à elle et ils se retrouveront tous à la case départ. J'ai lâché un soupir. Allez, Papa-Maman, ne la laissez pas tomber maintenant.

À quinze heures, alors que Phoebe semblait sur le point d'éclater en sanglots à chaque tic de l'horloge, un couple de quadragénaires assez élégant s'est présenté à la porte. La femme avait les pommettes hautes et les mêmes cheveux clairs que Phoebe, mais coiffés en un dégradé court, très chic. La ressemblance ne laissait aucun doute. Après être entrée dans le café d'un pas vif, elle a inspecté les lieux. Son regard est tombé sur Phoebe qui s'affairait, les bras chargés de vaisselle, et elle a laissé échapper un petit cri.

— Oh, ma chérie, s'est-elle exclamée en se dépêchant de rejoindre sa fille.

Pheebs a déposé la vaisselle sur la table la plus proche d'elle et est allée se jeter dans les bras de sa mère.

— Oh, Phoebe !

Nous avons assisté à un enchevêtrement de bras, d'étreintes étouffantes et de mots de bienvenue murmurés. J'entendais les sanglots de l'une d'elles, peut-être de toutes les deux. La gorge serrée, j'ai échangé un regard humide avec Rachel.

— Salut, mon chou, a lâché l'homme d'un ton bourru avant d'enlacer les deux femmes et de déposer un baiser sur le haut de la tête de sa fille.

Il portait une chemisette, un pantalon beige et des chaussures qui semblaient avoir coûté une fortune. Sa présence dans un café comme le mien était aussi incongrue qu'un cheveu dans un bol de soupe. Une fois les effusions passées, ils se sont approchés.

— Voici Evie, a dit Phoebe, les joues roses et les yeux rougis par ce trop-plein d'émotions. C'est elle qui m'a proposé de dormir ici. Evie, voici ma maman et mon papa, Maria et Bradley.

— Bonjour, ai-je répondu poliment, mais Maria avait déjà contourné le comptoir pour venir m'embrasser.

— Merci, a-t-elle dit en me serrant si fort contre elle que j'ai failli étouffer. Oh, merci, Evie. Je ne pourrais jamais vous remercier suffisamment pour votre gentillesse.

Elle s'est discrètement signée avant de reprendre.

— Quand je pense à ma petite fille, toute seule, dans les rues, la nuit… Elle a secoué la tête et j'ai vu les larmes monter à ses yeux. Dieu merci, vous étiez là. Dieu merci !

— Pas de problème. Phoebe est une fille adorable.

— J'espère qu'elle ne vous a pas causé de problèmes, a continué Maria en tenant ma main, ses yeux plongés dans les miens. Elle ne s'est pas mal comportée, au moins ?

Oh non, me suis-je dit, légèrement abasourdie par sa question. *Fichez-lui la paix. Vous venez tout juste de la récupérer, ne la repoussez pas tout de suite.*

— Elle a été super, ai-je répondu en jetant un coup d'œil à Phoebe, le visage soudain durci et la bouche légèrement entrouverte. Phoebe est une fille formidable. Il n'y a eu aucun problème.

— Nous aimerions vous remettre une compensation financière pour vos efforts, est intervenu Bradley en sortant son portefeuille de sa poche.

Il en a tiré une liasse de billets qu'il m'a tendue.

J'ai grimacé.

— Ce n'est vraiment pas nécessaire, ai-je protesté, embarrassée. J'étais ravie de l'avoir auprès de moi, et puis elle a travaillé dur. Gardez votre argent, s'il vous plaît.

— Est-ce que je peux vous proposer quelque chose à boire, pendant que vous êtes ici ? est intervenue Rachel d'une voix vive, avant qu'un silence gêné ne s'installe.

— Un café serait merveilleux, a répondu Maria qui avait passé un bras autour des épaules de sa fille. Merci, ma chère.

Elle semblait fatiguée, maintenant que l'émotion des retrouvailles était passée. *Elle avait dû vivre un enfer*, me suis-je dit avec un élan d'empathie, *et lui aussi*. Ce n'était pas étonnant qu'ils en fassent un peu trop. Si j'avais été à leur place, j'aurais hurlé comme une hystérique.

— Un café crème pour moi, sans sucre, a ajouté Bradley.

— Vous avez un logement, pour ce soir ? ai-je demandé poliment pendant que Rachel s'attelait à la machine à café.

— Nous avons pris une chambre à l'Exelsior, un peu plus loin, sur la côte, a répondu Maria en gesticulant en direction de la mer.

L'Exelsior était sacrément cher et sacrément cool. C'est là que séjournaient toutes les célébrités de passage dans le coin.

— … une très belle chambre, d'ailleurs. Face à la mer, avec vue sur la plage, a poursuivi Maria. Pour toi aussi, Phoebe. Nous ne voulons pas abuser plus longtemps de l'hospitalité d'Evie.

— Elle ne me déran… ai-je commencé, mais Phoebe a lâché un drôle de son de gorge.

— Vous êtes passés à l'hôtel avant de venir me chercher ? a-t-elle demandé, incrédule.

Je me suis raidie, réalisant soudain ce que Phoebe venait de comprendre, et un sentiment de révolte m'a envahie. Tout d'un coup, j'ai eu envie d'arracher Phoebe à ces parents indignes et insensibles.

— Juste une minute, a répondu Maria, tu me connais, il fallait absolument que j'aille aux… Nous ne sommes restés qu'une minute, a-t-elle répété d'une voix plus faible. Nous sommes venus ici tout de suite après.

— Asseyez-vous à une table, ai-je proposé. Nous allons vous apporter les cafés. J'ai sorti un plateau et je l'ai essuyé.

— Putain, ai-je marmonné à l'attention de Rachel. Pauvre Pheebs. J'ai l'impression de la renvoyer au front.

— Je vois ce que tu veux dire, a murmuré Rachel. On ne peut pas dire qu'ils soient tendres, hein ?

— Aussi tendres qu'un couple de vipères, ai-je soufflé à mon tour.

Je leur ai apporté les boissons ainsi qu'une sélection de gâteaux, au cas où ils auraient un petit creux.

— Franchement, nous nous sommes fait un sang d'encre, répétait Maria à Phoebe en la regardant droit dans les yeux, la bouche tordue en un rictus qui donnait l'impression qu'elle venait de mordre dans un citron, qu'est-ce qui t'a pris ?

La pauvre jeune fille semblait sur le point d'éclater en sanglots. Après avoir déposé les boissons et les gâteaux, j'ai hésité un instant. Je savais qu'il valait mieux se tenir en dehors de leur drame familial privé, mais je n'étais pas sûre d'être capable d'assister à cette scène sans ouvrir ma bouche.

Et devinez quoi ? Je n'ai pas pu résister.

— Je comprends que vous ayez passé un moment difficile, ai-je lâché avant de pouvoir me retenir, mais ça n'a pas été une partie de plaisir pour Phoebe, non plus.

Un silence a suivi, pendant lequel Bradley s'est tourné vers moi avec une lenteur insupportable, pour poser sur moi un regard froid et impénétrable.

— Quand je suis tombée sur elle, elle dormait par terre, dehors. Ma voix s'était faite plus aiguë, désormais. Elle a dormi dans la pluie et le froid pendant de nombreuses nuits. Elle n'a pas fait cela pour s'amuser, vous savez. Elle l'a fait parce qu'elle était désespérée.

Mon Dieu. Ta gueule, Evie. Phoebe semblait se ratatiner sur elle-même tant elle était embarrassée et honteuse, et c'était vraiment la dernière chose que je souhaitais.

— Nous apprécions votre sollicitude, a répondu Maria d'une voix froide, mais…

— J'espère juste que vous vous y prendrez mieux, à partir de maintenant, l'ai-je interrompue. Parce qu'elle est super. Elle est mûre, elle est drôle, elle est honnête, elle travaille dur – vous avez de quoi être fiers. Je sais que cela a dû être affreux pour vous, qu'elle s'en aille comme cela, je le comprends tout à fait, mais vous l'avez retrouvée, maintenant, alors j'espère que vous... J'ai dégluti. J'espère que vous saurez la chérir. C'est ce que je ferais, à votre place.

Un nouveau silence a suivi, affreusement tendu, et mon cœur s'est mis à battre à tout rompre. Les paupières baissées, Maria mélangeait son café d'un geste brusque et l'espace d'une seconde, j'ai cru qu'elle allait me le jeter à la figure.

— Désolée, ai-je murmuré en serrant le plateau contre ma poitrine. Cela ne me regarde pas. Je vais juste...

J'étais sur le point de tourner les talons pour aller me cacher dans la cuisine, quand Phoebe a dit, d'une petite voix mal assurée :

— Merci, Evie.

— Pas de quoi, ai-je répondu en essayant de lui faire comprendre par un regard que j'étais désolée si j'avais tout gâché, que ça n'avait pas été mon intention.

Je suis retournée au comptoir, le corps pulsant d'adrénaline comme si je venais de me battre à mains nues, et j'ai aidé Rachel à servir les autres clients. Beaucoup de monde était arrivé au même moment, si bien que j'ai enchaîné les allers-retours entre la cuisine et la salle pendant un bon bout de temps. Au bout d'un moment, Phoebe et sa famille sont partis sans même me dire au revoir.

Le cœur lourd, je suis allée débarrasser leur table. Ils avaient vraiment dû me trouver odieuse. Tout d'un coup, j'ai vu les billets, soigneusement glissés sous l'une des assiettes de gâteaux. Je les ai comptés, le cœur battant. Deux cents balles. Il m'a semblé tenir de l'argent sale entre les mains.

Je me suis précipitée sur la terrasse pour les rattraper, mais ils avaient déjà disparu. J'ai traversé la cuisine en courant et je suis arrivée sur le parking juste à temps pour voir une Audi argentée, dernier modèle, s'engager sur la route et s'éloigner. J'ai fait de grands signes de la main, mais le véhicule était doté de vitres teintées et je n'ai pas pu voir si quelqu'un m'avait vue. J'ai lâché un soupir découragé. Il me semblait avoir échoué dans ma mission à la toute dernière épreuve.

À peine le café fermé, Jamie, Martha ainsi qu'un ami de Jamie qui semblait répondre au nom de Boz sont arrivés, les bras chargés de cartons d'œuvres d'art. Boz avait également apporté une perceuse, mais il s'est rapidement avéré qu'il ne savait pas manier des outils électriques. Il creusait des trous énormes et arrosait toute la salle de poussière de plâtre.

— Boz, ai-je gémi, est-ce que tu sais te servir de ce truc ? J'aimerais bien garder mon mur, s'il te plaît. Tu es en train de le transformer en gruyère !

— Donne-moi ça, lui a intimé Ed qui arrivait de la cuisine.

Pendant un instant, la féministe en moi a été tentée de saisir la perceuse et de dire à Ed :

— Laisse tomber, je m'en occupe.

Hélas, mon côté réaliste savait fort bien que le résultat serait probablement pire que celui de notre bricoleur en herbe.

L'appareil en mains, Ed a fait le tour de la pièce en perçant des trous parfaits aux emplacements exacts où nous voulions installer les tableaux, puis il a enfoncé les chevilles dans chacun d'eux et s'est mis en quête des vis.

— Quoi ? a-t-il demandé quand il m'a surprise en train de le regarder.

J'ai ri, légèrement embarrassée.

— Rien. C'est seulement que… tu es sacrément compétent, en plus d'être viril.

Il a éclaté de rire à son tour :

— Compétent et viril, c'est moi tout craché.

— C'est ça. Tu oublies modeste, aussi. Non ? ai-je pouffé.

— Bien sûr.

J'étais excitée par la perspective d'accrocher les tableaux – j'étais curieuse de les découvrir, surtout. La veille au soir, je m'étais fait la réflexion que je lui avais proposé d'exposer toutes ses œuvres chez moi sans même y avoir jeté un coup d'œil. Quelle idiote, vraiment. Une fois de plus, j'avais parlé sans réfléchir. J'avais eu une poussée d'angoisse en m'imaginant des peintures affreuses ou, pire encore, indécentes ! Et si elles représentaient des scènes abominables, si elles étaient barrées d'injures ? Décidément, il restait du chemin à faire pour Evie Flynn, la Reine des Gérantes de Café en Herbe. Mais enfin…

J'ai lâché un cri étouffé quand Jamie a ôté la feuille de protection d'une de ses plus grandes œuvres. C'était une superbe scène marine déclinant les bleus et les verts, avec des coquillages irisés et des poissons aux reflets lumineux. L'ensemble dégageait quelque chose de calme, serein, accrocheur. C'était tout juste si on n'entendait pas le clapotis de l'eau quand on la regardait.

Mais enfin, me suis-je dit avec un sourire, *j'avais peut-être eu la main heureuse.*

Une fois Jamie satisfait de l'arrangement de ses toiles, il a placé des autocollants numérotés à côté de chacune d'elles et installé une liste de prix correspondante. Les plus petits formats valaient la somme – raisonnable, me semblait-il – de cinquante livres chacune, les toiles moyennes s'élevaient à cent cinquante livres pièce et les deux grandes œuvres étaient à deux cent cinquante livres. C'étaient toutes des variantes de vues sous-marines, mais leurs couleurs et leurs sujets différaient, si bien que chaque tableau était unique. En tant que collection, elles étaient du meilleur effet.

— C'est génial, me suis exclamée en regardant cette explosion de couleurs sur mes murs. Jamie, tu ne trouves pas que c'est magnifique ? Le café a un look d'enfer !

Jamie était encore occupé à régler les derniers détails, redresser légèrement telle ou telle toile, s'éloigner de quelques pas pour les contempler, la tête penchée et les paupières mi-closes pour étudier la composition générale sous tous les angles possibles. Enfin, il a souri.

— C'est super de les voir exposées comme ça. Je ne les avais encore jamais vues en tant que collection, les unes à côté des autres.

Martha rayonnait.

— Maintenant, il ne nous reste plus qu'à trouver des tas d'acheteurs qui te demandent d'en peindre encore plus, a-t-elle lancé avec fierté.

— J'espère bien qu'il ne les vendra pas tout de suite, tout de même, ai-je protesté avant de me reprendre, honteuse de cette pensée. Ce n'est pas ce que je voulais dire, pardon ! Égoïstement, j'ai eu envie de les garder sur mes murs aussi longtemps que possible.

Jamie a souri de toutes ses dents.

— Ne vous inquiétez pas, si je les vends toutes, je vous en peindrai de nouvelles.

— Je te prends au mot !

J'ai tourné sur moi-même, émerveillée par la manière dont ces tableaux apportaient de la vie à mon café. Il avait l'air plus classe, plus chic, plus cool. *Qu'est-ce que tu en dis, Jo ?* ai-je pensé en souriant intérieurement. *Regarde à quoi ressemble ton café, maintenant !*

Lindsay, la patronne de Jamie au pub – chevelure blond cuivré, poitrine volumineuse, hauts talons rouges – s'est présentée à la porte avec le vin et un carton de verres à pied en plastique.

— Tu peux tout de suite noter mon nom à côté de l'un de ces petits formats, Jay, a-t-elle annoncé. Celui avec le corail rose. Ça ira parfaitement dans ma salle de bains.

— Vous êtes sûre ? Merci !

Jamie avait l'air ravi et Martha s'est dépêchée d'ajouter une pastille rouge à côté de la toile en question.

— Vendu ! s'est-elle exclamée joyeusement. À la dame avec le vin.

Lindsay a souri.

— Il n'y a pas de quoi. J'aimerais beaucoup rester, mais je dois retourner au pub. Passez une super soirée, en tout cas.

Elle m'a donné un coup de coude.

— C'est chouette, ici, ma belle. Tout le monde dit que tu fais un super boulot.

— C'est vrai ? ai-je demandé, stupéfaite. Euh, eh bien merci beaucoup. Merci, Lindsay.

Annie est arrivée peu après, les bras chargés de plusieurs boîtes de cupcakes. Elle avait choisi un glaçage qui déclinait les mêmes tons de bleu et de vert que les peintures de Jamie et orné le tout de minuscules morceaux de sucre en forme de coquillages.

— Oh, ils sont magnifiques, ai-je soupiré en l'aidant à les disposer sur des assiettes. Tu es un génie, Annie !

Nous avons rangé les chaises et les tables d'un côté de la salle pour qu'il y ait suffisamment d'espace pour circuler entre les œuvres d'art, et j'ai rempli quelques verres de vin que j'ai disposés sur le comptoir, à côté des assiettes de gâteaux, pour que les gens puissent se servir. La seule personne qui manquait était Phoebe, ai-je remarqué avec tristesse, et je me suis demandé si elle était en train de subir un dîner houleux à l'hôtel Exelsior.

Tout d'un coup, l'horloge a sonné dix-neuf heures et les premiers curieux ont commencé à arriver.

Chapitre 22

Un panaché – c'était le meilleur terme pour les décrire de manière collective – d'amis de Jamie est arrivé en premier : de grands garçons nonchalants et mal à l'aise dans leur corps dégingandé, comme si de petits garçons se nichaient encore au fond d'eux. Ils avaient tous la même chevelure informe et la même manière de marmonner dans leur barbe, et leur première réaction a été de taquiner Jamie de cette manière typique des adolescents. On sentait, cependant, que leurs moqueries étaient affectueuses et qu'ils n'étaient pas peu fiers du talent de leur copain.

— Pauvre mec, il n'a pas de quoi s'offrir autre chose que des pots de bleu et de vert, a lâché l'un d'eux en jetant un coup d'œil à la ronde. On devrait faire une collecte pour t'offrir un peu plus de couleurs, Jay.

— Eh, regarde, Giz, il a fait un portrait de toi, là ! s'est exclamé un autre en pointant l'index vers un gros poisson orange doté d'épaisses lèvres et d'un regard légèrement vide.

Je n'ai pas pu m'empêcher de ricaner quand j'ai repéré qui était le « Giz » en question – un grand gars doté d'un rideau de cheveux noirs et graisseux et d'une expression étonnamment proche de celle du poisson.

— Mec, je savais bien qu'on te trouverait une utilité, un jour, a répondu Jamie en lui tapant dans le dos, hilare. On a notre prochain top model des Cornouailles !

— Lâche-moi, a marmonné Giz avec bienveillance, balayant ces moqueries d'un haussement d'épaules.

Un couple de professeurs de Jamie est arrivé ensuite – tous deux quinquagénaires, vêtus avec élégance. À peine étaient-ils là que les garçons reprenaient des attitudes d'écoliers.

— Tout va bien, mademoiselle ? ont-ils salué poliment, et on leur aurait donné le bon Dieu sans confession.

Des amies de Martha sont arrivées ensuite, avec leurs longues chevelures qui ondulaient au moindre mouvement et leurs tongs à paillettes. Agglutinées les unes contre les autres, elles buvaient leur vin à toute allure, comme si elles craignaient que quelqu'un vienne demander leur âge et le leur confisque.

La pièce se remplissait et l'atmosphère était chaleureuse – un bourdonnement diffus, agréable et paisible. Dehors, les températures étaient douces et devant le café, la lumière dorée du soleil couchant dansait sur les vagues. Je savourais pleinement mon rôle d'hôtesse. C'était là, me semblait-il, la véritable vocation de mon établissement : réunir la communauté autour d'occasions spéciales. Je ne reconnaissais quasiment personne – ce qui n'était pas étonnant, après tout. Tous ces villageois possédaient leurs propres bouilloires et leurs propres moules à gâteaux. Au contraire des vacanciers et des gens de passage, ils n'avaient aucun besoin de se rendre au café pour savourer ces plaisirs. J'aimais l'idée que mon café, lieu de repli pour les amateurs de plage pendant la journée, se transforme en espace de rencontres pour les habitants du coin pendant la soirée.

D'ailleurs, cette idée semblait se répandre tout autour de la salle comme une rumeur et interpeller un invité après l'autre. Au bout d'une heure, un ami de Jamie me demandait si j'accepterais de prêter ma salle à leur groupe pour des répétitions hebdomadaires, parce que leurs parents respectifs en avaient ras le bol du vacarme. Peu après, l'un des professeurs m'a demandé s'ils pouvaient se retrouver ici, une fois par mois, pour le club de lecture.

— D'ordinaire, on se retrouve au pub, mais c'est tellement bruyant qu'on s'entend à peine – alors quand il s'agit de discuter des subtilités de la structure narrative… sans parler des potins, bien sûr, m'a-t-elle expliqué, et ses yeux se sont mis à lancer des éclairs mystérieux. Bref, nous serions bien mieux ici.

— Pas de problème, ai-je répondu à tous deux. Bien sûr ! Quand vous voulez.

Florence est arrivée au moment où je m'entretenais avec la dame du club de lecture – Elizabeth – et j'en ai profité pour les présenter l'une à l'autre.

— Florence est arrivée au village depuis peu, ai-je expliqué, elle ne connaît pas encore grand monde.

Par chance, Elizabeth a aussitôt proposé à Florence de se joindre au club de lecture.

— Nous lisons le dernier Kate Atkinson, a-t-elle expliqué, voulez-vous que je vous prête mon exemplaire ?

— Ce serait merveilleux, a répondu Florence, merci beaucoup.

J'ai profité de ce qu'elles commençaient à papoter pour aller remplir quelques verres vides. De nombreux invités étaient arrivés, entre-temps, et Jamie, le visage rouge, affichait un air très inspiré en expliquant ses œuvres à un groupe de curieux. Malgré la foule, et hormis la petite toile avec le corail de Lindsay, je ne voyais pas encore de nouveau point rouge à côté des tableaux. Par amitié pour Jamie, j'espérais qu'une autre œuvre, au moins, serait vendue ce soir. Il avait eu beau dire que la seule chose qui lui importait vraiment était de montrer son travail, je n'étais pas certaine… Et si personne d'autre ne le faisait, j'en achèterais une moi-même ! Et puis zut, nous avions fait de bonnes recettes, dernièrement, surtout le vendredi soir, et ces œuvres d'art étaient vraiment exceptionnelles.

J'étais en train d'inspecter les peintures en me demandant laquelle je choisirais, quand j'ai repéré Ed qui parlait à une femme que je ne reconnaissais pas. Prise d'une gêne soudaine, j'ai hésité à aller le saluer. S'il n'y avait pas eu ce stupide baiser, je n'aurais pas hésité une seconde à aller le rejoindre, mais… Je me suis mordu la lèvre. Il avait belle allure, avec cette chemisette estivale dont les deux premiers boutons étaient ouverts, et son jean bleu marine. Rien qu'à le regarder, ma peau commençait à chauffer.

J'étais en train de rassembler tout mon courage pour aller le saluer – après tout, il n'y avait rien de plus normal, non ? Sans compter que prendre mes distances risquerait de donner à cette histoire l'ampleur dramatique que nous essayions précisément d'éviter – quand Rachel est arrivée, escortée d'une femme grande et mince, aux cheveux noirs coupés court et aux grands yeux bruns.

— Evie ! Je te présente Leah, s'est-elle écriée en me voyant.

Elle a attrapé son amie par le bras et l'a traînée jusqu'à moi.

— Leah est ma copine de Melbourne qui vient d'arriver dans la baie. Tu te souviens ? Je t'avais dit qu'elle chercherait du travail. Eh bien, voilà. Si tu as besoin de quelqu'un pour remplacer Phoebe…

— … je suis là, a complété Leah avec un sourire qui découvrait sa dentition régulière et blanche pendant que deux fossettes creusaient sa peau au teint mat.

Elle a posé sur moi un regard aimable :

— Bonjour, Evie. Votre café est magnifique.

Je lui ai rendu son sourire. Elle me faisait une bonne impression.

Vous allez me trouver un peu trop facile à amadouer, mais j'adorais qu'on me fasse des compliments sur le café. Désormais, cet endroit était tellement lié à ce que j'étais devenue que cela me faisait l'effet d'un compliment personnel. *Oh, tant pis*, me suis-je dit, il fallait bien suivre son instinct de temps en temps ! Et puis si c'était une amie de Rachel, il y avait de fortes chances pour qu'elle fasse l'affaire.

— Bonjour, Leah. Bienvenue à Carrawen ! Pourquoi ne passerais-tu pas demain matin, qu'on parle un peu du job ?

— Cool. Merci beaucoup.

Je suis allée me resservir de vin – une chose était certaine, le vin offert par Lindsay se buvait comme du petit-lait – et j'ai gardé la bouteille pour faire le tour des invités et remplir les verres vides. J'étais sur le point de commencer ma tournée quand je me suis immobilisée, horrifiée de voir qui venait d'entrer. C'est tout juste si je n'ai pas entendu les roulements de tambour d'une musique de film d'horreur : c'était Betty. L'affreuse, l'abominable Betty de l'épicerie. La dernière personne que je m'attendais à voir arriver. Que faisait-elle ici ?

Je l'ai discrètement observée. Pour une fois, elle était très apprêtée – jusqu'à présent, je ne l'avais vue qu'en combinaison de nylon et col polo. Ce soir, elle portait une robe à fleurs assez criarde ainsi que des espadrilles compensées et un gros collier argenté. Elle avait même bouclé ses cheveux et s'était mis du rouge à lèvres. Je n'aurais pas été plus surprise si la femme de Frankenstein s'était présentée à ma porte. À qui destinait-elle tous ces efforts ? Et, encore une fois : pourquoi était-elle ici ?

Autre chose, dans son apparence, était inhabituel, étrange, mais je n'arrivais pas à mettre le doigt dessus. Ah. C'était ça. Elle souriait. Jusque-là, je ne lui avais jamais vu autre chose qu'une grimace ou un rictus, mais ce soir elle souriait aux peintures et son visage rayonnait littéralement de bonheur. Mince alors ! Était-elle secrètement amatrice d'art ? Il ne manquait plus qu'elle soit l'équivalent régional de Brian Sewell !

Elle inspectait la salle, désormais, comme si elle cherchait quelqu'un. Elle n'a pas tardé à se diriger droit vers Jamie, en grande conversation avec une femme d'apparence très sérieuse et qui – Oh ! – venait de sortir son carnet de chèques.

Super ! me suis-je dit en étouffant un petit cri de joie. Jamie avait fait une vente. L'instant d'après, cependant, mon excitation retombait – *Oh non, Betty, non ! Laisse l'artiste tranquille, Betty,* ai-je imploré silencieusement, *ne gâche pas son petit moment de gloire, je t'en supplie.* La connaissant, elle ne trouverait rien de mieux que lâcher une remarque désagréable sur cette soirée, et le carnet de chèques de la dame risquait de retourner d'où il venait. Le sourire de Betty ne pouvait être qu'un masque diabolique et ce n'était plus qu'une question de temps avant que la fée malveillante se mette à caqueter sauvagement : mouah hahahaha !

Il fallait que je l'arrête. Aveuglée par mon objectif, j'ai commencé à avancer vers Betty, mais elle était plus rapide, malgré ses talons compensés, et s'approchait dangereusement de Jamie. C'est alors que j'ai entendu quelque chose d'ahurissant.

— Salut, Maman.

J'ai failli me casser la figure. Salut, Maman ? Betty était la *mère* de Jamie ? NON ! L'espace d'une seconde, j'ai cru que mon cerveau allait exploser. Comment était-ce possible ? C'était un petit village, certes, et beaucoup de monde se connaissait, sans parler les liens de parenté, mais tout de même… comment avais-je pu passer à côté d'une telle information ?

Tout d'un coup, j'ai repensé avec effroi à la soirée chez Annie. Merde ! Avais-je dit quelque chose d'horrible, à son sujet ? Connaissant ma grande gueule, c'était fort probable, voire presque certain. Oh non…

— Viens, je te présente Verity, a déclaré Jamie en passant un bras autour des épaules de Betty. Verity, voici ma mère, Betty. Maman, devine quoi : Verity vient d'acheter une de mes toiles !

J'étais restée la bouche grande ouverte et je me suis empressée de la fermer. Jamie avait vendu une peinture ! C'était génial. Mais enfin, tout de même… je ne me remettais pas du scoop de la soirée. Comment se faisait-il que personne ne m'ait avertie ? Comment Jamie pouvait-il être aussi adorable et normal, alors qu'il avait été élevé par une méchante sorcière ?

Florence venait d'apparaître devant moi et j'ai cligné des yeux. *Allons, Evie. Ressaisis-toi.*

— Je passe une excellente soirée, a-t-elle dit, l'œil pétillant. Merci beaucoup de m'avoir invitée, ma chère. J'ai rencontré des personnes très aimables et je me suis même fait un cadeau : j'ai acheté l'une des petites toiles.

— Oh, c'est merveilleux, ai-je répondu avec chaleur. Je suis vraiment contente de l'entendre. Alors cet anniversaire s'est bien passé, en fin de compte ?

— Très bien ! C'était un très bel anniversaire. Et puis, mon fils m'a annoncé une bonne nouvelle, tout à l'heure, quand je l'ai eu au téléphone : il va venir en Angleterre tourner un documentaire. J'ai tellement hâte de le voir !

— Fantastique ! Je suis tellement contente pour vous, Florence.

Ses yeux étaient humides d'émotion, et je sentais mes propres larmes monter rien qu'à la regarder.

— Il n'en a pas cru ses oreilles, quand je lui ai dit que j'allais à un vernissage, a-t-elle raconté avec un gloussement de plaisir. Il a dit : « Vraiment, Maman ? Je suis content pour toi ! » Je suis tellement reconnaissante que vous m'ayez proposé de venir. Si j'étais restée à la maison, je me serais tourné les pouces et j'aurais broyé du noir.

— Eh bien, je suis très heureuse que vous soyez là, moi aussi. Et n'hésitez pas à passer le mot concernant notre soirée entre filles, d'accord ? Invitez qui vous voulez. Plus on est de folles, plus on rit !

Je me suis tue en voyant Betty approcher. Contrairement à son habitude, elle semblait nerveuse, presque intimidée. Son visage était très rose, et sa bouche couverte de rouge à lèvres était serrée comme un cul-de-poule.

— Est-ce vous avez une minute ? m'a-t-elle demandé.

— Bien sûr. Florence, est-ce que vous nous excusez ?

Nous nous sommes mises à l'écart des visiteurs et Betty s'est raclé la gorge, visiblement embarrassée, pendant qu'elle tripotait l'une de ses boucles d'oreilles dignes de Pat Butcher, dans *EastEnders*.

— Je voulais vous remercier, a-t-elle commencé d'une voix basse. Merci d'avoir donné sa chance à mon Jay. Cette soirée le rend tellement heureux. Tellement heureux.

J'étais sidérée. Il n'y avait pas d'autre mot pour exprimer mon sentiment : complètement sidérée. Betty était donc capable d'amabilité. Betty était capable de dire merci ! Est-ce que les extraterrestres avaient fait un tour par Carrawen Bay pour prendre possession de son corps, récemment ? Était-ce un cyborg qui se tenait devant moi, avec cette robe affriolante et ce rouge à lèvres flashy ?

Tout d'un coup, je me suis aperçue que je la dévisageais sans répondre depuis un bon moment.

— C'est un vrai plaisir, me suis-je empressée de dire. Jamie est un garçon adorable et ses peintures sont extraordinaires. Il mérite d'être exposé.

Elle se tordait les mains, désormais, de plus en plus gênée. Un voile de sueur est apparu sur son visage.

— L'autre chose que je voulais vous dire, c'est que… Je suis désolée. Elle avait visiblement du mal à formuler sa pensée. J'ai été injuste avec vous. Je vous ai mal jugée, et…

Cette soirée devenait de plus en plus étrange. Cette bouche en cul-de-poule avait-elle vraiment prononcé les mots « désolée » et « merci » ? Je n'aurais pas été surprise, à cet instant, de voir un éclair traverser le café, comme dans un scénario biblique d'apocalypse.

— … et je suis vraiment désolée, a-t-elle répété.

Incroyable ! J'ai cru que j'allais m'évanouir d'émotion. Est-ce que quelqu'un avait versé une substance hallucinogène dans le vin ? Est-ce que j'étais en train de rêver cette conversation ? Mais elle semblait si mal à l'aise que j'ai fini par avoir pitié d'elle.

— Sans rancune, ai-je fini par articuler, une fois remise de ce revers de situation inespéré.

— J'aimais beaucoup votre tante, a-t-elle poursuivi, et son décès m'a terriblement attristée. Quand vous êtes arrivée, j'ai cru que vous alliez tout fiche en l'air, et...

Elle a secoué la tête, le regard baissé. Je ne l'avais jamais vue aussi humble, presque gentille. La méchante Betty, douce comme un agneau !

— ... bref, je me suis trompée. Je vous ai mal jugée. Ce que vous avez fait pour Jamie, et aussi pour le café... C'est vraiment formidable.

— Merci, Betty, ai-je répondu, encore un peu étourdie par la surprise. Je suis très touchée.

Pour alléger l'atmosphère devenue un peu trop propice aux confessions à mon goût, j'ai lancé :

— Eh bien ! Je crois que nous avons toutes deux mérité un petit verre, après ça. Qu'est-ce que vous en dites ?

Je nous ai versé à chacune une bonne rasade de vin et j'ai cogné mon verre contre le sien.

— À Jamie – et à une très belle soirée.

— Santé ! a répondu Betty. Je suis tellement fière de lui, vous ne pouvez pas imaginer. Tellement fière.

La soirée était de plus en plus surréaliste, mais je passais un bon moment. Mon ennemie jurée avait changé de camp, on pouvait appeler cela un succès, non ?

À vingt et une heures, quatre peintures de Jamie avaient été vendues et il ne comptait plus les éloges et les compliments. Quelqu'un avait même manifesté le désir de l'embaucher pour peindre une fresque dans sa salle de bains. Dire qu'il était euphorique était bien en deçà de la réalité. Je jubilais, moi aussi. La soirée tout entière avait connu un succès retentissant. Tout le monde semblait avoir passé un bon moment et j'étais, moi aussi, sortie de ma réserve pour aller au-devant de tout un tas de personnes très aimables, qui m'avaient répété à quel point Jo serait fière de moi et comme ils étaient heureux de voir le café plein de vie et d'avenir. J'ai convié beaucoup de femmes à ma première « soirée entre filles », y compris (après mon cinquième verre de vin) Betty, la matriarche du village en personne. Qui aurait pu prédire un dénouement pareil à cette soirée ?

Une fois le dernier visiteur reparti, Ed, Annie, Martha, Jamie et ma nouvelle copine Betty m'ont aidée à débarrasser les verres et les assiettes vides, puis chacun a pris congé, à l'exception d'Ed. Nous nous sommes regardés d'un air bizarre, plutôt gêné, et j'ai senti que je rougissais.

— Que dirais-tu d'une petite balade sur la plage ? a lâché Ed au bout d'un moment, en attrapant une bouteille de vin à moitié pleine. La soirée est encore belle.

Il avait raison, la soirée était belle – le ciel déployait toutes les nuances de rouge et de rose, l'air était tiède, seule une brise légère soufflait… et Ed était plus beau que jamais.

— Oui. Oui.

J'ai répété « oui » une troisième fois, pour faire bonne mesure, et j'ai éclaté de rire.

— Eh bien, je vais prendre ça pour un oui, alors, a dit Ed en me tendant sa main.

Je l'ai prise. Nous sommes sortis comme ça et nous avons marché jusqu'à la plage.

— J'ai adoré cette soirée, a commencé Ed, comme s'il n'y avait rien de plus naturel que de marcher à mes côtés, main dans la main. Pour ma part, entre l'excitation et les frissons qui me parcouraient le corps, j'avais toutes les peines du monde à respirer.

Je n'arrêtais pas de me dire : *On se tient par la main. Qu'est-ce que cela signifie ? Est-ce qu'il a cessé de regretter son ex ? Qu'est-ce qui va se passer, maintenant ?*

— Qu'est-ce que tu disais ? ai-je demandé en essayant d'ignorer la voix surexcitée qui piaillait dans ma tête. Que tu as adoré cette soirée ? Oh, moi aussi. C'était super, non ? Tous ces gens. Et le visage de Jamie ! Il avait l'air tellement heureux.

— En effet. Tout s'est passé comme sur des roulettes !

Il a serré ma main, puis s'est brusquement immobilisé et a fait un geste en direction de la dune, à notre droite.

— Ça m'a l'air d'être un bon emplacement, ici. Asseyons-nous là.

Désireuse de prolonger notre petite promenade main dans la main, j'ai failli protester, mais je me suis finalement retenue.

— Bonne idée, ai-je répondu en essayant de paraître détachée.

Nous nous sommes assis dans le sable froid et rêche, dos à la dune. La brise faisait murmurer les herbes drues et coupantes qui poussaient là et le déferlement des vagues sur le rivage avait quelque chose d'irréel, d'hypnotique. Le ciel s'assombrissait de minute en minute et j'ai vu apparaître l'éclat des premières étoiles. *Comme la proximité de la mer me rendait heureuse,* me suis-je dit en réalisant ma chance. Je ne pouvais plus m'imaginer vivre en ville.

Ed nous a versé un verre à chacun et nous avons trinqué.

— Santé, a-t-il dit. Au café, et aussi à toi, Evie. C'est toi qui en as fait un endroit aussi exceptionnel.

— Oh, Ed, ai-je répondu, gênée et heureuse à la fois, je ne sais pas si…

— Moi, je le sais. C'est toi qui es à l'origine de cette soirée, qui as fait en sorte que tous ces gens se rencontrent. Tu étais tout simplement… éblouissante, ce soir.

J'ai rougi, j'ai ouvert la bouche pour dire quelque chose, mais il n'avait pas terminé.

— Cela fait – quoi ? – six semaines, désormais, que je vis ici, et c'est la première fois que j'ai pris conscience de cette communauté en tant que telle, que j'ai vu les liens qui unissent tous ces gens. Il était évident qu'ils passaient une bonne soirée, eux aussi.

— J'ai adoré, moi aussi, voir arriver autant de villageois, ai-je approuvé. Ils étaient sympas, tu ne trouves pas ? J'ai presque eu l'impression d'en faire partie, d'être une habitante de la baie à part entière. Nombre d'entre eux m'ont parlé de Jo, aussi – ma tante, celle qui m'a légué le café. J'avais tout le temps l'impression qu'elle était là, qu'elle nous observait depuis quelque part – la connaissant, elle devait être en train de lever un verre à la santé de tous.

La bouteille était fichée dans le sable, entre nous deux, et Ed l'a éloignée pour pouvoir se rapprocher de moi.

— Écoute, à propos de ce qui s'est passé l'autre soir, a-t-il commencé, je suis désolé de t'avoir sauté dessus, comme ça, mais…

J'ai frémi. Il était désolé. Ce n'était pas du tout ce que j'avais envie d'entendre.

— Mon Dieu, ne recommence pas, s'il te plaît, ai-je dit, tellement gênée que mes mots s'entremêlaient. Je sais que tu as fait ça par erreur, je sais que ce n'est pas ce que tu voulais et que tu regrettes probablement, mais…

— Le truc, a-t-il répliqué, c'est que ce n'était pas par erreur.

Avant que j'aie le temps de réagir, il se tournait vers moi, saisissait ma tête entre ses mains et m'embrassait à nouveau.

Je me suis laissée faire sans protester. Il m'a entourée de ses bras et je l'ai embrassé à mon tour. C'était extraordinaire – au moins aussi génial que dans la cuisine. J'avais l'impression que c'était bien comme ça, que nous étions faits l'un pour l'autre, que c'était écrit, que ce rapprochement devait arriver. Qu'il arrivait. Qu'il se prolongeait.

Ed s'est détaché de moi et m'a regardée. Autour de nous, le ciel était d'un bleu profond, presque noir, mais je voyais la douceur de son regard et j'ai senti que je fondais littéralement, intérieurement, et que mes terminaisons nerveuses se mettaient à trembler. Wouah. Il embrassait bien. Il embrassait merveilleusement bien.

— Tu embrasses très bien, ai-je lâché. Je me sentais ivre et étourdie, incapable de retenir les mots qui sortaient de ma bouche.

Il a ri.

— Tu n'embrasses pas trop mal non plus.

Du bout d'un doigt, il a caressé les contours de mon visage et chaque cellule de mon corps a frissonné.

— Et maintenant, Ed, c'est le moment où tu me dis qu'on ferait mieux de tout arrêter à cause de nos ex ? Moi, je me ridiculise complètement en te répondant qu'il faut se remettre en selle et on est tous les deux affreusement gênés, c'est bien ça ?

J'ai lâché un petit rire jaune, mais mon cœur battait si vite que cela me faisait mal. J'avais sincèrement besoin de savoir.

Il a secoué la tête.

— Non. C'est le moment où je te dis que je suis en train de tomber amoureux de toi.

J'ai éclaté de rire. Ce n'était probablement pas la meilleure réponse, mais il m'avait prise au dépourvu et mon rire était une sorte de réflexe embarrassé. Sans compter que ses mots semblaient tout droit tirés d'un dialogue de film.

— Ne ris pas, a-t-il grondé, tu n'es pas censée trouver ça drôle !

— Je suis désolée. J'ai juste… Je lui ai souri. Vas-y, dis-le encore une fois. Je promets de ne pas rire.

Il a levé les yeux au ciel.

— On ne peut pas dire que tu me facilites la tâche. Très bien.

Il a entouré mon visage d'une main et m'a regardée droit dans les yeux.

— Evie Flynn, je suis en train de tomber amoureux de toi.

Cette fois, je n'ai pas ri. J'ai frémi de plaisir, puis de désir. Je ne pouvais pas résister plus longtemps.

— Ed, et si on allait chez moi ?

Chapitre 23

Je ne vais pas vous raconter en détail ce qu'il s'est passé ensuite. Certaines choses doivent rester privées, vous ne croyez pas ? Je me contenterais donc de vous dire qu'une fois arrivés au café, la passion et l'impatience nous ont submergés au point qu'avant même de nous en rendre compte, nous baptisions le comptoir d'une façon assez particulière. *Evie Flynn, petite coquine*, me suis-je dit pendant que nos vêtements volaient à travers la pièce. Durant une fraction de seconde, la part sensée de mon cerveau s'était interrogée : *Est-ce que c'est trop tôt ? Est-ce que cela va trop vite ? Est-ce que nous ne ferions pas mieux de nous tenir par la main un peu plus longtemps et d'échanger quelques bisous supplémentaires, avant de nous déshabiller ?*

La part plus frivole de mon esprit a aussitôt balayé ces hésitations superflues. *Oh, ta gueule ! Je ne peux pas attendre une seconde de plus. Ce mec me plaît. Et puis… ooooh…*

Bon. Voilà. Oui. Au menu du jour (*recommandation du chef…*) il y a donc eu une partie de jambes en l'air ultra-chaude, ardente, torride. Et c'était bon. Vraiment bon. Je peux confirmer, aussi, que le râle d'homme des cavernes dont j'avais rêvé n'était pas très éloigné de la réalité. Et aussi, que les sandwichs au bacon qu'il nous a préparés ensuite étaient les meilleurs de toute ma vie, même si j'ai eu un fou rire en le voyant tout nu sous son tablier.

Il a brandi sa spatule quand il m'a entendue glousser.

— On ne rigole pas avec la graisse brûlante sur les parties génitales, a-t-il commenté avec gravité.

— Pardon. J'ai du mal à te prendre au sérieux, avec les cordons du tablier qui pendent entre tes fesses, ai-je protesté en riant de nouveau. Mais c'est joli à voir, je t'assure. On te croirait tout droit sorti d'un calendrier de routard un peu crapuleux.

Ed s'est figé dans une pose de mannequin.

— Ça donne pas mal, en M. Octobre, non ?

— Plutôt O-queue-tobre, oui, ai-je répondu, puérile, en riant de ma propre blague idiote.

J'ai enfilé un tablier à mon tour et j'ai pris une pose aussi stupide que la sienne – la main sur la hanche, un doigt sur la lèvre et le visage tourné par-dessus mon épaule pour le gratifier d'un regard aguichant.

— Moi aussi je peux le faire, ai-je lancé d'une voix lascive.

— Ça me plaît, a-t-il remarqué en levant un sourcil. Ça me plaît beaucoup.

Nous nous sommes assis à une des tables en coin pour manger nos sandwichs au bacon et je me suis blottie contre lui, et il a passé un bras autour de mes épaules. Je serais incapable de dire ce que je savourais davantage, le bacon ou la proximité d'Ed.

— Alors… ai-je commencé avant de m'interrompre.

J'allais me lancer dans les classiques confessions post-coïtales, celles où on se raconte ses secrets et sa vie intime, mais je n'étais pas certaine qu'Ed me suivrait sur cette lancée. Peut-être que nous ne nous connaissions pas suffisamment – quoique ce n'était plus tout à fait exact après notre folle partie de jambes en l'air. Je ne voulais pas briser l'enchantement en abordant tout de suite les sujets difficiles.

— Bon, a-t-il répliqué en avalant la dernière bouchée de son sandwich avant de me serrer brièvement contre lui, je ferais mieux de rentrer, le pauvre chien doit se demander ce que je fais.

J'ai senti mes épaules s'affaisser de déception. J'avais complètement oublié le chien. J'étais partie du principe qu'Ed allait passer la nuit ici, que nous nous blottirions dans mon lit et qu'avec un peu de chance, nous ferions encore l'amour – peut-être plus calmement et plus tendrement, cette fois, en se regardant dans les yeux pour observer nos réactions respectives. Manifestement, il voyait les choses d'un autre œil. D'accord, très bien.

Je suis en train de tomber amoureux de toi, avait-il dit dans les dunes, et ces mots m'ont brûlée quand j'y ai repensé, maintenant. Est-ce qu'il avait dit cela juste pour me voir à poil ? Et maintenant qu'il avait compris que j'étais une marie-couche-toi-là, il rentrait tranquillement chez lui ? Super – ça ressemblait vraiment au comportement d'un homme amoureux. Décidément, j'aurais mieux fait de prolonger la phase des bisous plutôt que de balancer ma prudence avec mes vêtements.

Merde.

— Ah mais oui, tu as raison, ai-je répondu d'un air faussement détaché, et je me suis levée si vite qu'il a dû retirer son bras à toute vitesse.

J'ai commencé à ranger les assiettes en prenant soin de me tenir de telle manière qu'il ne puisse pas voir mes fesses nues. Tout d'un coup, le savoir en tenue d'Adam sous son tablier m'était désagréable. Je me sentais très ivre, très fatiguée et très nue, et je n'avais qu'une envie, c'était de le voir partir.

— On se voit demain, alors.

Ed m'a regardée.

— Attends, Evie, pourquoi es-tu si susceptible, tout d'un coup ?

Il a saisi mon bras et les assiettes m'ont glissé des mains pour aller s'écraser sur le carrelage dans un vacarme assourdissant. J'avais envie de pleurer. Cela virait au cauchemar.

— Putain, ai-je marmonné dans ma barbe, mon humeur s'assombrissant d'une seconde à l'autre.

— Evie, je *préférerais* vraiment rester ici, a dit Ed sans lâcher mon bras. Crois-moi. Les coups d'un soir ne m'intéressent pas beaucoup, tu sais. Je t'aime beaucoup, Evie. Il me semble que nous partageons quelque chose de chouette, tous les deux, et je suis impatient de… voir ce qui va se passer par la suite.

— Ce qui va se passer, c'est qu'on va ramasser ces assiettes cassées avant de se couper les pieds, ai-je répondu, toujours grincheuse, sans le regarder.

Un silence s'est installé et j'ai senti une affreuse amertume bouillir au fond de moi. Enfin, j'ai levé les yeux pour le regarder. Peut-être que j'étais injuste. Il semblait réellement penser ce qu'il disait, ai-je constaté presque à contrecœur.

— Désolée, ai-je lâché au bout d'un moment. Je suis crevée, et puis…

J'ai haussé les épaules en détournant de nouveau le regard. Je me sentais vulnérable et je ne voulais pas qu'il me perçoive comme quelqu'un de collant, de demandeur. Je voulais être cool, maîtresse de la situation, mais ce n'était pas facile.

— Je pensais que tu resterais, c'est tout, ai-je ajouté d'un ton boudeur.

— J'adorerais rester, a répondu Ed. Evie, et je le ferais volontiers, mais… un autre jour, d'accord ?

Il a levé la main pour effleurer mon visage, et mon estomac s'est de nouveau contracté comme s'il allait se dissoudre.

J'ai hoché la tête, un peu rassérénée.

— Va pour un autre jour.

J'avais déjà hâte.

Une fois la serpillière passée et Ed reparti (après un long et délicieux baiser sur le pas de la porte), je suis montée me coucher, mais j'étais tellement agitée par ce qui venait de se passer que toute perspective de sommeil me semblait impossible. Mon cerveau semblait être retourné en adolescence et ne cessait de répéter en boucle « Oh mon Dieu ! » et « J'ai couché avec Ed et c'était dément ! ».

J'ai eu toutes les peines du monde à me retenir d'envoyer un texto à Amber pour tout lui raconter.

J'en avais tellement envie ! Mais il était deux heures du matin et je savais qu'elle gardait son téléphone près d'elle, la nuit, et que je ne manquerais pas de la réveiller. Elle serait trop furieuse pour se réjouir pour moi, ce qui ne profiterait à personne.

Je ferais mieux de lui écrire un e-mail, me suis-je dit en rabattant ma couverture pour descendre. J'allais lui décrire cette soirée dans un long message croustillant qui me libérerait l'esprit et, avec un peu de chance, couperait la chique à la petite voix qui ne cessait de répéter « Oh mon Dieu ! » dans ma tête. Après cela, je pourrais sûrement dormir. Avec un peu de chance, un autre rêve avec Ed dégoulinant d'érotisme m'aiderait à passer le temps entre maintenant et la sonnerie de mon réveil.

J'ai allumé le PC et pendant qu'il se mettait en route, je me suis préparé un chocolat chaud. Après avoir ouvert ma boîte de réception, j'étais sur le point de cliquer sur « Nouveau message » quand quelque chose a attiré mon regard. Un message d'Amber – et dont l'objet était « Ed ». Ooh, si ce n'était pas une coïncidence ? Avait-elle eu vent de nos exploits sexuels par télépathie ?

Intriguée, j'ai cliqué sur le message. À mesure que je lisais, mon corps s'est raidi et mon cœur a décéléré jusqu'au point mort. Le « Oh mon Dieu ! » a cédé la place à un « Oh, merde. Oh, merde. Oh, merde. ».

> Salut Evie,
>
> Comment ça va ? J'ai essayé de t'appeler, mais le téléphone a sonné dans le vide.

Mademoiselle est encore par monts et par vaux, on dirait ! (Et quand est-ce que tu vas enfin te décider à prendre un répondeur ? On est au vingt et unième siècle, ma belle !)
Je voulais te joindre parce que j'ai un truc sérieux à te raconter. Je ne sais pas trop par où commencer, alors j'y vais franco. J'ai découvert un truc horrible au sujet d'Ed. Je me souviens que tu m'avais dit qu'il était plutôt discret, au sujet du restaurant où il a travaillé avant, et maintenant je sais pourquoi. C'était vraiment une de ces situations bizarres : avec Carla, on était en train de mettre de l'ordre dans le stock de la boutique, et il y avait un tas de vieux journaux qui ne sont pas partis au recyclage. Je ne sais pas comment je me suis débrouillée, mais j'ai renversé un seau et j'ai étalé un journal par terre pour absorber l'eau – et c'est là que j'ai vu Ed sur la couverture. J'ai cru rêver, mais c'était vraiment lui. Apparemment, il a été accusé d'agression, il y a peu de temps, et le restaurant – son restaurant – a fait faillite. Le journal parlait aussi de tout un tas de transactions douteuses, d'un grand merdier financier. En tout cas, il n'a plus un sou et toute cette affaire sent plutôt le roussi. Son vrai nom est Ed Gray, regarde sur Google, tu verras ce que je veux dire. Désolée pour ces mauvaises nouvelles mais à mon avis, il vaut mieux que tu trouves vite

un nouveau chef. Ça ne sent pas bon, tout ça. Ne t'approche surtout pas de lui !
Dans le registre des infos plus rigolotes, j'ai...

Je n'ai pas pu lire la suite. Ma tête tournait comme si je venais de quitter la piste de danse, à une fête foraine. Ed – mon Ed – accusé d'agression ? De trafics douteux ? Mon Ed avait fait faillite ? Non. Non ! Je ne pouvais pas le croire. Je ne voulais pas le croire. *S'il vous plaît, faites que ce ne soit pas vrai...*

Je me suis enfoncée dans ma chaise, incapable d'associer ces informations avec l'Ed que j'avais appris à connaître et à – eh bien oui, à aimer. Sans parler de la partie de jambes en l'air enflammée que nous avions eue sur mon lieu de travail, à peine deux heures plus tôt. Ce ne pouvait pas être vrai. J'étais en plein délire, voilà tout. J'étais ivre, je somnolais, mon esprit me jouait des tours.

Je me suis pincée. Aïe. Bon, d'accord, je ne rêvais pas. J'étais vraiment assise à ce bureau, dans ma vraie vie, et une bombe venait de m'exploser à la figure.

J'ai relu le message d'Amber en essayant, cette fois, de le déchiffrer plus lentement, au cas où j'aurais tout compris de travers. Hélas, non. Les mots d'Amber étaient exactement aussi affreux et choquants que quelques minutes plus tôt. Merde. *Si* c'était vrai, alors...

Je me suis arrêtée avant de développer le fond de ma pensée. Cela ne pouvait être vrai. C'était impossible. Les journaux se trompaient tous les jours, non ? Peut-être qu'Amber avait mal compris. Elle s'était servie de ce journal pour éponger de l'eau, après tout – peut-être que le liquide avait brouillé l'encre et la photo, peut-être qu'il ne s'agissait même pas vraiment d'Ed.

Peut-être.

Malheureusement, plus je repensais à ce qu'avait écrit Amber, plus je craignais d'y découvrir une part de vérité. Je détestais l'admettre, mais les faits concordaient : il était colérique, j'avais pu m'en rendre compte par moi-même quand il avait refusé d'être pris en photo par ce journal – ça collait. Pour quelle autre raison un chef aussi doué qu'Ed viendrait-il se cacher dans les Cornouailles pendant des semaines, si ce n'était pas pour fuir son passé ? Ma théorie selon laquelle il avait quitté Londres parce qu'il avait le cœur brisé était caduque, mais cette nouvelle réalité était bien pire encore.

— Eh, merde, ai-je râlé, sentant le désespoir me gagner.

Dans ces conditions, il n'était pas surprenant qu'il n'ait pas voulu me parler de son restaurant ni me révéler sa véritable identité. J'ai serré ma tête entre mes mains en espérant de toutes mes forces que toute cette histoire était inventée, fausse. Il n'y avait qu'un seul moyen de le savoir.

J'ai ouvert une nouvelle page, sur Internet, j'ai tapé Google et j'ai hésité quelques secondes. Je me sentais lâche, à le traquer comme ça. Est-ce que je ne ferais pas mieux d'aller le trouver directement pour lui poser la question et entendre la vérité de sa propre bouche ?

Bien sûr que si. C'était, évidemment, la meilleure chose à faire. Cependant, il était deux heures du matin et je ne pouvais attendre plus longtemps. J'avais besoin de savoir à quoi m'en tenir avant que mon cerveau n'implose à force de se poser des questions.

J'ai tapé « Ed Gray chef » dans le moteur de recherche. Je me détestais un peu de faire une chose pareille, mais je me suis tout de même dépêchée de cliquer avant de changer d'avis.

Une seconde plus tard, mon écran se remplissait de liens. J'ai pris mon courage à deux mains et j'ai regardé plus attentivement. Certains menaient aux sites du *Guardian*, d'autres à celui du *Times*, de *BBC News*, de l'*Independent* et bien d'autres encore. Avant même que je sois arrivée au milieu de la page, les mots : « faillite » et « comportement violent » m'avaient sauté aux yeux à plusieurs reprises. C'était à pleurer. Bon. Cette histoire m'avait tout l'air d'être vraie. Ils n'avaient pas pu tous se tromper, c'était écrit noir sur blanc. Qu'est-ce que je devais faire, maintenant ?

« Ne t'approche surtout pas de lui », avait conseillé Amber. Ce conseil arrivait un peu tard, n'est-ce pas ?

C'était le milieu de la nuit, j'avais bu des litres de vin et j'aurais mieux fait de retourner dans mon lit et de m'écrouler pour offrir un peu de repos à mon cerveau en surrégime, mais bien sûr, j'en étais incapable. Je n'allais pas m'arrêter avant d'avoir scrupuleusement étudié tous les articles qui parlaient d'Ed, d'avoir glané le moindre détail disponible en ligne et de me torturer un peu plus à chaque nouvelle précision.

Quand l'horloge a sonné trois heures, je n'avais toujours pas touché à mon chocolat chaud – devenu froid entre-temps. Dans les grandes lignes, le résultat de mes recherches donnait ceci : d'après le *Time Out News,* Ed avait été le patron et le propriétaire d'un restaurant du quartier de West End, à Londres, qui s'appelait « Silvers », spécialisé dans la cuisine britannique moderne revisitée. Son score moyen, sur le site de « Toptable », comptait quatre étoiles. « Super bouffe, on reviendra » avait écrit un client. (Plus maintenant, ai-je remarqué avec amertume en mon for intérieur.) J'avais également découvert qu'Ed dirigeait ce restaurant avec son épouse – oui, son *épouse* – Melissa, mais qu'ils s'étaient séparés depuis qu'il avait été accusé d'agression. (« DE CHARYBDE EN SCYLLA » avait titré le *Sun.*) Apparemment, elle avait demandé le divorce, il avait déposé le bilan et tous deux étaient partis se cacher chacun de son côté.

Quelle belle histoire. La lecture idéale avant d'éteindre la lumière. Il ne manquait plus que la morale de l'histoire : « Ils vécurent malheureux et eurent beaucoup d'ennuis. »

Mon esprit continuait de carburer pour remettre un peu d'ordre dans tout cela. Betty m'avait bien laissé entendre qu'il cachait quelque chose de louche, non ? ses mots me revenaient très clairement, maintenant. Est-ce qu'elle connaissait la vérité depuis le début ? Et puis, pourquoi Ed avait-il accepté de se compromettre avec mon café, après ce qui lui était arrivé avec le Silvers ? Est-ce que c'était encore une arnaque, une de ces escroqueries qu'on voyait dans *Hustle* ? Aurait-il prévu de m'embobiner depuis le début ? Est-ce que j'étais en train de me faire avoir ?

Non. Sûrement pas. Je savais reconnaître les personnes que j'avais en face de moi, tout de même. Je lui avais fait confiance, je l'avais apprécié et il m'avait semblé sincère. Et pourtant, il se révélait être un *dangereux criminel* sans que je m'en sois doutée… Alors, que croire ?

Regarde les choses en face, Evie. Salaud un jour, salaud toujours.

Quand mon cerveau a commencé à me faire mal, j'ai éteint le PC et je suis remontée dans ma chambre pour passer le reste de la nuit à me retourner dans mon lit en me retenant de gémir dans mon oreiller.

J'ai dû finir par m'endormir, parce que je me suis réveillée avec une autre gueule de bois lancinante. J'avais l'impression d'être sur le point de mourir, la soif me tenaillait et ma tête me lançait horriblement. Peu à peu, les événements de la veille me sont revenus à l'esprit, apportant leur lot de désespoir.

Hourra ! La fête de Jamie !

Génial – la partie de jambes en l'air avec Ed !

Merde – il se révèle être un escroc violent et fauché.

Argh – j'ai la gueule de bois la plus atroce du monde et je ne veux plus jamais sortir de mon lit.

C'est vraiment super d'être en vie, ai-je croassé en parodiant la chanson *It's Great to Be Alive.* J'ai fermé les yeux et j'ai eu l'espoir fou que les événements de la veille n'étaient que le fruit de mon imagination. Mais c'était peine perdue. Même mon imagination la plus perverse n'était pas capable d'inventer un retour de situation aussi cruel. Le pire, ai-je réalisé avec un gémissement d'appréhension, c'était que j'allais devoir confronter Ed avec toutes ces informations que j'avais dénichées. Je n'avais pas le choix, si ? Comment pouvais-je me comporter comme si rien ne s'était passé ?

Fantastique. Je n'étais réveillée que depuis deux minutes et je savais déjà que ma journée allait être infernale.

J'ai tout de même réussi à me traîner jusqu'à la douche, où j'ai vigoureusement frotté ma peau, comme pour la débarrasser du souvenir des mains d'Ed et de son corps contre le mien. Mais ça ne fonctionnait pas, bien au contraire. La seule évocation de ces moments me déprimait encore plus. Comment cette relation naissante pouvait-elle s'écrouler aussi vite ? Oh, Ed… Pourquoi fallait-il que tu te révèles être un type aussi affreux ? J'étais d'autant plus dépitée qu'il avait été merveilleux.

Incapable d'avaler quoi que ce soit pour mon petit déjeuner, je n'éprouvais pas plus d'enthousiasme à l'idée de servir de la nourriture et des boissons pendant toute la journée. À bien y réfléchir, je ne ressentais aucun enthousiasme tout court, hormis à l'idée de retrouver le réconfort de mon lit et d'y rester pendant quelques mois. J'avais la mine pâle et triste, usée comme une vieille paire de bottes. Pour la première fois depuis mon arrivée, j'ai sérieusement envisagé de fermer le café pour la journée, de tourner le panneau une bonne fois pour toutes et de laisser tout le monde dehors.

J'ai aussitôt imaginé l'expression désapprobatrice de Jo, si je faisais une chose pareille. Tous les compliments qu'on m'avait faits au sujet du café, hier soir, me sont revenus à l'esprit. Je me suis souvenue qu'en fin de compte, j'étais une chef d'entreprise et qu'il fallait que je me contente de considérer cette mésaventure comme un malheureux accident de parcours. Que je ferais mieux d'oublier mes rêves puérils à l'eau de rose. Toutes ces histoires étaient stupides, et il n'était pas trop tôt pour s'en rendre compte. Quant à moi, je n'avais rien fait de mal, dans cette histoire ; Ed était le seul à m'avoir enfumée. J'allais garder la tête haute, lui dire d'aller voir ailleurs et prendre l'un de mes candidats à sa place.

— Un malheureux accident de parcours, voilà tout, ai-je marmonné dans ma barbe en allumant le percolateur. Cela arrivait à tout le monde. Avec le temps, je finirais par oublier.

La vue de deux tabliers abandonnés sur le comptoir m'a pétrifiée. C'étaient ceux que nous avions portés la veille. Monsieur – comment l'avais-je appelé, déjà ? – O-queue-tobre, me suis-je souvenue en grimaçant. Cela n'avait plus rien de drôle, aujourd'hui – bien au contraire, cela me donnait envie de pleurer. J'ai attrapé les deux tabliers et je les ai fourrés dans le lave-linge de la cuisine, hors de ma vue.

— Bonjour, beauté !

Je me suis raidie en reconnaissant les pas et la voix d'Ed. J'aurais tellement préféré ne pas avoir découvert tout cela pendant cette nuit. Si j'avais encore été dans l'ignorance de son passé, j'aurais pu lui répondre d'un joyeux « Bonjour, beau mec ! » ou quelque chose d'aussi dragueur, nous aurions pu échanger quelques caresses et quelques baisers dès maintenant, ici, dans la cuisine, se regarder dans les yeux en souriant, se sentir épris et heureux et probablement débordants de désir.

Au lieu de cela, je me sentais vide. Une douleur s'était nichée au fond de moi qui n'avait rien à voir avec les toxines de la gueule de bois. *Il aurait dû m'en parler*, me répétais-je misérablement. *Quoi qu'il ait fait, il n'aurait pas dû me prendre pour une idiote.*

— Bonjour, ai-je répondu doucement en refermant le lave-linge.

Respire un bon coup, Evie, et débarrasse-toi tout de suite de cette discussion.

Il s'est immobilisé sur le pas de la porte quand il a vu l'expression de mon visage.

— Est-ce que ça va ? Il avait l'air inquiet.

J'ai secoué la tête.

— Non. Non, pas vraiment. Ed…

— Si c'est parce que je ne suis pas resté, je suis désolé, m'a-t-il interrompue. Je me suis senti minable, à te laisser seule, hier soir. Je n'ai plus qu'une semaine à m'occuper du chien, et ensuite je pourrai…

— Non, l'ai-je coupé à mon tour, ce n'est pas ça.

Un silence gênant a suivi.

— Oh, a-t-il lâché, visiblement confus. Eh bien, que se passe-t-il ? Tu ne regrettes pas ce qui s'est passé, quand même ?

— Non. Enfin… non. Je ne regrette pas d'avoir couché avec toi.

Il a tressailli, comme s'il n'aimait pas mon choix de mots. C'était dur, mais les dés étaient jetés, désormais.

— Evie, tu es glaciale. Qu'est-ce qui se passe ? Je ne comprends pas.

J'ai croisé les bras et je me suis jetée à l'eau.

— Je ne comprends pas plus que toi, Ed Gray. Je ne comprends pas pourquoi tu ne m'as pas parlé de ta femme, de la faillite de ton restaurant et de l'accusation d'agression dont tu fais l'objet. Je ne comprends rien de tout ça.

Un silence affreusement lourd a suivi mes paroles. Il semblait accablé, et mon cœur s'est serré encore un peu plus. C'était donc vrai. J'avais beau avoir lu tous ces satanés articles et vu toutes ces photos de lui de mes propres yeux, une infime part de moi avait encore espéré que tout le monde se trompait. Raté, Evie.

— Comment as-tu… Enfin, quand as-tu… Sa voix s'est éteinte et il a baissé la tête. Je ne l'avais jamais vu aussi intimidé, aussi brisé. Ce n'est pas ce que tu crois, a-t-il fini par lâcher.

— Vraiment, ai-je répondu d'un ton neutre. Le truc, Ed, c'est que je ne sais même pas ce que je crois.

J'ai pris une profonde inspiration. Je haïssais déjà cette conversation.

— Je t'aime beaucoup, Ed. Vraiment beaucoup. J'étais sûre que tu étais quelqu'un de bien. Mais maintenant que j'ai vu tous ces articles en ligne, je…

Il a levé les yeux et m'a dévisagée.

— Que veux-tu dire ?

C'était mon tour d'être intimidée en voyant son regard défensif, presque agressif.

— Hier soir, je n'arrivais pas à m'endormir, alors je suis allée lire mes e-mails, ai-je commencé en oubliant délibérément le passage où j'avais voulu rédiger un long message croustillant à son sujet. Mon amie Amber m'a écrit qu'elle avait vu quelque chose te concernant dans les journaux, et…

Il semblait bouillir, désormais, ses mâchoires étaient serrées, son corps tendu comme s'il allait exploser d'une minute à l'autre.

— Ah, très bien. Tu as voulu jouer à la détective, c'est ça ? Tu as eu envie de consulter un peu Google et tu es tombée sur une mine de potins juteux ?

Son poing s'est abattu sur le comptoir et j'ai reculé, effrayée, en repensant aux accusations de violence dont il faisait l'objet.

— Très bien, a-t-il repris. Je suis bien content que tu l'aies fait. Tu as changé d'avis à mon sujet, maintenant ? Ces calomnies sont écrites partout, noir sur blanc, donc elles sont forcément vraies, n'est-ce pas ?

— Arrête de crier, ai-je répondu. Et oui, tu as raison. J'ai regardé et j'en suis bien contente ! Quand prévoyais-tu de me parler de toi, Ed ? Tu comptais me prendre pour une idiote pendant encore longtemps ?

Un silence s'est installé. Je commençais à croire qu'il allait avouer qu'en effet, il pensait vraiment réussir à me mener en bateau encore quelque temps, mais il a secoué la tête.

— À quoi bon, a-t-il marmonné, amer. À quoi bon, putain ?

Il s'est dirigé vers la porte et je l'ai suivi des yeux, mon cerveau n'enregistrant qu'à retardement ce qu'il était en train de faire.

— Attends, qu'est-ce que tu es en train de faire ? ai-je crié. Où vas-tu ?

— Qu'est-ce que tu crois, a-t-il lancé par-dessus son épaule. Je ne peux pas rester ici si tu crois tous ces trucs.

Arrivé à la porte, il s'est immobilisé et m'a lancé un regard froid, presque haineux :

— Débrouille-toi sans moi.

Sur ces mots, il est sorti du café pendant que je restais plantée là, bouche bée, en état de choc. Super. J'avais gagné le gros lot. Qu'est-ce que j'allais faire, maintenant que je venais de perdre mon chef, en plus de tout le reste ?

J'ai enfoui mon visage dans mes mains, chancelante. De toute évidence, je n'avais plus de cuistot, en effet. Franchement, à quoi d'autre pouvais-je m'attendre ? Est-ce que j'avais espéré qu'il me dise : « Oups, tu m'as démasquée, d'accord, mais cela ne change rien entre nous » ? Je n'étais pas vraiment surprise de le voir sur la défensive, pas plus que de le voir prendre la tangente. J'aurais fait la même chose, si quelqu'un avait découvert que j'étais un criminel violent et menteur.

Pourtant, mon estomac s'est contracté quand les mots des journaux me sont venus à l'esprit. Avec la meilleure volonté du monde, je n'arrivais toujours pas à les appliquer à Ed. Il n'avait pas l'air méchant. Au contraire, il s'était toujours montré particulièrement gentil. *Oui, mais il n'a rien nié,* a faiblement objecté la part rationnelle de mon cerveau. Il n'a pas eu l'air pressé de te donner sa version des faits. *Tu ne trouves pas ça un peu bizarre, un peu… coupable, justement ?*

J'ai lâché un grognement et je suis allée me préparer un expresso.

Un triple expresso, plutôt. J'avais besoin de quelque chose qui me fasse sortir de mes gonds, une onde de choc, pour signifier à mon corps que j'étais éveillée et qu'il fallait que je fonctionne. Une chose était certaine : après cette altercation et sans chef dans la cuisine, je pouvais m'attendre à une journée interminable.

La porte s'est rouverte et je me suis retournée, pleine d'espoir : est-ce qu'Ed avait décidé de revenir faire amende honorable et m'expliquer ce qui se passait ?

Non. C'était Rachel et Leah. À ma grande contrariété, elles semblaient d'humeur joyeuse et ne souffraient d'aucune gueule de bois. Eh, merde.

— Coucou ! ai-je lancé en essayant de cacher ma déception.

— Salut Evie ! m'ont-elles répondu d'une seule voix.

Je me suis surprise à inspecter le comptoir avec attention, ma conscience coupable craignant d'avoir laissé traîner une culotte ou d'avoir omis une trace de… eh bien, vous voyez de quoi je parle. Il avait l'air propre, mais je me suis promis de le récurer intégralement à la première occasion.

— Hmmm, un café ? ai-je proposé en me rappelant soudain les bonnes manières.

J'ai préparé les boissons, puis j'ai montré le fonctionnement de l'établissement à Leah.

— Je ne crois pas qu'Ed pourra venir, aujourd'hui, ai-je commencé, brodant à mesure que je parlais, alors je vais appeler une agence d'intérim pour voir si quelqu'un peut le remplacer. Si je ne trouve personne, il va falloir que je prenne la cuisine en charge, d'accord ? Rachel est avec toi, de toute manière, alors on devrait pouvoir se débrouiller.

Rien de tel que le bluff, comme d'habitude, ai-je tristement pensé en mon for intérieur. L'idée de m'enfermer dans la cuisine, cependant, ne manquait pas d'attrait. Pas autant que de voir Ed devant les fourneaux, certes, mais au moins, je serais dispensée de porter mon masque d'hôtesse-aimable-avec-sa-clientèle. Je pourrais faire tranquillement la gueule et rester en coulisses. D'un coup, j'ai réalisé que cette situation impliquait que je m'occupe des fourneaux, or je n'étais pas sûre de supporter l'odeur des œufs sur le plat et du bacon sans vomir.

Aucune des trois agences d'intérimaires que j'ai contactées n'a pu m'aider. La réponse la plus prometteuse était : « Je peux essayer de vous trouver quelqu'un pour demain. »

— Oui, s'il vous plaît, ai-je répondu d'une voix lasse, même si j'espérais ne pas en arriver là. Ed allait tout de même revenir régler cette situation une bonne fois pour toutes, non ?

La porte du café s'est ouverte, interrompant mes réflexions, et j'ai quitté le bureau en toute hâte pour aller voir qui entrait. J'espérais qu'Ed serait revenu, attiré rien moins que par la force de ma télépathie. *Je ne pensais pas ce que je disais. Je suis désolé d'être parti comme ça. Je peux tout au moins t'expliquer…*

Ce n'était pas Ed, mais c'était tout de même la meilleure chose, après Ed, qui puisse m'arriver en cet instant : Phoebe. Seule, l'air intimidée, elle était vêtue d'un gilet kaki, d'une jupe en jean et de Converse à sequins violets – des vêtements que je ne lui avais jamais vus auparavant. Ses parents avaient dû les lui apporter.

— Salut, me suis-je exclamée en me dépêchant d'aller l'accueillir. Ça va ? Je suis contente de te voir. J'aurais détesté te savoir repartie à Londres sans avoir pu t'embrasser.

Je l'ai serrée très fort contre moi, l'émotion me gagnant à la pensée qu'elle partait pour de bon. Ses cheveux étaient brillants et doux, elle sentait le propre et le parfum. Ses airs de sauvageonne de la plage avaient disparu pour céder la place à la jeune citadine.

— Je vais bien, a-t-elle répondu. On a parlé. Les choses se sont… arrangées.

— T'es sûre ? Écoute, j'espère que je n'ai pas mis les pieds dans le plat, hier. Je voulais juste… Je voulais juste les empêcher de te gronder. Je suis désolée si j'ai compliqué les choses, au lieu de cela.

— C'est pas grave, a-t-elle répliqué, et une fossette est apparue quand elle a souri. Ça m'a fait plaisir, en fait, de te voir les engueuler. C'était plutôt cool.

— Oh mon Dieu, ai-je gémi, je ne voulais pas les engueuler. Je voulais te défendre, Pheebs, c'est tout.

— Merci. Et merci pour tout le reste, aussi. J'ai adoré passer du temps ici, avec toi.

— Je t'en prie. C'était super de t'avoir à la maison.

J'ai senti l'émotion me gagner. Les adieux n'étaient pas mon fort, décidément.

— Écoute, restons en contact, tu veux bien ? Si tu as besoin d'un boulot quand tu auras terminé tes examens, l'été prochain, et si tu as envie de passer un peu de temps dans les Cornouailles, tu sais où me trouver. Tu seras toujours la bienvenue.

Elle s'est jetée dans mes bras et je l'ai de nouveau serrée contre moi, une grosse boule dans la gorge.

— Merci, a-t-elle soufflé dans mon épaule.

— Prends soin de toi, ai-je répondu d'une voix tremblante.

Rachel est arrivée pour la saluer à son tour, puis Phoebe a passé une tête dans la cuisine.

— Tiens ! Où est Ed ? a-t-elle demandé, surprise. Il ne travaille pas, aujourd'hui ?

Je me suis efforcée de sourire gaiement et de répondre d'un ton faussement léger.

— Non, pas aujourd'hui. Je lui dirai au revoir de ta part.

Enfin, si je le revois un jour.

Nous avons pris congé de Phoebe et je me suis retranchée dans la cuisine pour me préparer un thé et rêver d'une vie où les choses ne seraient pas en perpétuel changement. Ma vie tout entière semblait être en constante mutation, depuis quelques mois, et je trouvais cela épuisant.

— Deux sandwichs au bacon, Evie, a lancé Rachel à cet instant, faisant irruption dans la cuisine pour me transmettre une commande. Un pain de mie, un pain complet.

J'ai essuyé les larmes qui s'étaient formées aux coins de mes paupières et j'ai lancé :

— Ça vient !

J'ai allumé le gril et j'ai sorti des tranches de bacon du paquet en essayant de ne plus penser à Ed, à Phoebe et à tout autre sujet susceptible de m'attrister. Le truc, c'était – comme la part rationnelle de mon cerveau ne cessait de le répéter avec une suffisance agaçante – que j'aurais appris le passé douteux d'Ed, à un moment ou à un autre, quoi qu'il arrive. Ce n'était pas le genre de choses qu'on pouvait cacher éternellement. Vu sous cet angle, et même si ce que je ressentais aujourd'hui était affreux, il était probablement préférable que je l'apprenne le plus tôt possible. J'avais découvert la vérité, j'en prenais mon parti. Le choc et la déception s'estomperaient avec le temps, mais au moins, je pouvais aller de l'avant. Cela aurait été bien pire si je l'avais appris plus tard, alors que j'étais encore plus amoureuse de lui, non ?

— Un sandwich au bacon et à l'œuf sur pain de mie, deux toasts de pain complet à emporter, a lancé Leah qui arrivait avec une nouvelle commande.

— Un toast jambon-fromage à emporter, a enchaîné Rachel deux secondes plus tard.

Bon. J'étais officiellement trop occupée pour me permettre de ruminer au sujet d'Ed – ou de quoi que ce soit. C'était une bonne chose. J'ai exécuté les commandes l'une après l'autre, en pilote automatique, ravalant mes haut-le-cœur. Miracle ! les plats que j'ai préparés semblaient comestibles. J'ai même réussi à éviter de mettre le feu à la cuisine ou de provoquer une autre catastrophe. Je n'allais pas pouvoir préparer de nouveaux *cornish pasties* – je connaissais mes limites –, mais il en restait quelques-uns d'hier, et cela ferait l'affaire.

Mine de rien, j'avais fait un sacré bout de chemin, en ces quelques semaines passées à gérer le Café de la Plage, me suis-je dit en retournant le bacon d'un geste assez professionnel. Ed ? Qui avait besoin d'Ed ?

Cette journée a été l'une des plus stressantes depuis que je travaillais ici. Malgré mes belles résolutions d'indépendance, je n'ai pas pu m'empêcher d'espérer qu'Ed apparaisse enfin, comme par magie, et qu'il reprenne les commandes de la cuisine. Autour de midi, j'ai fini par accepter la réalité : il ne viendrait pas. À treize heures, tous les *cornish pasties* étaient vendus, et je n'ai pas tardé à être complètement débordée par les commandes de sandwichs. Ensuite, ce sont les stocks d'œuf-mayo, thon-mayo et poulet-pesto qui ont été épuisés l'un après l'autre, et j'ai dû en confectionner à toute allure pour tenir jusqu'à la fin de la journée. Il faisait une chaleur étouffante dans la cuisine, l'atmosphère était moite, sans air, et malgré les efforts de Rachel, les clients faisaient parfois la queue devant le comptoir. Leah travaillait très bien, mais c'était son premier jour et elle manquait encore de rapidité.

Quand enfin l'horloge a sonné dix-sept heures, une fois le café propre et Leah et Rachel reparties, je me suis assise à l'une des tables d'angle et j'ai pleuré toutes les larmes de mon corps. Tout est ressorti d'un coup : ma fatigue, mon désespoir après les révélations de la nuit passée, le souvenir cuisant de ma confrontation avec Ed et puis l'horreur qu'avait été cette journée, sans parler des trois brûlures de graisse qui ornaient mon poignet après une matinée passée à faire frire des œufs.

Ed avait semblé vraiment furieux de mes recherches Google, mais à quoi s'attendait-il, franchement, après une découverte pareille ? Comment aurais-je pu éviter de chercher par moi-même, après avoir reçu le message d'Amber ? Et puis, surtout : n'aurait-il pas mieux valu qu'il me parle lui-même de son passé ? Quelle idiote j'avais été de le laisser s'installer dans ma cuisine sans rien vérifier à son sujet ! J'avais ignoré tous les signaux d'alarme jusqu'à ce qu'il soit trop tard, et maintenant je payais le prix fort pour mon imprudence.

En dépit de tout ce que j'avais découvert, cependant, c'était sa gentillesse qui me revenait sans cesse à l'esprit. Son aide précieuse et constante, sa contribution essentielle pour faire de ce café un lieu agréable et accueillant. Il avait été un ami et un allié, en plus de tout le reste – et cela rendait sa trahison infiniment plus douloureuse. Comment pourrais-je jamais refaire confiance à quelqu'un ?

J'avais pensé à lui toute la journée. Je m'étais demandé ce qu'il faisait, ce qu'il ressentait. Était-il en train de faire ses valises pour quitter les Cornouailles et aller se cacher autre part ? Se sentait-il traqué, maintenant que j'avais découvert le pot aux roses ? J'espérais qu'il me connaissait suffisamment pour savoir que je n'en parlerais pas, mais la manière dont il m'avait regardée juste avant de sortir… c'était comme s'il ne supportait plus ma vue. Peut-être qu'il me prenait pour une véritable commère. Peut-être qu'il était déjà parti.

Tout au fond de moi, je nourrissais encore un fragile espoir qu'il vienne me voir dans la soirée, pour parler. Il ne pouvait tout de même pas partir comme ça, après ce dernier échange furieux ? Si j'avais eu la moindre idée de l'endroit où il vivait, je me serais rendue tout droit chez lui, mais – qui l'eût cru – j'étais tout aussi ignorante de son adresse que de tout un tas d'autres choses le concernant. Son restaurant, sa femme, et tout le reste.

Je me suis fait couler un bain. *Ça ne va pas louper* me suis-je dit. *Au moment où je mettrai un pied dans la baignoire, j'entendrai frapper à la porte et ce sera lui.*

Je me suis glissée dans l'eau brûlante, prête à en ressortir d'un bond et à filer ouvrir la porte en peignoir, mais personne n'a frappé.

Après mon bain, j'ai appliqué un masque sur mes cheveux et j'ai enfilé un pyjama confortable, puis je me suis installée sur le canapé pour regarder *Coronation Street. C'est encore mieux maintenant,* me suis-je dit, *il va arriver et me voir avec cette dégaine de vieille folle.*

J'ai attendu. J'ai même baissé un peu le son de la télé, pour être sûre de ne pas manquer les coups frappés à ma porte. Personne n'a frappé.

Une fois l'épisode terminé, mes cheveux rincés et ma conversation téléphonique plutôt morose avec Amber terminée, je me suis sentie lessivée. Je voulais me coucher tôt, mais je savais que si je me mettais au lit maintenant – loi de l'emmerdement maximal –, il ne manquerait pas de se pointer, et bla bla bla. Je me suis donc forcée à rester debout jusqu'à vingt et une heures trente avant de m'avouer vaincue et d'admettre l'évidence : il ne viendrait pas. Personne ne frapperait à ma porte, ce soir. *Oublie, Evie. Va te coucher. Peut-être qu'il viendra demain.*

Je me suis glissée sous ma couette et j'ai essayé de trouver une position confortable, mais une pensée horrible est venue me tarauder. *Et si Ed ne revenait pas le lendemain ?*

Chapitre 24

Le jeudi a commencé comme une nouvelle journée pourrie. D'abord, je n'avais toujours pas de signe d'Ed. Ensuite, le temps était aussi maussade et lourd qu'hier, avec à peine un souffle d'air pour alléger l'atmosphère. Heureusement, une candidate de l'agence d'intérim est arrivée vers onze heures, ce qui était déjà un progrès. Wendy devait avoir l'âge de ma mère et était bâtie comme une catcheuse, les bras couverts de tatouages à l'encre noire, ses cheveux teints en noir retenus sur le haut de son crâne par un élastique rose fluo.

— Impec, mon petit chat, a-t-elle déclaré d'une voix de fumeuse doublée d'un accent du nord, quand Rachel l'a escortée jusqu'à la cuisine.

Sa poigne puissante a failli broyer mes doigts.

— Salut, ai-je articulé en essayant de réactiver la circulation sanguine dans ma main. Je m'appelle Evie. Merci d'être venue. Vous vous y connaissez, en *cornish pasties* ?

— Les spécialités des Cornouailles, ça ne me fait pas peur, ma belle. Je file me laver les mains et je m'y mets.

Wendy était une bouffée d'air frais. Elle travaillait sans relâche et ses *cornish pasties* n'étaient pas mauvais – même s'il manquait ce petit « plus » dont Ed semblait avoir le secret. Son rire était le plus gras, le plus graveleux que j'aie jamais entendu. Résidant à Tregarrow, à quelques kilomètres d'ici, elle avait travaillé dans les cuisines d'une école pendant les dix dernières années, jusqu'à ce que des restrictions budgétaires décident que son poste était superflu, il y avait quelques semaines de cela.

— Mes gamins me manquent, a-t-elle confié avec un soupir. Je n'en ai jamais eu, moi. On s'y attache, quand on les voit tous les jours.

— Vous cherchez un emploi à plein temps, alors ? ai-je demandé, l'air de rien.

Avec un peu de chance, la réponse à mes problèmes se tenait en face de moi. Mais elle a secoué la tête.

— Pas vraiment, ma belle. Mon chéri n'est pas très en forme, et je ne peux pas le laisser seul trop longtemps. Les déjeuners d'école étaient parfaits – je m'absentais juste quelques heures, puis je rentrais à la maison. Ce genre de mission d'une demi-journée, aussi, est idéale. Mais davantage… Elle a secoué la tête. Non. Il a toujours une batterie de rendez-vous à l'hôpital, tout ça… Je ne peux pas assurer de service régulier, tu vois. Elle m'a donné un petit coup de l'un de ses coudes rondelets. Ne me dis pas que tu étais sur le point de me mettre le grappin dessus, a-t-elle conclu dans un éclat de rire.

Je lui ai souri.

— Décidément, je n'ai pas de chance, hein ? Ton mari peut s'estimer heureux de t'avoir, en tout cas.

Elle m'a fait un clin d'œil.

— Et dire qu'il ne s'en rend même pas compte, a-t-elle lancé en passant le rouleau sur la pâte.

Un autre petit événement s'est produit peu après l'arrivée de Wendy. Le facteur a apporté une lettre d'Oxford, et quand je l'ai retournée, curieuse de découvrir l'expéditeur, j'ai déchiffré : « de la part de Saul » rédigé d'une main incertaine, suivi de son adresse. Le café était relativement calme, aussi ai-je saisi l'occasion pour me retirer dans le bureau et la lire tranquillement. Deux lettres étaient glissées dans l'enveloppe, l'une de Saul et l'autre de sa mère, Emily. J'ai commencé par celle de Saul.

Chère Evie,

Merci pour ta lettre. À l'école, j'apprends les Romains. Ils étaient COOL. Et hier, j'ai marqué deux buts au club de foot. Papa m'a lu les Moomins, *mais il ne fait pas les bonnes voix comme toi, alors c'est Maman qui me les lit maintenant. Bob et Boule de Gomme sont super rigolos !*

Maman dit qu'on peut venir te voir à la mer !
Bisous, Saul

PS : Tu me manques.
PPS : C'est un dessin que j'ai fait du dragon en Lego
Bisoubisoubisoubisou

Je suis restée un moment assise en silence, émue, à lire et relire ces mots. Je voyais d'ici son petit visage tendu par l'effort et la concentration, sa langue pointant entre ses lèvres pendant qu'il rédigeait sa lettre. Est-ce que sa mère pensait sérieusement venir me voir ou était-ce une de ces promesses en l'air typiques des parents, qu'il avait prise un peu trop au sérieux ?

J'ai lu la lettre d'Emily pour en avoir le cœur net.

Chère Evie,

Saul a été très touché par ta lettre – merci. C'est très gentil de ta part. Tu lui manques réellement, et je n'en suis pas surprise. La nouvelle petite amie de Matthew est un vrai navet – insipide et molle. Je me demande s'il fait sa crise de la quarantaine ?
C'est drôle : ma sœur Amanda ne vit pas loin de chez toi, à Bude, et nous allons passer une semaine chez elle au mois d'août. Nous serions ravis de passer te voir, si tu es d'accord. Saul est très impressionné de savoir que tu possèdes ton propre café, et sur la plage par-dessus le marché ! Il ne parle plus que de ça depuis qu'il a reçu ta lettre.

Amicalement,
Emily

Elle avait noté son numéro de téléphone portable en bas de la lettre et cela m'a donné l'impression qu'elle me proposait son amitié. La seule perspective de revoir mon petit Saul m'a remplie d'une joie pure, sans mélange. Je ne l'avais donc pas perdu. Nous allions rester en contact. En plus, la lettre d'Emily était vraiment sympa, ce qui était génial.

Tout ne va pas si mal, me suis-je dit en retournant dans la salle pour retrouver mon équipe.

Seul le vide laissé par Ed m'empêchait encore de sourire.

Wendy est rentrée chez elle après avoir confectionné une belle quantité de *cornish pasties* délicieux et nous sommes tombées d'accord sur le fait qu'elle reviendrait, entre onze heures et quatorze heures, durant les trois prochains jours. L'arrangement nous convenait à toutes les deux. J'étais plus confiante, désormais, à l'idée de m'occuper seule des petits déjeuners jusqu'à son arrivée pour le service du déjeuner, où j'aurais davantage besoin d'aide. Quand elle a pris congé, j'ai enveloppé quelques gâteaux dans du papier d'aluminium et je les lui ai remis.

— Pour toi et ton mari. On se voit demain.

— Ah, merci, ma belle, a-t-elle répondu en déposant un gros baiser sur ma joue. À plus !

Le reste de l'après-midi s'est déroulé sans incident particulier. Au moment de la fermeture, cependant, le même sentiment de vide que la veille m'a envahie. Pourquoi Ed n'était-il pas revenu ? Est-ce que tout était vraiment terminé entre nous, après une seule confrontation de cinq minutes ? Il ne devait pas beaucoup penser à moi, s'il ne jugeait même pas nécessaire de s'expliquer, voire de se défendre.

Eh bien, qu'il aille se faire voir, me suis-je dit avec colère. Je ne voulais pas de ce genre de personne dans ma cuisine, et encore moins dans ma vie. J'avais Wendy-Musclor, maintenant, j'avais ma lettre de Saul et j'avais une soirée entre filles à préparer. Je n'avais pas besoin d'Ed et ses casseroles pour me mettre des bâtons dans les roues.

Je ne savais pas trop à quoi m'attendre, pour la soirée entre filles. Martha et Annie avaient promis de passer, tout comme Florence. Je n'avais pas vu Betty depuis le vernissage de Jamie et je n'étais pas sûre de pouvoir compter sur elle. Il y avait donc de fortes chances pour que nous nous retrouvions en cercle restreint, ce qui me convenait très bien.

J'ai rapproché les tables pour rendre l'espace plus convivial, j'ai allumé quelques bougies et installé quelques guirlandes et j'ai joliment disposé quelques cupcakes sur le comptoir pour que chacune puisse se servir. Je voulais que la soirée soit détendue et agréable pour tout le monde, que l'espace soit accueillant, qu'elles aient l'impression d'être mes invitées plutôt que mes clientes. Pour cette raison, aussi, j'avais décidé de ne pas facturer les gâteaux et suggéré à chacune d'apporter son propre vin si elles le souhaitaient. J'espérais que cela fonctionnerait, que toutes auraient envie de renouveler l'expérience de manière régulière. Moi, en tout cas, j'en avais envie.

Annie et Martha sont arrivées les premières, les bras chargés de brownies au chocolat recouverts d'un délicieux glaçage.

— Je ne peux pas te laisser dilapider tes sources de revenus, a déclaré Annie en les disposant sur une assiette, alors j'ai décidé de contribuer.

Florence est arrivée après elles, puis cela a été le tour d'Elizabeth et de deux autres femmes, Michaela et Alison, membres du club de lecture, qui apportaient du vin et des chips. Florence était très excitée : son fils, Francis, était de retour en Angleterre et en route vers les Cornouailles en cet instant précis, pour venir passer quelques jours avec elle.

— Mon téléphone portable est allumé, je suis prête à bondir, a-t-elle dit en brandissant l'appareil. Il me préviendra s'il arrive plus tôt que prévu.

Elle m'a fait un clin d'œil malicieux avant de reprendre :

— Je lui ai dit qu'il risquait d'attendre mon retour dans sa voiture, parce que je ne voulais rien rater de ma soirée entre filles !

J'ai ri.

— Tant mieux ! Je vois que vous avez le sens des priorités, Florence.

Un peu plus tard, la voisine d'Annie, Tess, est apparue avec une autre amie, Helena, et Betty est arrivée peu après, escortée de sa sœur Nora. Puis c'est Rachel et Leah, accompagnées de quelques copines voyageuses, de quelques bouteilles de vin blanc et de paquets de Doritos qui ont fait leur entrée. L'instant d'après, la salle était pleine et tout le monde papotait joyeusement.

Regarde-moi ça, me suis-je dit, submergée par la joie de voir ces femmes de tous âges, réunies sous mon toit. Elles riaient, se racontaient des histoires, les vieilles copines échangeaient les dernières nouvelles et des amitiés toutes fraîches se nouaient. C'était exactement ce dont j'avais rêvé. C'était parfait. Cela l'aurait été, tout au moins, si je n'avais pas ressenti cette tristesse lancinante qui m'empêchait de me concentrer pleinement sur ce qu'on me disait. Les douloureux questionnements au sujet d'Ed ne cessaient de me tourmenter.

— Ed revient quand ? a demandé Rachel en m'arrachant à mes réflexions. Il est malade ou en congé ?

— Je n'en sais rien, ai-je répondu prudemment.

— Il devait rentrer à Londres la semaine prochaine, de toute manière, non ? a demandé Rachel en fronçant les sourcils, il me semble bien qu'il avait dit ça.

J'ai haussé les épaules, penaude. Je n'étais pas au courant. Encore quelque chose qu'il ne m'avait pas dit, quelle surprise.

— Je n'en sais pas plus que toi.

— En tout cas, il a résilié son abonnement au journal, est intervenue Betty qui avait surpris notre échange. Il est passé ce matin pour me dire qu'il n'en avait plus besoin.

Ces mots m'ont donné la nausée et je me suis affaissée sur ma chaise. Alors voilà, il partait vraiment, sans même un au revoir. Ce qui s'était passé mardi n'avait donc aucune importance, à ses yeux ?

— Sympa de prévenir, ai-je marmonné dans ma barbe.

Un silence gêné a suivi.

— Vous vous êtes disputés ? a timidement demandé Rachel.

— On peut dire ça comme ça, ai-je répondu.

Je ne voulais pas entrer dans les détails – Ed me détesterait encore plus s'il apprenait que j'en avais parlé –, mais les femmes qui étaient assises à mon bout de table (Rachel, Leah, une Néozélandaise du nom de Suze, Florence, Betty et Nora) affichaient des mines si compatissantes… Sans compter que je venais de finir un verre de vin quasi cul sec… et que c'était une de ces soirées de filles où on avait le droit de vider son cœur. Bref, je n'ai pas résisté plus longtemps :

— On a eu une petite aventure.

C'est tout juste s'il n'y a pas eu un « Oooh » collectif et des bruissements de vêtements quand tout le monde s'est tourné dans ma direction pour ne pas manquer une seule syllabe de ce que j'allais raconter.

— Je croyais vraiment qu'on allait s'entendre. Tout allait bien entre nous, vous voyez.

— Qu'est-ce qu'il s'est passé, alors ? a demandé Leah.

J'ai lâché un soupir.

— On s'est disputés. Je ne peux pas vous dire de quoi il s'agissait, mais en tout cas, Ed était méga énervé et il est parti en claquant la porte. Je ne l'ai pas revu depuis.

— Oh, ma chère, a dit Florence d'un air désolé. Est-ce que vous avez essayé de vous réconcilier, de vous excuser ? Vous vous souvenez de ce que disait Arthur : « Ne laisse pas le soleil se coucher sur une dispute ! »

Je lui ai répondu d'un sourire triste.

— J'aimerais bien, mais je ne sais même pas où il habite.

— Ah, mais moi, je le sais, est intervenue Betty avec empressement. Il vit en haut de Bay View Terrace, numéro onze, je crois.

Je me suis retournée pour la regarder.

— Vraiment ? C'est son adresse ?

— Oui. C'est là qu'il s'est fait livrer le journal pendant son séjour ici.

Tout d'un coup, tout le monde s'est mis à parler en même temps.

— Tu devrais y aller, ce n'est pas loin. Peut-être qu'il n'est pas encore parti.

— Vas-y et parles-en avec lui. Les choses s'arrangent, en général, quand on en parle.

— Il est fou de toi, ça saute aux yeux. Allez, va faire la paix avec lui !

Ces derniers mots étaient de Rachel, et j'ai senti les larmes monter à mes yeux en l'entendant.

— Tu crois vraiment ? ai-je demandé en faisant tourner mon verre à pied entre mes doigts.

— Ouais ! Il est super amoureux de toi. J'en suis certaine. J'ai vu comme il te regardait.

Mon cœur a fait un bond. J'avais pris ma décision. J'allais reprendre le contrôle de la situation, profiter du moment présent et me lancer ! J'allais avoir besoin d'un autre verre de vin avant d'y aller, cependant. Pour me donner du courage, tout ça.

— Très bien. J'irai tout à l'heure, après la soirée.

— Hors de question, a lancé Betty d'une voix autoritaire. Vous y allez maintenant. Nous gardons un œil sur le café pendant votre absence.

J'ai hésité. Qu'est-ce que je devais faire ? Il n'y avait pas grand-chose à surveiller, ici. Chacune pouvait se servir en gâteaux et elles buvaient leur propre vin. Elles pouvaient très bien se débrouiller sans moi.

— Allez-y, m'a conseillé Florence. Courage. Dites-lui que vous êtes désolée et que vous voulez vous réconcilier avec lui.

— Ce qu'il y a de mieux, dans le fait de se disputer, a lâché quelqu'un, c'est quand on se rabiboche !

J'ai ri et je me suis levée.

— Très bien, très bien. J'y vais.

Une exclamation d'encouragement s'est élevée dans la salle et j'ai couvert mon visage de mes mains, à la fois troublée, excitée et terriblement nerveuse.

— Je n'en ai pas pour longtemps, ai-je dit.

Sur ces mots, je suis sortie dans la nuit. Bay View Terrace numéro onze, me voilà !

Il était près de vingt et une heures, désormais, mais le temps était aussi humide et pesant que durant la journée. Quelqu'un – Annie, je crois – avait parlé d'alertes météo, en début de soirée, annonçant des grosses pluies dans le sud-ouest, et je sentais l'orage se préparer. Le trottoir était poussiéreux et sec dans la rue principale, et mon visage était brûlant. J'ai réalisé que j'étais tellement impatiente de parler à Ed que je n'avais même pas pris la peine de vérifier dans un miroir si j'étais présentable. J'ai lissé mes cheveux en remontant la grand-rue en pente raide et j'ai envoyé une petite prière à la déesse de la vanité : j'espérais ne pas être complètement repoussante. Ah. Bay View Terrace – c'était là, sur la droite.

Mon cœur battait à tout rompre quand je me suis engagée dans la ruelle silencieuse, où des cottages blanchis à la chaux se succédaient en terrasse. La rue était dépourvue de réverbères et le ciel sombre projetait des ombres dans les jardins. J'ai dépassé une maisonnette après l'autre, tellement excitée que j'avais du mal à respirer – *numéro un, deux, trois…* J'ai commencé à me demander ce que j'allais bien pouvoir lui dire quand il ouvrirait la porte. *Quatre, cinq, six. Et s'il refusait de me parler ? S'il me claquait la porte au nez ? Sept, huit, neuf, dix.* Je n'allais pas tarder à le savoir. *Numéro onze* – j'y étais.

J'ai remonté la petite allée qui menait à la porte d'entrée et je me suis immobilisée. La maison était aussi jolie et charmante que ses voisines, avec sa façade couverte de glycine et son gros buisson de roses sous la fenêtre. Je sentais d'ici le parfum des fleurs blanches et veloutées. Au contraire des maisons environnantes, cependant, celle-ci n'était pas éclairée. Les rideaux des pièces de l'avant étaient ouverts, et tout était sombre à l'intérieur. La déception m'a gagnée : était-il dans cette maison vide et silencieuse ? J'ai frappé à la porte et j'ai tendu l'oreille pour détecter les aboiements de Lola, ou un son quelconque qui me parviendrait depuis l'intérieur. Le silence m'a répondu. Peut-être était-il dans le jardin, ou alors au pub.

Tandis que je me tenais devant sa porte, dans la lueur chaude et parfumée de cette soirée, à frapper et frapper encore, j'ai réalisé qu'il était trop tard. Il avait déjà quitté la baie.

Était-il allé retrouver Melissa, sa femme ? me suis-je demandé avec dépit. *À moins qu'il ne soit allé se cacher ailleurs, pour échapper au nouveau pot-de-colle que j'étais ?*

— Connard ! ai-je fini par lancer en donnant un vigoureux coup de pied à la porte.

Je suis retournée au café en ravalant mes larmes.

J'étais tellement absorbée par mon propre malheur que j'ai fait un bond, quelques minutes plus tard, quand je suis arrivée sur le petit parking du café et que j'ai vu une silhouette émerger de l'ombre, à côté d'une voiture que je ne reconnaissais pas.

— Oh ! me suis-je exclamée, la main sur la poitrine et le cœur battant la chamade.

Est-ce que c'était Ed ? Mon souffle est resté coincé dans ma gorge. À moins que ce ne soit un détraqué, à l'affût ? Ce n'était pas Ryan, tout de même ?

— Désolé, je ne voulais pas vous effrayer, a dit l'homme en s'approchant de moi.

Il faisait presque noir, désormais, mais j'ai estimé qu'il devait avoir une quarantaine d'années. Grand et mince, il était vêtu d'un jean et d'un pull à manches longues gris.

— Je suis bien au Café de la Plage ? À Carrawen Bay ?

— En effet. Est-ce que je peux vous aider ?

— Oh, super. Oui, je crois que ma mère se trouve ici. Je suis venu lui faire la surprise. Enchanté. Francis.

Je lui ai souri et j'ai serré sa main.

— Vous êtes le fils de Florence. Je suis Evie, la gérante du café. Suivez-moi. Nous sommes en pleine soirée entre filles, à l'intérieur.

Il a esquissé un large sourire.

— Elle m'en a parlé au téléphone. Elle était très excitée. Vous êtes sûre que j'ai le droit d'entrer ?

— Je crois qu'on peut faire une exception pour les fils prodigues, ai-je plaisanté. Venez, c'est par là.

Nous avons fait le tour de la maison et je l'ai devancé dans la salle. Un cri s'est fait entendre et Florence est arrivée en trottinant pour se jeter dans ses bras, tout excitée.

Le reste de l'assemblée a lâché un grand « Aaah » de joie partagée, puis j'ai senti les regards converger vers moi. Tout le monde voulait savoir ce qu'il s'était passé.

— Alors ? a lâché Rachel.

J'ai pointé mes pouces vers le bas.

— Il n'est pas là. À mon avis, il a quitté la ville.

Un « Oooh » de compassion a retenti. J'avais l'impression d'être dans un film de pantomime… sauf que personne ne s'est écrié à cet instant, très excité : « Il est derrière toi ! »

— Quel sale type, a déclaré Betty avec un gloussement d'indignation, puis elle a secoué la tête. Je ne lui ai jamais fait confiance, moi. J'ai toujours trouvé qu'il avait quelque chose de louche.

Florence et son fils en avaient terminé avec leurs retrouvailles et nous regardaient, les yeux brillants.

— J'aimerais vous présenter mon fils Francis, a déclaré Florence. Francis, toutes ces femmes sont mes nouvelles amies.

Elle a commencé à faire le tour de la salle pour les présenter une à une, et j'ai surpris le regard éberlué de Francis découvrant que sa mère avait soudain autant d'amies de tous âges.

— Waouh, a-t-il lâché, et vous vous retrouvez régulièrement, comme cela, pour manger du gâteau et échanger des potins ?

Il y a eu une légère hésitation et j'ai de nouveau senti les regards se poser sur moi.

— Eh bien, j'espère que ce sera un rendez-vous régulier, ai-je déclaré au bout d'un moment. C'est notre première rencontre, en réalité, mais je serais très heureuse que cet endroit devienne le lieu où les filles de Carrawen puissent se retrouver pour papoter le jeudi soir. Alors pourquoi pas ?

Quelqu'un a poussé un petit cri et une autre personne s'est mise à applaudir et avant même que je m'en rende compte, tout le monde applaudissait et lançait des cris de joie à cette nouvelle. J'ai senti les poils de ma nuque se dresser d'émotion et j'ai souri. C'était… grisant. Comme si je faisais partie de quelque chose.

Annie m'a donné un verre de vin.

— Santé, tout le monde, a-t-elle déclaré en levant son propre verre. Je crois qu'on peut inaugurer le Club du Jeudi de Carrawen Bay, vous ne trouvez pas ?

Nous avons toutes trinqué. C'était formidable. Que ce menteur d'Ed aille se faire foutre. Aux oubliettes, M. « je ne reste pas dormir ». J'étais entourée de femmes merveilleuses – sans compter le beau Francis – et cela me suffisait amplement.

Chapitre 25

Le lendemain – vendredi – il s'est mis à pleuvoir. Au début, j'ai été soulagée que l'humidité soit chassée par cette brise fraîche et mouillée qui nous arrivait du large, mais quand des trombes d'eau sont tombées pendant quatre heures d'affilée, sans le moindre signe d'amélioration, je me suis surprise à espérer que cela s'arrête. Rachel, Leah et moi nous sommes tourné les pouces jusqu'à ce que je suggère, faute d'autre occupation, un « nettoyage de fond » de la salle, et que nous nous retrouvions à frotter les murs, les plinthes et même les chaises. J'étais déterminée à me distraire par l'action. Dès que je m'arrêtais, de sombres pensées concernant Ed venaient me tarauder.

À l'heure où Wendy est arrivée, nous n'avions servi qu'une poignée de clients. Je lui ai demandé de ne préparer que la moitié des *pasties* prévus, car il n'y avait aucune chance pour que nous écoulions notre quota habituel avec un temps pareil.

— « *Summertime* », l'entendais-je chatonner de sa voix grave et gutturale. « *And the living is rainy…* » Ah, l'été pourri d'Angleterre, il faut l'aimer, hein ?

À midi, Francis est arrivé, dégoulinant de pluie malgré son grand parapluie noir.

— Bonjour, me suis-je exclamée, surprise de le voir, qu'est-ce qui vous ferait plaisir ?

— Un café et une conversation, si je ne vous dérange pas, a-t-il répondu en secouant son parapluie, arrosant tout autour de lui.

— Le parapluie dans la maison, ça porte malheur, a marmonné Wendy d'un ton lugubre en sortant de la cuisine pour venir le saluer.

Francis a levé un sourcil et lui a souri en guise de réponse.

— Déjà que j'ai le malheur d'arriver en Angleterre au moment où le temps vire à la pluie… On dirait bien que j'ai laissé la canicule aux États-Unis.

Je lui ai servi un café et l'ai escorté vers l'une des tables, près de la fenêtre, pendant que mon regard se perdait, fasciné, dans les vagues grises qui allaient et venaient sous la pluie battante. Quel temps épouvantable ! Le niveau d'eau grimpait à vue d'œil. Je me suis demandé ce que Francis pouvait bien avoir de suffisamment urgent sur le cœur pour traverser cette tempête jusqu'au café.

— Merci, a-t-il dit en déchirant un sachet de sucre pour le mélanger à son breuvage chaud. Alors, voilà. Je ne sais pas si ma mère vous l'a dit, mais je suis producteur de télévision…

— Oui, elle nous l'a dit, l'ai-je interrompu, elle en est très fière, d'ailleurs.

Il a souri.

— Merci. Eh bien, j'ai été chargé de réaliser une nouvelle série de documentaires pour Channel 4, consacré à la société du XXIe siècle. La Grande-Bretagne brisée, l'effondrement de la société, pourquoi personne ne parle plus à personne, sans même parler de connaître ses voisins. Il a froncé le nez. Cependant, je vais aussi présenter l'envers de la médaille : le fait qu'il existe encore des communautés merveilleuses et dynamiques où les gens se soutiennent et s'entraident.

— Ça m'a l'air super, ai-je commenté.

— J'avais prévu un début de tournage entre Bristol et Londres. Je voulais m'immerger dans quelques communautés locales – exemple, une minorité portugaise, près de Stockwell, dans le sud de Londres – et confronter leur solidarité avec celle des quartiers plus disparates des zones avoisinantes. Je n'avais pas du tout prévu de travailler ici, je suis venu pour profiter de quelques jours avec ma mère, mais…

— Mais ? ai-je demandé, curieuse de voir où il voulait en venir.

— Quand je suis arrivé ici, hier soir, et que j'ai vu ma mère entourée de personnes aussi aimables, j'ai été touché. Soulagé, aussi – je sais qu'elle n'a pas eu la vie facile, depuis la mort de mon père, loin de moi et de tous leurs amis. Alors, d'arriver ici et de voir qu'elle s'amusait, c'était formidable. Je ne m'attendais pas à trouver ici, quasiment sur le pas de sa porte, la communauté si solidaire que je cherchais – sans même parler du fait qu'elle puisse en faire partie.

J'ai pris une gorgée de mon café.

— C'est une femme fantastique. Je suis heureuse qu'elle trouve enfin un ancrage, ici.

— Alors, voilà, a poursuivi Francis en posant son coude sur la table et en fixant sur moi son regard intense, j'aimerais filmer quelques scènes de mon documentaire ici, dans la baie, et je me demandais si je pouvais me concentrer sur ce café, comme centre de la communauté. Peut-être que je pourrais venir à votre prochain – c'était quoi ? Votre Club du Jeudi soir ? Ou alors le club de lecture, dont m'a parlé ma mère…

— Attendez, attendez, me suis-je exclamée, craignant d'avoir mal compris. Vous voulez filmer des scènes ici, pour une émission qui sera diffusée sur Channel 4 ?

Il a hoché la tête.

— C'est pour la nouvelle saison de *Dispatches.* Est-ce que vous seriez d'accord ?

— Waouh, ai-je répliqué sans réaliser pleinement de quoi il s'agissait. Vraiment ? Waouh !

Je me suis mise à glousser comme une imbécile.

— Oh mon Dieu, il va falloir que je passe chez le coiffeur ! me suis-je exclamée en regrettant aussitôt mon élan ridicule de vanité. Je veux dire… oui, bien sûr ! WAOUH !

J'ai bondi de ma chaise et j'ai appelé Rachel et Leah.

— Devinez quoi, les filles ! On va passer à la télé !

Elles ont poussé des cris de joie. Wendy a déboulé de la cuisine, très agitée, pour demander si elle avait le temps de se refaire une beauté, parce qu'elle ne voulait pas passer à la télévision sans son rouge à lèvres No.7. Légèrement surexcitées, nous avons commencé à piailler d'une voix stridente. Je n'arrêtais pas de me dire que ce serait une publicité exceptionnelle pour le café. Un petit espace à une heure de grande écoute, sur la chaîne nationale – de quoi pouvais-je rêver de mieux ?

Francis s'était mis à rire.

— Venez donc vous joindre à nous, a-t-il lancé en invitant les filles d'un geste. Dites-moi ce que vous voudriez montrer dans le documentaire.

Les cris et les rires ont repris de plus belle tandis que Rachel, Leah et Wendy prenaient place à nos côtés.

— Attends un peu que mon chéri apprenne ça, a dit Wendy, les yeux brillants d'excitation. Je suis vraiment contente d'avoir accepté cet intérim, Evie. Alors, Francis, a-t-elle continué en le regardant droit dans les yeux, pourquoi ne consacreriez-vous pas l'émission entière à cet endroit ? Personnellement, je trouve que nous avons beaucoup à offrir à Channel 4.

J'ai failli recracher mon café et j'ai observé la réaction de Francis. Décidément, Wendy m'était de plus en plus sympathique. Contrairement à un autre chef de ma connaissance, elle ne semblait pas craindre les feux de la rampe.

Francis a répondu que tourner le film ici allait « foutre en l'air » le planning de tournage, pour reprendre ses propres termes, mais qu'il pouvait convoquer son équipe pour le mardi suivant.

— Nous sommes censés mettre en place une séquence autour de la communauté afro-caribéenne de St. Paul, à Bristol… mais on pourrait, à la rigueur, repousser ça à mercredi ou vendredi. Si vous trouvez le moyen d'organiser votre soirée entre filles le mardi au lieu du jeudi, on pourrait la présenter dans le documentaire.

Nous avons ensuite envisagé des entretiens filmés avec Lindsay, du pub, qui dirigeait également l'école primaire locale, et de Betty en tant que Reine du Commerce de détail. Il s'intéressait tout particulièrement à la coexistence des aspects privés et publics dans le village, comme il disait : cette manière dont un niveau d'activité était consacré aux vacanciers en quête de loisirs et l'autre, distinct, plus caché, était centré sur la vie des villageois. L'ensemble me semblait très bien.

Au bout d'un moment, j'ai remarqué que Wendy faisait triste mine, et j'ai compris pourquoi : elle avait réalisé qu'elle ne serait présente à aucun des jours de tournage.

— Wendy, il faudra que tu viennes mardi soir, du coup, ai-je suggéré. Tu ne peux pas rater la soirée entre filles. Apporte une bouteille et quelque chose à grignoter et tu pourras échanger les derniers potins de Carrawen Bay.

— Je peux venir alors que je ne suis pas une habitante du village ? a-t-elle demandé.

J'étais tentée de lui répondre en taquinant qu'en effet, puisqu'elle n'était pas d'ici, elle ne serait pas autorisée à participer, quand j'ai perçu une certaine fragilité dans son regard. Je me suis demandé si elle avait souvent l'occasion de sortir avec des amies, sachant qu'elle semblait passer beaucoup de temps au chevet de son mari.

— Bien sûr. Surtout si tu apportes des petites choses à partager. Tu vas te faire tout un tas de nouvelles amies en un clin d'œil.

Elle a aussitôt semblé rassérénée.

— Génial. Dans ce cas, comptez sur moi. Je mettrai ma robe la plus chouette, tout ça. Quant à vous, Francis, je compte sur vous pour prendre mon meilleur profil, on est bien d'accord ? a-t-elle ajouté en agitant son index devant le visage de l'intéressé. Et, pour l'amour de Dieu, ne me filmez pas quand j'ai le bec plein de gâteau, sinon Channel 4 ne comprendra pas son malheur…

Francis a éclaté de rire et nous avons échangé un sourire complice. Wendy allait faire un carton, je le savais déjà.

La nouvelle du tournage a fait le tour du village comme une traînée de poudre. À cette perspective, tous les habitants du coin semblaient surexcités.

— Une bonne publicité, c'est exactement ce qu'il faut à Carrawen Bay, a déclaré Betty, radieuse, quand je suis passée dans sa boutique, un peu plus tard dans la journée. Cette émission pourrait nous apporter une vraie renommée et nous attirer dix fois plus de touristes !

— En effet, ce serait super, ai-je répondu joyeusement. Je n'arrive pas à croire que mon petit café sera sur Channel 4. J'aurais vraiment aimé que Jo voie ça !

— Elle aurait vraiment été fière de toi, chérie. Tellement fière. Au fait, est-ce que tu as vu la *Gazette*, aujourd'hui ? Il y a un bel article sur le restaurant.

Elle a attrapé l'un des journaux et l'a feuilleté, page après page, presque jusqu'aux nouvelles sportives placées à la fin du journal, pour retrouver l'article en question.

— Là, regarde, a-t-elle déclaré en tapotant le papier de son index.

Je me suis penchée pour lire. Au milieu de publicités aguichantes pour d'autres restaurants, de l'horoscope et d'un encart consacré à une production du théâtre de Newquay, il y avait une petite photo de Rachel et moi, les joues roses, sous le titre « SALLE COMBLE POUR UN MENU DU SOIR AU CAFÉ DE LA PLAGE ». Le cœur battant, j'ai rapidement survolé le texte.

La nouvelle propriétaire du Café de la Plage de Carrawen Bay, Evie Flynn, âgée de trente-neuf ans…

— Trente-neuf ? ai-je protesté, j'ai trente-deux ans, bande de petits malins !

… a décidé de proposer un menu du soir à une clientèle en quête de gastronomie locale et de produits frais dans le merveilleux cadre de la baie.

— Ils se sont contentés de copier le communiqué de presse, ai-je réalisé en levant les yeux au ciel. Enfin, cela aurait pu être pire.

À des prix raisonnables et avec un menu simple et saisonnier, la clientèle peut savourer de bons plats pendant que le soleil se couche sur Carrawen Bay. Le café fonctionne sur le principe « Apportez votre bouteille » et facture deux livres de droit de bouchon. Ambiance animée et chaleureuse garantie, et beaucoup de mines réjouies parmi les consommateurs. Pour réserver, appelez…

J'ai cessé de sourire. Les mots « pour réserver » m'avaient fait un coup. Comment savoir quand je pourrais de nouveau proposer un menu du soir, maintenant qu'Ed avait disparu ? Wendy avait beau être fantastique, je ne pouvais pas lui demander de venir travailler un soir par semaine. Qu'allais-je dire aux clients qui appelaient pour réserver une table ? *Oh, désolée. Finalement, nous n'avons réussi à ouvrir qu'un seul soir. J'ai été trop ambitieuse, dommage !*

J'ai regardé de plus près le portrait de Rachel et moi, et le souvenir de cette soirée folle et frénétique, tout comme du sentiment de triomphe qui avait suivi, m'a pincé le cœur. Je comprenais désormais pourquoi Ed s'était aussi violemment opposé à cette photo, bien sûr.

— Merci, Betty, ai-je dit en essayant de chasser ces pensées sentimentales. Je vais en prendre un.

Je me suis promis de découper l'article et de le coller dans un carnet de bord. Peut-être, d'ailleurs, qu'un des candidats qui se présenteraient lundi serait d'accord pour tenter un nouveau menu du soir avec moi. Il y en avait bien un qui ferait l'affaire. Je n'avais plus qu'à espérer.

Le week-end a passé sans qu'Ed ne donne de nouvelles. Entre-temps, je m'étais résignée au fait qu'il était parti, mais cela ne me réconfortait pas pour autant. Au contraire, plus le temps passait, plus je me sentais idiote. *À peine remise de ma rupture avec Matthew, j'étais sans doute vulnérable,* me disais-je avec tristesse, *et cet homme malhonnête en a profité.*

— Cela dit, c'était aussi ma faute, ai-je râlé auprès d'Amber, au téléphone. Il ne m'a pas forcée, nous étions tous les deux consentants. C'est juste… que je le prenais pour quelqu'un de bien, alors qu'en fait, ce n'est qu'un…

— Abruti, a suggéré Amber avec son sens de l'à-propos habituel.

— C'est ça. Un abruti déguisé en type bien. Un loup sous une toque blanche de cuistot.

Pour elle, les choses s'étaient mieux passées que pour moi, heureusement. La BBC l'avait rappelée pour un second casting en vue d'un nouveau rôle dans le feuilleton télévisé *Holby City*.

— J'ai les jetons, mais je suis aussi super excitée. Ce pourrait bien être le rôle qui change tout, Evie. Je sais que je répète souvent ça, mais là, il se peut vraiment que je tienne le bon bout !

— Je croise les doigts pour toi.

À ma grande surprise, ma sœur Louise a appelé un peu plus tard pour prendre des nouvelles.

— Quand est-ce que je peux venir te voir ? a-t-elle demandé. Les enfants de Ruth nous rabâchent les oreilles avec ton café et les miens ne rêvent plus que d'y aller.

— Vraiment ?

J'étais étonnée et en même temps, j'ai senti une onde de chaleur m'envahir.

— Ouais ! Ça fait trop longtemps qu'on ne t'a pas vue, Evie. Oxford n'est pas pareille, sans toi.

— C'est vrai ?

— Bien sûr ! Et puis, je suis vraiment désolée pour Matthew. Quel crétin. De toute manière, je ne l'ai jamais trouvé assez bien pour toi.

— Ah bon ? Euh… merci.

Je me suis rendu compte que j'étais bouche bée d'étonnement. Heureusement, personne ne pouvait me voir.

— Quand est-ce que je peux venir, alors ? Que dirais-tu du dernier week-end de juin ?

— Génial, ai-je dit, légèrement abasourdie.

Louise et ses enfants avaient envie de me voir, moi, le mouton noir de la famille ! Je sais bien que dans la plupart des familles normales, il n'y avait rien de plus naturel, mais pour moi, c'était comme si je marchais sur la lune. J'ai passé le reste de la soirée à sourire à chaque fois que cette conversation me revenait à l'esprit.

Lundi, le café était fermé et j'ai enfin rencontré les candidats au poste de chef. L'homme qui travaillait dans un deli, à Wadebridge, m'a annoncé qu'il ne serait pas disponible durant les week-ends et jours fériés (en d'autres termes, durant nos heures de pointe). Malgré les dragées à la menthe qu'il croquait l'une après l'autre, le Maître-Fritier dégageait une forte odeur d'alcool. Le quinquagénaire, ancien chef dans un pub, avait un sérieux problème d'hygiène personnelle et m'a avoué qu'il avait perdu son dernier emploi à cause d'une bagarre avec son précédent patron. « On s'amusait, rien de plus », a-t-il lâché d'un ton peu convaincant alors que je le regardais, les yeux écarquillés par l'horreur. « Je ne lui ai même pas fait mal. »

En somme, c'étaient tous des cas désespérés. Pour couronner le tout, j'ai eu la visite surprise de Carl, qui m'a interrompue en plein entretien pour me demander s'il pouvait récupérer son boulot car il avait été « libéré » sans préavis de son nouveau poste de travail. En entendant cela, l'ancien chef de pub s'est retourné d'un air tellement courroucé que j'ai eu peur qu'il défie Carl en duel pour savoir qui aurait le poste.

— Carl, je suis justement en train de rencontrer les candidats pour ce poste, ai-je répondu, agacée, et je crains qu'en ce qui te concerne, la réponse soit non.

— Mais…, a-t-il commencé.

L'autre candidat s'est levé de sa chaise, l'air menaçant.

— T'as bien entendu ce qu'elle a dit, a-t-il grondé, alors ferme-la.

J'ai cru qu'il allait faire craquer ses jointures.

L'expérience des entretiens, dans son ensemble, s'est révélée extrêmement déprimante. Je n'arrivais pas à croire qu'aucun candidat ne soit à la hauteur d'Ed. Décidément, j'avais eu beaucoup de chance de tomber sur lui, et il me manquait plus que jamais. J'ai passé un coup de fil à Wendy et je l'ai suppliée de préparer davantage de *cornish pasties* pour la semaine suivante, puis j'ai rappelé ma liste d'agences de recrutement pour voir s'il y avait de nouveaux candidats pour le poste à long terme. Les retours que j'ai reçus n'étaient pas des plus optimistes.

— On va voir ce qu'on peut faire, m'a dit mon dernier interlocuteur, mais vous êtes isolés, à Carrawen. C'est difficile de placer un candidat qui doit se déplacer par ses propres moyens pour se rendre sur son lieu de travail.

J'ai sombré dans la déprime. Peut-être que j'avais visé trop haut. Peut-être que c'était là la raison pour laquelle Jo avait fini par embaucher des paumés comme Carl et Saffron. Peut-être que j'avais renvoyé Carl un peu trop vite, quand il s'était présenté au café, casquette à la main. Est-ce que je devais lui donner une seconde chance ?

J'ai soupiré en regardant la pluie qui s'était remise à tomber devant ma fenêtre. Réembaucher Carl me donnait l'impression de faire un pas en arrière. J'étais peut-être désespérée, mais pas à ce point. Non. *Il faut aller de l'avant, Evie,* me suis-je dit. L'équipe de télévision venait nous filmer pendant la soirée entre filles, le lendemain, c'était tout au moins une perspective réjouissante. On allait bien s'amuser. J'avais bien l'impression que toutes les femmes du village avaient pris rendez-vous pour une mise en pli ou une coupe de cheveux avec Sheena, la coiffeuse à domicile, et toutes échangeaient avec agitation sur la tenue qu'elles allaient mettre pour passer à la télé. Le café marchait de mieux en mieux, la communauté m'avait accueillie, j'avais beaucoup de raisons de me réjouir. *Il faut aller de l'avant* – je continuerais à me répéter ces mots jusqu'à ce que j'y croie.

J'ai mal dormi, ce lundi soir. Je ne cessais de me tourner et de me retourner, inquiète à l'idée de ne jamais trouver de cuistot capable de remplacer Ed, et agitée à la perspective de tout ce que je voulais faire pour que mon café soit parfait pour le tournage. Pour couronner le tout, la pluie battait sans relâche contre ma fenêtre et un vent féroce soufflait sur le café. La construction de la maison était plutôt hasardeuse, mêlant des structures anciennes, et d'autres plus récentes. La cuisine, tout comme la grande salle, de plain-pied, avaient été ajoutées plus tard à l'édifice original, à la manière d'un pont de bateau, alors que l'espace central, où se trouvait l'appartement constitué de deux étages, était plus ancien. Avec le vent qui hurlait autour de la maison et les murs qui craquaient et gémissaient, il me semblait vraiment passer la nuit en haute mer, par une nuit de tempête. J'ai fini par enfoncer des boules Quiès dans mes oreilles et fourrer ma tête sous mon oreiller pour trouver le sommeil.

Quand je me suis réveillée, le lendemain matin, le soleil brillait et j'ai souri à l'idée de voir arriver l'équipe de tournage à Carrawen d'ici quelques heures. Dans cette lumière, le village se montrerait sous son plus beau jour. Hourra ! Aujourd'hui, mon café allait être filmé pour Channel 4 ! J'en oubliais même mon problème de cuistot. J'étais excitée comme une future mariée, le matin du grand jour, tremblante et impatiente, priant pour que tout se passe bien. *S'il vous plaît, faites que tout soit parfait,* ai-je imploré. Ce serait le pompon si un désastre quelconque survenait en plein tournage – une armée de rats ou de sauterelles émergeant de ma cuisine, par exemple – et soit retransmis sur la télévision nationale. Je pourrais tout de suite dire adieu à ma carrière.

Mais cela n'arriverait pas, et surtout pas aujourd'hui. L'univers m'avait offert une chance unique en m'envoyant Francis, et j'allais prouver au pays tout entier que le Café de la Plage de Carrawen Bay était le bistrot le plus sympa des Cornouailles.

J'ai sauté sous la douche, puis j'ai dévalé les escaliers pour aller prendre mon petit déjeuner. Arrivée dans la salle, j'ai lâché un cri de surprise et de consternation… suivi de près par une salve d'injures. J'ai failli fondre en larmes. Oh, mon *Dieu*…

— Non ! Oh, non, me suis-je exclamée, les yeux remplis de larmes. Pas aujourd'hui ! Pourquoi fallait-il que cela m'arrive aujourd'hui ?

Manifestement, la tempête avait été encore plus violente que je ne l'avais cru et mes boules Quiès étaient un modèle de chantier, capable de bloquer le vacarme le plus assourdissant – comme celui de l'effondrement d'une partie de mon toit.

Eh oui, la catastrophe avait vraiment frappé. L'univers pointait probablement son index vers moi en cet instant, mort de rire et jubilant à la perspective de me voir en découdre avec les derniers bâtons qu'il venait de me jeter dans les roues. Mon regard ne cessait de passer du sol au plafond et du plafond au sol et à chaque aller-retour, j'espérais m'être trompée, avoir rêvé ou être aveuglée par la lumière, mais non. Il y avait un trou béant dans mon toit, j'apercevais même le bleu tendre du ciel. De gros morceaux de plâtre gisaient au sol, en plein milieu de la salle, entourés de flaques de pluie qui leur donnaient des airs d'îlots sur un petit lac.

Merde. Double Merde. Merde puissance un million. J'ai vérifié encore une fois, en haut et en bas. Le trou était encore là. Les débris, au sol, étaient encore là.

Je me suis affaissée contre le mur, consternée, le visage ruisselant de larmes. C'en était fichu de l'émission de télévision, de la soirée entre filles. Impossible d'ouvrir le café si mes clients risquaient d'être assommés par des morceaux de toit. C'était fichu. Je pouvais oublier mes émois de jeune épouse le matin de son mariage – j'étais l'épouse qui s'était fait plaquer devant l'autel et voyait toutes les promesses de bonheur lui passer sous le nez en toute dernière minute.

Bon. Ressaisis-toi, Evie. Il faut faire quelque chose. Retrouve ton sens pratique et commence par remettre un peu d'ordre dans tout ça. Il y a des choses plus graves. Peut-être que l'équipe de télévision allait pouvoir attendre quelques jours, jusqu'à ce que j'aie fait réparer le toit et nettoyer la salle. Enfin, tout de même, pourquoi fallait-il que cela arrive aujourd'hui…

Après avoir passé quelques minutes à me tordre les mains, je me suis enfin décidée à faire ce que toute chef d'entreprise active et compétente aurait fait en période de crise. J'ai appelé mon père.

— Est-ce que ton assurance est à jour ? a-t-il demandé.

Bonne question. Je n'en avais pas la moindre idée.

— Oui, ai-je répondu en croisant les doigts.

— Si les dégâts sont importants, il faut que tu fasses venir les assureurs pour un constat. Ne bouge rien sans avoir leur feu vert. Tu risques de ne pas être remboursée, si tu commences à remettre de l'ordre sans avoir leur accord concernant les travaux de rénovation.

J'ai soupiré.

— Mais il faut que ce soit réparé pour ce soir, Papa. Une équipe de télévision vient tourner un documentaire dans le café, et…

Il a lâché un bref éclat de rire.

— Ce soir ? Ce serait vraiment un miracle.

J'ai appelé l'assurance (heureusement, j'étais en règle sur les paiements) et la personne que j'ai eue m'a annoncé que personne ne pourrait passer inspecter les dégâts avant deux jours, ce qui retardait d'autant ma requête. J'ai répondu que je n'avais pas deux jours, que c'était hors de question, qu'il fallait absolument qu'ils viennent plus tôt, par exemple d'ici une heure. J'ai prié et imploré, et je n'ai même pas reculé devant l'expression « Je vous en supplie », que j'ai accompagnée d'un bruyant reniflement.

Je crois qu'il s'en est fallu de peu pour que la femme, au bout du fil, n'éclate pas de rire devant mon cinéma.

— Je suis désolée, a-t-elle roucoulé d'une voix parfaitement indifférente, ce sera jeudi au plus tôt.

J'ai raccroché et j'ai de nouveau éclaté en sanglots.

Merde. Qu'est-ce que j'allais faire ?

Chapitre 26

J'étais sur le point de m'étouffer de désespoir quand Rachel et Leah sont arrivées.

— Oh là là, qu'est-ce qui s'est passé ? s'est écriée Rachel, les yeux écarquillés, quand je lui ai ouvert la porte. C'est la tempête d'hier soir ?

— Oh non, a renchéri Leah. Quel bazar ! Son visage a soudain pris une expression horrifiée. Et le tournage ?

J'ai soupiré avant de répondre d'une voix sombre :

— Vu comme les choses se présentent, je crois qu'on peut faire une croix dessus. L'assurance ne me remboursera pas si je ne me conforme pas à leurs délais, et je ne peux pas me permettre de payer quelqu'un de ma poche pour venir réparer tout ça.

J'ai passé ma main dans mes cheveux et j'ai réfléchi à voix haute :

— Je pourrais sans doute grimper sur le toit et tenter de boucher le trou moi-même, mais…

Rachel a secoué la tête.

— Hors de question, Evie. Tu ne vas pas faire ça.

— Non, tu as raison, ai-je confirmé, d'autant plus qu'il ne s'agit pas que de la toiture extérieure – le plafond, ici, va me poser un sacré problème. Une grosse quantité de plâtre s'est déjà effondré et je ne sais pas ce qui peut encore…

Comme pour illustrer mon propos, un gros morceau de plâtre s'est soudain détaché du bord du trou pour venir s'écraser par terre. Leah a poussé un cri et nous avons toutes trois reculé d'un bond avant de lever les yeux au plafond avec angoisse, comme si toute la toiture menaçait à tout instant de s'écraser sur nous.

— Pff, ai-je gémi. Écoutez, les filles. Vous feriez sans doute mieux de rentrer chez vous. C'est peut-être dangereux de rester ici et de toute manière, on ne pourra pas ouvrir le café.

J'avais envie de pleurer d'impuissance. Qu'est-ce que je pouvais faire d'autre ?

— Ah, ma belle, je suis désolée, a lâché Rachel en me serrant contre elle. Je me réjouissais de ce tournage, moi aussi. C'était une journée importante, pour toi.

— Oui. Je n'en reviens pas. C'est toujours à moi que ça arrive. Moi et mes grands rêves débiles…

— Dites donc, les filles, est intervenue Leah, on a encore toute la journée devant nous. L'équipe ne filmera pas avant ce soir, alors…

Elle a de nouveau levé les yeux vers le toit, moins sûre d'elle, tout d'un coup :

— On va quand même pouvoir faire quelque chose, non ? Un constructeur local pourrait peut-être intervenir en urgence ?

— Il ne faut pas oublier les coûts, ai-je objecté en suivant son regard.

Le ciel bleu semblait se moquer de moi à travers l'ouverture béante.

— La réparation peut s'élever à des centaines de milliers de livres, et je n'ai pas ça sur mon compte. J'ai lâché un nouveau soupir. Je vais devoir attendre les gens de l'assurance. Peut-être que Francis pourra attendre, lui aussi.

On peut toujours rêver.

Rachel a fait une moue dubitative, comme si elle n'y croyait pas, mais hésitait à le dire pour ne pas m'attrister.

— Mmh, a-t-elle fini par avancer, il semblait un peu pressé, non ?

Un silence abattu lui a répondu et j'étais sur le point de les renvoyer chez elles quand Leah a repris la parole.

— Je crois que j'ai une idée, a-t-elle commencé lentement, pourquoi est-ce que Jono n'y jetterait pas un coup d'œil ? Il a déjà travaillé sur des chantiers, peut-être qu'il serait de bon conseil.

Jono était un de leurs amis voyageurs, me semblait-il.

— Eh bien, ce ne serait pas une mauvaise idée, ai-je répondu. Il s'y connaît certainement mieux que nous et pourra peut-être estimer les coûts. Est-ce qu'il est dans le coin, aujourd'hui ?

— Il dormait encore quand je suis partie, a répondu Rachel. Leah, est-ce que tu pourrais aller le tirer du lit ? Demande à Craig et aux autres de venir, aussi. Moi, je vais rester ici pour t'aider à remettre un peu d'ordre, Evie.

Leah s'est aussitôt mise en route.

— Merci, Rachel. Je vais chercher le balai et la serpillière.

Tout d'un coup, je me suis interrompue

— Est-ce que tu viens de parler de Craig ? Ton Craig ?

Elle a violemment rougi.

— Oui, il est arrivé hier. C'était tellement génial de le revoir.

Oubliant momentanément mon café sinistré, je l'ai serrée dans mes bras.

— Ah, en voilà une bonne nouvelle ! Je suis contente pour Craig et toi ! Alors les choses se sont vraiment arrangées, entre vous ?

— Oui, a-t-elle répondu, rayonnante. Ça va vraiment mieux. Quand je l'ai vu, j'ai réalisé à quel point il m'avait manqué. Je suis vraiment contente de l'avoir récupéré.

— Ahh, regarde-moi ce petit visage tout ému et rougissant, l'ai-je taquinée. Je suis impressionnée par le fait que tu aies réussi à t'arracher à lui, ce matin. Florence va être heureuse pour toi, elle aussi, tu ne crois pas ?

Nous avons commencé à déblayer les débris et à éponger la grosse flaque d'eau sale, en veillant bien à ne pas nous éterniser en dessous du trou. Quand Annie est arrivée, les bras chargés de gâteaux, elle a ouvert de grands yeux avant de lâcher un cri de consternation :

— Oh non ! Oh, quel dommage… Et il fallait que cela arrive aujourd'hui, par-dessus le marché !

— Oui.

J'ai remarqué qu'elle était allée chez le coiffeur et cela m'a attristée encore davantage. Je savais qu'Annie disposait d'un budget limité pour des futilités de ce genre. Elle devait vraiment s'être réjouie de passer à la télévision, pour s'être autorisé une telle dépense.

— J'imagine que tu ne connais pas de gentil couvreur qui accepterait de régler ce problème à moindre coût ? ai-je demandé en grimaçant.

Je devais vraiment faire pitié.

— Hélas, non, a-t-elle répondu en déposant les boîtes sur une table avant de froncer les sourcils. Mais... laisse-moi réfléchir. Qui pourrait bien te donner un coup de main ? Au bout d'un instant, son visage s'est éclairé. Eh bien, je ne connais pas de couvreur, mais je sais qui pourrait t'en dénicher un. Cela vaut le coup de tenter.

— Qui ?

— Donne-moi deux minutes. Son regard brillait d'excitation. Je ne te promets rien, mais... attends deux petites minutes !

Avant que j'aie le temps de lui demander plus de détails, elle est sortie du café et s'est éloignée en direction de la rue principale. J'ai senti une petite flamme d'espoir renaître au fond de moi, mais elle n'a pas duré. Les deux minutes se sont prolongées et au bout de dix minutes, mon bref sursaut d'optimisme s'était éteint.

Rachel et moi nous acharnions à éponger l'eau du sol, mais il y en avait des quantités et le plâtre trempé laissait des traces grises sur le carrelage. Tout d'un coup, la porte s'est rouverte.

— C'est fermé, ai-je lancé machinalement en me retournant.

Quand j'ai reconnu Francis, escorté de deux hommes, je me suis redressée, terriblement gênée.

— On passait juste pour confirmer les détails, pour ce soir, a-t-il expliqué avant de s'interrompre devant ce paysage de dévastation. Oh, mon Dieu !

— Oui, ai-je dit, submergée de tristesse en redécouvrant mon café à travers son regard. J'allais vous appeler, Francis. Je crains qu'on soit obligés d'annuler, pour ce soir. Est-ce qu'on peut retarder le tournage d'un jour ou deux, le temps que je répare tout ça ?

J'ai croisé les doigts derrière le manche du balai, mais il a secoué la tête.

— Je suis désolé, mais les délais sont déjà très serrés, avec ce passage supplémentaire, et je ne crois vraiment pas…

Il a échangé un regard avec ses coéquipiers.

— On pourrait changer de lieu, a suggéré l'un d'eux, tourner au pub du coin, ou…

Francis ne semblait pas convaincu.

— C'était vraiment ce café que je voulais. Au pub, l'atmosphère ne sera pas la même. D'abord, ce sera trop bruyant, et puis il n'y aura pas ce sentiment de communauté que nous cherchons. C'est vraiment dommage.

Il a froncé les sourcils en se grattant la tête.

J'ai surpris les regards agacés de ses collègues, manifestement peu enthousiastes à l'idée d'avoir fait tout le chemin jusque dans les Cornouailles, à l'initiative de Francis, pour découvrir que tout était tombé à l'eau avant même de commencer.

— Je suis désolée, ai-je répété, mortifiée. J'essaie de trouver une solution, mais…

La vision d'un groupe d'individus qui approchaient par la plage avait attiré mon regard. J'ai reconnu Annie et Leah, mais elles étaient escortées de tout un groupe de gens que je ne connaissais pas. Certains étaient chargés de boîtes à outils, d'autres semblaient être en train de téléphoner.

— Un instant, ai-je murmuré, qu'est-ce que c'est que ça ?

Rachel a suivi mon regard.

— Ah, voilà Craig et Jono ! s'est-elle écriée en désignant les deux hommes en tête du groupe, quant aux autres… eh bien, on dirait une armée.

Elle a souri à Francis.

— J'ai bien l'impression que vous allez voir la communauté de Carrawen Bay en pleine action, a-t-elle déclaré en riant. À votre place, je commencerais tout de suite à filmer.

— Non ? Ils sont vraiment venus pour moi ? me suis-je écriée en voyant approcher mon équipe de sauveteurs.

La main sur la bouche, j'ai laissé échapper un petit éclat de rire.

— Je n'en reviens pas, c'est incroyable !

Rachel a serré ma main.

— Tu ferais mieux d'y croire, ma belle !

Elle a éclaté de rire et s'est élancée vers la terrasse en criant :

— Par ici, les gars !

Elle avait raison. C'était toute l'armée de Carrawen Bay – pour être plus précis, Craig, le petit ami de Rachel (un très beau garçon) ; Jono, originaire d'Auckland ; Alec, le mari de Betty, un homme à tout faire à la retraite ; Tim, le menuisier et Wes, le maçon.

— Et ce n'est que le début, a annoncé Annie, radieuse, en gravissant les marches qui menaient à la porte du café. Il m'a suffi de dire à Betty que la soirée entre filles était compromise pour qu'elle prenne son téléphone. Elle va appeler tous les amis d'Alec. La nouvelle va circuler, tu vas voir ! Tu peux être sûre que tout le monde va passer te donner un coup de main.

J'ai ouvert la bouche pour lui répondre, mais j'étais incapable d'articuler le moindre mot. J'étais tellement abasourdie, tellement émue par la générosité de ces gens et leur volonté d'aider !

Au même instant, cependant, les mots de mon père me sont revenus à l'esprit : l'assurance ne couvrirait pas le coût des rénovations si je ne faisais pas appel à ses ouvriers.

— Un instant, ai-je lancé, embarrassée de parler d'argent alors qu'ils étaient si gentiment venus me secourir. Hm…, combien cela va-t-il me coûter ? Je suis très touchée par votre geste, sincèrement, mais je ne suis pas très riche. Alors…

— Comme elle est mignonne, s'est exclamé le mari de Betty avec l'accent nasillard typique du coin, avant de rire. Allons ! Après ce que tu as fait pour notre Jamie, ma bonne femme me tordrait le cou si je te demandais le moindre cent. Et puis, a-t-il ajouté en me donnant un petit coup de coude avant de faire un clin d'œil à ses amis, mes potes viennent regarder le match de boxe chez moi, ce soir, alors on préférerait que Betty ne soit pas à la maison. Mais chuuut, j'ai rien dit, hein ?

J'ai éclaté de rire.

— En tout cas, je n'ai rien entendu.

— On va t'arranger ça, ma belle, t'inquiète pas, a renchéri Tim, le maçon.

À première vue, cet homme de petite taille, au corps sec et à la tignasse argentée, devait avoir une cinquantaine d'années. Ses yeux bleus ressortaient particulièrement sur sa peau bronzée.

— Bob, notre couvreur, est en route, a-t-il poursuivi, et un autre gars vient s'occuper du plâtre juste après.

J'ai entendu Francis murmurer quelque chose à ses coéquipiers.

— Fabuleux. C'est exactement ce qu'il nous faut. On tourne tout de suite.

C'est ainsi que l'incroyable nettoyage de l'armée de chevaliers de Carrawen Bay a commencé. Nous n'en sommes pas restés aux ouvriers qui passaient donner un coup de main, d'ailleurs. Apparemment, la nouvelle avait fait le tour du village et toutes sortes de personnes ont défilé dans le courant de la matinée. Jamie et ses copains sont arrivés, suivis de près par les femmes du club de lecture armées de serpillières, de seaux et de crème à récurer. Lindsay, du pub, nous a envoyé son homme de ménage avec des instructions bien précises sur ce qu'il avait à faire et une bouteille de vin pour moi (« en cas d'urgence, ouvrir et boire » ai-je lu sur le petit mot qui l'accompagnait). Entre-temps, Francis et son équipe s'étaient munis de leurs caméras et ne manquaient pas une miette du spectacle.

Quant à moi, j'étais dans la cuisine, occupée à préparer des boissons, des gâteaux et des sandwichs pour tout ce petit monde. C'était la moindre de choses. Quand Wendy est arrivée, elle a fait le tour des groupes (en se campant sans vergogne devant les caméras) pour prendre des commandes de *cornish pasties* et s'est ensuite attelée à concocter des petits plats individuels pour chacun.

— C'est génial, non ? lançait-elle, radieuse, à qui voulait bien l'écouter. On se croirait pendant le Blitz !

J'étais complètement d'accord. En réalité, j'avais encore du mal à réaliser que tout cela arrivait réellement, que tant de personnes étaient venues jusqu'ici dans le seul but de m'aider. Je retrouvais mon rôle de Damoiselle en Détresse, mais cette fois, ce n'était pas un homme qui était venu me secourir. C'était le village tout entier qui était venu à ma rescousse. De quoi me réchauffer le cœur. C'était merveilleux. Une heure plus tôt, à peine, je pestais contre ma sempiternelle mauvaise fortune et voilà que je m'apercevais que j'étais probablement la femme la plus chanceuse du monde, entourée de personnes incroyables qui avaient accouru dès qu'elles avaient entendu ce qui s'était passé.

Quand je suis passée proposer des cafés à tous ces bénévoles, j'avais la gorge tellement nouée que j'étais à peine capable d'articuler un mot. Il y avait quelques heures à peine, je me croyais en plein cauchemar. Désormais, je savais que c'était un rêve que je vivais, un rêve merveilleux, et il fallait que je me pince pour m'assurer que c'était bien vrai.

C'est à cet instant qu'une voix familière a retenti derrière moi.

— Evie, mon Dieu ! Qu'est-ce qui se passe ?

Je devais vraiment rêver, parce que cette voix ressemblait à s'y méprendre à celle d'Ed… ce qui était, bien sûr, impossible. J'avais dû halluciner. Je devais être perturbée par toutes ces émotions. Ed s'était fait la malle, n'est-ce pas, il était donc impossible…

— Evie, a répété la voix.

Et tout d'un coup, Ed se tenait devant moi.

J'ai dû faire des yeux grands comme des soucoupes. Je n'arrivais pas à croire ce que je voyais, tant je m'étais résignée à ne plus jamais revoir ce visage.

— Oh, ai-je répondu comme une idiote. Tu es de retour.

— Qu'est-ce qui s'est passé ?

Tout d'un coup, la surprise de le retrouver a cédé la place à une bouffée de colère. Pensait-il vraiment pouvoir se pointer ici en faisant comme si de rien n'était ?

— Et toi, qu'est-ce qui t'est arrivé ? ai-je répliqué d'un ton assez brusque.

Il a baissé la tête, l'air penaud, et je me suis aperçue qu'il avait l'air fatigué. Il portait une barbe de trois jours et ses yeux étaient cernés.

— Je suis désolé, a-t-il déclaré. Je suis désolé d'être parti comme ça, et surtout de n'avoir pas été franc avec toi depuis le début. J'aurais dû te raconter mon histoire beaucoup plus tôt, mais…

— Attention derrière, a crié Tim, qui approchait avec plusieurs planches de bois.

Nous avons reculé pour le laisser passer.

— Écoute, je n'ai pas vraiment le temps de papoter, l'ai-je interrompu, mais ne disparais pas comme la dernière fois, d'accord ? J'aimerais reparler de tout cela avec toi.

Il a hoché la tête.

— Il faut que je te parle, moi aussi, a-t-il répondu très sérieusement. Je ne bouge pas d'ici, promis. Qu'est-ce que je peux faire pour t'aider ?

— Va te présenter à Wendy, dans la cuisine. Tu vas l'adorer.

En quelques heures à peine, le café était comme neuf. À l'extérieur, le trou de la toiture avait été bouché, imperméabilisé et consolidé avec de nouveaux bardeaux. À l'intérieur, le plafond était réparé et recouvert de plâtre.

— Il va falloir attendre que ça sèche, a recommandé le plâtrier – Mark, je crois – qui était également le mari d'une des femmes du club de lecture. Cela ne devrait pas prendre plus de quelques jours. Ensuite, vous pourrez mettre une couche de peinture.

Épuisée par cette journée, j'ai embrassé tout le monde en proposant à chacun une petite compensation financière, mais aucun n'a accepté mon argent.

— Range tes sous, ma belle, a dit l'un des ouvriers, mais dis-moi : ma fille va fêter ses vingt et un ans dans pas longtemps. Tu crois qu'on pourrait organiser une petite fête dans le café ?

— Bien sûr que oui ! ai-je répondu, ravie. J'en serais très heureuse. Dites-moi la date dès que possible, et on en reparle pour les détails, d'accord ?

Quand Tim m'a demandé si je prévoyais d'ouvrir à nouveau le café pour le dîner, je n'ai pas eu le courage de regarder Ed qui s'était retranché dans un coin de la pièce, visiblement l'air mal à l'aise.

— Je n'en suis pas sûre, ai-je admis avec honnêteté. Mais si c'est le cas, Tim, viens avec ta femme.

Vous serez les invités de la maison, d'accord ? Pareil pour vous tous. Je dois beaucoup à chacun d'entre vous. Merci. Vous êtes mes héros !

Les événements extraordinaires de la matinée m'avaient tellement fatiguée – et j'avais tellement hâte de parler à Ed, aussi – qu'une fois les travaux terminés, j'ai décidé de fermer le café pour le reste de la journée. Je ne me voyais pas du tout servir des *cornish pasties* et des glaces comme si c'était une journée ordinaire. En voyant Rachel se blottir contre Craig, j'ai compris qu'elle n'aurait rien, non plus, contre un après-midi de congé.

— On se voit à la soirée entre filles ! ai-je lancé à la ronde quand mes trois fidèles collaboratrices sont parties.

Francis et son équipe rangeaient leur matériel, manifestement satisfaits du tournage.

— Waouh ! s'est exclamé Trev, l'ingénieur du son, avec un grand sourire. C'était vraiment cool. Vous êtes sûre que ce n'était pas une mise en scène pour la télé ?

J'ai ri.

— Sûre et certaine !

J'ai lâché un gémissement en réalisant un peu trop tard que j'avais oublié de me maquiller ou, tout au moins, de me faire une coiffure vaguement civilisée. *Mmh. Tu vas être sexy, pour tes débuts à la télévision, Evie.*

— D'ailleurs, ai-je repris en vérifiant – un peu trop tard – ma tenue, je ne suis pas sûre que vous pourrez diffuser cet épisode, vu mon look de dégénérée. Je portais un short en jean miteux et un tee-shirt violet. Bon sang, où se cache l'équipe de maquillage ?

Ils ont tous ri.

— Je me ferai belle pour ce soir, promis !

Tout d'un coup, j'ai réalisé qu'ils estimaient peut-être avoir suffisamment tourné au café pour aujourd'hui.

— Vous revenez ce soir, n'est-ce pas ? Pour la soirée entre filles ?

— Bien sûr, a répondu Francis. On a hâte de voir ça. À tout à l'heure, Evie.

Tout le monde est parti et je me suis retrouvée seule avec Ed, passablement mal à l'aise. Après avoir été le théâtre de tant d'événements impliquant tant de monde, le café me semblait étrangement vide et silencieux. J'ai dégluti.

— Alors..., ai-je commencé.

— Bon..., a commencé Ed au même moment, l'air tout aussi embarrassé que moi.

Nous avons lâché un rire nerveux, puis nous nous sommes regardés pour la première fois de la journée. Il était toujours aussi beau et j'ai senti que mon cœur battait plus vite. Je le trouvais aussi attirant que cette nuit fatale où nous avions couché ensemble. Je sentais encore cette étincelle, entre nous, cette pulsation de désir, plus forte que jamais, et pourtant...

Et pourtant.

Je me suis rappelé que je ne savais toujours pas où il avait été et ce qu'il avait fait. Cet homme m'avait plongée dans le désespoir. C'était sa faute, si j'avais pleuré dans mon oreiller au cours des dernières nuits. *Chat échaudé craint l'eau froide*, me suis-je dit en baissant les yeux. Je n'allais pas me faire avoir une nouvelle fois.

Enfin, Ed a brisé le silence.

— Est-ce que tu me permets de nous préparer deux cafés ? Ou c'est trop demander ?

— Non, ai-je répondu d'un ton volontairement serein et détaché. En ce qui me concerne, cependant, après avoir vu mon toit s'écrouler et la dégaine de clocharde que je vais avoir sur Channel 4, j'aurais bien besoin d'un remontant plus costaud. Tu veux une bière ?

— Tu ne ressembles pas du tout à une clocharde, Evie, a répondu Ed, mais je veux bien une bière, s'il te plaît.

J'ai sorti deux bouteilles de San Miguel du frigo – oui, j'avais aussi besoin de me donner du courage – et je les ai ouvertes. Ensuite, nous avons pris place, l'un en face de l'autre, à l'une des tables en carré, près de la fenêtre. Jusque-là, tout allait bien. Un peu plus et j'entendais la fanfare annoncer le début des explications. *Le grand déballage commençait !*

Il s'est éclairci la voix.

— Je suis allé Londres, a-t-il commencé sans préambule. J'avais des choses à régler – des rendez-vous avec mon avocat, avec mon comptable… et puis hier, j'étais au tribunal.

Tout d'un coup, son visage a pris une expression douloureuse. Il a levé les yeux au plafond, puis il les a posés sur moi. Ses mains tremblaient.

— Je ne t'en veux pas d'avoir lu ces choses sur Internet, a-t-il continué d'une voix mal assurée. J'aurais fait pareil, à ta place. C'est moi qui aurais dû t'en parler dès le début. En fait, j'avais prévu de tout te raconter la nuit où je suis passé te voir, mais nous avons trop bu et nous nous sommes embrassés.

Et puis surtout, je… Il a baissé la tête… j'ai eu la trouille.

Je n'ai pas pu m'empêcher de ressentir de la compassion.

— Parle-moi, maintenant. Qu'est-ce qu'il s'est passé ?

Il a lâché un profond soupir.

— C'est une catastrophe, a-t-il commencé. En gros, je dirigeais le Silvers, mon restaurant, avec mon ex-femme, Melissa. Au début, les choses se passaient très bien. Nous avons eu de bonnes critiques, nous avions du monde tous les week-ends, tout se passait comme sur des roulettes. Il a esquissé une grimace avant de reprendre. Enfin, c'est ce que je croyais. Malheureusement, il s'est avéré que Melissa me trompait avec un de nos fournisseurs et qu'ensemble, ils ont décidé de se retourner contre moi.

Le regard rivé sur lui pendant que je sirotais ma bière, j'écoutais attentivement.

— Elle s'était toujours chargée de notre comptabilité, mais ce que je ne savais pas, c'est qu'elle a commencé à lui verser de l'argent. En fait, elle le payait beaucoup trop. Or, le restaurant était à mon nom et elle avait toutes mes autorisations. Je ne vérifiais pas ce qu'elle faisait, parce que… Eh bien, je lui faisais confiance.

J'ai hoché la tête. C'était compréhensible.

— C'est là que les contrôleurs fiscaux ont décidé de mettre le nez dans nos comptes. Manifestement, ils soupçonnaient quelque chose. Bien qu'elle soit la seule fautive, j'étais responsable aux yeux de la loi, parce que les comptes étaient à mon nom.

— Merde. Tu ne pouvais pas leur dire que ce n'était pas ta faute ?

Il a secoué la tête.

— Malheureusement, cela ne fonctionne pas ainsi.

Il avait l'air si déprimé que j'ai eu envie de le serrer dans mes bras, mais je me suis retenue. Non, non, je n'allais pas faire ça. Pas d'effusions avant les aveux.

— Tout a explosé au grand jour au même moment – le fait qu'elle me trompait, qu'elle prévoyait de me quitter depuis plusieurs mois…

Je n'ai pas pu m'empêcher de grimacer. Trahison suprême. Coup de poignard dans le dos.

— Aïe, ai-je commenté à voix basse.

Matthew s'était peut-être comporté comme un couillon, mais il ne m'avait pas trompée de manière aussi spectaculaire.

— Mais alors, c'est toi qui as dû encaisser les coups ?

Son visage s'est assombri.

— Je ne voulais pas le faire. Mon avocat a voulu me convaincre de mentionner son rôle dans le restaurant, de la dénoncer et de tourner les choses en sa défaveur.

— Eh bien, ce n'est pas complètement idiot. Pourquoi ne l'as-tu pas fait ?

— Eh bien, a-t-il dit en détournant la tête, en fait… elle m'a annoncé qu'elle était enceinte.

— Aaah.

— Je ne supportais pas l'idée que notre enfant découvre un jour que ses parents s'étaient déchirés en public – ce qui n'aurait pas manqué de se passer.

— Alors tu as décidé d'endosser la faute, ai-je répondu, compréhensive. Je trouvais cela plutôt noble de sa part.

Il a hoché la tête.

— Oui. Enfin, jusqu'à ce que j'apprenne que l'enfant qu'elle attendait n'était pas de moi. Cela a été la première erreur, dans son horrible machination – quand elle m'a dit que le bébé serait d'Aidan. *Est* d'Aidan, d'ailleurs. Il est né il y a deux semaines. Quand j'ai appris que ce n'était pas mon enfant, la donne a complètement changé. C'est ce jour-là que j'ai donné un coup de poing à Aidan. Je m'étais bourré la gueule et j'ai perdu mon sang-froid.

Les choses s'expliquaient petit à petit.

— D'où l'accusation d'agression, ai-je complété, reconnectant les morceaux du puzzle dans ma tête.

— Oui. Je n'en suis pas fier, mais…

Il a pris une grosse gorgée de bière.

— Eh bien oui, cela m'a fait du bien de lui mettre mon poing dans la figure. J'aurais dû le faire bien plus tôt.

— Qu'est-ce qui s'est passé, au tribunal ?

Il a souri, mais c'était un sourire dur et ses yeux étaient pleins d'amertume.

— L'inculpation pour agression a été levée et la condamnation pour fraude a été annulée. La police se concentre sur Aidan et Melissa, maintenant. Je suis hors de soupçon.

— Quel cauchemar…

Rien d'étonnant à ce qu'il ait cherché refuge dans les Cornouailles, et qu'il ait hésité à m'en parler, aussi.

— Alors, voilà. Je suis désolé de ne pas avoir été plus transparent à mon sujet, mais maintenant, tu en connais la raison.

L'expression de son visage s'était faite anxieuse, comme s'il craignait mon jugement.

— Merci de m'en avoir parlé, ai-je répondu d'un ton étrangement formel. Qu'est-ce qui va se passer, maintenant ? Combien de temps dois-tu encore t'occuper de Lola, et… qu'est-ce que tu feras, une fois que c'est terminé ?

— Eh bien… Il a tendu le bras pour saisir ma main. C'est ce que je voulais voir avec toi.

J'ai senti un fourmillement traverser mon corps quand ses doigts longs et forts se sont refermés autour des miens.

— Comment ? ai-je demandé, le cœur battant.

— J'ai appris à aimer cet endroit, a-t-il repris en plongeant ses yeux dans les miens.

Tout d'un coup, c'était comme si les murs du café avaient disparu, comme si nous étions seuls au monde, juste nous deux, les yeux dans les yeux.

— J'adore travailler dans ce café, j'aime beaucoup les gens du coin – ce qui s'est passé aujourd'hui est vraiment incroyable, par exemple. Ce genre de choses n'arriverait jamais à Londres.

Submergée par l'intensité de son regard, j'ai tenté une plaisanterie.

— Ah, c'est juste parce qu'ils voulaient passer à la télé.

Il a secoué la tête.

— Non. Enfin, oui, en partie, mais c'était surtout grâce à toi. Parce que tu es unique… Tu es merveilleuse.

J'ai senti mes joues rougir de plaisir à cause du compliment, mais surtout à cause de la tendresse que je percevais dans sa voix.

— Sérieusement, a-t-il repris, quand j'étais à Londres, j'ai réalisé à quel point tout ceci me manquait. À quel point tu me manquais, toi. Avec ce procès qui m'attendait, j'étais incapable de réfléchir clairement et de décider de mon avenir. J'avais peur que cela se passe mal – d'être condamné, de me retrouver en prison. Maintenant que cette histoire est réglée, c'est comme si le brouillard s'était dissipé. J'ai envie de faire des projets, d'aller de l'avant, j'ai envie de… Il a serré ma main, j'ai envie d'être avec toi.

J'étais tellement heureuse et émue par ses mots que je n'ai pas pu m'empêcher de lâcher un son étrange, à mi-chemin entre le rire et le gémissement.

— Moi aussi, j'ai envie de ça. Tu m'as manqué, toi aussi. Cela a été affreux, pour moi, quand tu es parti. J'ai eu l'impression d'avoir tout gâché, de ne jamais t'avoir vraiment connu. Et voilà que tu es de retour. Tu ne peux pas savoir comme je suis heureuse, je…

Nous nous sommes embrassés et embrassés encore, et j'ai su que c'était ça, que c'était mon « et ils vécurent heureux… ».

J'étais de nouveau la promise, le matin de son mariage – comme si c'était là le plus beau jour de ma vie, le plus parfait d'entre tous.

Épilogue

Trois mois plus tard.

— Chhuuut, ça va commencer.

— Oh mon Dieu ! Vite ! Quelqu'un veut un autre verre ?

— Non. Assieds-toi et dépêche-toi. Où est passée Maman ? Maman, ça commence ! Viens !

C'était un jeudi soir, fin septembre, et le Golden Fleece était plein à craquer. Il ne restait pas une seule place assise. Lindsay avait installé le grand écran qu'elle réservait habituellement aux matchs de foot, et un grand « Hourra ! » s'est fait entendre quand le logo de Channel 4 s'est affiché à l'écran.

— C'est parti !

« Et dans quelques instants, sur Channel 4, notre émission *Dispatches* », a déclaré une voix veloutée de femme. « Et le programme de ce soir s'intitule : *Grande-Bretagne : plus forts tous ensemble ?* »

L'annonce a été accueillie par des acclamations et Ed m'a souri. Nous étions tous réunis pour regarder le documentaire que Francis avait réalisé avec son équipe. Ensuite, afin de marquer la fin de la saison et de célébrer l'été fantastique que nous avions passé, nous avions organisé une fête sur la plage. J'avais investi l'argent des parents de Phoebe dans un buffet, des boissons et des feux d'artifice, et j'étais impatiente de voir le résultat.

Cela avait été le meilleur été de ma vie. À peine son ami revenu de voyage et Lola restituée à son maître, Ed s'était installé chez moi et ne m'avait pas quittée depuis. Je l'aimais. Sans concession. Il me faisait rire, il me rendait heureuse et je le désirais plus que tout autre homme. Les sandwichs au bacon qu'il me préparait après l'amour étaient imbattables, eux aussi.

Maintenant qu'il était de retour dans mon lit comme dans l'équipe, nous dirigions le café à deux. Nous avons confié la confection des *cornish pasties* à Wendy, qui les préparait chez elle et nous en livrait plusieurs fournées par semaine, ce qui nous avait permis de mettre en place un service de traiteur, pour des mariages et des fêtes. Nous avions cassé notre tirelire pour installer une tonnelle sur la terrasse, si bien que nous pouvions proposer un menu du soir, les vendredis et samedis d'été, indépendamment de la météo. Les choses allaient de mieux en mieux. Le père de Phoebe nous avait envoyé un de ses collègues du *Times*, pour rédiger un article destiné à l'édition couleur du samedi. L'article avait été publié au mois d'août et depuis, nous croulions sous le travail.

Sur les conseils de son avocat, Ed avait réclamé des dommages et intérêts à la suite de son audience au tribunal, et nous venions d'apprendre l'arrivée d'une belle somme d'argent pour le mois de février. Il m'avait demandé ce que je dirais s'il décidait d'investir une partie de cette somme dans l'agrandissement du café, et si j'avais d'abord hésité, repensant à la rengaine qu'avait coutume de répéter Jo : « Il ne faut jamais mélanger le travail et les amours », j'avais renoncé à mes scrupules en regardant son visage honnête et gentil. Jo aurait été heureuse d'apprendre que j'avais un homme aussi formidable à mes côtés.

— C'est une excellente idée, lui avais-je finalement répondu d'une voix joyeuse.

— Le seul hic, avait-il dit, c'est que nous allons être obligés de prendre de longues vacances pendant que le café sera en travaux. Cela vaudrait peut-être le coup de se rendre dans un endroit exceptionnel pendant quelques semaines, qu'est-ce que tu en penses ?

— J'en pense que… tu es génial ! me suis-je écriée en l'enlaçant. Tu sais, j'ai toujours eu envie d'aller en Inde…

Il a souri.

— Allons-y. J'ai toujours adoré le curry de poisson de Goa.

D'ici là, nous comptions ralentir notre rythme de travail, ouvrir uniquement les week-ends et prendre un peu de temps pour nous durant la semaine. Nos soirées entre filles du jeudi soir connaissaient une fréquentation croissante, et j'envisageais de lancer un club de photo, un soir par semaine. Certains habitants du village avaient réclamé à Ed des cours de cuisine et il m'enseignait aussi le surf. Tout allait bien.

Sur l'écran géant du pub, l'émission avait commencé. La caméra tournait dans un lotissement désert. On voyait des vitres brisées, des débris éparpillés sur le carrelage, un petit square vandalisé et couvert de graffitis. « Les politiques et les historiens nous disent que la société est en décrépitude, disait le commentateur, qu'il n'existe plus d'esprit de communauté. Notre population serait en repli sur elle-même, l'homme serait devenu insensible à son prochain. L'objectif original de ce documentaire était d'aller chercher les causes de cette désintégration de la société et de voir les effets qu'elle a sur nous tous. »

— Eh ben dis donc, c'est la joie ! s'est exclamé quelqu'un, et quelques rires ont fusé dans la salle.

« Mais en parcourant le pays, depuis les centres-villes jusqu'aux contrées rurales, depuis les poumons industriels jusqu'aux lieux de villégiature… »

Pendant une fraction de seconde, la baie est apparue à l'écran, suscitant toute une série d'exclamations excitées.

« … nous avons commencé à remettre en question la véracité de notre hypothèse initiale. Plus nous avancions, plus nous nous demandions si la Grande-Bretagne était aussi moribonde que nous l'avions pensé. Notre première étape nous a menés à Bristol, et plus particulièrement dans le quartier de St. Paul… »

Des rues bordées d'édifices de style georgien et victorien sont apparues à l'écran et j'ai senti que ma concentration faiblissait. J'étais trop excitée pour écouter le commentateur résumer brièvement l'histoire de cette partie de la ville. « C'est bon, on a compris, passons à l'essentiel », a marmonné quelqu'un dans mon dos, et j'ai ri. J'étais bien d'accord.

Mon téléphone a vibré à l'arrivée d'un texto de ma mère.

« Impatiente de voir ton café à la télévision, ma chérie. Papa et moi regardons. Très fiers de toi. On t'embrasse. »

Je ne m'étais toujours pas habituée au fait que mes parents pouvaient être fiers de moi. C'était nouveau pour nous tous, et cela me faisait un bien fou. Ils étaient venus séjourner chez moi au mois d'août et s'étaient rengorgés d'orgueil et de joie dès qu'ils avaient passé le pas de la porte.

— Tu es dans ton élément, ici. Exactement comme Jo, avait dit ma mère plus d'une fois, après s'être émerveillée de tous les événements que nous organisions et de la santé florissante de l'établissement. Tu te débrouilles comme une chef, Evie !

— Nous sommes vraiment heureux pour toi, avait confirmé Papa en me serrant dans ses bras. Bravo, ma chérie.

Leurs encouragements m'avaient enveloppée comme la plus douce et moelleuse des couvertures. Je devais être une grande gamine pour quémander toujours la fierté de mes parents, mais bon sang, c'était tellement agréable ! Plus de trace du mouton noir de la famille, de la ratée du clan. Je me sentais enfin à pied d'égalité, maintenant que j'avais trouvé mon domaine et que je m'y épanouissais. Louise et sa famille étaient venus passer quelques week-ends d'été dans le coin, aussi, tout comme Ruth, et je m'étais bientôt retrouvée dans la peau plutôt agréable de la « tante préférée ». Les glaces à volonté avaient contribué à ce succès, bien sûr, mais c'était tout de même merveilleux de se sentir aimée.

Émue, j'ai relu le message de ma mère et je l'ai montré à Amber qui était assise à mes côtés.

— Elle est mignonne, a-t-elle dit. Je suis fière de toi, moi aussi. Elle a fait du chemin, notre fifille.

— Et toi, alors ! Notre super-infirmière dans *Holby City* ! Je vais revendre tes autographes dès que tu auras le dos tourné, tu vas voir.

Elle a fait mine de balayer ça d'un éclat de rire, mais je voyais bien qu'elle était contente. Après ces millions d'auditions, d'essais et de rôles minuscules, Amber avait enfin trouvé le bon filon et venait de signer un contrat de six mois pour la série télévisée *Holby City*, où elle devait endosser le rôle de la nouvelle infirmière en chef que tout le monde adorait détester. Le premier épisode venait de sortir et l'interprétation qu'elle avait faite de son personnage avait été acclamée par la critique. Les tabloïds et les magazines s'arrachaient des interviews et surtout, elle tournait avec un garçon, David, qui jouait un des infirmiers. D'après Amber, le courant ne passait pas qu'à l'écran, entre eux deux, et elle croisait les doigts pour s'offrir d'ici peu quelques consultations très privées…

À l'écran, le tournage de St. Paul était terminé et le pub tout entier s'est plongé dans un silence religieux en attendant la prochaine partie du documentaire. « Dans quelques instants : un bout de Portugal au sud de Londres, ou pourquoi les locaux aiment vivre près de la côte », a repris le commentateur. Un nouveau flash représentant la baie est apparu à l'écran et tout le monde a crié. Alors que les publicités commençaient, il y a eu un mouvement vers le bar. Des éclats d'accents australiens très familiers me sont parvenus et j'ai vu Rachel et Leah apparaître à la porte du pub, aussitôt suivies de Craig et Luke.

— On n'a rien raté, si ? s'est exclamée Rachel en vérifiant l'écran de télévision.

— Ne t'inquiète pas, on n'est pas encore passés, l'ai-je rassurée avec un sourire.

Craig et Rachel filaient le parfait amour depuis qu'il était arrivé à Carrawen. Quant à Leah, elle avait rencontré Luke un mois plus tôt, à un festival de surf de Newquay. Par une de ces coïncidences aussi incroyables que parfaites, ils ne vivaient qu'à une vingtaine de minutes l'un de l'autre, à Melbourne. C'était décidément un coup du destin. Elles allaient me manquer, toutes les deux. Mes deux bras droits. Après avoir travaillé sans relâche, et sans jamais se plaindre, durant tout l'été, elles entamaient le week-end prochain un tour d'Europe avec leurs copains. Le café ne serait plus le même, sans elles, mais toute bonne chose avait une fin, n'est-ce pas ?

Pas toutes, en réalité. Les bonnes choses que j'avais partagées avec Saul, par exemple, semblaient pouvoir se prolonger sans l'aide de Matthew. Fidèle à sa promesse, Emily était passée me voir avec lui et j'avais failli pleurer de joie quand je l'avais revu.

Ed s'était occupé du café pendant que je passais un après-midi merveilleux avec Saul, Emily et Dan, sur la plage, à construire des châteaux de sable, à pagayer dans l'eau et à enseigner le bodysurf à Saul.

— Merci, avais-je dit à Emily pendant que Saul et Dan étaient occupés à creuser une tranchée gigantesque jusqu'au rivage. Ces moments avec Saul m'ont vraiment manqué. C'est le garçon le plus adorable du monde.

— Oh, merci. Il est vraiment super, hein ? avait répondu Emily en souriant, tandis que nous le regardions papoter avec un garçon venu l'aider à creuser. Il était tellement content de te revoir, lui aussi. Et puis…

Elle avait tripoté ses lunettes de soleil, cherchant manifestement les bons mots.

— Et puis, je suis contente de te connaître un peu mieux, Evie. Matthew est idiot de t'avoir laissée partir. Et de m'avoir laissée partir aussi, pendant qu'on y est ! Je ne sais pas très bien ce qu'il trouve à cette Jasmine. Elle a autant de caractère que… qu'un pot de peinture rose pâle. Elle ne nous arrive pas à la cheville, franchement.

J'avais ri. Emily était décidément beaucoup plus sympa quand elle était en vacances et détendue.

— Tant pis pour lui. Sincèrement, je ne me vois plus du tout vivre avec lui. Je ne crois pas que nous étions faits l'un pour l'autre.

Elle avait levé un sourcil.

— Tout est bien qui finit bien, on dirait, non ? J'ai l'impression que les choses se sont plutôt bien passées, pour toi, depuis la séparation.

J'avais croisé les doigts en souriant.

— Jusque-là, tout va bien.

Dans le pub, l'excitation était à son comble maintenant que la seconde partie du programme commençait.

— C'est notre tour, m'a dit Ed en me donnant un petit coup de coude.

Au milieu des cris et des exclamations de joie, notre baie est apparue à l'écran, la caméra offrant un plan panoramique allant d'un côté de la plage à l'autre. « Niché au fin fond des Cornouailles du Nord, se trouve le petit village balnéaire de Carrawen Bay », a commencé le commentateur, « pour les touristes, ce n'est qu'un lieu de villégiature idyllique, doté d'une jolie plage et de maisonnettes aux toits de chaume. Mais qu'en est-il des individus qui vivent ici toute l'année ? Est-ce que la communauté locale a souffert de la multiplication des résidences secondaires et des hordes de vacanciers qui déferlent chaque été ? »

— Bien sûr que non ! s'est exclamé quelqu'un, et le pub tout entier a éclaté de rire.

« Nous avons rencontré la gérante du café local, Evie Flynn. Fraîchement installée au village, cette jeune femme s'est engagée avec passion dans la vie de Carrawen Bay. » La caméra a zoomé sur moi, derrière le comptoir du café, et je suis devenue toute rouge pendant que quelqu'un, dans l'assemblée, lâchait un ululement de loup. J'ai caché mon visage derrière ma main, très gênée, et j'ai guetté l'écran à travers mes doigts. « Si Evie sert des spécialités de la région aux vacanciers pendant la journée

– *cornish pasties* et *cream tea* au rendez-vous –, le soir, elle transforme son café en un lieu de retrouvailles pour les habitants. Elle accueille ainsi le club de lecture, le groupe de rock local et même une soirée entre filles, où se réunissent les femmes de Carrawen Bay. » Un hurlement de joie s'est élevé quand la caméra a montré des scènes de notre soirée entre filles du mardi, précisément celle que j'avais crue gâchée par l'effondrement du toit.

— Là ! C'est moi !

— Regarde, Wendy !

— Dis donc, Flo, t'as sorti la tenue glamour !

— Et notre Nora !

« Par un coup du destin, a poursuivi la voix, une violente tempête s'est abattue sur Carrawen Bay, la veille de notre tournage. Le toit du Café de la Plage d'Evie Flynn a été sérieusement endommagé, compromettant les projets de la jeune gérante. Mais quelque chose d'extraordinaire s'est passé. »

La caméra a d'abord montré Alec et Jono, clouant et tapant sur le toit de la maison, puis Tim en train de scier des planches de bois pour les insérer dans l'ouverture, ensuite le groupe de bénévoles qui nettoyaient le sol et enfin, Wendy distribuant des *cornish pasties*, sourire aux lèvres. Cette dernière a même lâché un léger gloussement d'excitation en s'apercevant qu'elle était filmée…

En repensant à cette journée, mes yeux se sont remplis de larmes et j'ai glissé ma main dans celle d'Ed qui l'a serrée très fort avant de m'embrasser.

« Comment peut-on dire que la Grande-Bretagne est brisée quand un village tout entier vient à la rescousse d'une amie en détresse ? » a demandé la voix off et j'ai dû me moucher, submergée par l'émotion. Comment pouvait-on dire une chose pareille, en effet ?

À la fin de l'émission, tout le monde était ému. Carrawen Bay avait fait le prime time de la télévision nationale – et n'avions-nous pas été extraordinaires, par-dessus le marché ? N'avions-nous pas montré au monde entier que notre village, notre communauté, nos voisins méritaient toute notre fierté ?

Un texto de Phoebe est arrivé : « *J'hallucine, je viens de te voir à la tv. T une star !* »

J'ai souri. Phoebe m'avait appelée plusieurs fois, durant l'été. Elle allait bien. Elle avait quitté le domicile familial pour s'installer quelque temps chez son amie Zoe, mais elle sortait avec le légendaire Will, l'ado de dix-sept ans le plus sexy d'Earlsfield, si bien que les choses n'allaient pas si mal. Elle avait repris l'école et semblait heureuse, ce qui était l'essentiel.

Une fois le générique de fin terminé, j'ai grimpé sur ma chaise, excitée comme une puce.

— Qui est partant pour faire la fête sur la plage ? ai-je crié.

Les hurlements de joie que j'ai reçus en retour ont failli me faire tomber de ma chaise et j'ai éclaté de rire.

— Je savais que je pouvais compter sur vous. Allons, tous à la plage !

Ed, Amber et moi avons ouvert la marche, main dans la main, et une troupe joyeuse nous a suivis jusqu'à la baie. Le jour déclinait et les premières brises fraîches d'automne soufflaient autour de nous. Les longues et claires soirées d'été étaient oubliées depuis longtemps, déjà, mais ce soir, la plage était aussi bondée qu'un après-midi de canicule. Craig, Luke et d'autres garçons ont allumé un feu de joie tandis qu'Elizabeth, du club de lecture, faisait sauter le premier bouchon de champagne. Peu après, les gens se sont agglutinés autour des stands de hot dogs, de soupe de potiron, et de pain d'épice, le visage éclairé par la lueur dorée des flammes.

Annie était là, aussi. Pour la première fois de sa vie, elle avait épargné suffisamment d'argent pour offrir de vraies vacances à l'étranger à Martha. Jamie, à leurs côtés, avait vendu une vingtaine de toiles durant l'été, et intégrait les beaux-arts de Falmouth d'ici quelques semaines. Quant à Florence, elle se tenait au milieu d'un groupe de nouvelles amies, à l'aise comme un poisson dans l'eau. Le gentil Seb lui-même était venu pour fêter ses excellents résultats aux examens.

J'ai regardé un à un tous ces visages que j'avais appris à connaître et à aimer, et j'ai été envahie par la sensation forte et merveilleuse d'appartenir à cet endroit, à ces gens. J'étais ici chez moi, et ces personnes étaient mes amis. Je ne voulais vivre nulle part ailleurs.

— À nous tous ! s'est exclamé Ed en levant son verre.

— À nous tous, ont-ils tous joyeusement répondu en chœur.

Ed s'est penché pour m'embrasser et je lui ai rendu son baiser.

Quand bien même je venais de passer le meilleur été de ma vie, je savais que l'automne, l'hiver et le printemps à venir allaient être tout aussi excitants et merveilleux, avec cet homme à mes côtés. J'avais hâte de connaître la suite de notre histoire.

Les plages favorites de Lucy Diamond

Comme Evie, je suis faite pour vivre à la plage, au fond de moi. Rien ne m'est plus agréable que de nager dans la mer et de me dorer au soleil, allongée sur le sable. Voici ma sélection personnelle de plages inoubliables, et les raisons pour lesquelles je les ai choisies entre toutes.

Coogee Beach, Sydney, Australie

J'ai habité à deux pas de cette plage durant les trois mois où j'ai travaillé en Australie, et je doute d'habiter dans un endroit plus beau un jour ! Outre les bains de soleil et les barbecues, j'ai adoré nager dans la piscine en plein air, partiellement creusée dans les rochers. Sans compter, bien sûr, les folles nuits au bar du CBH.

Brighton Beach, Brighton, Angleterre

Nous avons habité Brighton pendant cinq années et j'éprouve beaucoup de tendresse pour cet endroit. Une plage parfaite pour observer les gens, flâner le long de la promenade ou passer un bel après-midi au soleil, dans l'un des nombreux cafés et bars branchés du bord de mer. Fabuleux.

Haad Rin Beach, Koh Phangan, Thaïlande

J'ai séjourné pendant plusieurs semaines sur cette plage, dans une hutte en bois, alors que je parcourais le monde. Quelle sensation merveilleuse que d'ouvrir les petits volets, le matin, et de voir la mer à quelques mètres de soi. C'est également là que j'ai participé à l'une des légendaires *Full Moon Party*, et que j'ai dansé jusqu'aux premières lueurs du matin. Inoubliable.

Sennen Cove, Cornouailles, Angleterre

Mes parents ont séjourné dans ce coin pendant leur lune de miel et nous y avons passé de nombreux étés de notre enfance. Je garde d'excellents souvenirs de sorties surf avec mon père, de grandes baignades et de constructions de châteaux de sable. Et bien sûr, les *fish and chips* pour le dîner !

Lyme Regis, Dorset, Angleterre

Mon mari m'a demandée en mariage sur le fameux « Cobb » de Lyme Regis, et cela reste l'un des moments les plus romantiques de ma vie. La plage est ravissante, le front de mer offre une atmosphère très authentique et l'ensemble a beaucoup de caractère.

Comment préparer un parfait *Cream Tea* des Cornouailles

Recette des scones classiques (pour 8 personnes)

350 g de farine avec levure incorporée
¼ de cuiller à café de sel
1 cuiller à café de levure
85 g de beurre
3 cuillers à soupe de sucre en poudre
175 ml de lait
1 œuf battu (pour dorer la surface à la cuisson)

Préchauffer le four à 220 °C/Thermostat 7.

Mélanger la farine, le sel et la levure. Couper le beurre en dés et l'incorporer à la mixture, jusqu'à obtenir une texture semblable à des miettes. Ajouter le sucre, puis creuser un puits dans la masse.

Réchauffer le lait avant de le verser dans l'appareil, mélanger pour obtenir une pâte.

Saupoudrer le plan de travail et les mains de farine, puis déposer la pâte travaillée sur le plan de travail. Replier plusieurs fois, puis étaler jusqu'à obtenir environ 4 cm d'épaisseur.

Avec un couteau de 5 cm préalablement passé dans la farine, découper 4 petits disques dans la pâte, puis malaxer et étaler les chutes de pâte pour en couper 4 autres. Badigeonner les scones avec l'œuf battu et les déposer sur la plaque de cuisson.

Faire cuire pendant 10 minutes, jusqu'à ce qu'ils aient levé et qu'ils aient pris une belle teinte dorée.

Servir les scones tièdes ou froids, accompagnés de beurre, de crème fraîche – l'idéal étant la *clotted cream* traditionnelle – et de confiture – sans oublier une théière bien chaude, avec du lait et du sucre, bien sûr ! Le tout dans votre plus belle vaisselle. La vue sur la mer est recommandée, mais pas indispensable.

Bon appétit !

DE LA MÊME AUTRICE

288 pages
8,50 €

Après une période estivale chargée dans son petit café des Cornouailles, Evie Flynn accueille la période de Noël avec impatience. Soirées au coin du feu, vin chaud aux épices, gâteaux et gourmandises… elle est déterminée à profiter de sa saison préférée.

Mais au café du Bonheur, rien ne se passe jamais comme prévu, et bientôt Evie ne sait plus où donner de la tête entre la tempête de neige qui paralyse tout Carrawen Bay, l'arrivée d'invités surprise et d'anciennes rivalités familiales qui refont surface.

Parviendra-t-elle à faire en sorte que tous ses voeux se réalisent ?

La communauté Charleston a aimé !

Chez Charleston, nous sommes convaincus que loin d'être une aventure solitaire, la lecture est une invitation au partage. Nous échangeons constamment avec nos lecteurs et lectrices, et nous sommes fiers de la belle communauté d'amoureux des livres que nous formons tous ensemble. Chaque année, nous choisissons au sein de cette communauté vingt lectrices et lecteurs qui nous accompagnent tout au long de l'année et découvrent nos romans en avant-première. Voici leurs avis !

« Un personnage principal attachant et une galerie de personnages un peu écorchés autour d'elle. Un superbe moment de détente. »

@jadorelalecture

« C'est un roman qui est pétillant, frais et qui comporte des rebondissements, quelques secrets mais aussi des touches d'humour. »

@books_owl

« Attention : la lecture de ce roman vous donnera une folle envie de tout quitter pour ouvrir un café en bord de mer… J'ai beaucoup aimé ce roman qui nous plonge dans une atmosphère british *et dans une comédie romantique digne d'un bon téléfilm. »*

@debora.moloc

« Ce roman est un pur délice, un vrai petit bonbon acidulé. C'est un concentré de bonheur et de tendresse, plein de douceur et de bienveillance. »

@escaleenborddepage

« Lucy Diamond a une plume pleine d'humour et de tendresse, un talent indéniable pour croquer les situations et créer de vrais moments de comédie. »

@douceur_de_lire

« Une lecture toute douce, qui donne envie de croire en soi et redonne foi en l'homme. C'est plein d'amour et de bons sentiments… Une lecture qui met de bonne humeur. »

@maddysbook

Cet ouvrage est composé de matériaux issus de forêts bien gérées certifiées FSC®, de matériaux recyclés et de matériaux issus d'autres sources contrôlées.

MIXTE
Papier issu de sources responsables
FSC® C019520

Achevé d'imprimer en mars 2023
par Novoprint
Dépôt légal : mai 2023
Imprimé en Espagne